Christine Christ-von Wedel

Erasmus von Rotterdam
Anwalt eines neuzeitlichen Christentums

Historia profana et ecclesiastica

Geschichte und Kirchengeschichte zwischen Mittelalter und Moderne

herausgegeben von

Prof. Dr. Dr. Harm Klueting
(Köln)

Band 5

LIT

Christine Christ-von Wedel

Erasmus von Rotterdam
Anwalt eines neuzeitlichen Christentums

LIT

Dr. phil. Christine Christ-v. Wedel
Geb. 16. 6. 1948 in Reinbek bei Hamburg; Studium der Geschichte, Philosophie, Kirchengeschichte und Anthropologie an den Universitäten von Hamburg, Basel und Konstanz; 1979 Promotion in Basel mit einer Dissertation über
das Nichtwissen bei Erasmus von Rotterdam; Veröffentlichungen und Vorträge
über historische und literarische Themen im In- und Ausland; 1999 Lehrauf-
trag an der Theologischen Fakultät der Universität Zürich; Research Fellow
des Instituts für Schweizerische Reformationsgeschichte an der Theologischen
Fakultät der Universität Zürich.

Umschlagbild: Porträtsammlung der Öffentlichen Bibliothek
der Universität Basel

Gedruckt auf alterungsbeständigem Werkdruckpapier entsprechend
ANSI Z3948   DIN ISO 9706

Bibliografische Information Der Deutschen Bibliothek
Die Deutsche Bibliothek verzeichnet diese Publikation in der Deutschen
Nationalbibliografie; detaillierte bibliografische Daten sind im Internet
über http://dnb.ddb.de abrufbar.

ISBN 3-8258-6678-5

© LIT VERLAG Münster   2003
   Grevener Str./Fresnostr. 2   48159 Münster
   Tel. 0251–23 50 91   Fax 0251–23 19 72
   e-Mail: lit@lit-verlag.de   http://www.lit-verlag.de

Inhaltsverzeichnis

Inhaltsverzeichnis

Dank

Erasmus hat mich seit meinen Studientagen immer wieder beschäftigt. Daß ich ihm nun, viele Jahre nach meiner Dissertation, nochmals eine Monographie widmen kann, erfüllt mich mit großer Freude. Das wäre ohne das freundliche Entgegenkommen durch den Verlag und den Herausgeber nicht möglich. Insbesondere habe ich Harm Klueting zu danken. Er hat das Buch in dieser Form überhaupt erst angeregt und ermöglicht.

Ein herzlicher Dank geht an den „Meister" der Erasmusforschung, Cornelis Augustijn, der noch unfertige Teile des Manuskriptes las und durch seine Kritik und seine Anregungen eine neue Richtung wies. Auch der Leiter des Institutes für Schweizerische Reformationsgeschichte in Zürich, Emidio Campi, hat Teile des Manuskriptes gelesen. Ihm verdanke ich manchen Hinweis und anregende Gespräche, ebenso wie seinen Mitarbeitern, von denen ich namentlich Hans Ulrich Bächtold, Daniel Bolliger, Rainer Henrich und Roland Diethelm erwähnen möchte. Der Amerbachforscher aus Basel, Hans-Rudolf Hagemann, hat die Ausführungen zum Recht gelesen und half die eingeschlagene Richtung zu vertiefen. Mit philologischen Fragen konnte ich mich an die Altphilologinnen Marianne Luginbühl und Marianne Haubold wenden. Schließlich haben die Historikerin Barbara Helbling und die Theologin Claudia Bandixen die Texte mitgelesen. Sie halfen, manches zu glätten und zu verfeinern. Friederike Christ beriet mich als Germanistin, Werner Kundert prüfte die Übersetzungen aus dem Niederländischen und Diana Clavuot, Heinz Bothien, Wiltraud Entress, Christine Stuber und Maria Frick lasen Korrekturen.

Die Dienste der Zentralbibliothek Zürich und der Universitätsbibliothek Basel konnte ich mit großem Gewinn in Anspruch nehmen und in der Kantonsbibliothek in Frauenfeld mit ihren wertvollen alten Beständen fand ich ideale Arbeitsbedingungen. Ihrem Leiter, Heinz Bothien, und seinen stets hilfsbereiten Mitarbeitern gilt mein besonderer Dank.

Der Johannes-Oekolampad-Stiftung in Basel, dem Zwingliverein in Zürich und der Emil-Brunner-Stiftung Zürich in Verbindung mit der evangelisch-reformierten Landeskirche des Kantons Zürich habe ich für die Übernahme der Druckkosten zu danken.

Mein Mann und meine vier Söhne haben mich nicht nur ermutigt, sie haben mich durch ihr theologisches, juristisches und historisches Fachwissen, durch ihre Sprachkompetenz und nicht zuletzt durch ihre Informatikkenntnisse unterstützt.

9

Einleitung

Der Name des Erasmus ist immer noch lebendig. Er steht im allgemeinen Bewußtsein für humanistische Bildung, für eine Verbindung von Antike und Christentum, für eine übernationale europäische Kultur, für Pazifismus und eine kindgemäße Pädagogik. Schulen sind nach ihm benannt, ein großes intereuropäisches Studienprogramm trägt seinen Namen. Seine berühmteste Satire, das ‚Lob der Torheit‘, kann im Internet abgerufen werden.

Seine Werke werden seit 1969 von hervorragenden Spezialisten mit einem aufwendigen Apparat in Amsterdam neu herausgegeben und gleichzeitig in Toronto ins Englische übersetzt. Beide Ausgaben sind längst noch nicht fertig, aber schon weit gediehen. Sie bieten dem Forscher beste Voraussetzungen und enthalten in den Einführungen viele weiterführende Hinweise. Die Erasmus Society organisiert regelmäßig Vorträge und gibt ein Jahrbuch heraus, dessen Beiträge ausschließlich der Erasmusforschung gewidmet sind.

Dabei nehmen die oben genannten Themen einen erstaunlich kleinen Platz ein. In unserem Jahrhundert, besonders seit den 500-Jahr-Feiern seines Geburtstages Ende der 60er Jahre, konzentriert sich die Erasmusforschung auf eine lange Zeit vergessene Seite seines Denkens: auf seine Theologie und seine ‚praxis pietatis‘, seine Frömmigkeit. Die ökumenische Bewegung hat Erasmus als Theologen wiederentdeckt. Das hatte gute Gründe: Wie die Protestanten kämpfte er gegen die Bilderverehrung (nicht für die Abschaffung der Bilder), gegen den Ablaß, gegen das Finanzgebaren und die Verweltlichung der Kirche, für die Aufhebung der Fastengebote und des Mönchsgelübdes (nicht der Klöster), für die Freigabe der Priesterehe und der Ehescheidung. Er drang auf eine evangelische, schriftgemäße Predigt, auf eine angemessene Abendmahlsbelehrung und Jugendkatechese mit einer abschließenden feierlichen Bestätigung des Taufversprechens. Für ihn sollten Umwälzungen und Neuerungen aber langsam und mit Maß angebahnt werden. Wie die Apostel nicht sofort die Opfer und die Beschneidung verdammten, so soll ein eingewurzelter Irrtum und eine Jahrhunderte alte Gewohnheit allmählich abgetan werden, „so, daß die Überzeugten freiwillig davon ablassen“.[1] Nicht gegen, sondern mit der Hierarchie sollten die Reformen angegangen werden. Eine Kirchenspaltung kam für Erasmus nicht in Frage. Die Einheit der Kirche Jesu Christi war für ihn unantastbar. Er blieb der Römischen Kirche treu.

---

[1] ASD V-5, S. 374, 259 ff., bes. S. 376, 276 f.

Einleitung

Erasmus, den zu Lebzeiten gleichermaßen die altgläubigen Hochburgen in Paris, Köln und Löwen wie Vertreter der neuen protestantischen Hochschule in Wittenberg verketzerten, wurde für viele im letzten Drittel des 20. Jahrhunderts zum Vorläufer und Vorbild eines freien und offenen Christentums auf biblischer Grundlage. Er stand und steht bei Protestanten und Katholiken für ein harmonisches, tolerantes, von freudigem Gottvertrauen geprägtes Christentum.

Das hat der Erasmusforschung großen Auftrieb gegeben. Es birgt aber auch Gefahren. Wie die Theologie des Erasmus von seinen zeitgenössischen Gegnern als ein Gegenbild verzerrt wurde, so könnte sie von seinen Nachfahren, die ihn als Vorbild vereinnahmen, in umgekehrter Richtung verzeichnet werden. Jedenfalls trägt Roland H. Baintons ,Erasmus of Christendom' von 1969 in manchem die besten Züge des damaligen amerikanischen Protestantismus, und Léon Halkins Erasmus von Rotterdam aus dem Jahre 1987 erinnert in vielem an die liberale katholische Theologie nach dem Zweiten Vatikanischen Konzil. Mit diesem Hinweis sollen nicht die Verdienste dieser bedeutenden Forscher geschmälert, vielmehr soll für die sicher nicht ausbleibenden eigenen Verzeichnungen sensibilisiert werden.

Die Forschungen zur Theologie des Erasmus haben zunächst einmal den breiten Konsens gebracht, daß Erasmus überhaupt ein Theologe ist. Das war und ist zum Teil immer noch umstritten. Sein besonderes Verdienst wird in seiner exegetischen Arbeit gesehen. Er ist konsequent mit philologischen Fragestellungen an die Bibeltexte herangegangen. Er hat ihm zugängliche Varianten des griechischen Urtextes und frühe lateinische Übersetzungen verglichen und nach der besten Lesart geforscht. Die Frucht dieser Arbeit ist sein zweisprachiges ,Neues Testament', das in Anmerkungen eine Fülle von Begriffserklärungen und Hinweisen auf die Auslegungstradition insbesondere der Kirchenväter bietet. Damit hat er Zeitgenossen und Nachfahren ein viel genutztes Handwerkszeug für ihre theologische Arbeit geboten. Dieser neue philologische Umgang mit den Bibeltexten richtete sich ausdrücklich gegen die überkommene dialektische Methode der Scholastik, die Gründe für und gegen eine Behauptung abwog, um so zu logisch unanfechtbaren Aussagen zu kommen, aus denen sie große dogmatische Systeme schuf. Erasmus bekämpfte sie als einseitig, lebensfern und der Frömmigkeit wenig förderlich. Er griff auf die Werke der Kirchenväter zurück, die er in neuen Ausgaben wieder zugänglich machte. Erasmus wollte damit eine Theologie fördern, die sich konsequent am biblischen Text orientiert und ohne den Umweg über irgendeine Systematik direkt in das Leben der Christen hineinspricht und es verändert.

Den Quellen, auf die er sich dabei stützte, ist die Forschung nachgegangen, insbesondere zu seinen patristischen Quellen gibt es gute Einzeluntersuchungen.[1] Zur Scholastik stehen neuere Detailuntersuchungen noch aus. Allgemein anerkannt ist, daß Erasmus, so sehr er die Scholastik grundsätzlich ablehnte, doch, wo immer möglich, aus ihr schöpfte.[2] Ob es einen Einfluß der Devotio moderna auf Erasmus gab, darüber sind die Meinungen immer noch geteilt. Weitere spätmittelalterliche Einflüsse sind kaum erforscht.

Mehr ist bekannt über den Einfluß antiker Philosophen auf Erasmus.[3] Hier wären weitere Studien zu Erasmus und Platon oder den Stoikern wünschenswert. Über den Einfluß Lorenzo Vallas und der italienischen Neuplatoniker ist schon viel nachgedacht worden.[4]

Sehr gut erforscht ist die bedeutende Wirkung der antiken Rhetorik auf Erasmus. Große Studien wurden ihr gewidmet, die das Erasmusbild heute nachdrücklich prägen.[5]

Aus den vielen Untersuchungen zur Theologie des Erasmus entsteht kurz zusammengefaßt das folgende Bild: Christus, das Wort, das Mensch wurde, wirkt noch heute im biblischen Wort. Es ist Aufgabe des Auslegers, dieses verschriftlichte Wort wieder hörbar und wirksam zu machen. Dazu muß er es zunächst einmal verstehen. Eine solide Kenntnis der biblischen Sprachen und des antiken Umfeldes bildet die Grundlage dafür. Wie der antike Rhetor, so muß

---

[1] Charles Béné: Erasme et Saint Augustin ou influence de Saint Augustin sur l'humanisme d'Erasme. Genf 1969; André Godin: Erasme lecteur d'Origène. Genf 1982; Max Schär: Das Nachleben des Origenes im Zeitalter des Humanismus. Basel 1979.

[2] Die Forschung ist immer noch auf die Untersuchung von Ch. Dolfen angewiesen. (Christian Dolfen: Die Stellung des Erasmus von Rotterdam zur scholastischen Methode. Osnabrück 1936). Die neue Studie von I. Bejczy behandelt nicht den Einfluß der Scholastik auf Erasmus, sondern kursorisch das Bild des Erasmus vom Mittelalter samt der Scholastik, bestätigt aber im Wesentlichen das bekannte Bild. (Istvàn Bejczy: Erasmus and the Middle Ages. The Historical Consciousness of a Christian Humanist. Leiden 2001).

[3] Walter Rüegg: Cicero und der Humanismus. Zürich 1946; Charles Béné: Erasme et Ciceron, in: Colloquia Erasmiana Turonensia. II, S. 571-579; Marjorie O'Rourke Boyle: Christening Pagan Mysteries. Erasmus in Pursuit of Wisdom. Toronto 1981.

[4] Jerry Bentley: From Humanism to Holy Writ. New Testament Scholarship in the Renaissance. Princeton 1983; Letizia Panizza: Valla's De voluptate ac de vero bono and Erasmus Stultiae laus. Renewing Christian Ethics, in: ERSY 15 (1995), S. 1-25; Richard Joseph Schoeck: Erasmus and Valla. The Dynamics of a Relationship, in: ERSY 12 (1992), S. 45-63. Vgl. auch Ivan Pusino: Der Einfluß Picos auf Erasmus, in: Zeitschrift für Kirchengeschichte 46 (N. F. 9 (1928), S. 75-96.

[5] Marjorie O'Rourke Boyle: Erasmus on Language and Method in Theology. Toronto 1977; Jacques Chomarat: Grammaire et Rhétorique chez Érasme. 2. Bde, Paris 1981; Jean-Claude Margolin: Le prix des mots et de l'homme. London 1986; Eden Kathy: Rhetoric in the Hermeneutics of Erasmus' Later Works, in: ERSY 11 (1991), S.88-104; Manfred Hoffmann: Rhetoric and Theology. The Hermeneutic of Erasmus. Toronto 1994.

sich auch der christliche Prediger dem Hörer anpassen. Er soll lehren, ermahnen, überzeugen. Das tut er am besten, indem er sich antike Redner zum Vorbild nimmt, überhaupt die antike Kultur ausschöpft. Die antiken Dichter, die Philosophen und Historiker, insbesondere Cicero und Plutarch, soll der Theologe kennen.

Erasmus widerspricht den kirchlichen Dogmen samt der Sakramentslehre nie offen, behandelt aber mit spielerischer Leichtigkeit dogmatische Probleme.[1] Wie das Kreuz Christi den Gläubigen zugleich tiefste Erniedrigung und Erhöhung ihres Herrn bedeutet, so hat für Erasmus fast alles zwei Seiten: Gott ist allmächtig und läßt doch den Menschen die Freiheit, sich gegen ihn zu entscheiden. Der Mensch kann Gott nicht erkennen, und doch ist die Gottesliebe seine höchste Aufgabe. Die Kirche ist bis ins Mark verdorben und doch Gottes geliebte und unbefleckte Braut. Solche Widersprüche stören Erasmus nicht. Er unternimmt nicht einmal den Versuch, sie aufzulösen.

Die Theologie des Erasmus ist ausgesprochen Christus zentriert. Sie kennt die Satisfaktionslehre, betont indessen Christi Wirken als Lehrer und Vorbild. Ihm gilt es nachzufolgen. Der Mensch wird durch das Wort innerlich getroffen und erneuert. Er verachtet die Welt und lebt mehr und mehr in Christus. Äußere Zeremonien und Kulthandlungen haben in der Erasmischen Frömmigkeit kein Gewicht. Sie entsprechen dem Zeremonialgesetz des Alten Testamentes und sind abgetan. Die Heiligung ist eine innere, wirkt aber in das äußere Leben hinein und verändert den Menschen und die christliche Gesellschaft, für deren Reform Erasmus kämpfte.

Darüber besteht heute unter Erasmusspezialisten weitgehend ein Konsens. Für dieses Buch bilden diese Erkenntnisse die Grundlage, von der aus weiter geforscht werden soll.

Folgende Frage stellt sich: Wie ist es möglich, daß eine vergleichsweise doch so „harmlose" Theologie, wie die oben skizzierte, die Gemüter so spalten konnte, wie es die von Erasmus tat? Für seine Freunde war er *der* Erneuerer der Theologie, ja, ein Heiliger.[2] Aber auch distanziertere kirchliche Würdenträger nahmen die satirischen Ausfälle des Erasmus gegen kirchliche Gebräuche mit

---

[1] Anders: Manfred Hoffmann: Erkenntnis und Verwirklichung der wahren Theologie nach Erasmus von Rotterdam. Tübingen 1972 und im eben genannten: Rhetoric and Theology (1994). Vgl. dort bes. S. 1 und S. 211 ff. Nach ihm ließe sich bei Erasmus von einer systematischen Dogmatik sprechen, die mit dichotomen und trichotomen Strukturen auf einer aus der Rhetorik abgeleiteten Methodologie beruht.

[2] Allen XI, S. 350, 89 f., bes. 100. Vgl. Bruce Mansfield: Phoenix of His Age. Interpretations of Erasmus c. 1550 – 1750. Toronto 1979, S. 8 ff.

Humor und deckten Erasmus zu seinen Lebzeiten mit Erfolg, während andere ihn mit großem Eifer, ja, Fanatismus als Häretiker brandmarkten. Das waren nicht nur die angegriffenen Scholastiker in Paris, Köln und Löwen, auch Stunica etwa, ein humanistisch hochgebildeter Mitarbeiter der Alcalá, einer polyglotten Bibelausgabe. Er bemühte sich mit seinen Kollegen wie Erasmus um einen philologisch bereinigten Bibeltext. Es kann also nicht die philologische Methode allein gewesen sein, die die Gemüter so aufschreckte, ebensowenig die Reformvorschläge oder die Kritik an der Scholastik. Das belegt die unterschiedliche Bewertung bei den Protestanten. Sie haben die philologische Methode übernommen, sich von der Scholastik losgesagt und noch weitergehende Reformen, als Erasmus sie forderte, durchgesetzt. Wenn sie Erasmus vorwarfen, er ginge zu wenig weit, sei feige, dann war das aus ihrer Sicht eine berechtigte Kritik. Viele aber warfen ihm weit mehr vor. Für sie war Erasmus ein Häretiker. Auch nicht das Fehlen einer Systematik kann der Grund dafür sein. Sonst hätte Melanchthon, der große Systematiker, ihn grundsätzlich ablehnen müssen. Er aber hat sich wie Zwingli nur sehr zögerlich von Erasmus getrennt und sich am Ende seines Lebens wieder deutlich zu ihm bekannt. Er hat an so markanter Stelle, wie im zweiten Band von Luthers lateinischen Werken, die 1546 bald nach des Reformators Tod erschienen, behauptet, Erasmus habe sich nur an der Heftigkeit Luthers gestoßen, in der Sache aber sei er mit ihm einig.[1] Luther dagegen sah in ihm seinen und Gottes Gegenspieler. Er nannte ihn den Mund des Teufels, den „diabolum incarnatum", den Fleisch gewordenen Satan.[2]

Diese ungeheure Beschimpfung – die ja in sich selbst, recht betrachtet, eine Blasphemie ist, als ob der Teufel dazu fähig wäre, gleich Gottes Sohn, Mensch zu werden – diese Beschimpfung stammt aus einem Brief aus dem Jahre 1534. Erasmus war damals bereits ein alter Mann und auch Martin Luther ein Fünfzigjähriger. Der lange Brief strotzt von Vorwürfen gegen Erasmus. Die meisten halten sich jedoch im Rahmen dessen, was auch sonst gegen Erasmus vorgebracht wurde. Erasmus sei uneindeutig, ein unzuverlässiger Spötter, er verwirre

---

[1] Vgl. für Zwingli: Z VIII, S. 125; S. 136, 16 f.; S. 138, 36 f.; S. 150, 30; S. 333, 26 f.; S. 407, 9 f.; und bes. IX, S. 451, 17 ff.; für Melanchthon vgl. Allen IX, S. 1, 1f.; X, S. 120, 1 f.; XI, S. 322, 1 f. sowie bes. MCR 6, c. 163 und MCR 12, c. 264 ff. Vgl. auch Heinz Scheible: Melanchthon zwischen Luther und Erasmus, in: G. May u.a. (Hrsg.): Heinz Scheible: Melanchthon und die Reformation. Mainz 1996, S. 171-196. Timothy J. Wengert: Human Freedom, Christian Righteousness. Philipp Melanchthon's Exegetical Dispute with Erasmus of Rotterdam. Oxford 1998 hat dagegen das Trennende zwischen Melanchthon und Erasmus betont, wobei er Erasmus als reinen Moraltheologen zeichnet. Vgl. die kritischen Rezensionen in ERSY 20 (2000) von John B. Payne und Laurel Carrington, S. 47 f. und S. 57 f.

[2] WA Br. 7, S. 34, 240.

nur und habe keinen festen Standpunkt.[1] Er sähe in Christus nur ein moralisches Vorbild und sei ein Arianer.[2] Entsprechend halten sich auch die Beleidigungen durchaus noch in dem Rahmen, in dem Luther sonst gegen seine Gegner polemisierte.

Warum jetzt dieser Ausfall? Luther läßt seine Leser nicht im Unklaren darüber. Er zitiert ohne Kontext einen Teil eines längeren Satzes aus dem Vorwort zur Hilarius-Ausgabe des Erasmus von 1523, den schon ein scharfsichtiger altgläubiger Kritiker, Alberto Pio, der Prinz von Capri, Erasmus angelastet hatte. Der Teilsatz lautet: „Wir wagen es, den Heiligen Geist Gott zu nennen, was die Alten nicht wagten." Worum geht es? In welchem Zusammenhang steht der Satz bei Erasmus?[3]

Erasmus war in seinem Vorwort von 1523 auf aus zeitgenössischer Sicht fragwürdige Aussagen des Hilarius eingegangen. Zunächst wies er darauf hin, daß viele vermeintliche Irrtümer des Hilarius von späteren voreiligen Abschreibern abgeschwächt oder gar ausgemerzt worden waren.[4] Erasmus fragte sich aus welchem Grund und antwortete: Sie hätten offenbar verhindern wollen, daß irgendjemand glaube, „in den Büchern der Alten steckten Irrtümer. Dabei", so wendete Erasmus ein, „wollte Gott allein der Heiligen Schrift solche Irrtumslosigkeit vorbehalten."[5] Menschen irrten alle, ist Erasmus überzeugt, und auch die besten Theologen müßten kritisch und mit Vorsicht gelesen werden. Aber sie haben ein Recht darauf, unverfälscht herausgegeben zu werden. Sonst müßte man auch die Paulusbriefe verändern, denn auch da gäbe es Stellen, die man mißverstehen könne.[6]

Für Erasmus gibt es keinen Grund, Hilarius zu ‚verbessern'. Denn Erasmus billigt den Alten zu, aus der Sicht ihrer Zeit in dogmatischen Fragen zu irren. Konnten sie doch noch nicht auf eine lange Geschichte der Glaubensklärung zurückblicken, sie haben diese viel mehr für die Späteren geleistet. „Einst", so Erasmus, „bestand der Glaube mehr in der Lebensweise als im Bekenntnis von Artikeln. Später wurde es nötig, Artikel vorzuschreiben, aber zunächst nur wenige und mit apostolischer Zurückhaltung. Erst die Ruchlosigkeit der Häretiker

---

[1] Ebd. S. 29, 39 ff.
[2] Ebd. S. 34, 224 f.
[3] WA Br. 7, S. 34, 224 f. Vgl. Allen V, S. 182, 439 f. Vgl. auch die Verteidigung in der ‚Purgatio', in der Erasmus Luther vorwirft, den Satz aus dem Zusammenhang gerissen zu haben. (ASD IX-1, S. 458, 435).
[4] Allen V, S. 173, 17 ff.
[5] Allen V, S. 174, 84 f.
[6] Allen V, S. 175, 95 ff.

trieb dazu, die Heilige Schrift genauer zu durchforschen, und der Eigensinn der Abtrünnigen erzwang, manches mit synodaler Autorität festzulegen."[1] Das war für Erasmus nicht nur eine positive Entwicklung, nein, sie war gefährlich und verderblich. Der Glaube fing an, mehr in den Schriften als in den Herzen zu herrschen, und „es gab fast so viele Glaubensauffassungen wie Menschen". Die Entwicklung führte schließlich zu sophistischen Kontroversen, zur viel beklagten und verspotteten Scholastik und zu einem fragwürdigen Bekenntniszwang.[2]

Hilarius aber stand am Anfang dieser Entwicklung. Er hat seinerzeit tapfer die Gottgleichheit des Sohnes gegen die Arianer verteidigt, nicht aber die des Heiligen Geistes.[3] Das hatte nach Erasmus gute Gründe: „Einmal hat er (Hilarius) geglaubt, damals (tum) gegen die Arianer besonders den Sohn verteidigen zu müssen." War es doch besonders schwierig, die damaligen Zeitgenossen davon zu überzeugen, daß der, der zugleich Mensch war, auch Gott ist. Gerade diese Schwierigkeit machten sich die Arianer zunutze und „beraubten ihn seiner Gottheit. Über den Heiligen Geist aber war noch nicht einmal eine Diskussion in Gange. Zudem war bei den Alten die Gottesfurcht so beschaffen, daß sie, obwohl sie Gott fromm verehrten, dennoch nicht wagten, über Gott etwas auszusagen, was in den Heiligen Schriften nicht ausdrücklich überliefert wurde. Dort wurde wohl dem Sohn der Gottesname zugeteilt, nicht aber explizit dem Heiligen Geist."[4]

Erasmus bestritt nicht, daß die orthodoxen Väter den Heiligen Geist zu Recht gottgleich nannten. Auch für ihn konnte das aus dem Neuen Testament abgeleitet werden. Er bekannte sich durchaus zum trinitarischen Dogma.[5] Er wollte, so erklärt er, nur zeigen, wie groß die Scheu der alten Theologen war, irgendetwas über Gott auszusagen, das nicht in der Bibel ausdrücklich gelehrt wurde, obwohl sie sie frömmer verehrten als Spätere. „Wir preschen so kühn vor, daß wir uns nicht einmal scheuen, dem Sohn vorzuschreiben, wie er seine Mutter zu verehren habe", stellt er halb empört und halb belustigt fest und läßt gleich darauf den von Luther beanstandeten Satz, der freilich etwas länger ist, folgen: „Wir wagen es, den Heiligen Geist wahr Gott zu nennen – hervorgegangen aus dem Vater und dem Sohn –, was die Alten nicht wagten, während wir keine Skrupel haben, den Heiligen Geist immer wieder mit unseren bösen

---

[1] Allen V, S. 180, 360 ff.

[2] Ebd.

[3] Allen V, S. 181, 404 ff.

[4] Allen V, S. 182, 2 ff.

[5] S. Christine Christ-v.Wedel: Zur Christologie von Erasmus von Rotterdam und Huldrych Zwingli, in: Harm Klueting, Jan Rohls (Hrsg.): Reformierte Retrospektiven. Emder Beiträge zum reformierten Protestantismus 4. Wuppertal 2001, S. 5 f. Vgl. auch u. S. 124.

Taten aus dem Tempel unserer Seele zu vertreiben, als ob wir glaubten, der Heilige Geist sei nichts als ein leerer Name."[1]

Daß Erasmus seine Einführung zu Hilarius mit einem leidenschaftlichen Appell an seine Zeitgenossen verband, sich die Glaubenseinfalt und Heiligkeit der Väter zum Vorbild zu nehmen, wirkt aus heutiger Sicht unwissenschaftlich und bisweilen schief. Das aber hat Luther offenbar nicht gestört; er geht mit keinem Wort darauf ein. Anders steht es mit dem Versuch des Erasmus, Hilarius aus seiner Zeit heraus zu verstehen. Erasmus verfolgt hier einen ausgesprochen historischen Ansatz. Die Glaubensartikel haben für ihn eine Entwicklung, in der Hilarius mitten darin stand und an der er als Streiter gegen den Arianismus seinen Anteil hatte. Irrtümer, die man ihm anlaste, beständen meist nur aus der Sicht der Späteren. Entsprechende Artikel seien zur Zeit des Hilarius noch nicht einmal zur Debatte gestanden, geschweige denn festgelegt worden.

Nach heutiger Lehre ist dieser Argumentation des Erasmus nichts entgegenzusetzen, allenfalls ist sie zu differenzieren: Die Briefe des Athanasius an Serapion, die erstmals die trinitarische Einheit betonen, stammen aus den Jahren 352-57. Eine wirkliche Debatte mit den Homöusianern und Pneumatomachen setzte aber erst 367 ein. Im gleichen Jahr starb Hilarius, dem die Christenheit die erste Gesamtdarstellung und lehrmäßige Verarbeitung der Schriftzeugnisse zur Gottessohnschaft verdankt, aber eben keinen wesentlichen Beitrag zum Trinitätsdogma. Festgelegt wurde die Gottesgleichheit des Heiligen Geistes erst von der folgenden Generation auf der Synode von Konstantinopel 381. Wenn Erasmus also behauptete, das Trinitätsdogma sei in Abgrenzung zu Häresien erarbeitet und erst nach Hilarius voll ausgestaltet worden, dann ist ihm aus der Sicht der modernen Dogmengeschichte voll zuzustimmen.

Luther aber hat gerade an diesem historischen Ansatz Anstoß genommen, an der historisch unbestreitbaren Einsicht des Erasmus, daß „wir es wagen, den Heiligen Geist Gott zu nennen, was die Alten nicht wagten". Luther erklärt dazu: „Lies diesen Satz und verehre den Fleisch gewordenen Satan!" Dieser Satz scheint in Luthers Ohren so ungeheuerlich, daß er selbst in ungeheuerlicher Weise darauf reagiert. Dieser Satz habe bewirkt, daß er, Luther, „was andere tun wollen, mögen sie zusehen, Erasmus nicht mehr glauben könne, auch wenn der offen bekennen würde, Christus sei Gott".[2] Denn, erklärt Luther, wenn erst die Späteren die Trinität aus den Schriften erschlossen hätten, „dann beruhe die christliche Religion auf menschlicher Autorität. (Davon nämlich

---

[1] Allen V, S. 182, 439 f.
[2] WA Br. 7, S. 34, 239 f.

will er uns überzeugen.) Das ist nichts anderes als die allgemeine Religion für Fabeln zu erklären." Wenn Erasmus dann doch die Trinität bekenne, dann verlache er die Gottheit nur um so mehr. So keck sei seine vielzüngige Zweideutigkeit.[1]

Luther hat Erasmus sorgfältig gelesen und scharf erfaßt, worum es ging: Nach Erasmus hätten erst „die Späteren die Trinität aus den Schriften erschlossen". Genau das hat Erasmus gelehrt, und das war für Luther unannehmbar. Das, so gesteht er hier, ließ ihn vor Erasmus wie vor dem Teufel zurückschrecken.

Mit anderen Worten, für den so tiefgründigen Denker Luther gab es ein ganz spezifisches Merkmal, das des Erasmus Theologie auszeichnete und ihn von ihm und anderen trennte. Das ist sein historischer Ansatz. Die von Luther und anderen viel beklagte Erasmische „Amphibibolia", seine „vielzüngige Zweideutigkeit", die heute eher positiv als Offenheit und Toleranz oder gar als tiefgründiger christlicher Humor[2] bewertet wird, scheint für Luther gerade darin begründet gewesen zu sein.

Luther bekannte, daß ihn schon lange vor dem offenen Bruch, den Erasmus 1524 mit dem Streit um die Willensfreiheit einleitete, die ‚Paraclesis', eine Schrift von 1516, Erasmus entfremdet hätte. Denn Erasmus übergehe da die Rechtfertigung und sehe in Christus nur ein Vorbild und einen Lehrer.[3] Er kreidet ihm auch sonst noch allerhand an, nichts aber scheint ihn so erregt zu haben, wie dieser eine Satz aus der Hilariusausgabe. Für Luther beinhaltete er nicht nur einen Irrtum oder eine unpassende Bemerkung des Erasmus, dieser Satz diskreditierte sein gesamtes Werk.

Man braucht Luther darin nicht zu folgen, sinnvoll aber dürfte es sein, den Hinweis ernst zu nehmen, des Erasmus Theologie sei von seinem historischen Ansatz her zu deuten.[4] Tatsächlich erweist es sich als fruchtbar, das Werk des Erasmus einmal unter diesem Blickwinkel zu betrachten.

---

[1] Ebd. S. 34, 225 f.

[2] Vgl. Walter M. Gordon: Humanist Play and Belief. The Seriocomic Art of Desiderius Erasmus. Toronto 1990.

[3] WA Br. 7, S. 32, 142 ff.

[4] Dazu gibt es bis jetzt m. W. keine Studien. Nur P. Walter weist darauf hin, daß Erasmus „die Geschichtlichkeit sowohl der Offenbarung im Alten und Neuen Testament als auch deren Vermittlung in der Kirche" reflektiert. (Peter Walter: Theologie aus dem Geist der Rhetorik. Zur Schriftauslegung des Erasmus von Rotterdam. Mainz 1991. Vgl. S. 255 und S. 79 ff.).

So fragt die folgende Studie: Wie kam Erasmus zu seinem neuen, viele Zeitgenossen so befremdenden historischen Ansatz? Wie sah sein theologisches Denken vor seinen exegetischen Arbeiten aus? Woran konnte er anschließen, als er den neuen Ansatz entwickelte? Und schließlich: Was für Konsequenzen hatte dieser Ansatz? Wie beeinflußte er seine Sicht wichtiger theologischer Anliegen seiner Zeit, etwa seinen Glaubensbegriff, seine Christologie und Rechtfertigungslehre, seine Willenslehre, seine Gotteslehre und einige seiner wichtigen Reformanliegen?

I. Erasmus bis 1509

Herkunft und Schulzeit

Über die Jugend des Humanisten ist wenig bekannt. Das Wenige ist indessen immer wieder bearbeitet und interpretiert worden.

Das Geburtsjahr ist unsicher. Nicht vor 1466 und nicht nach 1469 dürfte Erasmus geboren sein als zweiter Sohn eines humanistisch gebildeten Priesters und einer Arzttochter. Wie kommt es zu dieser Unsicherheit hinsichtlich der Lebensdaten bei einem Mann, der zu den bekanntesten seines Jahrhunderts zählte?

Erasmus selbst hat sie heraufbeschworen. Denn sicher ist, daß seine illegitime Geburt als Priestersohn, die er mit zahlreichen anderen Kindern Zölibatärer teilte, ihn sein Leben lang belastete und ihn zu vernebelnden, widersprüchlichen Angaben über seine Jugend veranlaßte. Wenn man dem ‚Compendium vitae' als Quelle trauen darf, erfand er dazu sogar eine rührselige Geschichte, in der er alles daran setzte, seine Eltern zu entschuldigen. Er spricht pietätvoll von der Liebe seiner Eltern zueinander und von bösen Verwandten, die den Vater, ohne daß er von der Schwangerschaft gewußt hätte, mit Lügen ins Zölibat getrieben hätten.[1] Eine schöne Geschichte, nur leider nicht wahr. Möglicherweise wurde die Geschichte Erasmus später unterschoben, sicher aber ist ihre Tendenz in seinem Sinne. Er tat alles, um seine illegitime Herkunft zu beschönigen oder gar zu vertuschen, obwohl er von sich behauptete, „er schrecke so sehr vor der Unwahrheit zurück, daß er als Knabe lügende Buben haßte und ihm als älterer Mann schon nur ihr Anblick körperliches Unbehagen bereite".[2] Offenbar war das Verheimlichen der Weg, wie der erwachsene Erasmus trotz nach eigener Einschätzung außergewöhnlicher Wahrheitsliebe damit umgehen wollte. Im Unterschied zum eine Generation jüngeren Heinrich Bullinger konnte er seine illegitime Herkunft nicht offen eingestehen oder doch wenigstens schicksalsergeben hinnehmen.

Wie der junge Erasmus in seiner Heimat, wo jeder seine Eltern kannte, mit seiner Herkunft umging, ist nicht überliefert. Aus seinen Schuljahren sind keine entsprechenden Äußerungen erhalten. Später bezeichnete Erasmus seine Jugendzeit als verlorene Zeit. Von wenigen Lichtblicken abgesehen hat Erasmus

---

[1] Allen I, S. 47, 1 f.
[2] Allen I, S. 51, 138 f. und LB X, c. 1663 F f.

seine Lehrer als hart und wenig erfolgreich charakterisiert. Nur der humanistisch gesinnte Rektor Alexander Hegius in Deventer war eine Ausnahme. Er hatte Rudolf Agricola zu einem Vortrag eingeladen, von dem Erasmus sehr beeindruckt wurde. Mit Hegius hat Erasmus später noch Kontakt gepflegt und ihm aus dem Kloster seine Gedichte geschickt.[1] Erasmus scheint die Schulen nicht mit Leichtigkeit durchlaufen zu haben. Seine Liebe zu den antiken Studien, die er mit seinem Vater teilte,[2] und, wie er gestand, „schon als Jugendlicher ins Herz geschlossen hatte", ja, die er leidenschaftlich über alles liebte,[3] hat er nach seiner Sicht nicht seinen Lehrern zu verdanken. Er hat sie im Gegensatz zu ihnen revoltierend entwickelt. Erst am Ende seiner Schulzeit wurde er von Hegius und Synthen bestätigt.[4] Der spätere glänzende Stilist von hervorragender Auffassungsgabe mit seinem bewundernswerten Gedächtnis war offenbar weder ein angepaßter noch ein hervorragender Schüler. Hing das mit seiner Herkunft zusammen? Oder eher mit dem frühen Tod der Eltern, die beide 1483 kurz hintereinander an der Pest starben? Wurde der von „einer mädchenhaften Scham" Gehemmte,[5] der bis an sein Lebensende öffentliche Auftritte mied, im Klassenzimmer eingeschüchtert? Oder wurde der Hochbegabte einfach zu wenig gefordert und reagierte mit Verweigerung? Die wenigen Quellen erlauben dazu kein Urteil.

Ebensowenig läßt sich entscheiden, ob sein zunächst geringes Interesse an Frömmigkeitsübungen und an theologischen Fragen, die in seinen Briefen und Gedichten aus der Klosterzeit (1487-1493) kaum eine Rolle spielen, mit seiner Herkunft zusammenhängen. Sicher dürfte die illegitime Geburt dem Kind ein einfaches Vertrauen in die kirchliche Frömmigkeitspraxis und Gnadenvermittlung erschwert haben, bot doch die Kirche dem Vater die Existenzgrundlage, stigmatisierte aber zugleich die Geburt des Kindes. So erschwerte sie sein Fortkommen in der Welt, das eigentlich nur durch einen Klostereintritt gesichert schien.[6] Erasmus trat denn auch in das Kloster der Augustiner-Chorherren in Stein bei Gouda ein. Später erklärte er, er sei von seinen Vormündern gegen seinen Willen dazu gedrängt worden.

---

[1] Allen I, S. 55, 79 f.; S. 57, 11 f.; S. 104, 37 f.; S. 105, 56 und S. 118, 18 f.

[2] Vgl. Sowards, J. K.: The Youth of Erasmus. Some Considerations, in: ERSY 9 (1989), S. 1 f.

[3] H, S. 135.

[4] Zum Einfluß von Hegius, Synthen und Agricola vgl. Richard Joseph Schoeck: Erasmus grandescens. The Growth of a Humanist's Mind and Spirituality. Nieuwkoop 1988, S. 40 ff.

[5] Allen II, S. 303, 440 f.; vgl. Allen I, S. 345, 135.

[6] Vgl. Klaus Schreiner: „Defectus natalium" – Geburt aus einem unrechtmäßigen Schoß, in: Ludwig Schmugge (Hrsg.): Illegitimität im Spätmittelalter. München 1994, S. 92. Auch Jacques Chomarat: Pourquoi Erasme s'est il fait moine, in: Jacques Chomarat, André Godin, Jean-Claude Margolin (Hrsg.): Actes du Colloque International Érasme (Tours 1986). Genf 1990, S. 238.

Auch geben die Quellen nicht preis, was Erasmus an den neuen humanistischen Studien so anzog. War es zunächst nur eine ästhetische Freude am eleganten klassischen Latein, die ihn begeisterte, oder der Optimismus, mit dem der Mensch als formbar gesehen wurde, formbar für eine neue Zukunft einer Gemeinschaft von wahrhaft Gebildeten, von Guten und Weisen? War ihm die antike Rhetorik nur stilistisches Handwerkszeug, oder ahnte er schon etwas von den methodischen Möglichkeiten, die sie bot? Lehnte er damals schon die aristotelische Logik ab und verschrieb er sich gar bewußt oder unbewußt mit seinen humanistischen Vorbildern einer ciceronischen Lebensweisheit, die neue Wege zu weisen schien, das Leben in einer von Seuchen, wirtschaftlichem Niedergang und Kriegszügen geprägten Zeit zu bewältigen? Was Erasmus vor seiner Klosterzeit bewegte, darüber ist kaum etwas bekannt. Mit der Klosterzeit aber betritt die Forschung sichereren Boden.

Im Kloster

Sehnsucht nach dem „Goldenen Zeitalter"

Fast alle Biographen sind sich darüber einig, daß die Zeugnisse aus der Klosterzeit kaum auf eine vertiefte mönchische Frömmigkeit weisen, hingegen auf großes Interesse an den humanistischen Studien. Die Briefe zeigen einen jungen Mann, der für antike Freundschaften schwärmt und sie im Kloster wieder aufleben lassen möchte. Er ergeht sich in sentimentalen Sehnsuchtsergüssen[1] und wirft sich mit Begeisterung auf das Studium der antiken Literatur, insbesondere der klassischen Dichter. Da werden kunstvolle Verse nach antiken Vorbildern geschmiedet, da werden stilisierte Briefe und Reden entworfen.[2] Des Erasmus Streben galt der klassischen Eloquenz und den klassischen Idealen.[3]

Er, der als Vierundzwanzigjähriger erklären mußte, er habe nichts als Bürgerkriege, Hunger und Pestilenz gesehen,[4] träumte sich mit den Dichtern der Zeitenwende in ein friedvolles Sehnsuchtsland, in die „goldene Zeit", wie Vergil sie besingt, in ein Land der Schäfer und Nymphen, wo Streit nur in Wettgesängen ausgetragen wird und der größte Schmerz Liebespein ist. Wahre Liebe

---

[1] Vgl. die Briefe an Servatius Roger, bes.: Allen I, S. 77 ff.

[2] Vgl. die frühen Gedichte ASD V-7, Nr. 1; Nr. 42; Nr. 50; Nr. 93 – 106; Nr. 109; Nr. 113; Nr. 114; Nr. 128; Nr. 135 und die Oratio für Berte van Heyen LB VIII. c. 551 ff.

[3] Vgl. neben den frühen Gedichten die Urfassung der ‚Antibarbari' ASD I-1, S. 38 ff.

[4] ASD V-1, S. 56, 473 f.

und Freundschaft – und blieben sie auch unerwidert – sind da Ziel und Erfüllung der Träume.

Auch im wirklichen Leben? In seinen Briefen an Servatius Roger, die dem antiken Freundschaftskult huldigen, werden Traum und Wirklichkeit kunstvoll verschlungen. Da schreibt Erasmus: „Ich bin von solchem Charakter (wenn ich mich selbst loben darf), daß ich glaube, in diesem Leben nichts der Freundschaft vorziehen zu dürfen." Auch wenn er zurückgewiesen werden sollte, Erasmus will nie aufhören zu lieben.[1] Diese Briefe und Gedichte werden meist als biographische Zeugnisse gelesen und daraus wird eine sentimentale homoerotische Liebe zu Servatius abgeleitet.[2]

Das ist gewagt. Kaum jemand wird die „Corinna" Ovids biographisch deuten wollen oder die zweite Ekloge Vergils entsprechend auslegen. Bei Erasmus aber, der die antiken Dichter nachahmt, sollte eine eindeutig biographische Zuordnung möglich und sinnvoll sein? Erasmus stellt sich hier in eine lange und zu seiner Zeit neu aufgelebte Tradition der Pastoraldichtung und der Sehnsucht nach einem Goldenen Zeitalter.[3] Es ist unmöglich, im Einzelnen zu entscheiden, was Imitat, was selbst erlebt und empfunden, was allegorische Spielerei, was ernst zu nehmen ist. Sicher ist nur, daß Erasmus die Sehnsucht nach einem idyllischen Zeitalter der Schäferliebe mitsamt dem hingebungsvollen Freundschaftskult aufnimmt. Dem eintönigen Klosteralltag werden die heiteren Tändeleien, der als barbarisch empfundenen Zeit die Werte des Goldenen Zeitalters, wie sie die antike Klassik besang, entgegengesetzt.

Die Gedichte ‚Carmen buccolicum' und ‚Oda amatoria',[4] die biographisch interpretiert werden, wenden beide die gleiche Technik an. Sie nehmen bekannte antike Themen auf, um sie von einer anderen Warte aus neu zu beleuchten. Das ‚Carmen buccolicum' bedient sich der verhängnisvollen Liebe Polyphems zu Galathea nach Ovids Metamorphosen[5] und die ‚Oda amatoria' der gleichgeschlechtlichen Liebe des Menalcas zu Amyntas nach Vergils dritter Ekloge. Erlebnispersonen aber sind nicht wie in den Vorlagen Galathea oder Menalcas, sondern ein junger Liebhaber und Amyntas. Hat nun der Leser die antike Vorlage im Kopf, werden die Gedichte sofort vielschichtig und amüsant. Ein junger Liebhaber grämt sich nach Erasmus über eine vermeintliche Liebe

---

[1] Allen I, S. 86, 18 f.
[2] Vgl. die Angaben bei James D. Tracy: Erasmus of the Low Contries. Berkeley 1996, S. 22.
[3] Vgl. Claude Longeon (Hrsg.): Le genre pastoral en Europe du XVe au XVIIe siècle. Saint-Etienne 1980.
[4] ASD I-7, Nr. 102 und Nr. 103.
[5] L. XIII, 740 ff.

Gunifoldas/Galatheas zum ungeschlachten Cyclop, während der Leser doch aus Ovids Metamorphosen weiß, wie sie den Alten verabscheute und mit dem jugendlichen Alcis tändelte, der freilich vom Cyclopen verfolgt in einen Fluß verwandelt wurde, dabei aber, so sehr Galathea das Ende ihrer Liebesstündchen betrauert, immerhin in das Meer mündet, in das sie tauchte und aus dem sie geboren ist.

Die ‚Oda amatoria' spielt in gleicher Manier auf die 3. Ekloge Vergils an. Bei Vergil besingt Menalcas in höchsten Tönen seine Liebe zu Amyntas. Wie aber tat er es? Er mißbrauchte die Liebe zum Knaben als Sujet im Sängerwettstreit, um sie, wo es tunlich schien, mit dem Preis der Phyllis zu vertauschen, ja, schließlich den Mäzen Pollio und endlich alberne Rätsel zum Thema seiner Verse zu machen. Kein Wunder, daß Amyntas, der bei Erasmus aus seiner Sicht berichtet, sich beleidigt verschmäht fühlt und droht, eine mögliche reuige Umkehr und neuerliche Liebeswerbung des Menalcas zurückzuweisen. Sie sei ihm „kein Wollflöckchen" wert.[1]

So: als lustvolles, halb ernsthaftes, halb heiteres Spielen mit antiken Themen werden die Schäferidyllen indessen meist nicht verstanden, sondern als biographische Zeugnisse einer unglücklichen Liebe des Erasmus zu Servatius Roger. Sind doch hoch artifizielle, um Liebe werbende Briefe an diesen überliefert. Servatius ist da der „innig Geliebte", den Erasmus „lieber als seine Augen, als seine Seele, als sich selbst hat".[2] Wie aber wäre es, wenn nicht die Gedichte im Spiegel der Briefe, sondern umgekehrt die Briefe im Spiegel der Gedichte gelesen würden? Auffällig ist ja, wie die Briefe, die in immer neuen tragischen Wendungen eine verschmähte Liebe beschwören, schließlich mit der nüchternen Aufforderung an den Geliebten enden, sich den Studien zu widmen.[3] Ist die völlige Verzweiflung und Passivität der unglücklich Liebenden nach Catull nicht die Voraussetzung für den Eintritt in die goldene Zeit? Jedenfalls wurde das öde Eiland von Dionysos erst verwandelt, nachdem die verlassene Ariadne zu Tode verzweifelt war.[4] Und ist es nach Horaz nicht die Dichtkunst, die das Goldene Zeitalter heraufbeschwört?[5] Wie, wenn Erasmus in seinen Briefen an Servatius das Goldene Zeitalter nicht nur in Mythen, sondern auch im Klosteralltag spielerisch aufleben lassen wollte? Jedenfalls waren für

---

[1] ASD I-7, Nr. 103, Z. 36.
[2] Allen I, S. 79, 1 f.
[3] Allen I, S. 87, 55 und S. 88, 1 f.
[4] Vgl. Catull: Carm. 64, 248 ff.
[5] Vgl. Carm. I, 17, bes. 16 f. und Oden II, 19 und III, 4.

ihn in den ersten Klosterjahren humanistische Studien und Freundschaft höchste Werte, ja, sie machten das Klosterleben überhaupt erst lebenswert.[1]

Die Schäferidylle lebt vom Gegensatz zu der als feindlich empfundenen Gegenwart. Es ist eine Flucht aus der rauhen Wirklichkeit in eine Traumwelt, zugleich aber auch mehr. Der Dichter findet in dieser Traumwelt einen distanzierten Standpunkt zu seiner eigenen Zeit, die er so erst – gleichsam von ferner Warte aus – überblicken und beurteilen kann. Für die antiken Dichter war das Goldene Zeitalter ein Mythos, von dem sie freilich hofften, er werde sich im heraufziehenden neuen Zeitalter verwirklichen lassen, so Vergil in seiner vierten Ekloge. Für Erasmus und seine Freunde der Klosterzeit aber war es mehr als nur ein zukunftsweisender Mythos, es war zugleich Geschichte, die Geschichte der antiken Dichtkunst. Die goldene Zeit, in der es „einstmals keine Region und keine Insel gab, welche nicht der sangeskundige Fuß der Kalliope berührt hatte",[2] ist nicht nur die Zeit des mythischen Sängers Orpheus, der als Kronzeuge für die Macht der Sangeskunst gilt, es ist auch die Zeit Homers, die Zeit Vergils, des Horaz, des Statius und Lukans.[3] Die antiken Dichter haben für Erasmus und seinen Kreis diesen Mythos verwirklicht. Aber ihre Zeit ist längst vergangen und mit ihnen die goldene Zeit der Dichtkunst: „Verachtet liegen ihre gelehrten Werke ... Kalliope ist verbannt."[4] Aber wo sie doch schon einmal Geschichte geworden war, sollte da die goldene Zeit der Lieder nicht von Neuem belebt werden können, gerade jetzt in der barbarischen eigenen „Zeit, in der die heilige Dichtkunst so darniederliegt", weil der Neid sie verfolgt?[5] Doch, sie soll es! „Seltene Kunst reizt zum Neid, aber diese wird ihn überlegen besiegen", singt ein Freund des Erasmus im Gedicht wider die Barbaren, das er 1489 im Wechsel mit Erasmus schrieb.[6]

Die vergangene antike Kultur dient Erasmus und seinen Freunden als Spiegel für die eigene Zeit und als Hoffnungsträger für die Zukunft. Darum von einem historischen Bewußtsein bei den vom Humanismus begeisterten jungen Mönchen zu sprechen, wäre verfehlt. Mythos und Geschichte werden von ihnen noch nicht geschieden. Wie Werte einer vergangenen Kultur wiederbelebt werden können, wird nicht reflektiert. Das Vergangene gilt aber nicht als unwiederbringlich verloren, man glaubt es, sei es Mythos oder Geschichte, verge-

---

[1] Vgl. ASD V-1, S. 80, 92 ff.
[2] ASD I-7, Nr. 93, Z. 77 f.
[3] Ebd. Z. 65 f.
[4] Ebd. Z. 137 f.
[5] Ebd. Z. 155 f.
[6] Ebd. Z. 166 f.

genwärtigen zu können. Das Werden und Vergehen von Kulturen wird, wie vordergründig auch immer, angesprochen. Der Wandel der Zeiten dringt in das Bewußtsein der Mönche.

Tod und Vergänglichkeit als Thema

Die Vergänglichkeit, die den einzelnen Menschen angeht, der Tod, der allem ein Ende setzt, ist indessen – gut klösterlich – das Hauptthema der persönlich gehaltenen Gedichte, so sehr, daß man glaubte, Todesängste des Erasmus zum wichtigsten Charakteristikum seiner Klosterzeit machen zu können.

Es müssen jedoch sehr viele Vermutungen herangezogen werden, wenn man bei Erasmus von Anfechtungen aus Angst vor dem Tod und dem ewigen Gericht sprechen will, um dann die literarischen Studien im Kloster nur als Mittel zum Zweck werten zu können, mit denen er seine Ängste überwunden hätte.[1] Denn so häufig sie vom Tod sprechen, von Todesängsten zeigen die Quellen aus der Klosterzeit keine Spur. Die Todesproblematik, das Wissen um die Vergänglichkeit aller Dinge, spielt jedoch in fast allen überlieferten Gedichten eine Rolle und regt Erasmus seit 1490 zu den wenigen frommen Betrachtungen aus der Klosterzeit an.[2] Von 23 Gedichten, die der Herausgeber Harry Vredeveld der Klosterzeit zuweist, werden der Tod oder die Vergänglichkeit in elf Gedichten thematisiert,[3] in sieben kommen sie vor[4] und nur in fünf werden Tod, Sterben oder Vergänglichkeit nicht angesprochen.[5] Es heißt etwa: „So schwindet die Blüte des Lebens, Freund, die süße Jugendzeit eilenden Fußes unwiederbringlich. Die Schönheit vergeht, es vergehen die tätigen Kräfte des Leibes, und es sinken Kraft und Feuer des Geistes dahin. Trauriger und voller Schmerzen stürmt das Alter heran und schnellen Fußes naht die gebeugte Greisenzeit. ... Schon schwinden die nie mehr wiederkehrenden Freuden

---

[1] So Roland H. Bainton: Erasmus of Christendom. New York 1969. Er bezieht sich auf eine Bemerkung aus dem Jahre 1518. Erasmus gesteht da Beatus Rhenanus: „Iuvenis olim ... ad nomen etiam mortis solebam inhorrescere". (Allen III, S. 401, 267 f.). Bainton bezieht die Angabe „als Jüngling einst" auf die Klosterzeit und konjiziert weiter, Erasmus habe gefürchtet zu sterben, bevor er seine Tugend genügend habe entwickeln können, um des ewigen Lebens würdig zu sein. (S. 18). Das würde bedeuten, Erasmus hätte noch Jahre später den Tod der Eltern überhaupt nicht verarbeitet und der junge Mönch hätte sich ausgerechnet Horaz, Vergil, Terenz, Catull und Ovid ausgewählt, um sich auf einen christlichen Tod vorzubereiten und seine Angst vor Gottes Gericht zu meistern.

[2] Vgl. bes. ASD I-7, Nr. 108; Nr. 114; Nr. 94.

[3] Ebd. Nr. 99; Nr. 101; Nr. 109; Nr. 104; Nr. 105; Nr. 113; Nr. 114; Nr. 94; Nr. 95; Nr. 96; Nr. 108.

[4] Ebd. Nr. 100; Nr. 102; Nr. 103; Nr. 106; Nr. 93; Nr. 1; Nr. 117.

[5] Ebd. Nr. 42; Nr. 98; Nr. 128; Nr. 97; Nr. 107.

des Lebens und an ihre Stelle werden Tod und Mühsal treten."[1] Darum gilt es, „die Jugendtage zu genießen",[2] folgert der Mönch als gelehriger Schüler von Catull und Horaz.

Alles ist auf dieser Welt vergänglich, das hat Erasmus früh erfahren und verinnerlicht. Mit den antiken Dichtern zieht er die Konsequenz: Carpe diem! Aber er ruft seinen Brüdern auch gut klösterlich zu: Verachtet die vergängliche Welt! Zugleich durfte er gläubig vertrauen, daß Gott unvergängliches Leben schenkt: Er stellt dem „bitteren Tag des Todes" „die Freuden des himmlischen Jerusalem" gegenüber[3] und mahnt zur Geduld angesichts der Vergänglichkeit aller Dinge: „Trage mit Gleichmut die eisige Winterkälte, die die warme Jahreszeit ablöst und laß Tag und Nacht einander folgen, bis Gott dem Weltengewölbe, indem er die Traurigkeit hinwegnimmt, sein Ziel setzt, und Dich ohne Ende beglückt."[4]

Ob man in die Gedichte oder in die Schrift ‚De contemptu mundi' und die ‚Oratio funebris in funere Bertae de Heyen' schaut, Erasmus ruft dazu auf, die vergänglichen Freuden der Welt zu verachten, nach bleibenden Schätzen wie Weisheit und Güte zu streben und sein Vertrauen auf Gott zu setzen.[5] ‚Alles vergehet, Gott aber stehet', diese Erfahrung und Glaubensgewißheit konnte Erasmus aus dem Kloster in die Welt hinaus mitnehmen, als ihm seine hervorragenden Lateinkenntnisse und sein stilistisches Vermögen eine Sekretariatsstelle beim Bischof von Cambrai eintrugen. Sie bot die verlockende Aussicht auf eine Italienreise. Diese Aussicht zerschlug sich, aber der Bischof ermöglichte dem schon 1492 zum Priester geweihten Mönch ein Theologiestudium in Paris.

---

[1] Ebd. Nr. 104, Z. 13 ff.

[2] Ebd. Nr. 104, Z. 28.

[3] Ebd. Nr. 108.

[4] Ebd. Nr. 105, Z. 135 f.

[5] Diese Weltverachtung nährt sich aus der allgemein menschlichen Erfahrung, daß alles vergeht und dem Tod anheimfällt. Sie hat wenig zu tun mit der Weltverachtung der Devoten und spätmittelalterlicher Mönchstheologie. Folgerten doch die frühesten Gedichte des Erasmus gar aus der Todeserfahrung, die Jugend sei zu genießen, solange es Zeit ist. Carpe diem heißt da das Motto, nicht bete zu Gott! Ein tieferer Einfluß der Devotio moderna, für den auch die anderen Quellen nicht sprechen, läßt sich daraus nicht ableiten. Wie in meiner Dissertation bin ich auch heute noch der Meinung, daß ein besonderer Einfluß der Devotio moderna auf Erasmus nicht nachzuweisen ist. Vgl. Christine Christ-v.Wedel: Das Nichtwissen bei Erasmus von Rotterdam. Basel 1981, S. 8 ff. Vgl. auch C. Augustijn: Erasmus und die Devotio moderna, in: ders.: Erasmus. Der Humanist als Theologe und Kirchenreformer. Leiden 1996, S. 26 ff. Augustijns Schlußfolgerungen haben meine volle Zustimmung. Anders sehen es A. G. Dickens and Whitney R. D. Jones: Erasmus the Reformer. London 1994, S. 8 ff.

Die ‚Antibarbari‘

Nach Paris brachte Erasmus sein Manuskript der ‚Antibarbari‘ mit, eines Dialoges, der an das besprochene Gedicht gegen die Barbaren anknüpft und sich gegen alle Verächter heidnischer Studien richtet. Um seinen Bildungseifer gegen eine mönchische Bildungsaskese zu verteidigen, zitiert Erasmus die Kirchenväter, Hieronymus und Augustin, zu seinen Gunsten, ohne freilich deren asketischen Bildungsbegriff zu übernehmen oder auch nur Verständnis für ihr Ringen um eine Verbindung von weltlichem Wissen und christlicher Frömmigkeit zu zeigen. Er fragte sich nicht wie Hieronymus in seinem Traumgesicht mit geängstigtem Gewissen: Bist du Ciceronianer oder Christ?[1] Für ihn „hat gemeinhin die Religion ohne Bildung, ich weiß nicht welches Anhängsel von verschrobener Tölpelhaftigkeit an sich, vor welchem die Gelehrten weit zurückschrecken“.[2]

Aber Erasmus stellt sich ernsthaft die Frage nach einem vertretbaren Verhältnis von Glauben und Wissen, oder, wie Cornelis Augustijn es formulierte, er fragt sich: „Wie kann man ehrlichen Gewissens Kulturmensch und zugleich Christ sein?“[3] Die Frage hat ihn in den folgenden Jahren weiterbeschäftigt. Er hat in England einen zweiten Teil zu dem Werk verfaßt und Material für ein drittes und viertes Buch gesammelt. Diese Teile gingen verloren. Noch 1535 bedauerte Erasmus den Verlust. 1520 gab er den ersten erhaltenen Teil in überarbeiteter Form heraus.[4]

Die Version von 1494/95 blieb erhalten. Darin hat Erasmus noch nicht zu einer echten Verbindung von Glauben und Wissen gefunden. Daß humanistische Bildung Frömmigkeit und Theologie nicht nur „begleiten“ darf, sondern recht eigentlich in ihren Dienst treten kann und soll, wird kaum angedeutet. Die Frage, ob nicht der am vortrefflichsten sei, „der die Gelehrsamkeit zum Ruhme Christi gebrauche“, wurde von Erasmus erst für den Druck von 1520 eingeflochten.[5] Dieser Gedanke, der seit dem ersten Englandaufenthalt von Erasmus immer wieder formuliert werden sollte und der als Motto für das spätere Werk des Erasmus dienen könnte, ließ sich indes leicht in den Dialog einpassen. So weisen die ‚Antibarbari‘ schon auf seine Lebensaufgabe voraus.

---

[1] Hieronymus: Ep. 22, 30 (MPL 22, c. 416).
[2] ASD I-1, S. 47, 3 f.
[3] Cornelis Augustijn (1986), S. 27.
[4] Vgl. die Einleitung von Kasimierz Kumaniecki in ASD I-1, S. 12.
[5] ASD I-1, S. 93, 9.

Die antike Bildung wird 1494 um ihrer selbst willen gepriesen. Sie führt zu Tugend und Bescheidenheit. Dafür beruft Erasmus sich nicht nur auf illustre Beispiele wie Sokrates, in humanistischem Selbstbewußtsein pocht er auf die eigene Lebenserfahrung. Der Hauptredner bekennt: „Als ich noch ein redlicher ABC-Schütze war, gefiel ich mir selbst recht, da ich doch diese Studien mit ihren Mühen kaum geschmeckt hatte. Jetzt nach so vielen Jahren – ich nähere mich dem 29. Jahr – mißfalle ich mir von Tag zu Tag mehr und mehr, und ich halte jenes Sokrateswort hoch: dies eine weiß ich, daß ich nichts weiß."[1]

Erasmus muß seinen Gegnern zugeben: „Religion und Gelehrsamkeit passen nicht gut zusammen. Die Frömmigkeit beruht auf dem Glauben, die Gelehrsamkeit untersucht mit Beweisen und stellt die Sache in Frage."[2] Dennoch zweifelt er nicht daran, daß die Gelehrsamkeit an sich gut ist: „Christus bestimmte insbesondere für sein Jahrhundert die Erkenntnis des höchsten Gutes, aber er glaubte, den vorhergehenden Jahrhunderten das zuteilen zu müssen, was dem höchsten Gut am nächsten kommt: nämlich die größte Gelehrsamkeit."[3] Sicher, man kann auch Gelehrsamkeit mißbrauchen, auch Gelehrte können schlecht handeln. Gegenüber Barbaren aber, die Böses tun, sind sie vorzuziehen. Denn sie wissen wenigstens, was gut handeln heisst, und können sich dementsprechend ändern.[4] Gelehrsamkeit ist ein hohes Gut, und sie widerspricht dem Christentum keineswegs, auch sie ist Gott wohlgefällig. Das ist die Botschaft des Dialoges von 1494/95.

Geschichte als „magistra vitae"

Erasmus hat 1495 in Paris sofort Fühlung mit den humanistischen Kreisen der Stadt gesucht. Er führt sich mit einem Brief bei Robert Gaguin, dem Haupt der Pariser Humanisten, ein und wird freundlich von den Pariser Gelehrten aufgenommen.[5] Gaguin hat eben sein neues Werk, eine Geschichte Frankreichs aus humanistischer Sicht, in den Druck gegeben. Er verschafft Erasmus die erste Gelegenheit zur Veröffentlichung. Erasmus darf ein Lob des Autors in Form eines Briefes beisteuern. Was hatte er 1495 zum Preise eines Historikers zu sagen?

---

[1] ASD I-1, S. 88, 23 f. Vgl. zu einer detaillierten Interpretation: Christine Christ-v.Wedel (1981), S. 21 ff. Eine gute Inhaltsangabe des Dialoges bietet Kasimierz Kumaniecki in ASD I-1, S. 15 ff. Bei ihm finden sich auch weitere Literaturangaben.

[2] ASD I-1, S. 47, 22 f.

[3] ASD I-1, S. 84, 5.

[4] ASD I-1, S. 102, 1 ff.

[5] Allen I, S. 146, 1 ff.

Es ist erstaunlich wenig Belangvolles. Der Historiker verherrlicht den Ruhm der Vorfahren und bewahrt hehre Taten vor dem Vergessen.[1] „Fides" und „eruditio" machten einen guten Geschichtsschreiber aus.[2] „Fides" bedeutet hier nichts anderes als Vertrauenswürdigkeit. Er muß vertrauenswürdig sein – darauf legt Erasmus besonderen Wert –, damit man ihm die Fakten abnimmt.[3] Noch bedeutsamer aber ist für Erasmus Gaguins Eruditio, sein literarisches Vermögen, mit dem er sogar trivialen Geschehnissen noch Bedeutsamkeit verleihen kann.[4] Das ist bereits alles, was Erasmus 1495 zur Aufgabe des Historikers zu sagen weiß. Von einer kritischen Durchsicht der Quellen oder von einem Einfühlungsvermögen in vergangene Werte ist nicht die Rede.

Der Brief spiegelt damit das allgemeine humanistische Geschichtsbild. Die Geschichte galt als „magistra vitae". Abschreckende und beispielhafte Biographien sollten zu vorbildlichem Handeln anregen. Es ging vor allem „um die literarische und – als ebensolche erst – bildungsträchtige *Verarbeitung* von Geschichte", weniger um das Vermitteln eines historischen Bewußtseins.[5] Der Leser sollte sich nicht des Zeitwandelns bewußt werden, des Abstandes, der ihn von der Antike trennte, sondern die Heldentaten der Antike als zeitlose Beispiele nachahmen.

Erasmus geht darüber nicht hinaus. Daß Erasmus das Goldene Zeitalter der Dichtkunst besungen und die Unbeständigkeit von Freude und Leid, von Glück und Unglück im Leben des einzelnen Menschen in seinen Gedichten thematisiert hatte, scheint sein Verständnis von der Geschichte zunächst nicht tiefgründig geprägt zu haben. Jedenfalls zeigt das Lob auf Gaguin keine Spur davon. Ein Bewußtsein für historische Abläufe hat Erasmus da nicht entwickelt.

Der Wandel der Kulturen in der Geschichte

Zwei Jahre später aber zeigt der Student in Paris in einem Brief an seinen Schüler und Freund Thomas Grey einen Sinn für den Wandel der Zeiten. Erasmus, der zunächst in das im Geiste devoter Askese streng geführte Collège Montaigu für arme Studenten eingetreten war, hielt es dort nicht lange aus. Er siedelte in

---

[1] Ebd. S. 152, 119 f.

[2] Ebd. S. 150, 45 f. und S. 151, 101 f.

[3] Vgl. James S. Hirstein: Erasme, l'Histoire Auguste et l'histoire, in: Jacques Chomarat, André Godin, Jean-Claude Margolin (Hrsg.): Actes du Colloques International Érasme (Tours 1986). Genf 1990, S. 73.

[4] Allen I, S. 150, 36 f. und S. 151, 92 ff.

[5] Erich Meuthen: Humanismus und Geschichtsunterricht, in: August Buck (Hrsg.): Humanismus und Historiographie. Rundgespräche und Kolloquien. Weinheim 1991, S. 9.

ein freieres Studentenhaus über und verdiente sich den nötigen Unterhalt als Tutor reicher Söhne. Für sie hat Erasmus seine pädagogischen Schriften konzipiert, die er später erweiterte und überarbeitete. Abgesehen von dem Vorschlag, daß arme Kinder zusammen mit reichen von deren Hauslehrern unterrichtet werden sollten, hat Erasmus sich keinerlei Gedanken gemacht, wie eine breite Bildung durchzusetzen sei,[1] geschweige denn, daß er sich für allgemein zugängliche Schulen eingesetzt hätte. Seine pädagogischen Schriften aber wurden weit herum an alten und neuen Bildungsinstituten als Lehrmittel benutzt und sicherten ihm einen enormen Einfluß auf die folgenden Generationen. Sie schenkten Europa eine lebendige, einfühlsam auf die Fassungskraft des Kindes eingehende Erziehungskunst. Thomas Grey konnte er nach einem Streit mit dessen Erzieher, der Erasmus einen zu engen Umgang mit dem begabten Schüler vorwarf, nur schriftlich unterrichten.

In einem Brief vom August 1497 führt er ihn in witziger, unterhaltsamer Form zugleich in die griechische Sagenwelt und in sein Urteil über die zeitgenössische scotistische Theologie ein, wie sie ihm an der Universität begegnete. Er berichtet vom legendären Schlaf des Epimenides, eines orphischen Theologen, der wahrscheinlich um 500 v. Chr. in Kreta und Athen gelebt hat. Er soll fast 50 Jahre lang in einer Höhle geschlafen haben. Erasmus behauptet nun dreist, die zeitgenössischen Scotisten würden ein Pergament mit den Haarspaltereien des alten Griechen wie ein Orakel benutzen. Dem Epimenides aber sei es noch gut gegangen. Denn er sei immerhin erwacht, während die Scotisten ewig weiterschlafen.[2]

Epimenides aber erwachte, „rieb die verschlafenen Augen, wußte noch nicht recht, ob er wach sei oder träume, und verließ darauf die Höhle. Da bemerkte er: Die ganze Gegend hatte ein verändertes Aussehen. In der langen Zeitspanne hatten die Flüsse sich einen neuen Weg gesucht. Hier waren die Wälder abgeholzt, hier nachgewachsen. ... Er erreichte die Stadt, auch hier war alles neu. Er kannte weder Mauern noch Wege, weder das Geld, noch selbst die Menschen: Anders der Kult, anders der Ritus, anders die Sprache – so groß ist die Unbeständigkeit in menschlichen Angelegenheiten."[3]

Alles ändert sich, selbst Kult, Ritus und Sprache, macht Erasmus seinem Schüler klar. Die scotistischen Theologen aber reden immer noch die Sprache von gestern. Das ist der Hauptgedanke der lustigen Belehrung. Der in Humani-

---

[1] LB V, c. 716. Vgl. Jean-Claude Margolin: Érasme et le problème social, in: Rinascimento XXIII (1973), S. 85-112.
[2] Allen I, S. 190, 4 f.
[3] Ebd. S. 192, 57 f.

stenkreisen übliche Spott über das barbarische Latein der Scholastiker kommt nur ganz am Rande vor.

Hier hat Erasmus sein Wissen um die Vergänglichkeit alles Irdischen nicht nur auf der persönlichen Ebene angewandt, hier bezieht er es auf einen kulturellen Wandel. Sprache, Denken und Frömmigkeit der Scholastiker passen nicht mehr in die Zeit der Wende zum 15. Jahrhundert. Hier wird nicht wie in den frühen Gedichten mit einer mythischen Vorzeit der eigenen Zeit der Spiegel vorgehalten. Hier wird selbstbewußt die eigene Zeit einer vergangenen gegenübergestellt.

Urteil über die „veraltete" Scholastik

Erasmus war um die 30 Jahre alt, als er diesen Brief schrieb. 20 Jahre später schrieb Luther im gleichen Alter seine Thesen gegen die scholastische Theologie. Von Luther wird die Scholastik nicht verspottet, sie wird als Gegner ernst genommen und frontal bekämpft. Da heißt es immer wieder von scholastischen Lehrsätzen: „Falsch ist", „absurd ist", „eine Täuschung ist", „es kann nicht sein", „es ist nicht wahr, daß" und so weiter. Grundsätzlich wird festgehalten. „Umsonst wird eine Logik des Glaubens erdacht." Die Scholastik wird samt der aristotelischen Philosophie für die Theologie völlig abgelehnt.[1] Sie ist unbrauchbar, ja gefährlich, ihre Lehrsätze sind häretisch und falsch.

Anders bei Erasmus, da ist die überkommene Schultheologie auch wenig brauchbar, aber durchaus nicht grundsätzlich abzulehnen, falsch oder gar häretisch, das behauptet der Brief mit keinem Wort. Erasmus hat später immer wieder auf die Unzulänglichkeit der scholastischen Methode für seinen theologischen Ansatz hingewiesen. 1499 schrieb er an John Colet, was die alte Theologie geklärt habe, das verdunkle die Scholastik wieder, sie sei „sprachlos, unvermögend und lumpig". Dabei schreibe sie „kühn Vernunftregeln vor, nach denen Gott seine Geheimnisse ausführen solle, statt sie seiner Allmacht anheimzustellen".[2] Das heißt aber noch nicht, daß ihre Lehrsätze häretisch wären: wo es ihm paßte, hat Erasmus Scholastiker zitiert. Ihre dialektische Methode konnte er nicht völlig ablehnen oder durch Besseres ersetzen. Er wollte sie nur eingrenzen. 1519 – nach Luthers Frontalangriff auf die Scholastik – gesteht er: „Meine Bemühungen gehen nicht dahin, daß sie Thomas oder Scotus auf den Universitäten auspfeifen sollen oder aus ihrem alten Besitzstand vertreiben. Das stünde gar nicht in meinen Kräften und selbst wenn, wüßte ich nicht, ob es

---

[1] WA 1, S. 224 ff., bes. S. 226, Nr. 44-48.
[2] Allen I, S. 246, 20 ff.

wünschenswert wäre, außer wir sähen schon ein neues Verfahren für die Lehre bereitstehen, das überlegen wäre. " Für ihn, fügt er bei, würde es genügen, wenn die Theologie etwas besonnener betrieben würde und man sich an die evangelischen Quellen hielte.[1]

Im Jahr 1520 bläst er noch einmal in das gleiche Horn: „Aber dennoch wollte ich sie lieber verbessern, als verwerfen, oder lieber ertragen, bis es irgendeine geeignetere Methode (ratio) für die Theologie gäbe."[2] Das schrieb Erasmus, nachdem seine ‚Ratio seu methodus compendio perveniendi ad veram theologiam', seine eigene Methode, zu einer echten Theologie zu gelangen, bereits in mehreren Ausgaben erschienen und weiterhum etabliert war. Erasmus war sich bewußt, daß sie die scholastische Methode nicht völlig ersetzen konnte. Er war nicht der Mann dazu, ihre Logik durch eine bessere abzulösen. Anders als Lorenzo Valla glaubte er nicht, sich das zutrauen zu dürfen. Soweit er ihm bekannt war, konnte ihn offenbar der Versuch Vallas, die aristotelische Philosophie und mit ihr die Scholastik auf Grund sprachlogischer Überlegungen zu widerlegen, nicht überzeugen.[3] Im Bewußtsein seiner eigenen mittelmäßigen Begabung auf diesem Gebiet hielt er sich zurück.[4] Erasmus hat auf die Mängel der Scholastik gewiesen, er hat die Vorzüge der Patristik herausgestellt und in seinen Ausgaben und Anmerkungen die Ergebnisse der Vätertheologie zugänglich gemacht. Seine philologisch-historische Exegese wurde wegweisend. Eine neue dialektische Methode aber hat er nicht begründet, noch Wege gewiesen, wie man auf sie ganz hätte verzichten können. Ja, er hat es nicht einmal versucht. Entsprechend hat er die Scholastik nicht frontal bekämpft, er versuchte nur, ihr den ihr gebührenden Platz zuzuweisen.

John Colet gegenüber hatte er in England Thomas von Aquin in Schutz genommen, weil der die Heiligen Schriften und die alten Autoren benutzt habe – er dachte dabei insbesondere an dessen ‚Catena aurea' – und 1520 bedauerte er, daß Thomas nicht in einem glücklicheren Zeitalter gelebt habe, denn ihm habe es weder an Talent noch an Fleiß gefehlt.[5] In den ‚Annotationes' wird Erasmus sich aus der scholastischen Tradition besonders mit Thomas von Aquins ‚Catena aurea', daneben mit der ‚Glossa ordinaria', den Sentenzen des Petrus Lombardus und den Kommentaren von Petrus Comestor, Hugo von St. Viktor

---

[1] Allen IV, S. 33, 8 f.
[2] Allen IV, S. 319, 14 f.
[3] Zu Vallas Überwindung der Scholastik vgl. Hanna-Barbara Gerl: Rhetorik als Philosophie. Lorenzo Valla. München 1974.
[4] Vgl. Allen VI, S. 90, 125 f.
[5] Allen IV, S. 520, 430 f. und ebd. S. 315, 261 f.

und Nikolaus von Lyra kritisch auseinandersetzen.[1] Alle diese Werke bemühen sich um eine Bibelauslegung nach dem Literalsinn. Erasmus wußte aus dem scholastischen Erbe auszuwählen, was in seinen ‚Anmerkungen' zu diskutieren sich lohnte. Wohl hat er sie meist als schlechte Beispiele herangezogen, aber immerhin einer Diskussion für würdig gehalten.

1522 schrieb er in der ‚Matthäusparaphrase' im ‚Begleitbrief an den Leser' seine Sicht gleichsam zusammenfassend: „Ich gehe überhaupt nicht einig mit denen, die glaubten, die ungebildeten Laien seien ganz von den Heiligen Schriften fernzuhalten, und zu dem Allerheiligsten seien nur die wenigen, die die aristotelische Philosophie und Scholastik jahrelang betrieben hätten, zuzulassen. Vorderhand will ich nicht mit denen kämpfen, die annehmen, diese seien besonders geeignet, die verschlossenen Bände zu lesen und nachzuerzählen, weil sie den Verstand durch die menschlichen Disziplinen geübt hätten. Man möge sie eine Zeitlang vernünftig und besonnen treiben, darin nicht alt werden und ihnen, nicht mehr als ihnen zusteht, zuteilen."[2]

Wie ein veraltetes Kleidungsstück hat Erasmus die Scholastik an den Nagel gehängt und sich über ihren Zuschnitt lustig gemacht, sich aber, wenn es ihm passend schien, gern einmal ein Accessoire ausgeborgt.

Aber zurück in das Jahr 1497! Schon als Student hat Erasmus die Scholastik als museal empfunden. Dennoch hat er sich, das beweisen seine späteren Werke, eine solide Kenntnis der Scholastik angeeignet. Was bedeutet das? Erasmus stand bereits 1497 der zeitgenössischen Theologie kritisch gegenüber. Er hat seine theologischen Lehrer nicht als Führer zur wahren Gottesgelehrsamkeit verehrt, von denen er vielleicht später enttäuscht worden wäre und gegen die er dann rebelliert hätte, er hat sie als lächerliche Figuren erlebt: „Nichts sei fauler als ihre Gehirnwindungen, nichts barbarischer als ihre Sprache, nichts stumpfsinniger als ihre Einbildungskraft, nichts spitzfindiger als ihre Lehre, nichts ungehobelter als ihre Sitten, nichts unnatürlicher als ihr Leben, nichts ungenießbarer als ihre Rede und nichts schwärzer als ihr Herz."[3]

Beschimpft und verspottet hat er sie und sie wie Valla und unzählige andere Humanisten als unnatürlich und lebensfern entlarvt, aber er hat sie als Gegner nicht ernst genommen. Warum auch? Wozu sollte er eine Theologie bekämpfen, die sich schon überlebt hatte? Er fragte nicht, was darin wahr oder falsch

---

[1] Vgl. ASD VI-5, S. 34.
[2] LB VII, Pio lectori (1*), vgl. denselben Wortlaut in: Paraphrasin in Matthaei. Basel, Froben, 1522.
[3] Allen I, S. 193, 89 f.

ist, um das Falsche dann zu bekämpfen, er fragte, was veraltet ist, um es zu verspotten, und was noch oder wieder brauchbar sein könnte, um es zu nutzen. „Nicht, daß das Gesagte gegen die Theologie selbst gerichtet wäre", erklärt Erasmus, die „habe ich immer verehrt, ich mache mich nur lustig über gewisse ‚Theologiker' unserer Zeit".[1] Erasmus argumentierte historisch: Die Scholastik hat ihre Zeit gehabt, in die neue Zeit paßt sie nicht mehr hinein. In der Auseinandersetzung mit der Scholastik erweist Erasmus sich zum ersten Mal als ein Denker mit historischem Bewußtsein.

„Heilsgeschichtliche" Themen aus den Mysterienspielen

Wahrscheinlich zwei Jahre später als der Brief an Thomas Grey entstanden wohl 1499 drei Gedichte, die bis heute kaum Beachtung in der Erasmusforschung gefunden haben, für diese Studie aber wichtig sind.[2] Denn sie zeigen, wie sehr Erasmus das Denken in heilsgeschichtlichen Zusammenhängen aus dem Mittelalter übernahm und wie sehr er schon in Paris interessante und weiterführende theologische Themen auszuwählen verstand.

Es sind Gedichte, die Harry Vredeveld für Gelegenheitsgedichte hält, die Erasmus für einen freundschaftlichen Dichterwettkampf mit seinen ebenfalls dem Humanismus zugetanen Freunden Gillis van Delft und Fausto Andrelini verfaßte. Erasmus konnte sich da ganz frei fühlen, er mußte weder auf Geschmack noch Themenwünsche eines Auftraggebers oder Mäzens Rücksicht nehmen. Er hat diese Gedichte selbst nie veröffentlicht. Das erstaunt nicht. Denn sie fallen auf durch eine seltsame, ästhetisch kaum überzeugende Mischung aus spätmittelalterlichen Frömmigkeitsinhalten und antikisierend humanistischem Stil, eine Mischung, die Erasmus später ablehnte.[3] Vergil, Horaz, Catull und Ovid werden auf Schritt und Tritt imitiert in Gedichten, die ein Marienlob und die Fleischwerdung des Wortes, die Zeichen beim Tode Jesu und die Höllenfahrt Christi zum Thema haben. Aber auch von der Art, wie der jüngere Erasmus die Themen da stofflich behandelt, distanzierte er sich später. Denn Erasmus stützt sich in diesen Gedichten stark auf Traditionen jenseits der Bibel und der Väter.

---

[1] Allen I, S. 192, 86 f.

[2] Reedijk datierte sie früher in das Jahr 1489. Harry Vredeveld setzt sie mit guten, wenn auch nicht zwingenden Gründen in das Jahr 1499. Sicher sind sie vor 1500 entstanden. Sie zeigen keinerlei Spuren der Origeneslektüre oder des neuen neuplatonischen Interesses nach 1500.

[3] ASD I-2, S. 635, 26 ff.; bes. S. 639, 5 f.

Die innertrinitarische Beratung

Im Mariengedicht gibt Erasmus in klassischen Wendungen eine Art „heilsge-schichtlichen" Abriß.[1] Auch im ‚Ecclesiastes' von 1535 hat Erasmus das Evangelium als „Heilsgeschichte" zusammengefaßt, wobei er sich, abgesehen von einem knappen Hinweis auf den Engelsfall, streng an biblisch Überliefertes hielt.[2] Hier jedoch leistet er sich eine ganze Himmelsszene, die mit dem Fall Luzifers beginnt, dessen Platz von Gottvater durch den Menschen ersetzt wird. Auch der Mensch fällt, worauf sich ein Gespräch im Himmel zwischen Gott-vater und Sohn entspinnt. Für den Fall Luzifers konnte man sich mit einigem guten Willen auf Jes 14,12 und zu Recht auf Origenes und eine ganze Tradi-tion, die ihm folgte, berufen,[3] nicht indessen für das folgende Gespräch zwi-schen Gottvater und Sohn. Erasmus fragt sich: „Was sollte der Vater bei einer so großen Rebellion anfangen?" Und er formuliert in Anlehnung an Gen 6,6: „Sicher reute den gütigen Schöpfer sein eigenes Gebilde." („Plasmatis certe proprii benignum paenitet plasten"). Erasmus läßt ihn seufzen: „Sieh, während wir uns aufmachten, den Himmel durch Erde wiederherzustellen, da, o Weh, zerstörte der Vater des Todes das eine wie das andere durch denselben Scha-densfall." Mit ihm, dem Satan, erklärt Gott, habe er kein Mitleid, er leide zu Recht eine ewige Strafe. Denn er fiel aus eigenem Antrieb. Beim Menschen aber stehe die Sache anders. Er ließ sich verlocken. Aus eigenen Kräften jedoch kann sich niemand erlösen, der durch einen Fremden verführt wurde. Der Mensch muß also anders gerettet werden.[4] Soweit des Vaters Überlegungen. Jetzt tritt der Sohn in Aktion, „die unerschöpfliche Quelle der ewigen Weisheit, die die geheimen, in der väterlichen Brust versteckten Schätze hervorholt." Er erklärt in einer langen Rede in wieder aus der Patristik bekannten Vergleichen, wie die Menschheit zu retten sei. Fleisch muß durch Fleisch gerettet werden, durch Holz kam das Verderben, es muß am Holz wieder gut gemacht werden, usf., um schließlich festzuhalten, es gäbe nur einen Weg: die Menschwerdung

---

[1] Hier soll der Begriff „Heilsgeschichte" in einem vordergründigen Sinn verstanden werden, als in zeitlicher Abfolge gedachte Geschichte der Heilsereignisse. Was die heilsgeschichtliche Theolo-gie seit dem 17. Jahrhundert erarbeitet hat, ist hier noch nicht im Blick. Daß Erasmus später eine heilsgeschichtliche Sicht entwickelt, die wie die K. v. Hofmanns unter die Begriffe „Weissagung und Erfüllung" zu stellen ist, wird sich weisen und ist erst zu erweisen. Vgl. bes. u. S. 193.

[2] ASD V-5, S. 320, 192 f.

[3] Vgl. ASD I-7, S. 363, Anm. zu Z. 110-112. Für Origenes, der meines Wissens als erster die Ver-bindung zu Jes 14 herstellte: De principiis I, 5, 5 (Herwig Görgemanns, Heinrich Karpp (Hrsg.): Origenes vier Bücher von den Prinzipien. Darmstadt 1976, S. 209).

[4] ASD I-7, Nr. 110, Z. 173 ff.

Gottes. Und „der Vater stimmt dem vom Sohn mit so schmeichelnder Stimme Gesagten zu".[1]

Für moderne Leser ein befremdlicher Text, diese Unterhaltung zwischen den Personen der Trinität, wobei der Vater zunächst ratlos scheint. Dabei kann des Erasmus Gedicht nicht einmal als volkstümliche Entgleisung entschuldigt werden. Es ist voller Anklänge an antike Poesie und in einem so geschliffenen Latein geschrieben, daß es auch damals nur besonders Geschulte fließend lesen konnten. Dennoch dürfte der Inhalt bei seinen zeitgenössischen Lesern kaum ein Kopfschütteln ausgelöst haben, waren sie doch noch ganz anderes gewöhnt.

Rupert von Deutz hatte von einem „soliloquio", einem Selbstgespräch, der drei göttlichen Personen gesprochen[2] und eine innertrinitarische Beratung über die Erlösung angedeutet.[3] In einer allegorien- und bilderreichen Predigt über Ps 84 ließ nach ihm Bernhard von Clairvaux die göttlichen Eigenschaften Barmherzigkeit und Wahrheit sich angelegentlich um das Geschick des gefallenen Menschen kümmern. Auch der Frieden mischt sich ein, und schließlich kommt noch die Gerechtigkeit hinzu. Gott allein aber fällt als souveräner Richter das Urteil.[4] Beide Motive, die innertrinitarische Beratung und der Streit der göttlichen Eigenschaften oder Töchter Gottes, werden einzeln oder verbunden rasch von Erbauungsschriftstellern aufgenommen und verbreiten sich über ganz Europa.[5]

In der volkssprachlichen geistlichen Dichtung und in den Mysterienspielen war spätestens seit dem ersten Viertel des 14. Jahrhunderts eine Verhandlung über den Sündenfall mit Gottvater und Gottsohn als Personen ein fester Topos.[6] Dazu traten oft die göttlichen Eigenschaften als Ankläger und Verteidiger auf.[7]

---

[1] ASD I-7, Nr. 110, Z. 193 ff.

[2] In Gen II (MPL 167, c. 247).

[3] De glor. Trin. IX, 7 (MPL 169, c. 187).

[4] Sermo I in Test. Annun. (MPL 183, c. 383 ff., bes. c. 387).

[5] Vgl. Eduard Johann Mäder: Der Streit der „Töchter Gottes". Zur Geschichte eines allegorischen Motivs. Bern/Frankfurt 1971, bes. S. 25 und S. 30.

[6] Wilhelm Creizenach: Geschichte des neueren Dramas. Halle 1909 f., Bd. I, S. 186.

[7] Vgl. Friedrich Maurer (Hrsg.): Die Erlösung. Eine Geistliche Dichtung des 14. Jahrhunderts. Darmstadt 1964, S. 36 ff. und S. 6 f. Für den niederländischen Raum: Julius Zacker (Hrsg.): Mittelniederländisches Osterspiel, in: Zeitschrift für deutsches Altertum. II, Leipzig 1842, S. 303 ff. In diesem Maastrichter Spiel nach einer Handschrift aus dem Ende des 14. Jhds. streiten sich nur Barmherzigkeit und Wahrheit. Der Sohn tritt nicht auf. Aber Gott spricht zu sich selbst: „Unse here zu sich sprach" oder „in sich sprach" und „unse here zu sich selver", heisst es in den Bühnenanweisungen. (Ebd. S. 303, 308 und 324). Eine Formulierung, die stark an eine spätere des Erasmus erinnert. S. u. S. 150.

In der in Hessen entstandenen ‚Erlösung', die vielen Spielen als Vorbild diente,[1] wird unbekümmert Gottvater als zornig dargestellt, dessen Empörung erst von seiner Tochter Barmherzigkeit gedämpft werden muß. Dagegen streiten die Gerechtigkeit und Wahrheit: Die angekündigte Strafe muß erfolgen, erklären sie. Der Frieden wiederum plädiert mit der Barmherzigkeit für Milde.[2] Schließlich fragt Gottvater alle um Rat, wie er die verschiedenen Standpunkte vereinigen könne? Sie schauen sich schweigend an.[3] Der Sohn findet den Ausweg: "Des vader wîsheit und sîn rât / ... /seht den twang grôze milde / unde inbrunstec minne, / daz er hôhe sinne / alle hie zû brâhte, / wie er den funt erdâhte."[4]

Noch viel dramatischer und theologisch fragwürdiger geht es in ‚Die eerste Blijschap van Onzer Vrouwen' zu, einem niederländischen Mysterienspiel, das um 1447 von einem Brabanter verfaßt wurde und in Brüssel nachweislich bis 1566 regelmäßig aufgeführt wurde.[5] Da beraten die Schwestern Barmherzigkeit, Gerechtigkeit und Wahrheit zunächst allein. Sie wenden sich erst an die Engel, um sie dazu zu bewegen, sich für die Menschen aufzuopfern.[6] Erst nachdem sich kein Engel dazu bereit erklärt hat, bringen sie ihr Anliegen vor die Dreifaltigkeit, die aufs höchste alarmiert ist. „Was soll ich machen", fragt Gott, der Vater, „ohne daß ich eine Schwester verstimme?" Alle müsse er zufriedenstellen, wolle er seiner hohen Gottheit nicht entgegen sein.[7] Im folgenden Gespräch fleht die Barmherzigkeit den Sohn an: „Niemand als Du kann den Menschen beschirmen".[8] Gottvater erklärt dem zögernden Sohn, es täte ihm leid, den Menschen gemacht zu haben. – „Dat mij leed es, dat iken heb gemaakt." – Aber der Sohn, als Mittler zwischen ihm und dem Heiligen Geist, müsse nun zwischen ihm und den Menschen vermitteln, wie zwischen den Schwestern.[9] Alle reden auf den Gottessohn ein, bis der endlich erklärt, er wolle dem Willen des Vaters gehorsam sein.[10]

---

[1] Vgl. David Brett-Evans: Von Hrotsvit bis Folz und Gengenbach. Eine Geschichte des mittelalterlichen deutschen Dramas. Berlin 1975, I, S. 168.

[2] Die Erlösung, S. 40, 475 ff.

[3] Ebd. S. 47, 665 f.

[4] Ebd. S. 48, 699 f.

[5] Hubert Joseph Edmund Endepols (Hrsg.): Vijf geestelijke toneelspelen der middeleeuwen. Amsterdam 1940, S. 44 f.

[6] Ebd. S. 106, 1138 f.

[7] Ebd. S. 109, 1204 f.

[8] Ebd. S. 111, 1256.

[9] Ebd. S. 112, 1276 f.

[10] Ebd. bes. S. 114, 1333 f.

Verglichen mit diesem Text wirkt des Erasmus Gedicht geradezu zahm, ja theologisch gereinigt. Es kann nicht nachgewiesen werden, daß Erasmus den Brabanter Text gekannt hat. Sicher aber kannte er Texte, die in derselben Tradition standen, denn sie waren über ganz Europa verbreitet und wurden allenthalben aufgeführt.[1] Grundsätzlich bekannte Erasmus in seinem ‚Begleitbrief zur Matthäusparaphrase' von 1522, daß er die Spiele, die bei den Kirchen abgehalten würden, „nicht verwerfe".[2]

Auf jeden Fall bedient sich Erasmus hier der volkstümlichen Vorstellung einer innergöttlichen Beratung, die der Inkarnation vorausgeht. Er übernimmt die Variante, nach der der Sohn die Menschwerdung vorschlägt, während Luther in seinem berühmten Lied: ‚Nun freut euch lieben Christen gmein' Gott die Initiative überläßt: „Er (Gott) dacht an seyn barmhertzigkeyt", und befiehlt dann dem Sohn das Heilswerk, der es gehorsam ausführt.[3] Aber auch das Luthertum kennt die Variante, daß der Sohn erst nach langem Hin und Her in der Ratsversammlung mit den Töchtern Gottes die Initiative zur Satisfaktion selbst ergreift, so in Lucas Mais Drama von der ‚Vereinigung göttlicher Gerechtigkeit und Barmherzigkeit'.[4] Mit einem Vers von Paul Gerhardt hat sich die Vorstellung in deutschsprachigen Gesangbüchern bis heute erhalten. Gerhardt legte Gottvater die Worte in den Mund: „Geh hin, mein Kind, und nimm dich an der Kinder, die ich ausgetan." Worauf der Sohn antwortet: „Ja, Vater, ja von Herzensgrund; leg auf, ich will dir's tragen."[5] Sein Zeitgenosse, der Jesuit Friedrich von Spee, erlaubte sich, ein innertrinitarisches Streitgespräch zu gestalten: Da riet Gottvater dem Sohn von dessen Erlösungsvorhaben unwillig ab, bis dieser sich dann endlich mit seiner großen Liebe durchsetzen konnte.[6]

Wenn auch nicht so ausgeprägt wie Spee, so wählt Erasmus doch die dramatischere Version. Es kommt zu einer Wechselrede zwischen Vater und Sohn. Der Sohn ist nicht einfach gehorsamer Befehlsempfänger, er steuert das wesentlich Neue bei. Er ist die Rede Gottes. Schon in diesem Gedicht nennt Erasmus den Sohn in patristischer Tradition „sermo numinis", die Rede oder das

---

[1] Vgl. ebd. S. 43; Friedrich Maurer (Hrsg.): Die Erlösung. Eine Geistliche Dichtung des 14. Jahrhunderts. Darmstadt 1964, S. 6; Achim Masser: Bibel und Legendenepik des deutschen Mittelalters. Berlin 1976, S. 67 und Anm. 38.

[2] LB VII, Math. Par., Pio lectori (3*).

[3] WA 35, S. 424.

[4] Vgl. Wolfgang F. Michael: Das deutsche Drama der Reformationszeit. Bern 1984, S. 96.

[5] RKG 52, Nr. 147.

[6] Friedrich von Spee: Güldenes Tugend-Buch. Theo. G. M. van Oorschot (Hrsg.), München 1968, S. 424.

Gespräch der Gottheit.[1] 1519 übersetzt er λόγος' im Johannesprolog mit „sermo" statt „verbum": „Am Anfang war das Gespräch und das Gespräch war bei Gott", und er hält daran bis in die letzte Ausgabe seines Neuen Testamentes fest, obwohl er damit auf breite Ablehnung stieß.[2]

Sowenig das Gedicht späteren Ansprüchen des Erasmus standhalten konnte, so sehr sprach es doch schon das innertrinitarische Gespräch an, ein Thema also, das ihn sein Leben lang beschäftigt hat. Entsprechendes gilt für das folgende Gedicht.

Der sterbende Gott

Es behandelt Beben und Sonnenfinsternis beim Tode Jesu, die als „ungeheuerliche Zeichen" gedeutet werden. Mit horazischen Wendungen beschreibt Erasmus zunächst, als erlebe er sie selbst, die erschreckenden Geschehnisse, die den Untergang der Welt heraufzubeschwören scheinen.[3] Wenn nur die Natur nicht vergeht bei diesem Bruch ihrer alten Gesetze (vetulis legibus),[4] wenn nur die Hölle nicht alle Geschöpfe in ihren Schatten taucht, wird da entsetzt ausgerufen. Die Welt wird untergehen.

Denn das gottlose Volk wagte Gott zu verderben („deum perdere"). Der, der mit seiner mächtigen Hand Himmel und Erde, das Meer und alles erschuf, der hängt mit durchbohrter Seite am Kreuz, schon erblaßt durch den Tod. Das tote Leben („vita mortua")[5] erduldet den harten Tod. Jene wahre Sonne ging unter.[6]

---

[1] ASD I-7, Nr. 110, 235.

[2] Zu meiner Übersetzung von „sermo" mit „Gespräch" vgl. LB VII, c. 499 C. Da wird zum zweiten Vers des Johannesprologs paraphrasiert: der Sohn sei „die ewige Rede, vom ewigen Geist, durch die der Vater wie in heimlichem Nachsinnen mit sich redet". („Filius ... aeternae mentis sermo aeternus, quo sibi semper velut arcana cogitatione loquitur Pater, etiam ante conditum hunc mundum ... ") Siehe dazu u. S. 150 f.

[3] ASD I-7, Nr. 111, Z. 1. ff.

[4] Ebd. Z. 15 f.

[5] Solche antithetische Formulierungen sind schon aus dem 2. Jahrhundert bekannt. Das 13. Fragment von Meliton von Sardes könnte geradezu ein Vorbild für des Erasmus Gedicht gewesen sein. (SChr 123, S. 239, 8 f.). Vgl. auch seine Osterhomilie (SChr 123, S. 61 f.). Diese Texte hat Erasmus indessen sicher nicht gekannt. Sie wurden erst im 19. Jahrhundert wieder entdeckt. Antithesen, die sich von Phil 2,6 anregen ließen und um den Tod Gottes kreisten, blieben beliebt. Bei Augustin klingen sie in seinen Osterpredigten an. (Vgl. Sermo CLX (MPL 39, c. 2060 f.) und Sermo CLXI (MPL 39, c. 2062). Im Mittelalter sind sie aus Hymnen (etwa: „dux vitae mortuus regnat vivus" in der Ostersequenz ,Victimae paschali laudes' des Wipo) und aus den Osterspielen nicht wegzudenken. Vgl. Josef Kroll: Gott und Hölle. Der Mythos vom Descensuskampfe. Darmstadt 1963, bes. S. 27; S. 50; S. 138; S. 155.

[6] ASD I-7, Nr. 111, Z. 69 f.

Warum sollte nicht alles erzittern? Warum sollten die Geschöpfe nicht mit ihrem Gott trauern („condoleant deo"), verwaist von dem Vater („orbata patre"). Ja, sie tun es offensichtlich: Das ist der Grund, warum die plötzliche Dunkelheit das Tageslicht auslöschte.[1] „O, blindes Geschlecht, du hast nicht erkannt, daß der, den du tötetest, Gott ist."[2]

Auffallend ist hier, wie einerseits das Beben der Erde und die Verfinsterung der Sonne als Bruch der alten Naturgesetze erscheinen, andererseits aber Erde und Sonne trauern, also als belebt und entscheidungsfähig gedacht werden. In anderen Äußerungen wird klar: für Erasmus folgte die Natur willenlos den Gesetzen, die ihr Schöpfer ihr einmal gegeben hatte.[3] Bemerkenswert ist der Gedanke, Erde und Sonne könnten, um zu trauern, gegen diese Gesetze verstoßen. Warum nimmt Erasmus ihn auf? Das Gedicht könnte gut ohne diese Zeile auskommen, es wäre sogar viel schlüssiger. Daß der Kosmos in seinen Grundfesten erschüttert ist, wenn sein Schöpfer vergeht, bedarf keiner weiteren Erklärung, geschweige denn eines Mitleids der Geschöpfe, die verwaist von ihrem Vater und Erhalter, eigentlich gar nicht mehr dazu fähig sein sollten, etwas zu empfinden, weil sie doch ausgelöscht sein müßten. So jedenfalls hat Athanasius gedacht. Für ihn ist die Sonnenfinsternis eine natürliche Folge des Leidens ihres Schöpfers.[4]

Und damit springt schon die zweite bemerkenswerte Aussage in die Augen. Es ist Gott selbst, der stirbt, der Schöpfer, der Vater. Er wird nicht vom Sohn unterschieden. So unverblümt von Gottes Tod zu reden, war seit alters in der Christenheit umstritten. Je nachdem an wen oder gegen wen sie sich wandten, haben die Kirchenväter die Rede von ‚Gottes Tod' oder ‚dem gekreuzigten Gott' betont oder eingeschränkt. Gegen Marcion schrieb Tertullian, daß es christlich sei, auch einen toten Gott zu glauben",[5] gegen Praxean aber: „Es genügt zu sagen, Christus, Gottes Sohn, sei tot, und auch das nur, weil es so geschrieben steht."[6] Origenes erklärte gegenüber Celsus, nur der Mensch Jesus, nicht Gott sei gekreuzigt worden.[7] Es wurde üblich, sorgfältig zwischen der dem Leiden unterworfenen Menschheit Jesu und seiner unantastbaren Gottheit

---

[1] Ebd. Z. 79 f.
[2] Ebd. Z. 96 f.
[3] Vgl. ASD V-5, S. 322, 207 f. und u. S. 142.
[4] Ep. Ad Epic. 10 (MPG 26, c. 1068).
[5] Tertullian: Adv. Marc. II, 16 (CSEL 47, c. 356, 20-22).
[6] Tertullian: Adv. Prax. 29 (CSEL 47, c. 285, 7 f.).
[7] Origenes: Ctr. Celsum VII, 14 und 16 (MPG 11, c. 1439 ff.).

zu unterscheiden.[1] Im Oktober 1499 – nach Vredevelds Datierung also nur wenige Monate nach der Niederschrift des Gedichts – wird Erasmus mit John Colet diese Probleme diskutieren. Er hat darauf bestanden, daß Christus nicht nur litt und weinte, sondern auch wie andere Menschen Angst vor dem Tode hatte. 1503 veröffentlichte er eine kleine Schrift, die ihre Diskussion zusammenfaßte. Die Schrift bezeugt, wie gut Erasmus sich in der patristischen und scholastischen Tradition zu dieser Frage auskannte. Dort ist er vorsichtig genug, die von ihm verteidigte Leidensfähigkeit Christi fleischlicher Natur allein zuzuweisen.[2]

In diesem Gedicht aber spricht er kühn vom Untergang Gottes und wagt das Paradox des toten Lebens und einer Welt, die aus Trauer über Gottes Tod dem Untergang entgegen stürzt und dann doch wider alles Erwarten gerettet wird, weil „Christus nicht kam, das Gefestigte zu zerstören, sondern das Schwache zu stärken".[3] Sein Tod ist Leben. Erasmus deutet hier die „Torheit des Kreuzes" nach I Kor 1,18 äußerst kühn aus.

Damit steht er im Spätmittelalter nicht allein. In den ‚Sterzinger Spielen' etwa trifft man wiederholt auf die Formulierung: Gott leidet.[4]

Noch interessanter ist ein Einschub in das ‚Ahlsfelder Passionsspiel', dessen Niederschrift kaum zu datieren ist. Sicher wurde der Text 1511 aufgeführt: Da treten Sonne und Sterne beim Tode Christi selbst auf. Sie empören sich nicht nur über das Volk, das Gottes Sohn tötete, wie es in des Erasmus Gedicht auch mehr als nur anklingt, sie bemitleiden ihren Schöpfer. „O goitt, du schepper in ewigkeyt ...", heißt es da, „nu sehe ich dich vor mir liden den toidt: des betrieben ich mich an alle spodt und verließ mynen glantz obernaturlich." Und von den Juden heißt es: „daß ir euwer got getodet hot ßo smelich!"[5]

Dieselbe Unbekümmertheit, Gott als tot zu denken, finden wir hier wieder. Aber auch die anderen Inhalte, die des Erasmus Gedicht auszeichnen: Die Sonne leidet mit ihrem Schöpfer. Die Mörder Gottes werden geschmäht. Die kosmischen Zeichen sind übernatürlich.

---

[1] Vgl. Athanasius: Ctr. Arianos III, 34 (MPG 26, c. 396).

[2] LB V, c. 1286 C f.

[3] ASD I-7, Nr. 111, Z. 91 f.

[4] Walter Lipphard und Hans Gert Roloff (Hrsg.): Die geistlichen Spiele des Sterzinger Spielarchivs. Bern 1981, Bd. 1, S. 53, 22 f.; S. 308, 29; S. 312, 154; S. 349, 4 und 18 f.

[5] Richard Froning (Hrsg.): Das Drama des Mittelalters. Die lateinischen Osterfeiern und ihre Entwicklung in Deutschland. Die Osterspiele, die Passionsspiele, Weihnachts- und Dreikönigsspiele, Fastnachtsspiele. Darmstadt 1964, S. 795.

Formal ist des Erasmus Gedicht kunstvolle humanistische Poesie, inhaltlich aber lehnt es sich an volkstümliche, spätmittelalterliche Motive an. Erasmus übernimmt jedoch nicht wahllos irgendwelche Motive, die für eine farbige Gestaltung besonders geeignet gewesen wären. Er hätte weitaus dramatischere in den spätmittelalterlichen Spielen finden können, etwa die Figur des Herodes oder den Jüngerlauf. Erasmus hat Motive ausgewählt, an deren Inhalten er auch später festhalten konnte. In den ‚Paraphrasen‘ spricht er zwar nicht mehr von einer Trauer der Gestirne, aber er personifiziert doch Sonne und Erde. Sie verabscheuen die Ruchlosigkeit der Menschen, halten ihnen ihre Herzenshärte vor und wollen solches Verbrechen nicht sehen.[1] Die Rede von Gottes Tod hat er nie aufgegeben. 1533 formulierte er: „Wir können fromm sagen: Gott litt und starb."[2]

Auch das dritte Gedicht, ein Epos zu Ostern, das die Höllenfahrt Christi besingt, lehnt sich eng an Motive an, die in den mittelalterlichen Spielen ausgestaltet wurden. Für Josef Kroll, den bedeutenden Kenner des Mythos vom Descensuskampfe, bildeten sie gar einen der wichtigsten Bestandteile der Oster- und Passionsspiele.[3] Hier handelt es sich wiederum um Inhalte, die biblisch nicht belegt sind. Darum hat sich Erasmus später deutlich von solchen Ausschmückungen distanziert und erklärt, es genüge, wenn der Christ glaube, Christus sei gestorben, begraben und auferstanden.[4] Die wesentlichen Motive waren freilich schon im apokryphen Nicodemus-Evangelium und in der alten Liturgie der ersten Jahrhunderte ausgebildet. Das Mittelalter hat nur wenig hinzugefügt.

---

[1] LB VII, c. 463 F f.; ebd. c. 142 D.

[2] ASD V-1, S. 242, 110.

[3] Josef Kroll: Gott und Hölle. Der Mythos vom Descensuskampfe. Darmstadt 1963 (Reprint der Ausg. von 1932) S. 173.

[4] ASD V-1, S. 257, 544 ff., bes. S. 260, 615 f. In ‚De praeperatione ad mortem‘ läßt Erasmus Christus am Kreuz die Hölle erleben, als er rief: „Gott mein Gott, warum hast du mich verlassen?" (Mt 27,46). Einer Höllenfahrt bedarf es nicht mehr. Christus hat für uns schon am Kreuz die Hölle durchlitten, die Gottesferne, die völlige Verzweiflung. Darum kann der Gläubige auch aus der Hölle zu Gott rufen, wie Jonas im Bauch des Fisches. Sicher hat Erasmus hier bewußt das alte Bild für die Höllenfahrt Christi benutzt und umgedeutet. (ASD V-1, S. 354, 336 f.). Dennoch hat auch er später wie Luther (vgl. WA 23, S. 702, 12 f.; 37, S. 65, 5 f.; 46, S. 310, 8 f.; S. 312, 9 f. und 12, S. 367, 17 ff.) und Melanchthon (vgl. MCR 24, c. 742) gelegentlich aus seelsorgerlichen Gründen von der Höllenfahrt Christi gesprochen. (Vgl. ASD V-2, S. 332, 110 f. und ASD V-1, S. 259, 591 ff., bes. S. 260, 604 f.).

Der überlistete Höllenfürst

Nach dem Nicodemus-Evangelium dringt auf einmal Licht in die Unterwelt, in der alle Verstorbenen versammelt sind. Hoffnungsvoll harren die Gerechten unter ihnen auf Erlösung. Da rühmt sich Satan gegenüber Hades, dem Herrn der Unterwelt, einen gewissen Jesus, der sich Gottes Sohn nannte, Dämonen austrieb und Kranke heilte, ans Kreuz gebracht zu haben. Hades gerät in Schrecken: Er fürchtet, der, der ihm Lazarus entrissen habe, werde ihm, käme er erst in die Unterwelt, auch die anderen Seelen entreißen. Darum beschwört er Satan, den Unersättlichen und Allesverschlinger, diesen Jesus nicht in die Hölle zu lassen. Aber es ist zu spät, schon ertönt ein Donner und eine gewaltige Stimme ruft: „Öffnet, ihr Herrscher, eure Tore, gehet auf, ewige Pforten! Einziehen wird der König der Herrlichkeit." (Ps 24,7). Satan läßt alles verrammeln, doch nachdem der Ruf zum dritten Mal ertönt, werden die Pforten zerschlagen, die Toten von ihren Banden gelöst, und Satan wird mit Eisenketten gefesselt. Hades muß gestehen, daß dieser Eindringling der König der Herrlichkeit ist, und er erklärt Satan: Du hast, indem du diesen König töten wolltest, dich selbst getötet. Christus befiehlt ihm, Satan bis zu seiner Wiederkunft zu bewachen. Christus selbst aber führt die Gerechten im Triumph aus der Hölle ins Paradies.[1]

Vieles hat Erasmus übernommen. Das Einbrechen des Lichtes als erstes Zeichen des Triumphs.[2] Die Tore werden aufgestoßen, die Bewohner der Unterwelt befreit,[3] der Feind wird gefesselt,[4] und die Gerechten werden in den Himmel geführt.[5]

Erstaunlich ist aber hier nicht, wie Erasmus diese und andere traditionelle Motive übernimmt, sondern gerade, was er nicht übernimmt oder anders ausgestaltet.

An die liturgischen Teile erinnert nichts mehr. Die Fragen vor dem Höllentor nach Ps 24,7 f.: „Wer ist der König?" und die Antwort: „Es ist der König der Ehren" fehlen, ebenso die ahnungsvollen Hoffnungen der Propheten. Auch an den Kampf der Unterwelt mit den göttlichen Mächten gemahnt nichts. Die Höllengeister leisten keinen Widerstand. Daß sie schließlich feige fliehen, ist

---

[1] Edgar Hennecke, Wilhelm Schneemelcher (Hrsg.): Neutestamentliche Apokryphen. I, Evangelien, Tübingen 1959, S. 350 ff.
[2] ASD I-7, Nr. 112, Z. 70 f.
[3] Ebd. Z. 130 f.
[4] Ebd. Z. 172 f.
[5] Ebd. Z. 268 f.

ein altes Motiv, aber bei Erasmus gibt es auch nicht den leisesten Versuch von Widerstand. Der Höllenhund weint, und am Ende stürzt sich die verschreckte Meute Luzifers von selbst („ultro") in das Verderben.[1] Hades ist kein einsichtiger Herrscher über die Unterwelt, der sich nach einem, wenn auch kläglichen Versuch der Rettung, würdig in sein Schicksal ergibt und Christi Befehle ausführt. Bei Erasmus erbleicht er und weiß – außer sich – keinen Rat.[2] Aus alten Weissagungen ahnt er das Kommende und voll Angst vergegenwärtigt er sich die Taten Jesu. Er erkennt, wie dieser ihn offenbar überlistete, als er selbst ihn versuchte. Jesus täuschte ihn mit seiner Schwäche, seinem Hunger, seinem Schmerz, seinem Tod. Zu spät erkennt er die List. Machtlos sieht er sich als Unterlegener. Schmerzlich muß er sich eingestehen: Mit unseren eigenen Waffen wurden wir besiegt."[3] Bei Erasmus wird die Hölle nicht von einem mächtigen, kaum zu besiegenden Gegenspieler Gottes und seinem Anhang beherrscht, sondern von lächerlichen Höllenhunden, die sich kopflos selbst in den Schwefelofen stürzen, und von ihrem Gebieter, einem schwächlichen Alten, der sich überlisten läßt. Der Dichter fürchtet ihn nicht, er bemitleidet ihn: „Was empfandest du da, Herr der Unterwelt, als deine Sinne das wahrnahmen? Welche Seufzer stießest du aus, als du auf einmal den Tartarus in unbekanntem Lichte erglänzen sahst und vor deinen Augen unter solchen Blitzen der ganze Orkus durcheinander geriet?"[4]

Das Motiv der List, das Erasmus auch in seiner Paraphrase zur Versuchungsgeschichte nach Lukas verwenden wird, hatte schon Ambrosius benutzt.[5] In den geistlichen Spielen findet es sich häufig. Dort wurden bereits Luzifer und Satan „vermenschlicht". Ihre Reaktionen sind nicht mehr ungeheuerlich, sie werden verständlich und nachvollziehbar, und bisweilen kann man herzlich über sie lachen. Wie menschlich agieren doch Luzifer und Satan im niederdeutschen ‚Redentiner Osterspiel'! Sie streiten und vertragen sich wie Halbwüchsige. Gegen Christi Erlösung suchen sie allerhand letztlich erfolglose Schliche. Sie lassen einen sündigen Priester laufen, weil Luzifer den Geruch von Weihwasser, der ihm immer noch anhaftet, nicht vertragen kann.[6] Im ‚Vierten

---

[1] Ebd. Z. 89 und Z. 150 f.
[2] Ebd. Z. 94.
[3] Ebd. Z. 111 f.
[4] Ebd. Z. 139 f.
[5] Vgl. ASD I-7, S. 197, Anm. 121. Ambrosius: In Luc. 4, 18-19 (CChr SL 14, S. 112-113).
[6] Richard Froning (Hrsg.): Das Drama des Mittelalters, S. 163 ff., bes. S. 191.

Erlauer Spiel' werden gar allzu hemmungslose Liebhaber nicht in die Hölle gelassen, weil ihre Libido selbst dort nicht erträglich erscheint.[1]

Das Spätmittelalter kannte neben einer übersteigerten Höllenangst auch ein befreiendes Lachen über den Höllenfürsten und seine Kumpane. Satan ist da menschlich geworden, ja die Teufel werden – besonders häufig in französischen Spielen – selbst zu Angsthasen, die sich fürchten, nach erfolglosen Einsätzen auf der Erde in die Hölle zurückzukehren.[2] Erasmus knüpft in seinem Gedicht an diese Tradition an.

„Heilsgeschichtliche" Motive

Alle drei Gedichte übernehmen Motive der großen „heilsgeschichtlichen" Spiele des Mittelalters. Sie sehen das Heilsgeschehen in einer schlüssigen zeitlichen Abfolge. Wie die Spiele aber scheuen sie sich nicht, die biblischen Geschehnisse zu vergegenwärtigen. Der Sonnenaufgang am Ostertag wird etwa zum sich erhebenden Licht der Welt. Erasmus schaut darin den, der das Licht schuf und die Wolken der schauerlichen Nacht vertreibt.[3] Und den Aufruhr der Elemente erlebt der Dichter mit: „Welcher gewaltige und wilde Wirbelsturm, welch ein endloses Beben erschüttert alles?" fragt er da erschrocken. „Sein Geist zittert vor Angst."[4] Das einmal Geschehene wird zum wiederholbaren Mythos, der wie die Liturgie das Heilsgeschehen vergegenwärtigt und nachvollziehbar macht. Das mag hohe dichterische Kunst sein, erinnert aber doch stark an das unhistorische Denken des Mittelalters.

Die Wahl der Motive aber ist überlegt und kühn: Der Heilsplan Gottes wird in ein innertrinitarisches Gespräch nach dem Sündenfall verlegt, Gott selbst stirbt am Kreuz, und Gottes Gegenspieler wird dadurch überlistet, daß Gott sich der Vergänglichkeit preisgibt, zu vergangener Geschichte wird. Erasmus hat mit sicherer Hand Motive der mittelalterlichen Spiele aufgenommen, die tiefste christliche Wahrheiten bergen. Erasmus scheute sich nicht, sie in aller Anstößigkeit zu übernehmen. Gott, der Herr der Geschichte, wird zum Teil der Geschichte. Er nimmt Anteil an ihr. Wie alles Vergängliche vergeht auch er. Zugleich aber ist er das Leben, eben das „tote Leben". Er holt als Sieger die längst verstorbenen, historischen Gestalten aus der Unterwelt. Sie haben teil an

---

[1] Nach Helmut Arntzen: Satire in der deutschen Literatur. Geschichte und Theorie. Darmstadt 1989, S. 77.
[2] Vgl. Creizenach (1911), I, S. 201 f.
[3] ASD I-7, Nr. 112, Z. 7 f.
[4] Ebd. Nr. 111, Z. 1 f.

seinem Leben, das den Tod nicht scheute und wie ihr Leben Teil der menschlichen Vergangenheit wurde.

Geschichte kann so gesehen nichts Verächtliches mehr sein. Sie muß teilhaben an Gottes Würde. Hat Erasmus diese Konsequenz gezogen?

Zunächst nicht, jedenfalls nicht eindeutig. Erasmus bietet denen, die ihn studieren, immer neue Überraschungen. Er, der sich später am politischen Geschehen äußerst interessiert zeigte und erstaunlich gut informiert war,[1] hat in seinen frühen Briefen weder das Zeitgeschehen noch historische Ereignisse thematisiert. Aus den erhaltenen Briefen vor der Jahrhundertwende erfährt man nichts über die Türkengefahr, über die Rivalität zwischen Maximilian und dem französischen König oder über die Entdeckung Amerikas. Die Briefe widerspiegeln nur, was für Erasmus persönlich von Bedeutung war.

Weltverachtung

Aber auch die drei theologischen Traktate in Gebetsform, die er für seine Mäzenin Anna van Borssele schrieb, verraten keinerlei vertieftes Interesse an Gottes einmaliger Geschichte mit den Menschen, nicht einmal am historischen Jesus. Von den beiden Mariengebeten hat Erasmus sich später distanziert. Er habe da auf den Geschmack der Adressatin Rücksicht genommen, das Gebet an Jesus dagegen sei mehr nach seinem Herzen, gesteht er 1523/24 Johannes Botzheim.[2]

Wie redete Erasmus darin 1499 von und mit seinem Erlöser? „Mit geneigtem demütigen Geist bete ich dich an, du Wiederhersteller des menschlichen Geschlechtes, zugleich Gottes und der Jungfrau Sohn, Jesus Christus. Du bist jenes wahre ewige Licht, du bist völlig zeitlos und gehst auf unerforschliche Art aus dem Vater hervor, der Quelle allen Lichtes, zusammengebunden mit dem unausdenkbaren Band des Heiligen Geistes ... .“[3] Mit diesem trinitarischen Bezug setzt das Gebet ein, und es wird auch mit einem trinitarischen Bezug enden. Eng an die neutestamentlichen Christushymnen, insbesondere an Kol 1,12–20 angelehnt, wird der kosmische Christus angesprochen, der von Ewigkeit her alles erschafft, erhält und erneuert, „der zeitlose Urheber der Zeit“: „Der du durch deine heilbringenden Strahlen alles zum Blühen und Leben

---

[1] Vgl. James D. Tracy: The Politics of Erasmus. A Pacifist Intellectual and His Political Milieu. Toronto 1978, S. 125.
[2] Allen I, S, 20, 18 f.
[3] LB V, c. 1210 E.

bringst, du Schöpfer und Ernährer, Ursprung und Ende von allem, das ins Dasein tritt."[1]

Nicht daß der historische Jesus ausgeklammert wäre! Auf die „32 Jahre", die er „für uns wertlose Sklaven auf sich nahm", wird eindrücklich hingewiesen.[2] Auch daß Jesu Erdenleben und Sterben dem Menschen Rechtfertigung und Erlösung brachten, wird in immer neuen Wendungen gepriesen,[3] aber es dient nicht dazu, der Welt und ihrer Geschichte eine eigene Bedeutung und Würde zuzusprechen. Im Gegenteil. Christus war nicht nur nicht von dieser Welt (Joh 17,14) und wurde von ihr gehaßt, nach der ‚Precatio' „haßte" er selbst diese Welt.[4] Entsprechend will der Beter die Welt als eine Illusion verabscheuen und ganz in die Gnade und den Geist Christi verwandelt werden. Er erkennt sich als „blind", als „schändlich und korrupt", als völlig wertlos, sind doch selbst seine „Verdienste" entweder „keine, oder schlecht".[5] Er bittet um die Gnade, sich und dieser Welt gänzlich absterben zu können.[6]

Es gilt den Blick wegzuwenden von dieser zeitlichen Welt hin auf den zeitlosen ewigen Schöpfer, Erhalter und Retter, dessen Erdenleben gerade dazu dient, den gefallenen Menschen aus dieser Zeitlichkeit in die Ewigkeit zu ziehen. Zeit seines Lebens wird der Erasmischen Frömmigkeit ein weltabgewandter Zug anhaften, ihm korrespondiert freilich hier und später ein unbedingtes Vertrauen in die Liebe seines Heilandes, „der niemandem die Strahlen seiner lebensspendenden Gnade vorenthält".[7] Nichts ist so schlecht, daß er es nicht in Gutes verwandeln könnte: „Darum möge sich alles verkehren, möge alles drunter und drüber gehen, solange du dich nicht von mir abwendest", betet der Autor. Um seinetwillen verachtet er alles andere und so auch die Welt mit ihrer Geschichte. „Schließlich verachte ich alles um deinetwillen, damit du mir wiederum eines für alles seiest, dem gegenüber alles nichts ist, in dem aber alles ist, was ist."[8]

---

[1] LB V, c. 1211 A.
[2] LB V, c. 1213 E ff.
[3] LB V, c. 1214 A ff.
[4] LB V, c. 1214 F.
[5] LB V, c. 1212 F ff. und 1213 D.
[6] LB V, c. 1213 B ff.
[7] LB V, c. 1210 F.
[8] LB V, c. 1215 f.

Weltbejahung am Beispiel der Ehe

Ein Hinweis auf historisches Denken findet sich indessen in einem Werk, das nach des Erasmus Versicherung 1498 entstand. Gedruckt aber wurde es erst 1518. Es bildet einen Kontrapunkt zu den drei Gebeten. Es handelt sich um das ‚Encomium matrimonii‘. In Briefform wird da die Ehe in höchsten Tönen gelobt. Sie sei anders als der Zölibat von Natur aus „süss und heilig“.[1] Nachdem das kleine Werk größte Empörung ausgelöst hatte, hat Erasmus es dennoch unverändert als Beispiel für eine „suasoria“, einen positiven Ratschlag, in sein ‚De conscribendis epistolis‘ aufgenommen und freilich dazu eine „dissuasoria“, ein kurzes und wenig originelles ehefeindliches Gegenargument mitgeliefert.[2]

Im ‚Ehelob‘ schlägt Erasmus einen deutlich anderen Ton an als in den Gebeten. Es spricht darin ein weltoffener, sinnenfreudiger Renaissance-Denker, der an Lorenzo Valla erinnert.[3] Ohne Scheu wird, was der Natur entspricht, für heilig und lobenswert erklärt. Da soll ein junger englischer Adliger und Erbe, den der Autor zur Ehe überreden will, sich Unsterblichkeit durch Nachkommenschaft sichern, da gilt es, sich an der Frau zu freuen, die seelische und die körperliche Verbindung zu genießen.[4] Christi Ehelosigkeit sei nicht nachzuahmen, sie übersteige die Fähigkeit menschlicher Natur.[5] Der Mensch aber soll sich an die Gesetze der Natur halten. „Wer sich nicht an die Natur hält, der soll nicht einmal für einen Menschen, geschweige denn für einen guten Bürger gehalten werden.“ Die Natur aber fordere gebieterisch die Vereinigung von Mann und Frau und das Zeugen von Kindern.[6] „Meinetwegen mögen apostolische Menschen die Apostel nachahmen!“ erklärt Erasmus, für den jungen Mann gelten sie nicht als Vorbilder, denn die Zeiten haben sich geändert: Seine Situation sei eine ganz andere. Im Übrigen hätten einige Apostel durchaus Frauen gehabt. Auch daß Christus die um des Himmelreiches willen Verschnittenen selig gepriesen habe, solle den zeitgenössischen Leser nicht beunruhigen. Der Satz „beziehe sich auf die damaligen Zeiten“. Damals hätten die Apostel frei von weltlichen Bindungen handeln müssen, mußten sie doch durch alle Länder reisen und waren von allen Seiten verfolgt. „Unter den heutigen Zeiten und

---

[1] ASD I-5, S. 392, 114 ff., bes. S. 400, 194 f.

[2] Vgl. ASD I-2, S. 429 f. Für weitere Informationen zum ‚Encomium matrimonii‘ sei auf die ausführliche Einleitung von Jean-Claude Margolin zu diesem Werk hingewiesen. (ASD I-5. S. 335 ff.).

[3] Vgl. Laurentii Vallae Opera. Basel 1540, S. 906 ff.

[4] ASD I-5, S. 410, 316 f.

[5] Ebd. S. 388, 68 f.

[6] Ebd. S. 392, 114 f.

Umständen aber würde die Reinheit der Sitten nirgends so wenig verletzt wie in der Ehe." Denn der Zölibat sei sehr oft nur ein Vorwand für anstößige Unmoral. Folgerichtig setzt Erasmus sich für die Priesterehe ein.[1] Natürlich weiß er, daß die frühen Väter den Zölibat gepriesen haben. Was hat er dazu zu sagen? „Wahrlich, dieser Übereifer sollte mit den damaligen Zeiten entschuldigt werden!"[2]

Im ‚Ehelob' gilt es, sich der Natur willig zu unterwerfen, ja, sie in ihrer ganzen Süße auszukosten und ehefeindliche Askese als zeitbedingt über Bord zu werfen. Die Vergänglichkeit menschlicher Werte, ihr Wandel in der Geschichte wird gesehen. Die Zeit der Apostel ist nicht mehr die Zeit des Erasmus und seiner Leser. Der Mensch kann und darf sich den historischen Gegebenheiten anpassen und freudig dem Ruf seiner Natur folgen. In der ‚Precatio' dagegen wird der „zeitlose Urheber der Zeit" gepriesen, der den Beter aus der Vergänglichkeit zur Ewigkeit zieht; dort gilt es, der Welt abzusterben, sie als Illusion zu erkennen und sich von ihr abzuwenden. Beides hatte für Erasmus nebeneinander Platz und Berechtigung: Weltfreude und Weltverachtung.

Sündenbewußtsein

Das Nebeneinander von Weltfreude und Weltverachtung ist nicht die einzige Überraschung, die diese Texte dem Historiker des 21. Jahrhunderts bieten. Im ‚Ehelob' ist nichts von irgendeinem Sündenbewußtsein zu ahnen, es wird vielmehr die an die Geschlechtlichkeit gebundene Erbsündenlehre ausdrücklich verworfen.[3] In der ‚Precatio' dagegen wird das Bewußtsein der eigenen Nichtswürdigkeit stark betont, im Vergleich zu zeitgenössischen spätscholastischen Frömmigkeitstraktaten eines Johannes von Paltz oder Johannes von Staupitz etwa – wie sie Berndt Hamm analysiert hat[4] – in ganz außerordentlichem Maße. In der ‚Precatio' werden nicht nur wie bei anderen Denkern das eigene Sündenbewußtsein oder die Wertlosigkeit des Menschen radikalisiert, sie werden verabsolutiert. Der Mensch, der in unzähligen spätmittelalterlichen Texten, so

---

[1] Ebd. S. 400, 198 ff. Die entsprechenden Argumente finden sich auch schon im Raubdruck von Silberch, der auf eine frühe Handschrift zurückgehen muß. (Libellus de conscribendis epistolis / autore D. Erasmo. Catabrigia. Silberch, o. J., bes. XXXVI v f.).

[2] Ebd. S. 404, 239.

[3] ASD I-5, S. 398, 190 f. An dieser Sicht der Erbsünde hat Erasmus festgehalten. Vgl. LB V, c. 622 C, einen Text von 1526.

[4] Vgl. seinen Aufsatz: Berndt Hamm: Wollen und Nicht-Können als Thema spätmittelalterlicher Bußseelsorge, in: Berndt Hamm, Thomas Lentes (Hrsg.): Spätmittelalterliche Frömmigkeit zwischen Ideal und Praxis. Tübingen 2001, S. 111-146. Darin sind weitere Hinweise und Belege zu Johannes von Paltz und Johannes von Staupitz zu finden.

auch hier bei Erasmus, als verachtenswerter „Wurm" nach Ps 22,7 angesprochen wird, fühlt sich im Text des Erasmus nicht etwa nichtswürdig, weil er erschrocken auf sich, seine zahllosen Sünden und sein Nichtvermögen blickt, sondern weil er auf Christus sieht und dessen unendliche Güte. Der allein schafft Dasein, ist „Anfang und Ziel allen Seins",[1] außer ihm ist alles nichtig. „Von dir abzuweichen", ruft Erasmus seinem Heiland gut augustinisch zu, „was ist das anderes als ins Nichts zu zielen?"[2] Angesichts der überragenden Güte Christi ist der Mensch nichts wert, nicht fast nichts, sondern überhaupt nichts. Hier gibt es nur Alles oder Nichts. Der Mensch ist nicht nur als Sünder auf Gottes Gnade und Vergebung angewiesen, um sich dann selbst aus seinem Sündenpfuhl herauszuarbeiten, er ist und bleibt nach Erasmus völlig abhängig von seinem Erlöser. Von irgendeinem Beitrag des Menschen an seine Erlösung ist ebensowenig die Rede, wie von einem Beitrag an seine Erschaffung. Alles ist allein Christi Werk.

In gewagten Bildern, die an mystische Texte mittelalterlicher Mönchstheologie erinnern,[3] veranschaulicht Erasmus, wie ganz ohne ihr Zutun, ja gewaltsam die Menschen von Christus zum Vater gezogen werden: Sie werden in Christi „Natur hinein gerissen", die „Fortgerissenen geschwächt" und die „Geschwächten umgestaltet".[4] Christus ist der „Zauberer und Magier", erklärt Erasmus in einer noch kühneren Metapher, der Körper und Geist neu schafft. Darum betet er zu ihm: „Eile also herbei, um mich ganz zu verwandeln (me totum transfigurare) durch die verborgenen Zaubersprüche deines Geistes und Zaubertränke deiner Gnade," damit aus dem „Schändlichen" ein „Reiner" und dem „Blinden" ein „Sehender" werde, „damit ich gleichsam entseelt, durch dich atme, in dir allein, nur durch dich lebe".[5] In immer neuen Bildern umkreist Erasmus diese totale Umwandlung vom Tod ins Leben.

Von einem „Stufendenken", das nach der zuvorkommenden Gnade Gottes durch menschliche Frömmigkeitsübungen, also durch Eigenanstrengung, Schritt für Schritt zu einem Aufstieg zu Gott anleitet, wird nichts angedeutet. Nicht daß es für Erasmus 1499 keine Vervollkommnung gegeben hätte: „Wer

---

[1] LB V, c. 1211 A.

[2] LB V, c. 1216 A.

[3] Zur Verwandtschaft erasmischer Frömmigkeit mit der Mönchstheologie vgl. Georges Chantraine: „Mystère" et „philosophie du Christ" selon Erasme. Étude de la lettre à P. Volz et de la „Ratio verae theologiae" (1518). Namur 1981 auch Michael Andrews Screech: Ecstasy and "The Praise of Folly". London 1980.

[4] „ ... in tuam ipsius naturam sursum rapis, raptos attenuas, attenuatos transformas, ..." LB V, c. 1211 A.

[5] LB V, c. 1213 A ff.

durch ihn (Christus) näher zu dessen Ähnlichkeit gelangt, der wird durch diesen mehr und mehr vervollkommnet werden." Aber eben diese Vervollkommnung geschieht nur durch ihn: „So also wie du, süßester Jesus, dieses Menschlein für würdig hieltest es zu schaffen, wie gering (oder groß) es ist, gebe und lege ich mich in deine Hand, damit du mich mir in dir und dich in mir zurückgibst, der du die Summe aller Güter bist, immer anzubeten mit dem Vater und dem Heiligen Geist. Amen."[1]

In dieser vorreformatorischen Schrift, die 1499 für Laien verfaßt und 1503 veröffentlicht wurde, ist kein Platz für irgendeine „Gerichtsangst, Lohnhoffnung oder Erwerbsmentalität".[2] Ein spätmittelalterliches Leistungsstreben steht ihr fern. Was spätmittelalterliche Frömmigkeitsformen betrifft, wird – abgesehen vom Gebet, die ganze Schrift ist ein Gebet – nur kurz auf die Sakramente hingewiesen, und da auch nur auf ihre Gnade. Sie dienen wie Zuspruch und Weisung aus der Schrift zur Stärkung des in und durch Christus Verwandelten, der immer wieder strauchelt und immer wieder von neuem aufgerichtet wird. Selbst wenn der Sünder schon am Abgrund des Verderbens steht, „öffnet" Christus ihm „das Asyl der heilbringenden Buße (poenitentiae)".[3] Von irgendeiner Vorbedingung dazu, von einer Zerknirschung (attritio) oder auch nur vertiefter Reue, wie in so vielen zeitgenössischen Texten, wird nicht gesprochen, genauso wenig vom Gericht.

Statt von einer spätmittelalterlichen „Leistungsfrömmigkeit" kann hier für Erasmus von einer Frömmigkeit des Empfangens oder besser des Hingerissenwerdens an der Wende des 16. Jahrhunderts gesprochen werden. Was der Mensch beiträgt, ist bestenfalls ein Loslassen.

Neuplatonismus

Im ‚Enchiridion‘

Zusammen mit der ‚Precatio ad virginis filium Jesum‘ erschien 1503 erstmals das viel bekanntere und häufig zitierte ‚Enchiridion‘, der ‚Handdolch‘ für den Frommen. Die Schrift entstand kurz nach der ‚Precatio‘ ebenfalls für einen Laien. Darin aber wird deutlich von einem Aufstieg zu Gott, einer Stufenleiter, die mit der Selbsterkenntnis beginnt und die der Mensch selbst Schritt für

---

[1] LB V, c. 1216. LB liest im letzten Satz: „die Summe aller Ehren", „honorum" statt „bonorum". (Vgl. CWE 69, S. 16, Anm. 81).
[2] Vgl. Hamm (2001), S. 112.
[3] LB V, c. 1211 E f., bes. F.

Schritt erklimmen soll, gesprochen. Christus kommt ihm da nur gerade noch hilfreich entgegen. „Steige wie auf den Stufen der Jakobsleiter empor vom Körper zum Geist, von der sichtbaren Welt zur unsichtbaren, vom Buchstaben zum Mysterium, von den Sinnen zum Einsichtigen, vom Zusammengesetzten zum Einfachen. So wird der Herr dem, der sich ihm nähert, entgegengehen. Wenn du dich nach Kräften bemühst, aus deiner Nacht und dem Rauschen der Sinne dich zu erheben, so wird jener dir freundlich entgegenlaufen aus seinem unzugänglichen Licht und jenem unbegreiflichen Schweigen, in dem nicht nur jeder so große Aufruhr der Sinne, sondern auch die Bilder alles Erkennbaren verlöschen."[1]

Ist Erasmus damit auf die spätmittelalterliche „Leistungsfrömmigkeit" eingeschwenkt? Wohl kaum! Das Bild der Jakobsleiter, das Erasmus da benutzt, steht bei ihm in einer ganz anderen Tradition. Es hat wenig zu tun mit dem Stufendenken der spätscholastischen „Frömmigkeitstheologie". Die wichtigste Voraussetzung für den Aufstieg zu Gott ist nach dem ‚Enchiridion' nicht eine wahre Buße oder andere Werke der Frömmigkeit, sondern die Selbsterkenntnis.[2]

Selbsterkenntnis wurde freilich schon von Augustin gefordert, eine Selbsterkenntnis, die mit Hilfe der Vernunft zur Wahrheit führen sollte, wobei es die Wahrheit ist, die „das Licht der Vernunft entzündet".[3] Auch für Bernhard von Clairvaux sollte die Selbsterkenntnis am Anfang der Besinnung stehen und zugleich an deren Ende.[4] Im Spätmittelalter wurde sie allenthalben gefordert, jedoch nicht als Mittel geistiger Vervollkommnung, sondern zur demütigen Gewissenserforschung. Sie sollte zu Zerknirschung und Reue führen.

Anders bei Erasmus: Er löst die Selbsterkenntnis wieder aus dem Zusammenhang der Gewissenserforschung für die Beichte. Bei ihm gilt es, sich selbst zu erkennen, um sich selbst zu besiegen. Das ist der „einzige Weg zur Glückseligkeit, daß du dich selbst erkennst. Weiter, daß du nicht auf Grund der Leidenschaften, sondern auf Grund deines Vernunfurteils handelst."[5] Es ist ein

---

[1] H, S. 88, 21-33.

[2] Von der Beichte ist in diesem vorreformatorischen Text, der zu einem christlichen Leben anleiten will, nur ein einziges Mal die Rede. Dort wird die Ohrenbeichte gegen die stille Beichte vor Gott ausgespielt. Im größeren Zusammenhang werden äußere Frömmigkeitswerke, zu denen für Erasmus auch die Beichte vor dem Priester gehört, gegenüber den inneren abgewertet. Im gleichen Zusammenhang wird Ps 50,19 zitiert. Das einzige Mal, wo von einem zerknirschten Herzen gesprochen wird. (H, S. 86, 6 ff.).

[3] Augustin: De ver. rel. 39, 72 (CChr SL 32, S. 234, 12 f.).

[4] Bernhard von Clairvaux: De cons. l. II, 3 in: Leclercq (Hrsg.): Opera III, S. 414, 19 f.

[5] H, S. 46, 22 f.

harter Kampf, den der Mensch auszufechten hat, ein Kampf auf Leben und Tod zwischen Leib und Seele. Der Fromme muß sein Fleisch abtöten. Das kann der Mensch nach dem ‚Enchiridion‘. Denn er erkennt sich als ein zusammengesetztes Wesen: Der Seele nach göttlich, dem Leibe nach ein stummes Vieh. Die Seele ist der Gottheit (divinitas) fähig, „so daß wir uns selbst über die Engel erheben und mit Gott eins sein dürfen. Wenn du nicht auch den Körper hättest, wärest du ein göttliches Wesen", heißt es da.[1]

Der nichtswürdige Beter in der ‚Precatio‘ steht in deutlichem Gegensatz zum optimistischen, platonischen Menschenbild des ‚Enchiridions‘.[2] Erasmus zitiert aus dem ‚Timaios‘, ‚Phaidon‘ und ‚Phaidros‘[3] und setzt den sterblichen und den unsterblichen Seelenteil bei Platon mit dem irdischen und himmlischen Menschen nach I Kor 15,47 f. gleich. Während Paulus von Adam und Christus und vom vergänglichen und nach dem Tode auferweckten Menschen redet, beziehen sich die Begriffe für Erasmus „nicht nur auf Christus und Adam, sondern auf uns alle" und auf uns schon hier auf Erden, auf den äußeren und inneren Menschen, auf die fleischlichen Begierden, die zu unterdrücken seien und die geistigen Fähigkeiten, mit denen wir Gott schauen können.[4] Wohl erkennt sich der Mensch im ‚Enchiridion‘ auch als gefallen und lasterhaft, er bleibt auf die Gnade des Glaubens angewiesen,[5] aber in seinem Geiste, behauptete Erasmus, zeige sich die „Ähnlichkeit mit der göttlichen Natur (similitudo divinae naturae)", denn der Schöpfer habe ihm das ewige Gesetz nach dem Archetyp seines Geistes eingeprägt.[6]

Dieses Gesetz ist ewig, keiner Verwandlung unterworfen. Diesem ewigen Gesetz allein soll alles Streben gelten. Was aber vergänglich und irdisch ist, soll der Mensch fahren lassen. Mit allem Irdischen wird auch die Geschichte des Menschen bedeutungslos. Sie kann samt der Heilsgeschichte nur noch als Allegorie für das ewige Gesetz dienen, das jeder einzelne Mensch in sich selbst findet. Das Kreuz Christi verblaßt zu einer Metapher für den eigenen Kampf mit dem Laster:[7] „Wenn du dein Fleisch mit seinen Schandflecken und Begierden gezüchtigt und gekreuzigt hast, dann wird dich ohne Verzug jene Ruhe und Muße erfüllen, daß du frei wirst und den Herrn siehst und schmeckst und

---

[1] H, S. 41, 15 f.

[2] Nur ganz am Rande erinnern noch einige Stellen aus dem Kapitel „De armis militiae Christianae" an die ‚Precatio‘. Vgl. dazu Christine Christ-v.Wedel (1981), S. 56 f.

[3] H, S. 43 und 45.

[4] H, S. 48, 11 ff.

[5] H, S. 49, 31 f.

[6] H, S. 52, 28 f. Vgl. auch S. 57, 16 f.

[7] H, S. 117, 1 f.

schaust, wie süß der Herr ist."[1] Der Mensch hat eine göttliche Seele, sie gilt es zu erkennen und mit Gottes Hilfe zum Herrscher über das Leben zu machen. Die Selbsterkenntnis steht am Anfang des Weges, durch Selbsterkenntnis kann der Mensch Gott erkennen und zu ihm aufsteigen.

Der Gedanke, daß Gott der Schöpfer in seinen Werken und insbesondere im und vom Menschen, seinem Geschöpf, erkannt werden kann, ist alt und im Abendland weit verbreitet. Er ist indessen nicht ursprünglich jüdisch-christlich, hat aber mit dem Hellenismus in spätjüdischen Schriften Eingang gefunden und ist am Rande auch im Neuen Testament vertreten, so in Röm 1,19 f.; Kol 1,15 f. und in der Areopagrede des Paulus, Act 17. In der alten Kirche gewann die Vorstellung, Gott könne vom Menschen ohne göttliche Offenbarung erkannt werden, rasch an Bedeutung. Tertullian macht sich bereits anheischig, Gott aus seinen Werken und aus der menschlichen Seele zu beweisen. Für ihn denkt und empfindet die Seele von Natur aus christlich. „O, testimonium animae naturaliter Christianae!" ruft er emphatisch aus.[2] Scholastiker wie Abaelard schätzten die menschliche Vernunft so hoch ein, daß sie neben das Zeugnis der Propheten das der Philosophen stellten. Wie die Christen nach Christus, so wurde für Abaelard die Logik, über die der menschliche Verstand verfügt, nach dem Logos, nach Christus dem Wort benannt, weil die Logik sich meistens zu ihm aufzuschwingen scheint.[3] Das Vertrauen in die menschliche Vernunftfähigkeit blieb trotz der Einsprache der Nominalisten weithin fast ungebrochen.

Raimundus Sabundus im 16. Jahrhundert

Einer der kühnsten Vertreter eines solchen Optimismus war in der ersten Hälfte des 15. Jahrhunderts Raimundus Sabundus. Seine ‚Theologia naturalis' wurde am Ende des 15. und zu Beginn des 16. Jahrhunderts mehrfach neu gedruckt. Auch eine Zusammenfassung in Dialogform erfreute sich großer Beliebtheit. Was Raimundus zu sagen hatte, stieß offenbar auf ein breites Interesse.[4] Sogar nachdem seine Werke – zusammen mit denen des Erasmus – 1559 wegen Pantheismusverdachts auf den ersten Index der verbotenen Bücher kamen, ließ das Interesse an ihm nicht nach.[5] Er hatte wie schon Thomas und Bonaventura,

---

[1] H. S. 51, 33 f. Vgl. Ps 33,9.

[2] Tertullian: Apologeticum 17, 6 (MPL 1, c. 433 A).

[3] Abaelard: Theol. et Phil. I (MPL 178, c. 1139 C) und Ep. 13 (MPL 178, c. 355 B).

[4] So auch bei John Colet. Vgl. John B. Gleason: John Colet. Berkeley 1989, S. 148.

[5] Raimundus Sabundus: Theologia Naturalis seu Liber Creaturarum. Faks. Neudruck der Ausgabe, Sulzburg 1852, Friedrich Stegmüller (Hrsg.), Cannstadt 1966, S. 5*, S. 11* f. und S. 18* f. Zum

wohl vom Kirchenvater Augustin angeregt, erklärt,[1] es gebe neben der Heiligen Schrift, dem „liber scripturae", den „liber creaturarum", das Buch der Geschöpfe, das mit Gottes Finger geschrieben sei und gleichfalls, ja für ihn sogar besser, vor allem viel sicherer, zur Gotteserkenntnis und zum Heil führe. Darum zöge er es der Heiligen Schrift vor, nicht nur weil im Schöpfungsbuch auch die Laien lesen könnten und es nicht von Häretikern verfälscht würde, vor allem weil dort alles mit der Erfahrung („per experientiam") bewiesen werden könne, ja mit allen Geschöpfen und der Natur des Menschen übereinstimme.[2] Dem Menschen komme außerordentliche Würde zu. Er sei der wichtigste Buchstabe („principaliter littera") im Schöpfungsbuch.[3] Darum habe alle Gotteserkenntnis mit der Selbsterkenntnis zu beginnen. Von ihr ausgehend könne der Mensch wie auf einer wahren Leiter zu Gott emporsteigen. Freilich könne er auch hinuntersteigen und zum Tier degenerieren.[4]

Der Aufstieg zu Gott bei den Neuplatonikern

Ob Erasmus des Raimundus Sabundus Werk gekannt hat, bleibt ungewiß, sicher aber hat er vor der Niederschrift des ‚Enchiridion' die Werke der Florentiner Platoniker Marsilio Ficino und Giovanni Pico della Mirandola kennengelernt.[5] Sie forderten wie er Selbsterkenntnis.[6] Sie vertraten nicht nur die Vorstellung, daß Gott aus der Schöpfung erkannt werden kann, sie benutzten auch bereitwillig das alte Bild der Leiter und zwar ohne jede Hemmung.[7] Hatte Raimundus noch betont, daß nur der von Gott erleuchtete und von der Erbsünde befreite Mensch das Buch der Schöpfung richtig lesen und sich zu Gott erheben

---

Einfluß seiner Gedanken auf die Renaissance vgl. auch Ernst Cassirer: Individuum und Kosmos in der Philosophie der Renaissance. Darmstadt 1963, S. 57 f.

[1] Thomas: Com. ad Rom. I, lec. 6 (116) (Busca 5, S 446); Bonaventura: Collationes in Hexemeron XIII, 12 (Wilhelm Nyssen (Hrsg.), Darmstadt 1964, S. 410) und Breviloquium II, 12, (S. Bonaventurae opera omnia. Collegii A. S. Bonaventura, Quaracchi 1891, V (R. P. Aloysiia Parma (Bearb), S. 230); Augustin: De trin. II (Proem) 1 (CChr SL 50, S. 80, 12 f.) und De trin. XV, 20 (CChr SL 50 a, S. 516, 40 f.).

[2] Vgl. Raimundus (Friedrich Stegmüller (Hrsg.), insbesondere den Prolog, S. 26* f. und S. 33* ff.

[3] Ebd. S. 36*.

[4] Ebd. bes. Titulus I, S. 44* ff.

[5] Allen I, S. 293, 127 ff.

[6] Pico: Heptaplus IV prooem. (Hieronymus Emser (Hrsg.): Opera Joannis Pici Mirandolae. Argentinus 1504, IX v f. Pico benutzt da als Schriftbeweis, wie nach ihm Erasmus, (H, S. 40, 30), Vers 1,8 aus dem Hohenlied, der nach der Vulgata lautet: „Si ignoras te, o pulcra ..."; vgl. auch Ficino, Theol. Plat. 12, cap. 5.

[7] Pico: Oratio de dign. hom. (Emser), IX v f.

könne,[1] so fallen solche Einschränkungen bei ihnen fort. In seiner Rede über die Würde des Menschen läßt Pico den Philosophen in den „sichtbaren Zeichen der Natur" „das Unsichtbare Gottes" finden.[2] Wenn der Mensch seine „rationalen Fähigkeiten" pflege, erklärt er, werde er „ein himmlisches Wesen", pflege er die „intellektuellen", werde er „ein Engel und Sohn Gottes" sein, ziehe er sich aber, „von dem Lose keines Geschöpfes befriedigt, in das Zentrum seiner Einheit zurück, dann werde er zu einem Geist mit Gott in der einsamen Dunkelheit des Vaters, der über alles erhaben ist. Der Mensch werde dann allen voranstehen."[3] Solche Gedanken blieben nicht auf Florenz beschränkt. John Colet notierte sich zu Ficinos Briefen von 1495: „Wie die Seele sich zum Leib verhält, so der Geist zur Seele, so schließlich Gott zum Geist. Die Seele soll sich vom Irdischen zum Himmlischen und schließlich zum Überhimmlischen wandeln."[4]

In solcher Tradition steht das ‚Enchiridion' und es unterscheidet sich darin wesentlich von der besprochenen ‚Precatio'. Die ‚Precatio' dürfte 1499 kurz vor der ersten Englandreise des Erasmus entstanden sein, das ‚Enchiridion' kurz danach unter dem Einfluß des Franziskanergenerals Vitrier. Durch die Studien Godins[5] ist längst erwiesen, wie sehr Vitrier Erasmus beeindruckt hat und wie er ihm die Werke des Origenes ans Herz legte, worauf Erasmus sich in kurzer Zeit mit ihnen vertraut machte. Der Einfluß des Kirchenvaters, der die Relevanz biblischer Geschichte zugunsten einer vergeistigten Allegorese stark einschränkte, ist im ‚Enchiridion' handgreiflich. Ständig wird spiritualisiert und allegorisiert. Anregungen aus der Origeneslektüre und die Einflüsse, die Erasmus in England auf sich wirken ließ, haben sich im ‚Enchiridion' zu einer neuen Einheit verbunden.

Der Einfluß der englischen Freunde

Erasmus wurde von einem vornehmen Schüler nach England eingeladen und in die höchsten Kreise eingeführt. Hier fand er nicht nur „ein angenehmes und gesundes Klima", hier fand er die „tiefsinnige, wirkliche alte, lateinische und

---

[1] Raimundus (Friedrich Stegmüller (Hrsg.), S. 38*.

[2] Eugenio Garin (Hrsg.): G. Pico della Mirandola: De dignitate hominis. Bad Homburg 1968, S. 44.

[3] Ebd. S. 30.

[4] Die Marginalien sind ediert bei Sears Reynolds Jayne: John Colet and Marsilio Ficino. Oxford 1963, S. 108.

[5] Vgl. André Godin: Erasme lecteur d'Origène. Travaux d'Humanisme et de Renaissance. Genf 1982 und ders.: The Enchiridion Militis Christiani. The Modes of an Origenian Appropriation, in: ERSY 2 (1982), S. 47-79.

griechische Humanität und Bildung". Hier traf er John Colet, „in dem er Platon zu hören glaubte", hier den „Universalist" Grocyn, Linacer mit seiner „scharfen Urteilskraft" und schließlich Thomas Morus, mit einer „Begabung, wie sie die Natur nie glücklicher geformt hatte". „Wunderbar ist es", ruft er aus, „wie dicht hier überall die Saat aus den Schriften der Alten aufgeht".[1] Erasmus fand sich auf einmal in einem großen Kreise gleichgesinnter Freunde, die seiner Begabung höchste Anerkennung zollten und ihn großzügig unterstützten. Zum ersten Mal seit seiner Klosterzeit war Erasmus frei von finanziellen Sorgen, ja er konnte sogar noch einiges zurücklegen. Er wurde in vornehme Häuser und Freundeskreise eingeladen, wo man sich in fröhlicher, entspannter Atmosphäre im Geiste der Florentiner Akademie über philosophische und theologische Fragen austauschte. Wenn Erasmus dort die Diskussion mit Humor würzte, erntete er kein Kopfschütteln, sondern Ermunterung.

Es waren durchaus keine reinen Stubengelehrten, mit denen er verkehrte, es waren weltgewandte Männer, die aktiv im politischen und kulturellen Leben standen und Einfluß am Königshof hatten. Ganz ungezwungen und unverhofft stellte der junge Thomas Morus auf einem Spaziergang Erasmus den Königskindern vor.

Hier war das Goldene Zeitalter kein Traum mehr, hier schien es Wirklichkeit geworden. Erasmus bedankte sich mit einem Gedicht für den freundlichen Empfang bei Hofe. Was, fragt er da, wenn die Alten den König Heinrich VII. gesehen hätten? Hätten sie nicht geglaubt, Jupiter selbst sei in Menschengestalt zu Hilfe geeilt? Für ihn, Erasmus, jedenfalls, „ist er Apoll, der Vater des Goldenen Zeitalters".[2] Nicht nur in diesem Huldigungsgedicht, auch in einem Brief an seinen Freund Fausto Andrelini, in dem er nicht zu schmeicheln brauchte, läßt er das Goldene Zeitalter aufleben: „Was gefällt Dir so, der Du sonst immer eine Nasenlänge voraus bist, in dem gallischen Mist, daß du darin vergreisen willst?" fragt er seinen Freund. „Hier gibt es Nymphen mit göttlichen Gesichtszügen, reizend und gefällig. Du würdest sie gewiß deinen Camenen vorziehen."[3] Im Tudor-England glaubt Erasmus, das viel beschworene Goldene Zeitalter gefunden zu haben, da soll der Freund auf dem alten Festland nur die Camenen fahren lassen, die alten römischen Quellgottheiten, deren Kult in Vergessenheit geriet und von den Musen verdrängt wurde, als die griechische Bildung in Rom heimisch wurde. Sie soll er getrost zurücklassen und eilends nach England kommen, wo Nymphen ihn „mit Küssen" empfangen werden.

---

[1] Allen I, S. 273, 17 ff.
[2] ASD I-7, Nr. 4, 49 f.
[3] Allen I, S. 238, 10.

Erasmus genoß in vollen Zügen die Aufbruchsstimmung in England, wo nach den Rosenkriegen eine neue Zeit des Friedens anzubrechen schien, eine Zeit, in der nicht mehr Geburtsadel, sondern Fachkenntnisse und Bildung Einfluß im königlichen Rat verschafften. Und nicht etwa irgendeine Bildung wurde gefördert, sondern – so jedenfalls konnte Erasmus im Kreise seiner neuen Freunde glauben – gerade die humanistische Bildung, zu der er sich von Jugend an hingezogen fühlte. Hier wurden die antiken Schriftsteller begeistert gelesen und studiert, ja einzelne Freunde, wie Grocyn beherrschten das Griechische, von dem Erasmus selbst bis jetzt nur wenige Brocken verstand. Das aber wollte er nachholen. Fest nahm er sich vor, Griechisch zu lernen. Hier wurde mit Hilfe des Florentiner Neuplatonismus eine in seinen Augen überzeugende Verbindung von Antike und Christentum, von christlichen Glaubensinhalten und platonischer Philosophie gefunden. Diese „philosophia christiana" begeisterte Erasmus, der selbst bis dahin nur christliche Inhalte in antike Formen gegossen hatte, ohne eine wirklich neue Einheit daraus schmelzen zu können. In Colet bewunderte er einen Theologen, der „Gelehrsamkeit, Redekunst und Frömmigkeit" in sich vereinte.[1] Hier konnte und wollte er anknüpfen und wie die englischen Freunde die alte vorbildliche Theologie der Väter wieder aufleben lassen,[2] aber kritischer und tiefer: Er wollte zuerst Griechisch lernen, um das Neue Testament besser verstehen zu können. „Es ist kaum glaublich, wie ich darauf brenne ... einigermaßen das Griechische zu beherrschen, um mich ganz den heiligen Studien zu widmen."[3]

Überwältigt öffnete sich Erasmus dem neuen Einfluß, obwohl er bereits über dreißig Jahre alt war, in einem Alter also, in dem man sich nicht mehr jeder Modeströmung willig hingibt und auch vorbildlichen und begeisternden Menschen gegenüber kritisch bleibt. Daß Erasmus jedenfalls Colet gegenüber auch tatsächlich kritisch blieb, beweist sein Briefwechsel mit ihm.[4]

Deshalb wird heute jeglicher Einfluß Colets auf Erasmus bestritten. John B. Gleason hat in einer viel beachteten Studie überzeugend nachgewiesen, daß Colet des Erasmus Schriftexegese, soweit sie eine philologisch-historische war, nicht hat beeinflussen können.[5] Darin ist ihm voll zuzustimmen. Aber heißt das, Colet und seine Freunde hätten Erasmus überhaupt nicht beeinflußt? Es dürfte kein Zufall sein, daß Erasmus in seinem Brief an Robert Fisher vom 5. Dezem-

---

[1] Allen I, S. 248, 71.
[2] Allen I, S. 247.
[3] Allen I, S. 321, 44 f.
[4] Allen I, S. 249-250; 254-260. Vgl. ‚De taedio, pavore et tristicia Iesu' (LB V, c. 1263 ff.).
[5] John B. Gleason: John Colet. London 1989, S. 93 ff.

ber 1499 neben Colet und Morus nur Neuplatoniker als herausragende Gelehrte Englands erwähnte: Grocyn, der in Italien studiert hatte und 1501 über Dionysius Areopagita lesen sollte, und Linacer, der eben Proklos übersetzt hatte.[1] Wenn er von Colet berichtete, er vermeine, in ihm Platon zu hören,[2] so war das zwar eine rhetorische Floskel,[3] aber es ist doch festzuhalten, daß Erasmus Colet eben gerade mit Platon und nicht mit Cicero oder Hieronymus verglich, um nur zwei eigentlich naheliegendere, ebenso ehrenvolle Varianten zu nennen. Daß Colet stark vom Platonismus geprägt war, wird auch Gleason nicht bestreiten wollen, wenn er auch in seiner Biographie keinen besonderen Wert darauf legt. Colets Kompendium der ‚Himmlischen Hierarchie' des Dionysius zeigt das deutlich genug. Der spätere Colet hat ein platonisierendes Christentum vertreten, das jedes historischen Ansatzes bar war[4] und stark an das Christusbild des ‚Enchiridions' erinnert, in dem Gottes Sohn als Lehrer und Vorbild und als der von Ewigkeit zu Ewigkeit Liebende, aber nicht als der in einer bestimmten Zeit Leidende lebendig wurde. Erasmus muß die spiritualisierende Bibelauslegung, wie sie das Spätwerk Colets beherrscht, und wie sie auch für den jüngeren anzunehmen ist, ebenso begeistert haben, wie seine überbordenden Allegoresen und seine Akkomodationslehre.

Nicht, daß er vor 1499 noch nicht mit dem aus Florenz ausstrahlenden Platonismus in Berührung gekommen wäre. Sein Pariser Freund und Förderer Gaguin hatte 1498 den zweiten Brief Pico della Mirandolas an Giovanfrancesco ins Französische übersetzt. Begeisterte Hinweise auf die Florentiner Denker aber findet man bei Erasmus erst nach dem Englandaufenthalt.[5] Auf jeden Fall hat sich Erasmus um die Jahrhundertwende – offenbar mit Überzeugung – einer platonisierenden Theologie verschrieben, die auf heilsgeschichtliche Hinweise verzichten konnte, ganz abgesehen von einem historisch-kritischen Ansatz. Der Florentiner Platonismus, der so viele seiner Zeitgenossen ansprach, muß auch ihn angesprochen haben, ja mehr noch, ihm entsprochen haben, sonst hätte Erasmus kaum dessen Menschenbild im ‚Enchiridion' so bereitwillig übernommen.

Dem Menschenbild, nach dem der Mensch eine göttliche Seele hat und das ewige Gesetz Gottes in sich trägt, entspricht ein völlig unhistorischer Umgang mit der biblischen Geschichte im ‚Enchiridion'. Das Leben Christi wird in sei-

---

[1] Vgl. Allen I, S. 273 und 274.
[2] Allen I, S. 273, 21.
[3] Vgl. Gleason (1989), S. 111.
[4] Vgl. ebd. S. 126 f.
[5] Allen I, S. 293, 127 ff.

ner historischen Dimension nicht angesprochen. Hatte Erasmus in der in ihren Aussagen zeitlos schwebenden ‚Precatio ad virginis filium Jesum' immerhin Christus, den „selbst zeitlosen Herrn der Zeit" noch nach spätmittelalterlicher Tradition als den für die Menschen Fleischgewordenen und auf Erden Leidenden vor Augen geführt und gepriesen,[1] so wird im ‚Enchiridion' solche Kreuzesmystik, die den Ewigen als in der Zeitlichkeit Leidenden vergegenwärtigt, als „vulgi more", als allenfalls vorläufige Frömmigkeit abgetan. Da gilt es nicht das Kreuz Christi als historisches Ereignis zu erfassen, sondern es im eigenen Leben nachzubilden, indem man die Leidenschaften tötet.[2] Christus, der Gekreuzigte, wird und bleibt nur ein zeitloses Vorbild. Im ‚Enchiridion' kann Erasmus nicht von einer Auflösung der Geschichte Jesu in eine zeitlose Idee freigesprochen werden. Die Rede von Christus entspricht da gleich zu gleich dem Urbild, dem Logos des Vaters, das der Mensch als Rede verinnerlichen kann und soll.[3] Der Sieg ist nicht „ein für alle Mal" errungen, so noch traditionell in der ‚Precatio' formuliert,[4] es gilt ihn jeweils neu mit Christi Hilfe und in seiner Nachfolge zu erstreiten.[5]

„Das Fleisch nützt nichts, der Geist ist es, der lebendig macht"

Erasmus traf mit seinem ‚Enchiridion' den Puls der Zeit. Blieb die kleine Schrift zunächst unbeachtet, so wurde sie von 1518 an zu einem der meist gelesenen Erbauungsbücher.[6] Indem Erasmus seine neuplatonisch gefärbte Unterscheidung von Fleisch und Geist konsequent auf die Frömmigkeit anwandte, überwand er die Kluft zwischen Weltverachtung und Weltbejahung und konnte zu einer neuen zeitgemäßen Form religiösen Lebens anleiten. Die mittelalterliche Weltverachtung, die in eine weltflüchtige Mönchsbewegung mündete, hatte ihre Anziehungskraft verloren. Im Spätmittelalter setzen die Klostergründungen aus, und bestehende Klöster waren oft nur gering besetzt. Dafür prägte eine lebendige Laienfrömmigkeit das kirchliche Leben. Viele Pfarrkirchen wurden gebaut und unzählige Laienorden gegründet. Diese neue Frömmigkeit lehnte sich aber immer noch an die überkommenen weltflüchtigen Ideale an. Sie wurde von Laien, die in der Welt lebten, getragen, fand aber in Räumen, die

---

[1] LB V, c. 1210 F - 1211 C.

[2] H, S. 117, 1 f.

[3] H, S. 75, 19 f.

[4] LB V, c. 1210 F.

[5] H, S. 28, 1 f. und S. 59, 1 f.

[6] Zur Wirkungsgeschichte und auch zum Folgenden vgl. Cornelis Augustijn (1986), S. 42 ff.

aus dem weltlichen Leben herausgenommen waren, statt. Wallfahrten, Heiligen- und Reliquienkulte prägten die Volksfrömmigkeit. Das Heilige wurde dem Profanen entgegengesetzt.

Da bot Erasmus eine ganz neue Sicht, indem er nicht zwischen Profanem und Heiligem unterschied, sondern zwischen einem fleischlichen und einem geistlichen Leben, sei es innerhalb des kirchlichen Rahmens oder ausserhalb. Nicht das andächtige Betrachten eines Kreuzessplitters heiligt, sondern ein Leben in der Nachfolge des Gekreuzigten, nicht das Tragen einer Mönchskutte macht zum Christen, sondern eine christliche Lebensweise, nicht einmal die Bibellektüre nützt, wenn sie fleischlich betrieben wird. Wenn man ihre allegorische Bedeutung im Auge habe, könne man eine Sage mit größerem Gewinn lesen, als die Heilige Schrift, falls man dort am Buchstaben hängenbleibe, erklärte Erasmus im ‚Enchiridion‘. Denn „das Fleisch nützt nichts, der Geist ist es, der lebendig macht". (Joh 6,63).[1]

Seine Frömmigkeitsübungen sind nicht Wallfahrten oder Heiligenfeste, sondern Gebet und Bibellektüre, denen der Fromme überall und jederzeit nachkommen kann. Das ‚Enchiridion‘ ist für einen Höfling und Waffenmeister geschrieben. Erasmus rät ihm nicht, seinen weltlichen Beruf aufzugeben, um sich vermehrt dem Gottesdienst widmen zu können. Er fordert ihn schon mit dem Titel auf, sich in seiner Werkstatt frommen Betrachtungen hinzugeben. Erasmus nannte die Schrift einen „Handdolch". Die Waffen, die er schmiedete, sollten den Höfling an die geistliche Waffenrüstung mahnen und zu frommem Tun anreizen. – Das ‚Enchriridion‘ hat eine neue innerweltliche Frömmigkeit propagiert. Der Fromme flieht nicht aus der Welt zum Heiligen, er kämpft in der Welt das Fleischliche in sich nieder und jagt dem Geistigen nach. Alles bezieht er auf Christus und richtet alles nach ihm aus. Jeder Beruf ist gut, wenn er in richtiger Weise ausgeübt wird. Dient er dazu, die Familie zu ernähren, dann ist zu fragen, was die Familie bedeutet: „Willst du sie Christus zuführen? Dann läufst du in die richtige Richtung."[2] Im täglichen Leben, in der Welt fallen die Entscheidungen. Das weltliche Leben wird spiritualisiert, so dient es der Heiligung.

Erasmus findet sein Programm

Als Erasmus England verließ, wurde sein Vertrauen in Heinrich VII. als Vater eines Goldenen Zeitalters jäh erschüttert. Der König hatte in seiner ewigen

---

[1] H, S. 70, 29 ff.

[2] Vgl. den ganzen „Canon quartus", H, S. 63 ff.

Geldnot alte Devisengesetze wieder in Kraft gesetzt, und Erasmus wurden alle seine Ersparnisse konfisziert. Er geriet erneut in drückende finanzielle Abhängigkeit. Das aber konnte ihn von den in England gefaßten Plänen nicht abbringen. Er wollte Griechisch lernen, um das Neue Testament kommentieren zu können. Am Ende des ‚Enchiridions‘ schreibt er, er habe mit großem Eifer angefangen, Paulus zu erklären: „Ein kühnes Vorhaben, aber im Vertrauen auf die angelegentliche göttliche Hilfe arbeite ich darauf hin, daß ich nach Origenes, Ambrosius, Augustin und nach so vielen jüngeren Auslegern diese Mühe nicht ohne Grund und fruchtlos auf mich genommen zu haben scheine. So sollen gewisse Verächter, die Unkenntnis in den alten Studien für höchste Frömmigkeit halten, einsehen, daß ich nicht eitle Ruhmsucht oder kindliche Freuden im Auge hatte, wenn ich das höhere Studium der Alten Schriften seit meiner Jugendzeit geliebt und mir eine leidliche Kenntnis der beiden Sprachen, Griechisch wie Lateinisch, nicht ohne viele durchwachte Nächte angeeignet habe. Denn ich habe schon viel früher daran gedacht, den Tempel des Herrn, den einige durch Unbildung und Barbarei all zu sehr entehrten, nach meinen Kräften auszuschmücken mit auserlesener Pracht, durch die auch hochgesinnte Begabungen zur Liebe zu den Heiligen Schriften entflammt werden können."[1]

Das ist ein Programm. Die alte Theologie soll wiederhergestellt werden. Erasmus macht sich daran, die verstümmelten Werke des Hieronymus neu herauszugeben.[2] Vor allem aber soll das Neue Testament so erklärt werden, daß es auch gebildete und anspruchsvolle Zeitgenossen anspricht.

Zunächst freilich muß Erasmus für seinen Unterhalt sorgen. Er tut dies – übrigens als erster so konsequent – mit lukrativen Editionen. Er gibt eine Sammlung lateinischer Sprichwörter heraus, den Grundstock für seine ‚Adagia‘, eine riesige kommentierte Sammlung antiker Weisheit, die er sein Leben lang erweitern wird. Damit hat er den nachfolgenden noch lateinisch schreibenden Generationen eine gut lesbare Fundgrube lebensnaher antiker Bildung geschenkt. Sie wurde allenthalben genutzt und förderte einen geschliffenen Stil, der reich an Bildern und Zitaten war.

Lorenzo Vallas ‚Annotationes zum Neuen Testament‘

Das Griechischstudium ist nicht in wenigen Monaten zu bewältigen. Immer wieder halten Existenzsorgen Erasmus von seinem Vorhaben ab. Im Sommer 1504 ist der Pauluskommentar noch nicht geschrieben. Da stößt Erasmus in ei-

---

[1] H, S. 135, 19 f.
[2] Allen I, S. 328, 144 f.

ner Bibliothek in Park bei Löwen auf Lorenzo Vallas ‚Anmerkungen zum Neuen Testament' aus der Mitte des 15. Jahrhunderts. Valla bezweifelte darin, daß die Vulgata auf Hieronymus zurückgehe.[1] Damit nicht genug, er vergleicht die seit tausend Jahren allgemein anerkannte Übersetzung des Neuen Testamentes mit griechischen Handschriften und weist viele Übersetzungsfehler nach.

Erasmus ist begeistert. Er kannte und schätzte Valla schon aus seiner Schulzeit. Im Kloster empfahl er dessen ‚Elegantiarum latinae linguae', dessen lateinische Sprach-, Stil- und Bedeutungslehre seinen Freunden angelegentlich.[2] Wenn Erasmus in ‚De contemptu mundi' das Klosterleben als epikuräisch, als ein wahrhaft lustvolles Leben rühmte, scheint er von Gedanken Vallas aus dem Traktat ‚De voluptate ac de vero bono', über die Lust und das wahre Gute, inspiriert. – Valla selbst allerdings bekämpfte in seinem Traktat ‚De professione religiosorum' den Anspruch des Mönchtums, eine bessere Lebensweise als die in der Welt bieten zu können und nahm die spätere Kritik des Erasmus schon voraus.[3] – Der nur handschriftlich verbreitete Angriff auf das Mönchtum dürfte Erasmus kaum bekannt gewesen sein. ‚De inventione dialectica' aber hat er sich in Paris von Robert Gaguin ausgeliehen,[4] und Alexander Hegius konnte ihm Vallas Gedankenwelt nahebringen.[5] Im Übrigen waren Vallas Vorliebe für die Natürlichkeit, sein Pochen auf den allgemeinen Nutzen und seine Polemik gegen die Scholastik, soweit sie deren Weltfremdheit und mangelnde Sprachkompetenz betrafen, humanistisches Allgemeingut.

Die ‚Annotationes' Vallas wurden indessen heftig abgelehnt und gerieten bald in Vergessenheit. Erasmus erkannte sofort ihre ungeheure Bedeutung für die theologische Forschung. Er entschloß sich, sie im Druck herauszugeben. Denn hier ging es nicht nur darum, in den Chor miteinzustimmen, der eine verdorbene Christenheit zu einem christlichen Leben und die scholastische Theologie von allzu weltfremden Diskussionen zurückzurufen trachtete. Hier ging es um die Grundlage, auf die sich die Kirche und alle Theologie berief, die Heilige Schrift. Der anerkannte lateinische Text wurde einer Revision unterzogen. Das hatte gewaltige Konsequenzen. So stellte Valla mit seiner Anmerkung zu II Kor 7,10 die traditionelle Bußlehre in Frage, indem er die Übersetzung von

---

[1] Vgl. Vallas Anmerkungen zu I Kor 2,9 und Lk 16,2 (Laurentii Vallae Opera. Basel 1440, S. 837 und S. 862).

[2] Allen I, S. 107, 73 ff., bes. S. 119 f. S. auch ebd. S. 99, 102.

[3] Eugenio Garin (Hrsg.): Laurentius Valla: Opera omnia. Turin 1962, Bd. II, S. 99 ff., bes. S. 129 f.

[4] Allen I, S. 195, 4 und 8.

[5] Vgl. Albert Hyma: The Youth of Erasmus. Ann Arbor 1930, S. 37.

μετάνοια (Reue) mit poenitentia (Buße) zurückwies.[1] In der Tat, die „Lächerlichkeiten", mit denen sich Valla dort als Philologe abgab, „was hatten sie für Folgen!" so Erasmus in seinem Dedikationsbrief zur Ausgabe.[2]

Was war denn so revolutionär an Vallas Methode? Valla behandelte die Vulgata als Grammatiker wie irgendeinen anderen alten Text auch. Er war sich bewußt, daß dieser Text, der Gottes Wort enthielt und täglich in der Liturgie rezitiert wurde, in einer bestimmten Zeit unter bestimmten Umständen als Übersetzung entstanden und durch die Jahrhunderte hindurch von Abschreibern verändert und entstellt worden war. Sein erklärtes Ziel war, auf der Grundlage des griechischen Urtextes eine bereinigte Version zu ermöglichen. Mit philologischen und historischen Methoden untersuchte und kritisierte er die vorliegende Fassung von Gottes Wort.

Nicht daß das Mittelalter völlig auf philologische und historische Fragen an den heiligen Text verzichtet hätte. Das Verständnis des ‚sensus litteralis' oder ‚historicus' bildete die Grundlage auch der scholastischen Exegese. Erst wenn der genaue Wortsinn gefunden war, konnte man zu den ‚höheren' Fragen, zum moralischen, allegorischen oder anagogischen Sinn eines Schriftwortes fortschreiten. Aber Valla verzichtete in seinen ‚Anmerkungen zum Neuen Testament' nicht nur ganz auf die ‚höheren' Auslegungsweisen, er handhabte die historische Fragestellung an den Text ganz anders. Für die traditionellen Denker war nicht nur der Inhalt, sondern auch die Form der Heiligen Schrift unantastbar. Hatte Christus selbst nicht gesagt: „bis Himmel und Erde vergehen, wird kein Jota oder Häkchen vom Gesetz vergehen"?[3] Es mußte seinen Grund haben, daß die Autoren der neutestamentlichen Schriften diesen und nicht jenen Begriff für eine Aussage benutzten und hier und nicht dort ein Komma setzten. Und dasselbe galt für die Übersetzung des Heiligen Hieronymus, die durch Jahrhunderte langen Gebrauch geheiligt war. Der Sinn eines Wortes mochte noch so verborgen sein. Daß er bestand und für alle Zeiten derselbe sei, wurde nicht in Frage gestellt.

---

[1] Laurentii Vallae opera. Basel 1540, S. 872. Valla erklärte sehr deutlich: „Quare nihil dicunt qui super hunc locum disputantes, an tristitia idem sit quod poenitentia, aiunt triplicem esse poenitentiam, unam quae est contritio, alteram quae est confessio tertiam quae est satisfactio. Quae sententia cum falsa sit, tum nihil est ad explanandam sententiam Pauli faciens." Vgl. Jerry H. Bentley: Humanists and Holy Writ. New Testament Scholarship in the Renaissance. Princeton 1983, S. 64.
[2] Allen I, S. 410, 132 f.
[3] Mt 5,18.

Nun aber bestritt Valla, der Heilige Hieronymus habe die Übersetzung geliefert, und flickte an dem Text herum, als wäre es eine Übersetzungsübung irgendeines Schülers. Für ihn war der Text in seiner überlieferten Gestalt nicht mehr heilig. Tastete er damit nicht auch den Inhalt an? Konnte der Inhalt noch als vom Heiligen Geist inspiriert gelten, wenn es die Ausdrucksweise, in der er überliefert wurde, nicht war? Wer konnte sich noch auf den Inhalt verlassen, wenn die äußere Form fragwürdig wurde? Und war diese Form nicht allein schon deshalb sakrosankt, weil sie von der Kirche seit Jahrhunderten anerkannt und von ihren Heiligen gläubig rezitiert worden war?

Erasmus war sich darüber im Klaren, was er mit der Edition des Vallatextes aufrührte: „Die Theologen werden voller Haß dagegen aufschreien, obwohl sie am meisten davon profitieren können", stellte er fest: „Welche unerträgliche Verwegenheit, sagen sie, wenn der Grammatiker, nachdem er die übrigen Disziplinen schon zerrüttet hat, nun auch die Heiligen Schriften nicht mit seiner schändlichen Feder verschont."[1] Zum Glück hatte es auch innerhalb der scholastischen Zunft einen anerkannten Theologen gegeben, Nikolaus von Lyra, der nach seinen Möglichkeiten auf den Urtext der Bibel zurückgegriffen hatte. Auf ihn konnte sich Erasmus berufen.

Für Erasmus war Vallas Methode nicht nur erlaubt, sie war unumgänglich, „nichts" wäre „von größerer Notwendigkeit".[2] Auf dem Weg, den Valla vorgezeichnet hatte, wollte Erasmus weitergehen. Und er ist ihn konsequent weitergegangen und hat sich dabei zu einem Theologen mit einem betont historischen Ansatz entwickelt. Seine unhistorische, platonisierende Frömmigkeit, die er im ‚Enchiridion' entfaltet hatte, ist darüber zur Episode geworden. Erasmus wird weiterhin eine verinnerlichte, innerweltliche Frömmigkeit propagieren, er wird weiterhin Himmel und Erde, Göttliches und Menschliches, Geist und Fleisch einander entgegensetzen. Christus wird weiterhin im Zentrum seiner Theologie stehen. Aber wie er Christus sieht, das wird sich ändern. Auch in seinem späteren Werk wird Christus die ewige Weisheit sein, die als Lehrer und Vorbild zu den Menschen kam, um sie zu verwandeln und zu sich zu ziehen, aber entschieden wird dort betont werden: Christus war ein einmaliger Mensch, der in einer bestimmten Gegend, zu einer bestimmten Zeit als historischer Zeitgenosse lebte. „Er dürstete, hungerte, litt und starb, Augen sahen ihn, Ohren hörten ihn, Hände berührten ihn." Mit der Sicht Christi ändert sich auch die Sicht des Menschen. Erasmus braucht im späteren Werk die Würde des Menschen nicht mehr aus einem gottähnlichen Geist zu begründen, sie

---

[1] Allen I, S. 409, 111 f.
[2] Ebd. S. 410. 135.

begründet sich in Christi Menschsein. Dem eben zitierten Satz fügt er an: „Damit diese Würde für das menschliche Geschlecht dauerhaft sei, wohnt er noch weiter in uns. Die Gottheit trägt das menschliche Fleisch an sich und ist darin verherrlicht, sitzend zur Rechten des allmächtigen Vaters."[1]

Nicht die Art, das Ziel der Studien ist entscheidend

Die neue Aufgabe, die Erasmus sich nun stellte, das Neue Testament nach den besten zugänglichen Handschriften zu bereinigen, brauchte Zeit. Dazu mußte man nicht nur leidlich Griechisch können. Hervorragende Kenntnisse waren nötig, um die Textvarianten wirklich beurteilen zu können. Dazu ein breites historisches Wissen, ganz abgesehen von der Herausgeberarbeit selbst, dem Kollationieren der Textvarianten, die Erasmus nicht nur aus den ihm zugänglichen Codices des Neuen Testamentes bezog, sondern auch aus Zitaten und Übersetzungen der Väter.[2] Und das alles ohne technische Hilfsmittel und – abgesehen von den letzten Arbeitsgängen in Basel – auch ohne Assistenten. Erst nach zehnjährigem Studium wird Erasmus 1515 eine erste vorläufige Ausgabe wagen.

Dazwischen liegen Aufenthalte in England und in Italien, Erasmus knüpft wichtige Bekanntschaften und macht sich als Herausgeber und Übersetzer antiker Schriftsteller und einer auf Tausende angewachsenen neuen Ausgabe der ‚Adagia‘, die nun auch griechische Weisheit enthält, einen Namen in ganz Europa. Zehn Jahre zuvor (1495) war Erasmus nach Paris gezogen, um den Doktortitel zu erwerben. In Turin war er leicht zu haben. Man warf ihn dem berühmten Gelehrten nach. Ganze 15 Tage brauchte er dafür.[3]

Wie weit Erasmus sich in Italien neben diesen Aufgaben ernsthaft mit der Herausgabe des Neuen Testamentes beschäftigte, bleibt ungewiß. Zeugnisse einer solchen Arbeit haben sich nicht erhalten.[4] Die griechischen Handschriften, die Erasmus für seine Ausgabe benutzte, stammten nicht aus Italien. Erst nach

---

[1] LB VII, c. 504 A.

[2] Zur Editorenarbeit des Erasmus am Neuen Testament vgl. die ausserordentlich informative Studie von Jerry H. Bentley: Humanists and Holy Writ. New Testament Scholarship in the Renaissance. Princeton 1983. Darin findet sich auch ein Kapitel über Valla. Vgl. auch Erika Rummel: Erasmus' "Annotations" on the New Testament. From Philologist to Theologian. Toronto 1986.

[3] Vgl. Paul F. Grendler: How to get a Degree in Fifteen Days. Erasmus' Doctorate of Theology from the University of Turin, in: ERSY 18 (1998), S. 40-69.

[4] Die Cambridger Handschriften von des Erasmus Übersetzung zum Neuen Testament können nicht mehr als Beweis gelten. Vgl. die Einleitung von P. F. Hovingh in ASD VI-5, S. 3, der sich auf A. J. Brown: The Date of Erasmus' Latin Translation of the New Testament, in Transactions of the Cambridge Bibliographical Society 8 (1984), S. 351-380 bezieht.

seiner Rückkehr, erst nach 1509 hat Erasmus nachweislich griechische Handschriften kollationiert, zunächst in England, später in Basel.[1] Hat Erasmus in Italien die Arbeit am Neuen Testament aus den Augen verloren, oder hat er seine Übersetzer- und Herausgebertätigkeit von antiken Texten als Vorbereitung und Vorübung für die Herausgabe des Neuen Testamentes angesehen? Die wenigen erhaltenen Briefe erlauben dazu kein Urteil. Immerhin nannte er in seinem Widmungsbrief zur Aldinischen Adagiaausgabe seinen eigentlichen Beruf: die Theologie.[2] Auf jeden Fall aber hat er mit rastlosem Eifer und großer Lust an den weltlichen Texten gearbeitet.

Hat er damit sein Versprechen an den neuen Abt seines Klosters, seinen alten Freund Servatius Roger, gebrochen? Ihm hatte er kurz vor seiner Reise nach Italien geschrieben: „Ich bewege dies immer wieder in meinem Herzen, wie ich das, was mir an Zeit bleibt ... ganz der Frömmigkeit und Christus widmen kann." Und weiter: „Ich sehe, des Studierens ist kein Ende. Es ist, als müßten wir täglich wieder neu anfangen. Darum beschloß ich, mit meiner Mittelmäßigkeit zufrieden zu sein (zumal ich nun genug Griechisch getrieben habe) und mich ganz dem Gedenken des Todes (meditandae morti) und der Verwandlung meiner Seele (animo fingendo) hinzugeben."[3] Das sind Werte mönchischer Frömmigkeit, die Erasmus hier anspricht, wie sie bei ihm schon in den frühen Gedichten und in seiner Frühschrift ‚De contemptu mundi' anzutreffen sind.

Dennoch ist Erasmus nicht auf die in seiner mönchischen Umgebung heimische Bildungsaskese eingeschwenkt, die er in den ‚Antibarbari' so heftig bekämpft hatte. Denn er konstatiert ja nur mit dem Prediger, daß das menschliche Leben kurz und alles eitel ist. Wie hieß es doch am Ende des Predigerbuches? „Des vielen Büchermachens ist kein Ende",[4] und doch wurden die Sprüche des Predigers niedergeschrieben. So ist auch des Studierens kein Ende, und doch wird Erasmus weiterstudieren. Servatius wird denn auch kaum aus dem Brief herausgelesen haben, Erasmus wolle nun dem Studium absagen und sich von der Welt der Gelehrten abkehren. Doch könnte er aus dem Brief herausgelesen haben, daß Erasmus jetzt seine unbändige Lust zum Studium hinterfragt, sie als eine menschliche Leidenschaft sieht, die ihren Wert nicht in sich selbst trägt, sondern zum Guten oder Schlechten genutzt werden kann.

---

[1] Vgl. Bentley (1983), S. 126 f.
[2] Allen I, S. 444, 24 f.
[3] Allen I, S. 421, 6 f.
[4] Vgl. Koh 12,12.

Deutlich spricht Erasmus das in seinem Gedicht über das Altern aus, das er wenige Monate später niederschrieb, als er im August 1506 die Alpen Richtung Italien überquerte: Eine Leidenschaft, eine Begierde sei es, die ihn treibe, wie die Biene alle Weisheit zu sammeln und den ganzen Kreis der Bildung zu absolvieren. Und will er damit nicht eigentlich Freunde gewinnen und berühmt werden? so muß er sich fragen.[1] Ein solches Ziel muß ihm angesichts der Vergänglichkeit als eitel erscheinen. Er ruft zu einem besseren auf: Die verbleibende Lebensspanne soll Christus allein gehören. Allen Scherzen und Lockungen sagt er Lebewohl: „Christus soll sein Studium, seine süße Muse, seine Ehre, seine Zierde und seine Leidenschaft sein."[2]

Das Studium soll nicht aufgegeben, sondern so in die Frömmigkeit integriert werden, daß es allein um Christi willen getrieben wird. Ein gegenteiliges Verständnis wäre ein Widerspruch in sich selbst. Denn die Absage an die „schmeichelnden Musen" und die „Blumen und Farben der Rhetorik"[3] steht in einem äußerst geschliffenen Gedicht voller Anklänge an heidnische Autoren.[4] Das Gedicht gilt als ein Meisterwerk rhetorischer Dichtkunst, ist aber zugleich ein Zeugnis von des Erasmus Fähigkeit, sich und andere zu durchschauen und auch den höchsten eigenen Werten mit Distanz und Kritik zu begegnen. Auch die Leidenschaft zu lernen und weise zu werden, gesteht er in dem Gedicht, ist nur eine menschliche Begierde. Wie andere Leidenschaften ist sie höchst anfällig, in den Dienst von Geltungssucht oder Selbstgefälligkeit zu geraten.

In seiner Klosterzeit konnte sich Erasmus darin üben, als Mönch das eigene Gewissen zu erforschen, als Priester die Gewissensnöte anderer zu verstehen und geheime Triebfedern menschlicher Leidenschaften aufzuspüren. Sein Gedicht über das Altern und noch mehr ‚Das Lob der Torheit' geben Einblick in seine Kenntnis der menschlichen Seele und ihrer Abgründe und belegen seinen Humor, mit dem er befreiend über diesen zwiespältigen Menschen lachen kann.

Das Lob der Torheit

Auch zum „Lob der Torheit' wurde Erasmus beim Ritt über die Alpen, diesmal auf der Heimreise aus Italien, inspiriert. Hier findet sich noch eine Erinnerung an die Faszination, die die intensive Farbenpracht und der Duft der Alpenflora auf den Flachländer ausübt. Die Torheit schildert ihren Geburtsort: Überall

---

[1] ASD I-7, Nr. 2, Z. 96 ff.
[2] Ebd. Z. 211 ff.
[3] Ebd. Z. 224 f.
[4] Vgl. die Interpretation von Harry Vredeveld ASD I-7, S. 38 ff. und S. 72 f.

umschmeicheln dort Augen und Nasen duftende Wunderblüten und betörende Liebeskräuter, der ganze Garten des Adonis tut sich auf.[1] Die Torheit gibt diesem Ort einen Namen: Es sind die „Inseln der Seligen", in denen das Goldene Zeitalter herrscht: „Da braucht niemand den Boden zu bearbeiten, da wächst alles von allein. Da gibt es weder Mühen noch Alter oder irgendeine Krankheit."[2]

Auch hier benutzt Erasmus den Mythos vom Goldenen Zeitalter, um zur eigenen Zeit Abstand zu gewinnen. Aber jetzt spielt er nicht das Barbarentum der Mönche und Scholastiker gegen die goldene Zeit der Dichtkunst aus oder flieht gar selbst träumend aus einer feindlichen Umgebung in dieses Sehnsuchtsland, jetzt hinterfragt er mit dem Mythos die Wissenschaften überhaupt: „Das einfache Volk jenes Goldenen Zeitalters lebte ohne die Waffen der Wissenschaft ganz von der Natur angeleitet und getrieben." Hinterfragt werden nicht nur Dialektik oder Naturwissenschaft, die Erasmus nur nebenbei interessierten, hinterfragt werden auch Grammatik und Rhetorik: „Wozu hätten sie Grammatik gebraucht, wo sie doch alle die gleiche Sprache sprachen ... , wozu Rhetorik, wo doch niemand dem anderen Schwierigkeiten machte? ... Erst als die Einfalt des Goldenen Zeitalters langsam dahinschwand, wurden von schlechten Geistern (malis geniis) diese Künste erfunden, ... , um die Begabten zu martern. Genügt doch allein schon die Grammatik, um ein Menschenleben ohne Ende zu quälen."[3] Die Wissenschaft, samt den Disziplinen der von Erasmus so leidenschaftlich betriebenen ‚bonae literae' werden hier von der Torheit als Frucht historischer Wandlung gesehen, als Teil der Geschichtsentwicklung und nicht etwa als Geschenk der Heilsgeschichte, nein, als erst durch den Verfall nötig gewordene bittere Frucht der Unheilsgeschichte.

Zu Recht beanspruchte Erasmus für sich, im ‚Lob der Torheit' ginge es „unter vielerlei Namen" gerade um ihn selbst.[4] Was plaudert die Torheit doch von den Bücherschreibern: Sie wollen sich Unsterblichkeit verdienen. Das mag ja noch angehen, bei denen die einfach allerlei Phrasen dreschen, wie aber bei den Gelehrten? Die muß die Torheit bedauern: „Ohne Ende quälen sie sich, da wird etwas angefügt, da verändert, dort ausgestrichen, umgeschrieben" usf. ... „Nie ist einer mit sich zufrieden. Und für welch flüchtigen Lohn? Das Lob von

---

[1] ASD IV-3, S. 78, 118 f.
[2] Ebd. Z. 115 f.
[3] Ebd. S. 110, 727 f.
[4] Ebd. S. 68, 54.

ein paar wenigen erkaufen sie mit so vielen Nachtstunden und Träumen ... mit so viel Aufwand, Schweiß und Quälerei."[1]

Mit dem Lob der Torheit will Erasmus freilich mehr, als nur über sich selbst lachen. Er will „das Leben der Menschen" überhaupt beurteilen.[2] Dazu versetzt er sich in die Torheit selbst, die ihr eigenes Lob verkündet und für sich in Anspruch nimmt, „die Geberin aller Gaben" zu sein.[3] „Die Torheit gründet Gemeinschaften, erhält Reiche, Verwaltungen, die Religion, Ratssäle und das Rechtswesen. Überhaupt ist das menschliche Leben nichts anderes als ein Spiel der Torheit."[4] Womit begründet die Torheit diesen Anspruch, wie kommt sie zu ihrem Urteil? Indem sie Abstand zur Welt gewinnt und sie von einer höheren Warte aus betrachtet. Sie bittet ihre Hörer, mit ihr in Gedanken auf einen Berg zu steigen. Da bietet sich kein schöner Anblick. Den aus der Ferne Herabblickenden zeigt sich eine traurige Welt. Schon die Geburt des Menschen ist ein häßliches Schauspiel. Und wie oft werden die Kinder mißhandelt? Wie plagt sich der Mensch bis ins Alter, um jämmerlich zu sterben. Die Menschen müssen schon sehr töricht sein, um dieses Spiel mitzuspielen.[5]

Es bleibt nicht bei diesem ersten Ausblick. Die Torheit steigt noch höher hinauf. Sie begibt sich in den Olymp und betrachtet mit den vom Nektar angeheiterten Göttern vom Himmel aus, wie aus einer Theaterloge, das Treiben der Menschen. Wie wirkt das auf einmal lächerlich! Der eine begehrt sehnlichst eine Frau, die ihn nicht mag, der andere freit ohne Zögern eine Mitgift. Da belügen und überlisten sich die Menschen, jeder führt den anderen an der Nase herum. Wie ein toller Schwarm Mücken spielen, zanken, lieben, tollen und sterben sie.[6]

Je nach Blickpunkt kann man die gleiche Lage verschieden beurteilen. Hat nicht alles seine zwei Seiten und bekommt wie bei den „Silenen des Alkibiades" je nach dem Abstand, den man dazu gewinnt, ein neues Gesicht? „Was auf den ersten Blick der Tod ist, wird, wenn man es näher betrachtet zum Leben und umgekehrt: das Leben zum Tod. Was schön ist, erscheint häßlich, was reich, ärmlich, was schädlich, heldenhaft, was gelehrt, ungelehrt, was stark, schwach, was großzügig, gemein, was fröhlich traurig" usf.[7] Wer genügend

---

[1] Ebd. S. 140, 304 f.
[2] Ebd. S. 68, 52.
[3] Ebd. S. 74, 63.
[4] Ebd. S. 102, 553 f.
[5] Ebd. S. 106, 655 f.
[6] Ebd. S. 136, 196 f.
[7] Ebd. S. 104, 578 f.

Abstand zu sich und seiner Zeit gefunden hat, der kann die ganze Zwiespältigkeit der Welt erkennen und fröhlich darüber lachen.

Mit Einsichten, die schon Überlegungen der Individualpsychologie um die Wende zum 19. Jahrhundert vorauszunehmen scheinen, gibt Erasmus durch den Mund der Torheit humorvoll Einblick in die menschliche Seele und ihre Abgründe. Die eigene Minderwertigkeit überspielt der Mensch mit Selbstgefälligkeit und Geltungssucht. Je minderwertiger der Mensch, um so größer sein Dünkel.[1] Aber auch das kann man von zwei Seiten her betrachten. Hat die Selbstgefälligkeit nicht auch ihr Gutes? Wer könnte einen anderen lieben, solange er sich selbst haßt? Wer mit anderen freundlich umgehen, während er sich selbst verabscheut? „Es ist nötig, daß jeder erst sich selbst umschmeichelt und durch Eigenlob sich selbst empfiehlt, bevor er für andere liebenswert sein kann."[2]

Gleiches gilt für die Ruhmsucht. Kein Kunstwerk hätten die Menschen geschaffen, keine Erfindung erdacht, wenn nicht Ruhmsucht sie gelockt hätte.[3] Die verpönten Leidenschaften sind unverzichtbar. „Sie dienen nicht nur als Erzieher denen, die zum Hafen der Weisheit eilen, bei jedem Tugendwerk sind sie dabei, sei es als Ansporn und Anreiz oder indem sie weiter dazu antreiben, das Beste zu geben."[4] – Was wäre das überhaupt für ein Mensch, der alle Leidenschaften in sich abgetötet hätte, wie die Stoiker das fordern? „Ein Marmorstandbild wäre das, starr, ohne alles menschliche Empfinden." ... „Wer würde nicht wie vor einem Scheusal oder Gespenst vor einem solchen Menschen voller Schrecken fliehen? Ist solch ein Mensch doch gegenüber dem natürlichen Empfinden taub geworden, herzlos läßt er sich nicht mehr durch Liebe oder Mitleid bewegen."[5]

Alles hat seine zwei Seiten. Das gilt auch für die Weisheit selbst und die ,bonae literae', die zur Weisheit führen sollen. In der Gouda-Handschrift der ,Antibarbari' von 1494/95 hatte Erasmus in jugendlichem Übermut erklärt: „Religion ohne Gelehrsamkeit (sine litteris) hat, ich weiß nicht, was für ein Anhängsel von verquerer Dummheit, vor dem die Gelehrten weit zurückschrecken."[6] Jetzt im ,Lob der Torheit' heißt es: „Die christliche Religion

---

[1] Ebd. S. 96, 460 f.

[2] Ebd. S. 94, 432 ff.

[3] Ebd. S. 102, 556 f.

[4] Ebd. S. 106, 628 f.

[5] Ebd. S. 106, 631 f. Vgl. Letizia Panizza: Valla's De voluptate ac de vero bono and Erasmus Stultitiae laus. Renewing Christian Ethics, in: ERSY 15 (1995), S. 19.

[6] ASD I-1, S. 47, 3 f. In der Ausgabe von 1520 wird Erasmus den Satz fortlassen. Er entsprach ihm nicht mehr. (Ebd. S. 47, 22 f.).

scheint überhaupt mit der Torheit verschwistert zu sein, während sie mit Weisheit schlecht zusammenpaßt."[1] Dieses Zitat steht im letzten Teil des Werkes, der in der Forschung am meisten Aufmerksamkeit erregt hat.

Das ‚Lob der Torheit' wird von der Forschung in drei Teile eingeteilt. Im ersten allgemeinen Teil, aus dem bis jetzt vor allem zitiert wurde, wechselt die Torheit ständig den Standpunkt, scheint einmal als Torheit, einmal als Weisheit zu sprechen. Dauernd narrt sie den Leser und weist ihn so auf die Doppeldeutigkeit und Relativität aller Urteile. Es folgt ein zweiter Teil, der eindeutig ist. Er ist eine Satire, eine scharfe Zeitkritik insbesondere der kirchlichen Zustände und des akademischen Lebens im Stile des römischen Satirikers Lukian. Erasmus hat denn auch damit gerechnet, als Nachahmer Lukians verschrieen zu werden.[2] Im letzten Teil schlüpft die Torheit in die Rolle der Theologin und „bombardiert" den Leser mit Bibelzitaten.

Die Torheit tritt also in ganz verschiedenen Rollen auf. Im ersten Teil erinnert die kecke Spaßmacherin an den spätmittelalterlichen Fastnachtsnarren voller Lebenslust und Weltbejahung, zugleich an die schillernde Markolffigur. Schon seit dem elften Jahrhundert ist Markolf als ein närrischer Begleiter und Gegenspieler des weisen Königs Salomon bekannt, im 15. Jahrhundert ist die beliebte Figur bereits ikonographisch reich belegt. Am Ende des Jahrhunderts werden die Rollen von Narr und König mehr und mehr vertauscht. Markolf wird zum weisen Ratgeber, der Salomon von Torheiten abhält. Der Narr wird zum Weisen, genau die Rolle, die Erasmus seiner Torheit zugedacht hat.[3] Sie ist ein närrischer Ratgeber, der die vermeintlich Weisen vor Torheiten bewahren kann. Handkehrum freilich plaudert sie wieder allerlei Dummheiten daher und gibt sich doch zugleich als Göttin aus. Da erinnert sie an den Gott Saturn bei Lukian, der allerlei Närrisches von sich gab, freilich viel bescheidener blieb als die Torheit. Er rühmte sich in den ‚Saturnalischen Verhandlungen' nur einer Herrschaft über die Saturnalien, nicht über die ganze Menschheit oder auch nur über die Herzen seiner Verehrer.[4]

---

[1] ASD IV-3, S. 189, 141 f.

[2] Ebd. S. 68, 24 f. Tatsächlich hat insbesondere Luther später Erasmus abfällig als Lukian bezeichnet. (WA Br. 7, S. 30, 59).

[3] Zu den spätmittelalterlichen Vorbildern vgl. Christine Christ-v.Wedel: Das „Lob der Torheit" des Erasmus von Rotterdam im Spiegel der spätmittelalterlichen Narrenbilder und die Einheit des Werkes, in: Archiv für Reformationsgeschichte, 78 (1987), S. 24 –36. Dort finden sich weitere Hinweise und Belege.

[4] Saturnalia 2 (p. 385).

So verschieden die Rollen, so verschieden und reichhaltig sind die Quellen und Traditionen, aus denen Erasmus schöpfte und mit denen er spielte. Auf viele antike Vorbilder hat er seine Zeitgenossen im Kommentar des Listrius selbst gewiesen, damit diese sein Werk voll genießen konnten. Die spätmittelalterlichen Anklänge waren Allgemeingut, sie brauchte er nicht eigens zu erklären. Seine Leser verbanden mit der Figur der Narrheit Sünde, Hinfälligkeit und Selbstsucht, aber auch Vitalität. Dazu gehörte die Narrenfreiheit in einer Welt voll Schmeichelei, warnend die Wahrheit zu sagen.

Im mittleren Teil, es wurde schon erwähnt, spielt die Torheit mit erhobenem Mahnfinger diese letzte Rolle. Sie ist ein zeitkritischer Satiriker, um schließlich am Ende die Rolle der Theologin zu übernehmen. Als Gottesgelehrte entlarvt sie nicht nur wie viele zeitgenössische Satiren das Tun und Lassen mancher Kleriker als Torheit, sie will selbst Theologie betreiben. Was hat sie zu sagen?

Wie zu erwarten, bricht sie eine Lanze für den Humor auch in der Theologie, ja hier findet der Humor seine eigentliche Begründung. Denn warum sind die Menschen alle Toren, warum regiert die Torheit sie als Göttin, wie sie schon in der Mitte des Werkes selbstgefällig konstatierte? Sie behauptete: „Der ganze Erdkreis ist mein Tempel. ... Mich verehrt man von Herzen, mich ahmt man in Sitten und Gebräuchen nach und vergegenwärtigt mich mit dem Leben." Warum? „Weil die Menschen mein lebendiges Abbild an sich tragen."[1] Tragen sie denn nicht, muß der Leser sich fragen, das Abbild Gottes in sich, sind sie nicht als ihres Schöpfers Ebenbild geschaffen? Ist er nicht die Weisheit selbst, wie können die Menschen dann das Bild der Torheit in sich tragen? Will Erasmus bestreiten, daß Gott die Weisheit selbst ist? Nein, ganz und gar nicht, nichts läge ihm ferner. Das Werk lebt geradezu von der Einsicht: „Gott allein gebührt der Name des Weisen."[2] Erasmus hat 1515 in einem Brief an Martin van Dorp, in dem er sich gegen Blasphemievorwürfe verteidigte, diese Einsicht als den Grundgedanken und roten Faden seines Werkes bezeichnet: „Vor Gottes ewiger und reiner Weisheit" muß auch höchste menschliche Weisheit – und sei es die der Apostel – als „zu wenig weise" erscheinen.[3]

So wird gleich zu Beginn des dritten Teiles im ‚Lob der Torheit' mit Jeremia „jeder Mensch zum Toren vor Gottes Weisheit" gemacht. „Gott allein spricht der Prophet Weisheit zu, für alle Menschen bleibt nur die Torheit."[4] Wie

---

[1] ASD IV-3, S. 134, 168 ff.
[2] Ebd. S. 180, 932.
[3] Allen II, S. 103, 470 f.
[4] ASD IV-3, S. 180, 922 f.

aber kann Erasmus die Gottesebenbildlichkeit des Menschen retten? Nicht indem er ihm doch noch ein Quentchen Weisheit zuspricht, nein, indem er Gott ein Quentchen Torheit zuteilt: Die Torheit begründet diese anstößige Aussage mit einem Pauluswort aus dem ersten Korintherbrief 1,25a: „Was bei Gott dumm ist (quod stultum est Dei), ist weiser als die Menschen", um daraus zu schließen, Paulus teile „auch Gott einiges an Dummheit zu (Deo quoque nonnihil stultitiae tribuit)".[1] Für ihre Interpretation dieses Verses beruft die Torheit sich auf Origenes, ohne freilich eine Stelle von ihm anzugeben. Origenes hatte in seiner Auslegung des Hohen Liedes das zitierte Pauluszitat mit I Kor 1,21 verbunden, wo von „der Torheit der Predigt" die Rede ist, die das Kreuz Christi verkündigt. Er erklärte: „Wir sind nichtig, und jener entäußerte sich selbst und nahm Knechtsgestalt an. Wir sind ein dummes unwissendes Volk, und jener wurde zur Torheit der Predigt, damit die Torheit bei Gott weiser wäre als die Menschen."[2] Auch in seiner Auslegung zu Jer 10,14 ging Origenes auf I Kor 1,25 ein. Er schrieb dort, daß die Welt die Weisheit Gottes gar nicht fassen könne. Denn die höchste Weisheit der Welt, auch die eines Paulus oder Petrus und der übrigen Apostel ist bei Gott nur Torheit. Im Vergleich zur Fülle der göttlichen Weisheit, die die Grenzen der Welt sprengt, ist das, was an Weisheit auf die Erde kam, nur Torheit.[3] Weil die Welt sie doch nicht fassen könnte, war es gar nicht nötig, daß die Weisheit Gottes auf die Erde herunterstieg, um die Weisheit der Welt zur Torheit werden zu lassen. „Denn das Törichte bei Gott ist weiser als die Menschen und das Schwache bei Gott stärker als die Menschen und mein Heiland und Herr nahm alle Gegensätze auf, um uns durch das Gegensätzliche zu erlösen und uns durch seine Schwäche zu stärken und durch seine Torheit weise zu machen."[4]

Hier konnte sich Erasmus anregen lassen; ein Zeugnis für seine kühne Auslegung von I Kor 1,25 sind die Origenesauslegungen indessen nicht. Origenes versuchte gerade alles Anstößige an der Rede von der Torheit Gottes wie der Torheit der Apostel, die aus Jer 10,14 folgt, wo ausnahmslos aller Menschen Weisheit zur Torheit wird, abzuwehren. Nur angesichts von Gottes Weisheit – e contrario – kann der Anteil an Weisheit, mit dem Gott die Welt begnadete, als Torheit gesehen werden und wird die menschliche Weisheit zur Torheit.

---

[1] Ebd. S. 186, 73 f.
[2] Cant. Cant., Hom II,3 (MPG 13, c. 49 A). Vgl. Michael Andrews Screech: Ecstasy and the Praise of Folly. London 1980, S. 24. Vgl. I Kor 4,10; 3,18.
[3] Trans. Hom. Orig. in Jer. Hom IV (MPL 25, c. 631 A f.).
[4] Ebd. c. 632 A.

Anders bei Erasmus. Er verschärft das Anstößige noch. Die Torheit versteht den Genitiv in „quod stultum est Dei" possessiv und erklärt ohne Zögern: Paulus teilt Gott einiges an Dummheit zu, und die Torheit der Apostel ist nicht nur vor Gott offensichtlich, sondern auch unter den Menschen.

Die Göttin Torheit relativiert geschickt die Bedeutung der Begriffe Weisheit und Torheit. Unter der Flut ihrer Pauluszitate werden sie zweideutig und schillernd. Rechnet Paulus sich nicht selbst unter „die Toren" und bezeichnet er sich nicht als „Toren um Christi willen"? Mahnt er nicht: „Wenn jemand unter Euch weise erscheinen will, der werde töricht, damit er weise sei"?[1]

Angesichts des Kreuzestodes Christi werden die Begriffe Weisheit und Torheit austauschbar. „Gott hat erwählt, was töricht ist vor der Welt" und „hat beschlossen, durch die Torheit die Welt zu retten, weil sie durch die Weisheit nicht gerettet werden konnte."[2] Worin besteht diese Torheit? „Christus wurde, obwohl er von der Weisheit des Vaters ist, um der Torheit der Menschen abzuhelfen, gleichsam töricht gemacht („stultum esse factum" – eine deutliche Parallele zum „homo factus est" des Messetextes –). Er wurde töricht gemacht, dadurch daß er menschliche Gestalt annahm und an Gebärden als ein Mensch erfunden wurde. So wie er auch zur Sünde wurde, um von Sünden zu heilen. Und er wollte auf keine andere Art heilen als durch die Torheit des Kreuzes und durch unwissende und träge Apostel."[3]

Gott paßt sich den Menschen an, darin besteht seine Torheit, und das macht die Würde der Torheit und des törichten Menschen aus. Umgekehrt kann der Mensch sich nach dem ‚Lob der Torheit' kaum Gott anpassen und weise werden. Nur in seltenen Augenblicken einer mystischen Verzückung gelingt es ihm, sich in Gott zu verlieren, „sich selbst zu verlassen und in ihn auszuwandern".[4] Und was bezahlt der Fromme dafür? Wie die Platoniker muß er allem Körperlichen und allen Leidenschaften absagen. Selbst die Liebe zu Eltern, Kindern und Freunden hat er sich aus dem Herzen gerissen, allenfalls liebt er in ihnen noch, „was als Abbild jenes höchsten Geistes hervorleuchtet".[5] So fromm es ist, im Mitmenschen das Abbild Gottes zu lieben, so ähnelt der von der Torheit geschilderte Ekstatiker doch erschreckend dem gefühllosen stoischen Klotz, wie er im ersten Teil des Werkes als unmenschlich verhöhnt wird.[6] Da-

---

[1] ASD IV-3, S. 186, 67 f.
[2] Ebd. S. 186, 86 f. Vgl. I Kor 1,21 und 27.
[3] Ebd. S. 188, 106 f.
[4] ASD IV-3, S. 192, 234 f.
[5] Ebd. S. 191, 200 f.
[6] Ebd. S. 106, 625 f.

bei gebärdet er sich wie ein Wahnsinniger und ist völlig von Sinnen. Er trinkt wie der Heilige Bernhard in der Legende Öl statt Wein und merkt es nicht einmal.[1]

---

[1] Ebd. S. 191, 198 f. Screech (1980), notiert in seiner gelehrten und viel beachteten Studie erstaunlicherweise nicht, daß der Hinweis erst Ende 1516 eingefügt wurde. Im Übrigen wertet er ihn positiv, wie er überhaupt glaubt, Erasmus habe Bernhard als Mystiker hier und sonst stets mit Hochachtung zitiert. (S. 44 f.). Keiner seiner Belege vermag indessen ganz zu überzeugen. In der Anmerkung zu Lk 1,28 zählt Erasmus Bernhard unter „sonst fromme und gelehrte Männer", die zu den Worten ‚gratia plena' Wunderliches zusammenphilosophieren. (ASD VI-5, S. 458, 387 f. / LB VI, c. 223 E). In der ‚Ratio' steht seine „tendency to make jokes" in einem negativen Kontext. Es geht um Schriftsteller, die Bibelzitate zu Scherzen mißbrauchen. Erasmus rechnet auch Bernhard unter diese. (LB V, c. 129 A). Das Zitat aus ‚De amabili ecclesiae concordia' spricht am ehesten für Screech. Da wird ein Diktum Bernhards – allerdings ohne Namensnennung, es geht also gar nicht um ihn selbst – als Zeugnis für die eigene Argumentation zitiert, aber es wird nur nebenbei eine positive Sicht mönchischer Meditation gestreift, es geht darum, daß die Christen ihr Kreuz nicht aus eigener Kraft tragen und die Märtyrer ihre Stärke nicht eigenen Ressourcen, sondern allein Gottes Gnade verdanken. Das Thema ist Gottes Segen, der sich nur unter anderem auch in der mönchischen Lebensweise, auf die sich das Zitat bezieht, zeigen kann. (LB V, c. 492 B f.). Im ‚Ecclesiastes' schließlich wird der sprichwörtlich „honigsüße Prediger", der sich vor allem „an Mönche" richtete, mit deutlicher Reserve in der Reihe vorbildlicher Schriftsteller genannt. „Heiter und liebenswürdig (festivus et iucundus)" und nicht faul, die Herzen zu bewegen, war er „mehr aus natürlicher Veranlagung als weil er die Kunst beherrschte". (ASD V-4, S. 268, 466 f. / LB V, 857 C). Die Zitate zeigen eher, wie wenig Erasmus von dem allgemein hochgeschätzten Prediger hielt, daß er ihm aber dennoch als Mensch Gerechtigkeit widerfahren lassen wollte. Das gleiche Bild von Bernhard geben zahlreiche weitere Namensnennungen. Erasmus kannte sicher ‚De consideratione', die Hoheliedauslegung und einige Predigten. Sie werden je nachdem positiv oder negativ zitiert. Als Exeget vermag Bernhard Erasmus nicht zu überzeugen. Seine Frömmigkeit aber wird durchwegs anerkannt. – Geprüft habe ich: Allen III, S. 375; IV, S. 102; S. 424, 174; S. 487, 16; S. 501, 109; S. 587, 155; VIII, S. 385, 119; ASD I-2, S. 660, 29; I-3, S. 384, 482; II-7, S. 35, 686; IV-1A, S. 170, 784; IV-3, S. 124, 984; V-1, S. 76, 994; S. 75, 977 ff.; S. 374; V-2, S.196, 949; S. 280; V-3, S. 54, 424; S. 66; S. 68, 779; S. 184, 492; V-4, S. 268, 466 ff.; S. 274, 608; S. 318, 924; S. 383, 419; V-5, S. 100; VI-5. S. 434, 146; IX-1, S. 68, 105; S. 480, 46. – Ich greife die wichtigsten Belege heraus: Bernhard wird als zweitrangiger Schriftsteller beurteilt, (ASD V-3, S. 196, 949 f.), aber sein frommer Eifer, der ihn trieb, Klöster in der Einöde zu gründen, hervorgehoben. (ASD V-4, S. 383, 420 f.). In die Zeit des 16. Jahrhunderts paßt die von ihm propagierte mönchische Lebensweise indessen nicht mehr. (Allen III, S. 375, 513 f.). Nur in der Frühschrift ‚De contemptu mundi' konnte Erasmus Bernhards Mönchstheologie noch uneingeschränkt loben. (ASD V-1, S. 76, 993 f.). Warum legt Screech soviel Wert darauf, Erasmus als Verehrer des heiligen Bernhard auszuweisen? Screech hat in seiner Studie die positive Sicht der Ekstase im ‚Lob der Torheit' und im späteren Werk des Erasmus großartig dargelegt und in die einschlägige Tradition gestellt. Auf die positive Sicht dieser Tradition, für die Bernhard ein wichtiger Vertreter ist, kommt es ihm an. Daß der ekstatische Weg, als ein menschlicher Weg hin zur Gottesschau für den Schreiber des ‚Encomium Moriae' auch unter das Verdikt aller menschlichen Wege fällt, die zum lächerlichen Irrweg werden, wenn Gottes Gnade nicht eingreift, hat er weniger reflektiert. Der späte Erasmus hat es indessen deutlich ausgedrückt: „Qui gradibus nituntur in altum, quo magis adscendunt, hoc magis lassescunt:

Den witzigen Bezug zur Bernhardlegende hat Erasmus Holbein zu verdanken. Im Winter 1515/16 las Oswald Myconius in Basel nach der neuen Frobenschen Ausgabe über das ‚Lob der Torheit'. Holbein, einer seiner Hörer, durfte das Buch illustrieren. Myconius zeigte Erasmus zu dessen großem Vergnügen die Zeichnungen.[1] Holbein illustrierte den verzückten Mystiker mit einem in fromme Lektüre versunkenen Bernhard, der Öl statt Wein trinkt. In die folgenden Ausgaben hat Erasmus den Hinweis aufgenommen.

Der Fromme, der nur von „Fasten und Wachen" lebt und im Augenblick der Verzückung „dem Körper entrückt ist", gerade der trinkt ausgerechnet Öl statt Wein. Offenbar ist er genügend weit entrückt, um nicht mehr zu wissen, was er tut, aber zu wenig weit, um für einmal auf körperliche Bedürfnisse zu verzichten. Unter der Feder des Erasmus wird der Scherz erst zur wirklichen Posse. Hatte Erasmus doch einen empfindlichen Magen. Immer wieder belästigt er seine Briefempfänger mit detaillierten Schilderungen seiner Magenleiden und gesteht, nicht einmal die normalen Fastenvorschriften einhalten zu können. Er wird es nicht nur ängstlich vermieden haben, Öl statt Wein zu trinken, er hat sorgfältig darauf geachtet, welchen Wein er trank. In späteren Jahren war nur der beste gut genug für ihn, am liebsten trank er Burgunder.[2]

Die Torheit bleibt sich selbst treu. Auch als Theologin verliert sie ihren Witz nicht und argumentiert mit Humor. Wie im ersten Teil sind Scherz und Ernst kunstvoll ineinander verwoben, ja nicht zu trennen und diese Verbindung der Gegensätze findet erst hier ihre letzte Begründung: angesichts des Kreuzes Christi, wo der Erniedrigte zugleich der Erhöhte, der Gerichtete der Richter, der Verworfene der Retter ist, und so die Torheit zur Weisheit wird.[3]

---

at qui hos gradus adscendunt, quo longius eunt, hoc redduntur fortiores et alacriores. Unde tandem? Nisi quia res non est humanarum virium, sed benedictionis Divinae." (LB V, c. 492 B).

[1] Vgl. Ernst Gerhard Rüsch: Vom Humanismus zur Reformation. Aus den Randbemerkungen von Oswald Myconius zum ‚Lob der Torheit' des Erasmus von Rotterdam. Basel 1983, S. 3 und S. 74.

[2] Vgl. bes. Allen I, S. 567, 59 f. und V, S. 215, 461 f.

[3] Diese Interpretation scheint freilich den beschönigenden Worten zu widersprechen, mit denen Erasmus sein ‚Lob der Torheit' gegenüber den Vorwürfen von Martin van Dorp verteidigte. Van Dorp nahm Anstoß daran, daß Erasmus Christus und dem Leben im Himmel Torheit zugeteilt hatte. (Allen II, S. 12, 28 f.). Erasmus verteidigt sich, er habe das zukünftige Leben keinen Wahnsinn genannt und den Aposteln und Christus nur im Gegensatz zu Gottes Weisheit Torheit zugeteilt. Tatsächlich hat Erasmus nicht das zukünftige Leben, sondern nur die Verzückung des Mystikers, der für Augenblicke einen Vorgeschmack davon erhält, Wahnsinn genannt. Und auch das nur, so erklärt er jetzt begütigend, im Sinne Platons. Auch kann Erasmus zu Recht behaupten, er habe Christus und die Apostel nicht im üblichen Sinne töricht genannt. Er hält aber auch im Brief von 1515 fest, in ihnen sei etwas Schwachheit gewesen, ihr Anteil an den natürlichen

Erasmus am Ende des Jahres 1509

Erasmus zeigt sich im ‚Lob der Torheit' als äußerst kühner Theologe. Er wagt sich, wie schon in den Gedichten von 1499 an die tiefsten Geheimnisse göttlichen Handelns und führt seine Leser bis an die Grenzen menschlichen Verstehens und Sagens, ohne sie jedoch tollkühn zu überschreiten. Weder verliert er sich in esoterischen Phantasien noch in logischen Spekulationen. Er steht dazu, daß letzte Fragen offen bleiben, jedenfalls denkerisch nicht zu lösen sind. Der Mensch ist im ‚Lob der Torheit' ein Gefallener, von Leidenschaften wie Selbstgefälligkeit und Ruhmsucht geschüttelt. Was immer er beginnt – und sei es das frömmste Werk – er verstrickt sich in lächerliche Widersprüche und strauchelt. Das einzige, was ihm bleibt, ist, sich in seine Natur zu ergeben und sich lachend nach ihr zu richten. Im ‚Lob der Torheit' scheint Erasmus weit davon entfernt wie im ‚Enchiridion', dem Menschen zuzutrauen, er könne geradenwegs wie auf einer Leiter zu seinem göttlichen Ursprung zurückkehren. Vom törichten Menschen aus ist der Weg zu Gottes Weisheit unüberbrückbar. Gott aber wollte ihn überbrücken, indem er sich zur menschlichen Torheit herabließ, Mensch wurde und starb. Das fromme Tun von Menschen wird im ‚Lob der Torheit' grundsätzlich und in allen Ausprägungen verspottet, nicht nur äussere Frömmigkeitsbräuche, wie Heiligenkult, Stundengebete oder Wallfahrten, auch der vergeistigte Weg der Mystik oder frommen Ekstase, nicht nur die veraltete Scholastik, auch die ‚bonae literae'. Einen kleinen Abschnitt über die philologischen Bemühungen um den Bibeltext der „Dreizungenmenschen" fügt Erasmus 1514 ein. Da läßt er sich von der Torheit zärtlich „mein Erasmus" nennen.[1] Hinter allem Spott aber steht ein heiteres Vertrauen in den Schöpfer, der sein törichtes Geschöpf gerade in, mit und durch die Torheit retten will.

Erasmus entpuppt sich als ein äußerst kritischer und zugleich humorvoller Geist, der alles hinterfragt und risikofreudig auch heikle Themen aufgreift. Er scheut nicht zurück vor Klosterkritik, vor Kritik an der Hierarchie und an den Akademikern sämtlicher Fakultäten. Er scheint keine Tabus zu kennen. Weltliche und geistliche Autoritäten werden gleichermaßen verspottet, heilige Traditionen verhöhnt, nicht einmal Gottes Wort herausgehalten. Nein, es wird schließlich mitten hineingezogen, und erst in ihm findet der Spott seinen letzten Grund. Denn es bezeugt, wie Gott sich in die Geschichte der Menschen hinein-

---

Affekten. (Allen II, S. 102, 449 ff). So widerspricht der Brief nur auf den ersten Blick der gegebenen Interpretation. In Wahrheit stützt er sie. Denn „alles menschliche Glück hängt von der Torheit ab". Van Dorp hat den dritten Teil offenbar so verstanden, daß die Verzückung verspottet und Christus und den Aposteln Torheit zugeteilt wurde, und Erasmus beschönigt wohl seine Aussagen, vermeidet aber sorgfältig, die Interpretation Dorps eindeutig zu widerlegen.

[1] ASD IV-3, S. 182, 973 f.

begibt, einer der ihren wird, sich in ihr zweideutiges Treiben hineinziehen läßt, wie ein Mensch stirbt und das Zeugnis seines Handelns an die Überlieferung durch törichte Menschen bindet. Gerade so aber will er die Welt retten. Wer wollte da nicht mit der Torheit befreit über alle Tollheiten der Menschen lachen?

II. Erasmus als Exeget

Erasmus brachte beste Voraussetzungen mit für die Arbeit, die er nun unternahm: Die kritische Sichtung griechischer und lateinischer Handschriften des Neuen Testamentes samt den frühen Übersetzungen und Zitaten bei den Kirchenvätern, um zu einem möglichst authentischen Text zu kommen. Dieser Text sollte dann die Grundlage bieten für eine neue lateinische Übersetzung, die den Lesern erlaubte, das, was vor bald eineinhalb Jahrtausenden niedergeschrieben wurde, auf sich und ihr Leben zu beziehen.

Erasmus verfügte über hervorragende Sprachkenntnisse mit einem an den ‚Elegantiae' Vallas geschulten Sinn für den Wandel der Wortbedeutungen und für ihren spezifischen Sinn im jeweiligen Kontext. Er war sich bewußt, daß die biblischen Autoren ihr Griechisch „nicht von Demosthenes" gelernt hatten, sondern die Koine benutzten, eine „Vulgärsprache" mit ihrer eigenen Grammatik.[1] Als Übersetzer hatte er sich an verschiedenen griechischen Autoren geübt und hervorgetan. Dazu hat er im ‚Lob der Torheit' eine außerordentliche Kritikfähigkeit bewiesen und zeigte sich als unvoreingenommen und bereit, auch geheiligte Traditionen zu hinterfragen. Für ihn hatte Gott sein Wort Menschen in ihrer vergänglichen geschichtlichen Situation ausgeliefert. Die biblische Überlieferung hing am Zeugnis der „denkfaulen Apostel".[2] So die Torheit. Auch wenn Erasmus nicht durch den Mund der Torheit sprach, hielt er daran fest: Die Apostel waren Menschen.[3] So sehr Erasmus immer wieder betonte, allein das Wort Gottes enthalte sichere Wahrheit, dort sei im Gegensatz zu allem Menschlichen nichts von Irrtum entstellt, denn Christus selbst sei der Lehrer, so sehr bezweifelte er, daß in jedem Häkchen und Jota der Heiligen Schrift ein Geheimnis verborgen liege.[4] Als Menschen unterliefen auch den Autoren des Neuen Testamentes zuweilen kleine Fehler, und sie schrieben als Kinder ihrer vergangenen Zeit für ihre Zeitgenossen.[5]

Die Ausdrucksweise der Evangelisten war für Erasmus – das machen schon seine ersten Anmerkungen zum Matthäusevangelium deutlich – durch ihre Zeit bedingt und nur aus ihrer Zeit heraus, also nur dank philologisch historischer Methodologie, zu verstehen. Daß Matthäus sein Evangelium mit den Worten:

---

[1] Anm. zu Act. 10, 38 (LB VI, c. 476 E). Vgl. Bentley (1983), S. 181.

[2] ASD IV-3, S. 188, 111.

[3] Allen V, S. 5, 30.

[4] H, S. 169, 1 f.

[5] Vgl. ASD VI-5, S. 100, 826 ff. und LB VII, c. 497 E ff.

„Βίβλος γενέσεως", das Buch von Christi Geschlecht, beginnen läßt und diese Worte gleichsam als Titel benutzt, wird damit begründet, daß das bei den Propheten und in der Alten Welt überhaupt üblich war. Erasmus erklärt, Matthäus habe im Blick auf sein damaliges Zielpublikum die Genealogie Christi im Gegensatz zu Lukas nicht bei Adam, sondern erst bei Abraham einsetzen lassen. Schrieb er doch nicht wie Lukas für die Heiden, sondern nur für die Hebräer. Nicht daß Erasmus damit etwas völlig Neues sagte, aber hier – wie sonst – berücksichtigt er vor allem das aus der Tradition, was auf die historischen Umstände verweist. Das übernimmt er und führt es weiter aus.[1]

Die Evangelisten sind für Erasmus zunächst einmal historische Zeugen, ihre Texte sind als historische Quellen zu behandeln. 1515 in seinem Widmungsbrief zum ‚Novum instrumentum' wird Erasmus erklären: Jesu authentische Worte in seiner aramäischen Sprache sind verloren. Wenn wir sie besäßen, „wer würde nicht leidenschaftlich danach brennen, über sie zu philosophieren und nicht allein die Bedeutung und Eigenart der Wortes, nein, sogar jedes einzelnen Buchstabens erforschen"? Aber eben, Jesu gesprochene Worte sind nicht im Wortlaut überliefert. Das Beste und dem authentischen Wort nächste, was die Christen besitzen, sind die griechischen Schriften der Evangelisten. Sie gilt es in ihrer ganzen Frische wiederherzustellen, um aus ihnen Christus zu erschließen.[2]

Ecks Kritik

Ein unerhörtes Vorhaben! Hatte schon Valla die Christenheit erschreckt, weil er die geheiligte Vulgata wie einen beliebigen historischen Text als Philologe kritisch durchleuchtete, wieviel mehr mußte Erasmus viele Leser erschrecken, wenn er nicht nur die überlieferte Textgeschichte, sondern den Bibeltext selbst und damit die biblischen Autoren seiner Kritik unterzog. War damit nicht grundsätzlich die Autorität von Gottes Wort in Frage gestellt? So lautete schon damals an ihrem Anfang wie noch heute die angstvolle Frage an die von Erasmus eingeführte Bibelkritik. Erasmus selbst konnte sich in diese Angst nicht recht einfühlen. Dazu war er viel zu begeistert von seiner Aufgabe, die er mit glühendem Eifer verfolgte. Deutlich zeigt das ein Briefwechsel mit Johannes Eck aus dem Jahre 1518. Es geht um das veränderte Michazitat in Mt 2,6. Eck schrieb aufgeschreckt, es sei für Christen unerträglich, daß Erasmus in

---

[1] ASD VI-5, S. 66. Vgl. zu Mt 1,1 f. Thomas von Aquin: Cat. aur. in Mt. cap. 1 (Busca 5, S. 129, c. 2); Chrysostomos: Hom in Mt. 1,3 (MPG 57, c. 17); dazu auch Aniani Interpretatio (MPG 58, c. 981). Vgl. die Anmerkung von P. F. Hovingh in ASD VI-5, S. 67, n. 32-33.
[2] Allen II, S. 170, 170 f.

seinen Anmerkungen zum Neuen Testament dem Evangelisten unterstelle, er habe nach dem Gedächtnis zitiert und sich dabei geirrt.[1] Wenn hier die Autorität der Heiligen Schrift wanke, müsse dann nicht auch anderes als irrtümlich angezweifelt werden?[2] Nein, antwortete Erasmus. Für ihn „wankt die Autorität der ganzen Schrift überhaupt nicht, wenn ein Evangelist auf Grund einer Gedächtnislücke einen Namen mit dem anderen verwechselt, etwa Jesaja mit Jeremia, denn daran hängt die Hauptsache nicht. So denken wir ja auch nicht von Petri Leben im Ganzen schlecht, wenn Augustin und Ambrosius von ihm versichern, er habe, auch nachdem er den Heiligen Geist empfangen habe, gelegentlich gefehlt. ... Vielleicht ist es nicht an uns, dem Heiligen Geist vorzuschreiben, wie er die Schüler, die er als Instrument benutzt, stimmen soll. ... Er stand den Aposteln so weit bei, wie es für die Sache des Evangeliums förderlich ist. In anderer Hinsicht ließ er sie Menschen bleiben. Ich sage das nicht, weil ich glaube, die Apostel hätten irgendwo Fehler gemacht, sondern weil ich leugne, daß wegen irgendeines Irrtums das Vertrauen in die ganze Schrift wanken muß."[3]

Erasmus verteidigte seine Sicht, ging aber nicht auf die Besorgnisse von Eck ein. Auch später nimmt er keinerlei Rücksicht auf entsprechende Ängste.[4] Im Dedikationsbrief zur ‚Lukasparaphrase' formulierte er unbekümmert: „Die Sprache des Evangeliums ist einfach und ungeschliffen. ... Wie vieles übergehen die Evangelisten! Wie vieles berühren sie nur mit drei Worten, an wie vielen Stellen ist die Anordnung ungeschickt, und wie oft scheinen sie sich zu widersprechen!"[5] Er konnte so unbekümmert sprechen, weil die kunstlose Form und der widersprüchliche Inhalt für ihn keinen Grund zum Glaubenszweifel boten, im Gegenteil! Die einfache Hülle wies für ihn gerade auf den edelsten Schatz hin, den sie umschloß. Die Werke der Philosophen, die sorgfältig jeden Widerspruch vermieden, sind vergessen, die Werke der Historiker in kunstvollstem Stil verstauben, aber das unscheinbare Evangelium wird allenthalben gelesen, so sein Gedankengang. 1531 erklärte er mit Augustin, Unstimmigkeiten in der Bibel seien positiv zu bewerten: Sie sollen uns aus unserer Schläfrigkeit aufschrecken und „Ungereimtheiten (species absurditatis) mahnen uns, daß wir dort ein verborgenes Geheimnis suchen". Denn „der Heilige Geist, durch des-

---

[1] Allen III, S. 210, 35 f. Vgl. ASD VI-3, S. 98, 753 f. Zur Kritik an dieser Bemerkung vgl. Hovinghs Anmerkung: Ebd. S. 99, Anm. zu 753-888.
[2] Allen III, S. 210, 43 f.
[3] Allen III, S. 331, 21 f.; bes. 29 ff.
[4] Vgl. u. S. 225 f. und S. 245 f.
[5] Allen V, S. 321, 370 f.

sen Anhauch die Heiligen Schriften entstanden sind, kann nicht fehlen oder fallen."[1]

Nun, Erasmus mußte in den vielen Kontroversen um sein ‚Neues Testament' zur Kenntnis nehmen, daß nicht nur Eck die Schrift wanken sah, wenn der Herausgeber in seinen Anmerkungen auf Widersprüche und Unstimmigkeiten in den Evangelien wies. Dennoch hielt er in späteren Ausgaben dezidiert fest, auch die Apostel „waren nur Menschen, manches wußten sie nicht, in einigem irrten sie. So wurde Petrus von Paulus getadelt und belehrt, selbst nachdem er den Heiligen Geist empfangen hatte."[2] Denn für Erasmus wird nach Röm 12,3 jedem nur ein gewisses Maß an Glauben zugeteilt. Und die Gaben des Geistes – samt der Sprachengabe – sind nicht andauernd verfügbar. Die Apostel haben nicht ständig und überall Wunder gewirkt.[3] Die Apostel waren Menschen und im Gegensatz zu Christus nur Menschen. Wohl waren sie vom Heiligen Geist geleitet, aber sie bedienten sich der menschlichen Sprache. Die menschliche Sprache aber ist eben menschlich und darum von Irrtum entstellt, und sie ist die Sprache einer bestimmten Zeit für eine bestimmte Zeit. Es galt für Erasmus, die biblischen Bücher, wie jede Literatur genau zu interpretieren und ihren Wahrheitsgehalt herauszuarbeiten.

Die ‚Methode'

Dazu bedurfte er einer ganz neuen Methode. Die hat er im ‚Methodus', einer der drei Einleitungsschriften zum ‚Novum instrumentum', zur Erstausgabe des Neuen Testamentes vom März 1516, entwickelt. Vorweg hält er fest: Wenn es um das Verständnis der Heiligen Schrift geht, muß weit mehr vermittelt werden als nur eine Wissenschaftsmethode. Der Leser soll nicht nur verstehen, er soll verändert werden: „Das soll dein einziges Ziel sein, darum bitte, das allein betreibe, daß du verändert wirst, daß du hingerissen wirst, daß du entflammt wirst, damit du verwandelt wirst in das, was du lernst."[4] Um aber hingerissen zu werden, muß der Mensch zunächst einmal das Wort Gottes verstehen. Darum bedarf er der Sprachenkenntnis. Er muß die biblischen Sprachen erlernen, Griechisch und Hebräisch sind Voraussetzung. Wer sie nicht beherrscht,

---

[1] LB V, c. 378 B. Vgl. Augustin: De doct. Christ. l. II, cap. 6, 7 (CChr SL 32, S. 35 ff.).
[2] LB VI, c. 476 E. Vgl. auch Reeve (1986), S. 14 und ASD VI-5, S. 100, 826 f.
[3] LB VI, c. 476, E-F. Vgl. Allen III, S. 332, 72 f. Vgl. Erika Rummel (1986), S. 136 f.
[4] H, S. 151, 17 f.

ist auf kompetente Übersetzungen angewiesen.[1] Erasmus hat darum versucht, eine für seine Zeit angemessene Übersetzung ins Lateinische zu liefern.

Es bedarf jedoch noch weiterer Hilfswissenschaften wie Dialektik, Rhetorik, Arithmetik, Musik, Astronomie, Geographie und Naturkunde.[2] – Die Dialektik wird noch genannt, die Logik nicht. Erasmus weist sie als ungeeignet zurück. Christus habe „fast alles in Parabeln gekleidet". Wo aber stößt man bei ihm auf erste und zweite „Intentionen", auf „Ampliationen", auf „Restriktionen, wo auf Formalitäten, Quidditäten oder auch Ecceitäten"? – Das scholastische Handwerkszeug wird fallen gelassen.[3] – Der Leser muß sich nach Erasmus ein Bild von der Umgebung machen können, in der die biblischen Geschichten spielen. Vor allem aber muß er sich historische Kenntnisse aneignen, nicht nur die Orte, auch die Zeitumstände, Sitten und Kultur der Zeit Jesu und der Apostel kennen: „Es ist ganz erstaunlich, wieviel Licht, um nicht zu sagen, Leben dem Gelesenen eingehaucht wird, das vorher trocken und tot bleiben mußte, wenn wir aus den Schriften der Historiker die Lage, die Herkunft, die Sitten und Einrichtungen, den Kult und den Charakter der Völker kennengelernt haben, bei denen die Taten gespielt haben, die erzählt werden, oder den Charakter der Menschen, an die die Apostel schrieben."[4]

Der angehende Theologe muß über sprachwissenschaftliche Kenntnisse verfügen, über Begriffsbildung, Sprach- und Stilformen Bescheid wissen, das ganze Rüstzeug der antiken Rhetorik beherrschen. Er muß erkennen können, was eine Allegorie, was eine Parabel ist, und beurteilen, wozu sie an einer bestimmten Stelle dienen.

Der Leser benötigt eine Richtschnur für sein Bibelstudium: „Das ist wichtig, daß man unserem Studenten zusammengefaßt auf der Grundlage der Evangelien und der Apostelbriefe Christi Anordnungen überliefert, damit er alles darauf beziehen kann."[5] Für „Anordnungen" steht im lateinischen Text des Erasmus „dogmata". Dogmen als nicht zu hinterfragende Glaubensgrundsätze kann Erasmus hier nicht gemeint haben, denn er führt als Beispiel keine Glaubenssätze an, nicht einmal Worte Christi, sondern dessen sichtbares Wirken in seinen Anhängern. Christus habe ein neues Volk eingesetzt, „das gänzlich vom Himmel abhängt". Es verachtet die Welt, „fürchtet weder Tyrannen, noch Tod

---

[1] H, S. 151, 25 ff.
[2] H, S. 153, 20 f.
[3] H, S. 155, 13 f.
[4] H, S. 153, 31 f.
[5] H, S. 156, 14 f.

und Teufel, es vertraut einzig auf die Hilfe Christi."[1] Nicht Glaubenslehren sind das Ziel, sondern ein neues Leben in Christus, darauf soll alles ausgerichtet werden.

Soweit die Vorbedingungen zu einer angemessenen Lektüre! Jetzt kommt Erasmus zur Hauptsache: Der Student soll sorgfältig in der Bibel selbst den ganzen Lebenskreis Christi studieren, seine Geschichte immer wieder philosophierend durchforschen.[2] Die übliche Anwendung der überkommenen vier Schriftsinne kann nicht genügen. Der Student soll mehr tun als nach dem ersten Lesen, das dem Literalsinn gewidmet ist, sogleich eine moralische, eine geheimnisvoll allegorische oder eine auf die ewige Seligkeit bezogene Auslegung zu suchen. Er soll mehr „in's Einzelne" gehen. Er soll fragen: „Was für Abstufungen gibt es, was für Unterschiede bestehen, was für eine Methode wurde angewandt?" – Das Studium des Literal- oder historischen Sinnes also soll vertieft werden. – „Es gibt Stellen, die ausschließlich auf die Jünger und ihre Zeit zu beziehen sind, andere gelten für alle, wieder anderes wird dem Empfinden jener Zeiten zugestanden, anderes voll Ironie belächelt."[3]

Man soll sich angewöhnen, genau zu zitieren, vor allem Zitate nie aus dem Kontext reißen und sorgfältig darauf achten, daß man die Bibelworte nicht nach vorgefaßten Meinungen in das eigene Denkschema preßt.[4] Es ist jeweils zu fragen: „Woher das, was gesagt wird, stammt, von wem es gesagt wird, zu wem, zu welcher Zeit, bei welcher Gelegenheit und mit welchen Worten, was vorausgeht, was folgt." Auch ist eine besondere theologische Ausdrucksweise des jeweiligen Autors, die von anderen abweicht, in Rechnung zu stellen. Vieles ist an das Hebräische angelehnt, und „der göttliche Geist hat seine eigene Sprache".[5]

Unverständliche Stellen sollen durch eindeutige erklärt werden. Dazu empfiehlt Erasmus die Locimethode, eine Art Zettelkasten, worin der Leser unter 200 bis 300 Stichworten alles sammeln soll, was ihm bemerkenswert erscheint, Übereinstimmendes und Widersprüchliches. Dieser hilfreichen Methode hätten sich schon Hieronymus, Origenes und Augustin bedient. Mit solchen Loci hat

---

[1] Ebd. ff.
[2] H, S. 157, 9 f.
[3] H, S. 157, 25 f.
[4] H, S. 158, 6 f.
[5] H, S. 158, 22 f.

der Leser „ein gutes Rüstzeug zur Hand, ob es nun etwas zu erörtern oder etwas zu erklären gibt".[1]

Was Erasmus hier dem angehenden Theologen empfiehlt, ist das Handwerkszeug eines Historikers. Er eignet sich die nötigen Sprachkenntnisse an, um seine Quellen lesen zu können, er erforscht Zeit und Umstände, in denen sie entstanden sind, um dann zur eigentlichen Quellenkritik vorzustoßen. Er sammelt und ordnet wichtige Zitate nach Stichworten. Er achtet darauf, alles aus dem Kontext zu verstehen und vorurteilslos zu beurteilen.

Erasmus macht den Theologen zum Historiker, allerdings verlangt er von ihm noch mehr als saubere historische Arbeit. Er soll nicht nur feststellen, was zur Zeit Jesu geschah und was Jesu Worte im ersten Jahrhundert bedeuteten, was aus der biblischen Botschaft auf welche Weise für die Apostel und ihre Zeit galt, er soll auch fragen, was für alle Zeiten bestimmt ist. Darum vor allem geht es, das ist das Ziel der ganzen historischen Arbeit: Es gilt, aus der vergangenen Geschichte Jesu das herauszuarbeiten, was für den Einzelnen und die Gesellschaft der Gegenwart vorbildlich und verpflichtend ist und zur ewigen Seligkeit führt. Nicht, daß mit Hilfe logischer Kategorien ein System ewiger Wahrheiten und Glaubensgrundsätze aus den Evangelien herausdestilliert werden sollte! Das hat in den Augen des Erasmus die Scholastik versucht, ohne ihn damit überzeugen zu können. Denn das Evangelium richtet sich für ihn nicht an die logischen Fähigkeiten der Leser, sondern an die „Affekte", an ihr Herz.[2] Und Jesu Botschaft kann nicht losgelöst von seinem einmaligen Wirken für alle Zeiten gültig ausgesagt werden. Sie hängt daran, daß „der, der Gott war, um sich den Menschen auszuliefern, Mensch wurde". Sie hängt am Zeugnis von Jesu Leben, Sterben und Auferstehen. Das ist „die Weisheit, die ein für allemal die gesamte Weisheit dieser Welt zur Torheit machte", so in der Einleitungsschrift ‚Paraclesis'.[3] Sie aber ist nur aus der biblischen Überlieferung zu haben, aus dem zeitgebundenen Zeugnis vom Mensch gewordenen Gott, vom Wirken Jesu auf Erden – heute würde man sagen – vom historischen Jesus. Um dieses Zeugnis aus einer längst vergangenen Zeit verstehen zu können, bedarf es historischer Grundkenntnisse.

Der Ausleger muß nach Erasmus Worte und Sätze mit seiner Gelehrsamkeit klug prüfen.[4] Dazu gehörte neben der Vokabel- und Grammatikkenntnis, neben

---

[1] H, S. 158, 33 ff.
[2] H, S. 144, 35 f.
[3] H, S. 140, 36 f.
[4] Allen I, S. 410, 141 f.

der Philologie auch die Geschichte, die Kenntnis der Zeit und der Umstände, in denen eine Schrift entstanden ist und in die sie hineinspricht. Für Erasmus war es darum wichtig, wann die neutestamentlichen Bücher entstanden waren. Er diskutiert die Verfasserschaft der Briefe mit Interesse und bestreitet, daß der Hebräerbrief von Paulus stamme.[1] Das hat Folgen für seine Bewertung. Der Römerbrief und die Briefe an die Korinther sind ihm wichtiger.[2] Nicht daß er die späteren trotz fragwürdiger Aussagen[3] verachtete, aber die Apokalypse etwa, die für Erasmus so sehr an die Häresie des Kerinthos erinnert, daß er sich gar fragt, ob sie nicht aus dessen Feder stamme, hat für ihn doch nur noch einen Wert als Fundgrube für die Kenntnis der Geschichte der frühen Kirche: „Dieses Buch ist wenig geeignet zur Wahrheitsfindung, weil es fast nur aus Allegorien besteht, vielmehr trägt es bei zur Kenntnis der Anfänge unserer Kirche." So hat es durchaus seinen historischen Wert. Wenn man es kritisch liest, dann ist es für Erasmus ein edler Stein, wenn auch nicht der edelste.[4]

Der griechische Text des Neuen Testamentes

Zunächst aber galt es, die Grundlage für jede Auslegung und Beurteilung der Heiligen Schrift, den Urtext selbst, möglichst rein wiederherzustellen. Da geht Erasmus weit über Valla hinaus. Er stellte sich eine viel weiter reichende und schwierigere Aufgabe. Valla hatte nur die lateinische Überlieferung an Hand eines griechischen Textes kritisiert. Erasmus verglich darüber hinaus verschiedene griechische Handschriften – wenn auch leider nicht die besten – und wagte als erster, auch diese nach einer sorgfältigen Quellenkritik auf Grund einer ihm besser erscheinenden lateinischen Textvariante zu korrigieren. Bentley hat die Textkritik des Erasmus im einzelnen untersucht und kam zum Ergebnis, Erasmus habe seine Vorgänger weit übertroffen. Er sei ein „much more acute observer and astute critic than any of his predecessors in textual scholarship" gewesen.[5] Erasmus selbst war sich dessen bewußt, wie weit er Valla und Faber

---

[1] Allen IV, S. 416, 1 ff. und V, S. 315, 98.

[2] Allen IV, S. 416, 1 f.; H, S. 211, 50 f. Vgl. zur Kanonkritik bei Erasmus: John William Aldrige: The Hermeneutic of Erasmus. Zürich 1966, S. 64 ff.

[3] LB VI, c. 1023 D f.

[4] LB VI, c. 1124 F f.

[5] Vgl. Bentley (1983), S. 142 f., auch S. 140 f. und S. 161. Neuestens hat Istvàn Bejczy: Erasmus and the Middle Ages. The Historical Consciousness of a Christian Humanist. Leiden 2001, S. 129 ff. mit Bezug auf Henk Jan de Jonge: Novum Testamentum a nobis versum. The Essence of Erasmus' Edition of the New Testament, in: The Journal of Theological Studies 35 (1984), S. 394-413, der selbst viel vorsichtiger urteilt, harsche Kritik an des Erasmus Ausgabe geübt: Erasmus sei es gar nicht um einen genauen Urtext gegangen, erklärt Bejczy, als Textkritiker habe Erasmus nichts geleistet, er habe eine elegante, zeitgemäße neue Übersetzung anstelle der

Stapulensis überragte, wenn er auch gern anerkannte, daß sie ihm den Weg gewiesen hatten.[1]

Erasmus hat in den folgenden Jahren in unermüdlicher Kleinarbeit die ihm zugänglichen griechischen und alten lateinischen Handschriften sowie biblische Väterzitate und Auslegungen verglichen. An Servatius Roger, der ihn ins Kloster zurückrufen wollte, schrieb er: Er habe in den letzten zwei Jahren neben anderem die Briefe des Hieronymus für eine Neuausgabe vorbereitet und „durch das Kollationieren von griechischen und lateinischen Handschriften das ganze Neue Testament gereinigt und über 1000 Stellen erklärt nicht ohne Nutzen für die Theologen. ... Denn mir ist es auferlegt, in den Heiligen Schriften zu verweilen. Darauf verwende ich meine Muße wie meine Arbeitszeit."[2]

Unterbrochen von einer kurzen Reise nach Paris blieb Erasmus bis 1514 in England, zunächst als Gast bei Morus in London, später im Queen's College in Cambridge und dann wieder in London. Immer noch plagten ihn Existenzsorgen.

Die Vorlesungen, die er in Cambridge hielt, brachten ihm weder großen Erfolg noch finanzielle Unabhängigkeit. Immerhin konnte ihm sein Beschützer,

---

Vulgata geben wollen. (Vgl. bes. S. 137 und S. 150). Die jahrzehntelange textkritische Arbeit des Erasmus mit seinen Tausenden von Anmerkungen wären somit nur ein Vorwand für eine ihn ästhetisch überzeugende eigene Übersetzung gewesen! Bejczy unterläuft hier ein Denkfehler. Er hat Zitate zusammengetragen, in denen Erasmus sein kühnes Unterfangen, die Übersetzung der Vulgata zu verbessern, verteidigt. (S. 145 f. Vgl. Allen III, S. 313 ff. und S. 381 f.; Allen V, S. 103, 140 f.; ASD IX-2, S. 76, 11 ff.; LB IX, c. 137 C f. und c. 966 F ff.). Erasmus macht da geltend: Wie die Apostel selbst sich in der damaligen Umgangssprache an ungeschulte Leser wandten, so der Übersetzer mit der Vulgata. Er, Erasmus, sehe sich einer ganz anderen Situation gegenüber. Heute brauchten die einfachen Leute, die eine ungeschliffene Umgangssprache schätzen, volkssprachliche Übersetzungen. Erasmus aber richte sich an das lateinisch sprechende Publikum, an Gelehrte, deren Sprache an Cicero geschult sei. Für sie brauche es eine Übersetzung, die an ihren Sprachgewohnheiten orientiert ist. „Die grobe und einfache Sprache, in der uns die Apostel das Neue Testament überlieferten, paßte zur damaligen Zeit. Heute werden wohl eher Schwierigkeiten aus dem Weg geräumt, wenn es stilgerechter dargeboten wird, solange es nur einfach bleibt." (Allen III, S. 318, 231 f.). Einfach muß das Evangelium nach Erasmus bleiben, aber man braucht nicht längst vergangene Sprachgewohnheiten in Übersetzungen weiter mitzuschleppen. Mit diesen Überlegungen verteidigte Erasmus seine immer noch an der Vulgata angelehnte, aber doch recht freie Übersetzung. Für Bejczy jedoch ist die elegante Übersetzung das Ziel, um dessentwillen Erasmus seine neue Ausgabe des Neuen Testamentes erarbeitet habe. Das ist sein Denkfehler. Zweifellos nutzte Erasmus die Freiheit des Übersetzers, die ihm seine historischen Überlegungen gaben – übrigens erst von der zweiten Ausgabe an. Der Grund und das Ziel seiner Arbeit aber war ein ganz anderer: Er wollte das Neue Testament möglichst rein wiederherstellen.

[1] Vgl. Bentley (1983), S. 176 f.
[2] Allen I, S. 570, 152 f.

Erzbischof Wilhelm Warham, eine Pfründe, die Rektorei von Aldington, vermitteln. Sie war ausdrücklich als Stipendium gedacht ohne Verpflichtungen vor Ort. Aber sie reichte für den Lebensunterhalt nicht aus. Erasmus mußte weiterhin auf Gewinn versprechende Buchausgaben bedacht sein. Er stand mit verschiedenen Verlegern in Verbindung, bis er schließlich in Johannes Froben in Basel einen verläßlichen Freund und sorgfältigen Herausgeber seiner Werke fand. In diesen Jahren verließen neben weiteren Ausgaben der ‚Moria' und der ‚Adagia' Werke wie ‚De duplici copia verborum', die ‚Parabolae', Übersetzungen oder Ausgaben zu Lukian, Plutarch und Seneca die Druckereien.

Als Erasmus im August 1514 in Basel bei Froben eintraf, waren in seinem Gepäck die fast druckreifen Vorarbeiten zum Neuen Testament und zur Hieronymusausgabe. Trotz der ewigen Existenzsorgen, trotz Krankheiten und Einschränkungen durch die Kriege Heinrichs VIII. hat Erasmus zäh an seinem Lebenswerk festgehalten, obwohl es ihm unmittelbar keinen materiellen Gewinn versprach. Er muß wie besessen von dieser Aufgabe gewesen sein. Von seiner Arbeit am Hieronymus schrieb er einmal: „Es zieht mich so sehr, den Hieronymus zu bereinigen und mit Anmerkungen zu versehen, daß ich mir wie von einer Gottheit angefeuert vorkomme."[1] Was Erasmus für seine Väterausgaben und vor allem für das Neue Testament geleistet hat, war und bleibt bewundernswürdig. Er hat eine Fülle von Textvarianten gesichtet, Emendationsregeln erstmals erarbeitet und konsequent, kritisch und mit viel Geschick und Einfühlungsvermögen angewandt. Viele seiner Emendationsregeln haben sich bis heute bewährt, so die lectio difficilior, der Grundsatz die schwierigere Lesart vorzuziehen, weil sie ein Abschreiber kaum in den Text hineinkorrigiert haben wird.[2]

Der Hieronymusausgabe hat Erasmus eine Biographie vorangestellt. Da macht er gleich zu Anfang klar, wie hoch er jetzt die Geschichte achtet, wie sie für ihn gegenüber noch so lehrreichen Legenden eine unüberbietbare Würde besitzt. Er gesteht seinen Vorgängern, die sich an eine Biographie des Heiligen gemacht haben, gerne zu, sie hätten in bester Absicht Fiktives eingestreut, um ihre Leser zu erbauen und moralisch aufzurichten. Er aber will sich allein an die historische Wahrheit halten. Denn „wieviel Glanz und Licht ein Handwerker einem Stein zu geben vermag, das Feuer eines echten Steines wird die Fäl-

---

[1] Allen I, S. 531, 14 f.
[2] Vgl. Bentley (1983), S. 153.

schung nie erreichen. Die Wahrheit hat ihre eigene Kraft, zu der die Kunst nie findet."[1]

Aufnahme des Neuen Testamentes

Die Arbeit war mit dem ‚Novum instrumentum', der ersten Ausgabe, die nun in Basel entstand, nicht getan. Sein Leben lang hat Erasmus daran weitergearbeitet. 1519 bereits erschien die zweite Ausgabe, die er von jetzt an schlicht ‚Neues Testament' nannte, mit einer neuen, viel kühneren Übersetzung und einem erweiterten Anmerkungsteil. 1522 und 1527 folgten weitere Ausgaben, 1535, im Jahr vor seinem Tod, hat Erasmus die letzte überarbeitete Version geliefert.

Sie blieb die Grundlage für die abendländische kritische Bibelwissenschaft aller Konfessionen bis in das 18. Jahrhundert hinein. Andere Bibelausgaben, wie die Stephanusbibel, beruhten auf ihr, und der Anmerkungsapparat war unverzichtbar für gelehrte Theologen. Noch Johann Jakob Wettstein benutzte sie für seine kritische Ausgabe von 1751/52.[2]

Die katholische Kirche, die 1558/59 das Werk des Erasmus auf den Index gesetzt hatte, sah sich gezwungen, auf ihren Entscheid zurückzukommen und wenigstens bereinigte Ausgaben zuzulassen. Das ‚Neue Testament' mit den ‚Annotationes' wurde weiterhin benutzt.[3]

Von den Protestanten wurde die Erasmusausgabe fleißig studiert. Sie bildete die Grundlage für ihre Übersetzungen in die Volkssprachen und für ihre gelehrten Kommentare. Luther benutzte für seine deutsche Bibel nicht nur den griechischen Urtext nach Erasmus, seine Übersetzung ist, wie Stephan Veit Frech nachgewiesen hat, von der lateinischen Version des Erasmus von 1519 und den ‚Annotationes' abhängig.[4] In seinem Galater-Kommentar von 1519 hat Luther Erasmus nicht nur höchst ehrend erwähnt, er hat ihn zwanzigmal zitiert und, wie Cornelis Augustijn nachgezählt hat, noch wesentlich öfter herangezogen. Sicher wollte Luther Erasmus damals für sich gewinnen. Dennoch war es nicht nur kirchenpolitisches Kalkül, wenn er ihn benutzte. Die meisten Zitate

---

[1] Wallace K. Ferguson: Desiderii Erasmi Roterodami opera omnia supplementum. Hildesheim 1978, S. 134 ff.; bes. S. 136, 73 f.

[2] Vgl. Bentley (1983), S. 214.

[3] Vgl. Silvia Seidel Menchi: Whether to Remove Erasmus from the Index of Prohibited Books. Debates in the Roman Curia 1570-1610, in: ERSY 20 (2000), S. 19 ff.; bes. S. 25 und Hubert Jedin: Geschichte des Konzils von Trient. Freiburg 1951 (2. Aufl.), Bd. I, S. 129.

[4] Stephan Veit Frech: Magnificat und Benedictus Deutsch. Martin Luthers bibelhumanistische Übersetzung in der Rezeption des Erasmus von Rotterdam. Bern 1995, bes. S. 261 f.

waren zustimmend. Luther hat Erasmus 1519 als Autorität für die biblische Textkritik anerkannt.[1]

Bei Zwingli sind die Übernahmen noch häufiger. Max Lienhard, der kurz vor der Drucklegung verstorbene Bearbeiter der Exegetica, hat allein für das erste Kapitel des 1. Korintherbriefes nachgewiesen, daß Zwingli zwanzigmal die von der Vulgata abweichende Übersetzung von Erasmus übernimmt, dazu viermal die ‚Paraphrase‘ und zweimal die ‚Annotationen‘ heranzieht.[2] Vergleicht man den Text als ganzen, wird klar: die lateinische Übersetzung des Erasmus von 1519 ist von Zwingli übernommen worden.[3]

Bullinger greift in seinen Kommentaren für den lateinischen Bibeltext wieder vermehrt auf die Vulgata zurück, meist bei stilistisch begründeten Korrekturen des Erasmus. Die bedeutsamen Änderungen übernimmt er jedoch. Ich habe das erste Kapitel des Römerbriefes genau kontrolliert. Bullinger wählt von Erasmus und der Vulgata abweichende Varianten nur, wenn bei Erasmus eine ganze Satzstellung neu ist. Bullinger bietet dann eine eigene Mischform zwischen Erasmus und der Vulgata, die auch wieder die wichtigen neuen Begriffe von Erasmus übernimmt, so in den Versen 18-21 und 29.[4] Bullinger hat übrigens die Ausgabe von 1522 sicher besessen, spätere Ausgaben mit einem Besitzvermerk sind bis jetzt nicht bekannt.[5] Der Zürcher Antistes zitiert indes eine Anmerkung der Ausgabe von 1535 in seinen von 1534 an entstandenen Loci.[6] Bullinger läßt sich nicht nur immer wieder von Erasmus anregen, er verweist auch im Kommentar des 1. Kapitels allein fünfmal ausdrücklich auf Erasmus.[7] Für den jungen Bullinger war Erasmus *der* neutestamentliche Ausleger. In seiner ‚Studiorum ratio‘ nennt er neben Kirchenvätern als lesenswerte Kommen-

---

[1] Cornelis Augustijn: Erasmus im Galaterbriefkommentar Luthers von 1519, in: Ders.: Erasmus. Der Humanist als Theologe und Kirchenreformer. Leiden 1996, S. 53 f.

[2] Ich danke dem jetzigen Bearbeiter, Daniel Bolliger, der die Exegetica Zwinglis für den IX. Band der Zwinglischriften fertigstellt, dafür, daß ich das Manuskript einsehen durfte.

[3] Die winzigen Abweichungen dürften auf mangelnde Sorgfalt zurückgehen, denn sie betreffen das Verständnis nicht: V. 10 nec statt et non, V. 21 posteaquam statt postquam, V. 25 sapientior est hominibus, statt quam homines und V. 30 est statt fuit und eine Wortumstellung: a deo sapienta statt sapientia a deo.

[4] In Sanctissimam Pauli ad Romanos epistolam Henrychi Bullingeri commentarius. Zürich 1533, 7 r ff., bes. 16 v f. und 30 r.

[5] Die Ausgabe mit Besitzervermerk befindet sich in den Beständen der Zentralbibliothek Zürich mit der Signatur: Bibl 123.

[6] Diesen Hinweis verdanke ich Urs Leu (Leiter der Abteilung Alte Drucke der Zentralbibliothek in Zürich), der den dritten Band der Heinrich Bullinger Bibliographie prbl. Zürich 2003 herausgibt. Vgl. die Handschrift der ZBZ: MS CAR I 153.

[7] Henrychi Bullingeri commentarius (1533), 8 r; 32 r; 33 r und v.

tatoren für das Alte Testament Zwingli und für das Neue Testament allein Erasmus.[1] Diese Schrift stammt aus dem Jahre 1528. Von Zwingli war zum Neuen Testament noch nichts erschienen. Luthers Galaterkommentar aber und vor allem das gesamte Kommentarwerk von Faber Stapulensis waren längst veröffentlicht. Die bei Froschauer mit einem Vorwort von Bullinger erschienene lateinische Bibel von 1539 übernimmt ausdrücklich die Übersetzung des Erasmus, ebenso beruht die spätere Zürcher Ausgabe von 1543 auf seinem Neuen Testament.[2]

Auch Calvin griff immer wieder auf Erasmus zurück. T. H. L. Parker nimmt in seiner Studie zu dessen Kommentaren an, der Reformator habe das Neue Testament mit der lateinischen Übersetzung und den Anmerkungen des Erasmus in der Ausgabe von 1535 ständig benutzt. Er weist indessen besonders auf die Abweichungen hin. Auf das ganze Neue Testament bezogen hat er 148 Varianten gefunden. Das sind in einer Zeit, in der meist sehr ungenau zitiert wurde, und für einen kritischen Theologen, der neben Erasmus weitere Bibel-Ausgaben, so die Complutensis, Colinaeus und seit dem Jahre 1546 Stephanus heranziehen konnte, eher wenige Korrekturen, zumal nur gerade vier inhaltlich von einiger Bedeutung sind.[3]

Die Theologen des 16. Jahrhunderts haben Erasmus benutzt, aber nicht unkritisch übernommen. Seine Leser hätten sein ‚Neues Testament' auch gar nicht in seinem Sinne verwendet, wenn sie von ihm als unfehlbarer Autorität einfach abgeschrieben hätten. Erasmus selbst hat seine Ausgaben als unfertige, ständig zu überarbeitende Handbücher gesehen. Es ging ihm nicht darum, sein eigenes Verständnis eines Bibelwortes durchzusetzen, vielmehr wollte er dem Leser ein Handwerkszeug bieten, das ihm erlaubte, sich selbst ein kompetentes Urteil zu bilden. Um dem Leser zu zeigen, was er gegenüber der Vulgata „geändert habe und warum", habe er die Anmerkungen hinzugefügt.[4] Er habe kein dogmatisches Lehrbuch, sondern nur ‚Annotationes' geschrieben, betonte er gegenüber Faber Stapulensis. Er gebe in den Anmerkungen verschiedene Ansichten zum Textverständnis wieder. Wenn er seine eigene dazusetze, so in der Meinung, auch der Leser könne sich eine eigene bilden.[5]

---

[1] Peter Stolz (Hrsg.): Heinrich Bullinger: Werke. Zürich 1987, 1. Teilband, S. 108.

[2] Biblia Sacra utriusque Testamenti. Zürich, Froschauer, 1539; Biblia Sacrosancta. Zürich, Froschauer, 1543.

[3] T. H. L. Parker: Calvin's New Testament Commentaries. 2. Aufl. Edinburgh 1993, bes. S. 176; S. 167; S. 45 und S. 170.

[4] Allen II, S. 185, 59 f.

[5] ASD IX-3, S. 94, 297 f.

Ein brauchbares Handwerkszeug hat Erasmus den folgenden Generationen geliefert. Sie hatten für ihre Kommentare zunächst einmal eine anerkannte griechische Textgrundlage mit einer kompetenten Übersetzung ins Lateinische und dazu die einschlägigen Väterzitate zur Hand. Aus heutiger Sicht ist am Text und an der Hermeneutik des Erasmus viel auszusetzen. Für seine Generation und auch für die folgenden hat er aber die kritische Bibelwissenschaft überhaupt erst etabliert und auf einen Schlag weit vorangetrieben.

Mit seinem ‚Neuen Testament‘ wurde er, der schon vorher das anerkannte Haupt der klassischen Gelehrsamkeit in ganz Europa war, „zum Zentrum des wissenschaftlichen Studiums der Theologie".[1] Sein Ansehen wuchs ins Unermeßliche, nicht nur bei einer kleinen Schar elitärer Gelehrter, man nahm ihn in den politischen Machtzentren zur Kenntnis. Schon vorher war er zum Rat des zukünftigen Kaisers Karl V. am Brüsseler Hof ernannt worden; das war freilich kein ernsthafter Beraterposten, sondern ein Ehrenamt. Der Papst ließ sich das ‚Neue Testament‘ widmen und versprach, des Erasmus Bestrebungen in jeder Hinsicht zu unterstützen. Er dispensierte ihn 1517 vom Ordensleben und ermächtigte ihn, Benefizien anzunehmen.[2] Franz I. versprach ihm einträgliche Pfründen, wenn er nur nach Paris käme,[3] auch England lockte,[4] Kardinal Ximenes versuchte, ihn an die Universität Alcalá zu holen[5] und der Herzog von Sachsen wollte ihn nach Leipzig verpflichten.[6]

Erasmus konnte glauben, seine Jugendträume gingen in Erfüllung. Wendete sich nicht endlich alles zum Besseren in Europa? Der junge Franz I. hatte nach der siegreichen Schlacht von Marignano wider Erwarten den Krieg abgebrochen und mit Papst Leo einen Frieden geschlossen. Versprachen die jungen Könige Heinrich VIII. und Franz I. nicht zu wahren christlichen Philosophenherrschern zu werden? Sie förderten die neuen Studien, zogen humanistisch gebildete Berater an ihre Höfe und interessierten sich für die neue biblische Theologie. Auch Kaiser Maximilian und sein Enkel Karl förderten die humanistischen Studien und Papst Leo X. war ihnen wohlgesinnt. Das Goldene Zeitalter schien anzubrechen.[7]

---

[1] Huizinga (1951), S. 103.
[2] Allen II, S. 114 f.; S. 116 f. und S. 184 ff.
[3] Allen II, S. 444 f.; S. 449; S. 537, 240 f.
[4] Allen II, S. 513, 9 f.
[5] Allen II, S. 559, 9; III, S. 6, 47 und S. 52, 53.
[6] Allen II, S. 453, 1 f. Vgl. auch S. 559, 7 f.
[7] Allen II, S. 82, 76 ff.; S. 492, 1 f.; S. 527, 33 f.

Er sei mit seinen 51 Jahren schon zu alt, und habe zu gut erfahren, daß nichts auf Erden im Vergleich zu den himmlischen Freuden wünschenswert sein könne, um noch besonders am Leben zu hängen, gesteht Erasmus im Februar 1517 seinem damaligen Freund Wolfgang Capito, dennoch wollte er jetzt in dieser Zeit noch einmal jung sein: „Denn ich sehe schon bald eine neue Art von Goldenem Zeitalter anbrechen." Der Himmel habe die Gemüter der Fürsten so gewaltig verändert. All ihr Sinnen gehe auf Frieden und Eintracht. Franz I. sei nur darauf bedacht, Konflikte zu vermeiden und so die Christenheit zu stärken. Auch Karl, Heinrich und Maximilian gäben ihre Rüstungen auf und seien daran, wie er hoffe, ein unzerreißbares Friedensband zu knüpfen. „Die guten Sitten, christliche Frömmigkeit aber auch die reine echte Wissenschaft und die schönen Künste werden wieder aufblühen." Arbeiten doch alle mit gleichem Eifer daran, Fürsten und Bischöfe. Alle Wissenschaften kommen wieder ans Licht: Die schöne Literatur betreiben Schotten, Dänen und Iren, die Medizin in Rom Leoniceno, in Venedig Leoni, in Frankreich Cop und Du Ruel, in England Linacer, das Zivilrecht Budé in Paris und Zasius in Deutschland, die Mathematik Glarean in Basel. Und wie lag die Theologie darnieder! „Aber auch hier bin ich sicher, der Erfolg wird sich einstellen, sobald die Kenntnis der drei biblischen Sprachen sich an den Universitäten etabliert hat." Der Anfang sei schon gemacht. Faber Stapulensis habe dabei eine wichtige Rolle gespielt. Auch er, Erasmus, habe sich bemüht, seinen kleinen Teil beizutragen, jedenfalls habe er den Weg geebnet.[1]

Nicht nur Erasmus selbst glaubte um das Jahr 1520, seine Reformvorstellungen hätten Gewicht. Daß es Namen wie Luther und Zwingli waren, die später für die Umwälzungen in Europa stehen sollten, daran dachte zunächst niemand. Die allgemein ersehnte Erneuerung erwartete man von Erasmus.

Jedermann wandte sich an ihn und wollte mit ihm Verbindung haben. Eck erging sich in Lobhudeleien und behauptete, „fast alle Gelehrte seien ganz und gar Erasmianer".[2] Auch die jungen Reformatoren klopften beim berühmten Theologen an. Zwingli ließ sich von Glarean bei Erasmus einführen und dankte dem Meister für den Empfang mit einem Brief. Der Inhalt ist bemerkenswert.

Zwingli rühmt nicht nur die überragende Gelehrsamkeit und den Dienst, den Erasmus der Theologie und den humanistischen Studien erwiesen habe, er lobt die brennende Liebe zu Gott und Menschen, von der Erasmus beseelt sei, seine liebreiche Freundlichkeit, seine Großzügigkeit, seinen edlen Charakter

---

[1] Allen II, S. 487, 1 ff.

[2] Allen III, S. 209, bes. 23 f.

und seinen wohl geordneten Lebensstil.[1] So malte er ein höchst ansprechendes Bild von Erasmus, das genau dem Idealbild eines Menschen entsprach, für das Erasmus mit seinen Erziehungsschriften kämpfte, dem er selbst nachzueifern suchte und das er der Nachwelt von sich selbst geben wollte. Gern hat Erasmus den jungen Verehrer in den Kreis seiner Freunde aufgenommen.

Überschwenglich gepriesen haben ihn damals viele, „Zierde der Welt" oder „großer Jupiter" wurde er genannt; wenige Schmeicheleien aber dürften Erasmus so ergriffen haben wie das Lob von Zwingli.

Luther war kaum zurückhaltender, obwohl er schon zwei Jahre zuvor dem späteren Erfurter Reformator und damaligem Augustiner und Erasmusverehrer Johannes Lang gegenüber bekannt hatte, er würde immer mehr gegen Erasmus eingenommen. Er fürchte, Erasmus hebe „Christus und die Gnade Gottes nicht genug hervor", da stehe er weit hinter Faber Stapulensis zurück. „Bei ihm gilt das Menschliche mehr als das Göttliche."[2] Diese undifferenzierten Vorwürfe zeigen deutlich, wie voreingenommen Luther schon 1517 gegenüber Erasmus war. Während der viel kommentierte Brief Spalatins von 1516 nüchtern einen tatsächlichen und nachweisbaren Unterschied im Verständnis des paulinischen Gesetzesbegriffes und der Erbsünde bei Erasmus und Luther aufdeckte,[3] verunglimpft Luther hier Erasmus als Theologen grundsätzlich. So schreibt man nicht über einen Gelehrten, von dem einen Meinungsunterschiede trennen, so spricht man über einen Menschen, dessen ganzes Wollen und Trachten man ablehnt. Dennoch sucht Luther 1519 den Kontakt und den Respekt des großen Mannes. An Erasmus schien 1519 für einen Theologen kein Weg vorbeizuführen: „In wessen Herz nimmt Erasmus keinen bedeutenden Platz ein, für wen ist er kein Lehrer, wer verehrt ihn nicht?" fragt Luther. Erasmus ist ihm „unsere Zierde und unsere Hoffnung".[4] Dieser Brief voll Schmeichelei war kaum nach des Erasmus Herzen. Er beantwortet ihn erst zwei Monate später und dann sehr distanziert.[5]

Erasmus ist auf dem Höhepunkt seines Ruhms, voller Pläne und Tatendrang. Keiner der verlockenden Einladungen folgt er. Er bleibt bis 1521 in der Universitätsstadt Löwen und zieht dann nach Basel. Er widmet sich seinen Werken, die für ganz Europa geschrieben werden. Zwischen 1515 und 1523 entstehen: die „Erziehung des christlichen Fürsten", die „Klage des Friedens",

---

[1] Allen II, S. 225, 1 ff.
[2] WA Br. 1, S. 90, 15 f.
[3] Allen II, S. 417, 49 f.
[4] Allen III, S. 517, 1 f.
[5] Allen III, S. 605, 1 f.

die ersten Colloquia-Sammlungen, neue Adagia-Ausgaben und bereits so viele Streitschriften, in denen Erasmus sein ‚Neues Testament‘ verteidigen zu müssen glaubt, daß sie einen ganzen Band füllen könnten. Dazu kommen, um nur die wichtigsten zu nennen, Überarbeitungen und erste autorisierte Ausgaben älterer Schriften, darunter die ‚Antibarbari‘, ‚das Ehelob‘, ‚die Kunst des Briefschreibens‘ und weitere pädagogische Werke, erste gesammelte Briefausgaben und Editionen historischer Werke von Sueton und Curtius. Das alles aber geschieht gleichsam nur nebenbei. Die Hauptarbeitskraft widmet Erasmus der Verbesserung seiner Ausgabe des Neuen Testamentes und weiterer Väterausgaben. 1519 druckt Froben die Werke Cyprians. 1523 folgt Hilarius. Zugleich schreibt Erasmus in rascher Folge ‚Paraphrasen‘ zum gesamten Neuen Testament. Nur die Apokalypse hat er ausgelassen. Er beginnt mit den Paulusbriefen, die für ihn – wie für so viele seines Jahrhunderts – im Zentrum seines Interesses stehen. Bis 1523 veröffentlicht er die Evangelien, 1524 folgt die Apostelgeschichte.

Mit den Paraphrasen richtet er sich an ein breites Publikum. Sie waren für Laien gedacht. Wie wirkte sich sein historischer Ansatz in einer erbaulichen Paraphrase aus?

Die historische Auslegung

Die Evangelisten als Historiker

In allen ‚Paraphrasen‘ zu den Evangelien mutet Erasmus seinem breiten Leserkreis einleitend historische Überlegungen zu: Erasmus versetzt sich jeweils in die Evangelisten und läßt sie darüber nachdenken, warum sie ihr Evangelium schreiben. Matthäus, der ihm als Augenzeuge und erster Evangelist galt, setzt mit einer grundsätzlichen Belehrung über die gute Botschaft ein, die allen Menschen zur Seligkeit diene, so sie nur glauben.[1] Weil der Glaube sich schon allenthalben ausbreitet, sieht Matthäus sich veranlaßt das, was er und andere Augenzeugen bisher mündlich vortrugen, niederzuschreiben, damit die Botschaft, die durch so viele Hände gehe, nicht verfälscht werde. Auch könnten einige der mündlichen Predigt weniger Glauben schenken als einem Buch. Im Übrigen sei Geschriebenes leichter zu verbreiten. Darum will er das Wichtigste, alles, was

---

[1] LB VII, c. 1 B f. und c. 2 C.

zum Heil und zur Seligkeit dient, aufschreiben.[1] Von einer Inspiration oder von einem göttlichen Auftrag spricht er nicht.

Auch Markus beruft sich in der ‚Paraphrase' auf keine Inspiration. Daß Gottes Wort unfehlbar sei, begründet Erasmus hier und auch sonst nicht damit, daß die Autoren der Bibel vom Heiligen Geist inspiriert waren, obwohl er ihre Inspiration als Tatsache selbstverständlich nicht zurückweist.[2] Die Glaubwürdigkeit des Evangeliums hängt nicht an den Evangelisten, sondern an dem, was sie bezeugen: „Daß niemand an der Gewißheit der Zusagen zweifle! Gott ist ihr Urheber, nicht irgendein Mensch. Nicht dieser Botschafter Mose, nicht irgendeiner der Propheten, sondern der Gottessohn selbst, Jesus Christus, der um unseres Heiles willen vom Himmel herabkam ... ."[3] Die Person Jesu Christi verbürgt die Wahrheit des Evangeliums.

Bei Markus beginnt Erasmus mit einer heilsgeschichtlichen Belehrung. Der Glaube des Alten Testamentes war zeitgebunden. Wohl hätten Mose und die Propheten eine sicherere und solidere Botschaft verkündet als alle heidnischen Philosophen und Gesetzgeber, aber nur einem Volk und „nach dem Verständnis ihrer Zeit (temporis ratione)" durch „Figuren und Schatten verhüllt". Ihre Botschaft bereitet auf die Erkenntnis der Wahrheit vor, „ist aber nicht wirksam genug, die wahre Seligkeit zu gewährleisten".[4]

Erasmus unterscheidet sich hier mit seinem geschichtlichen Ansatz grundsätzlich von den Reformatoren. Für Zwingli ist mit I Kor 10,1-4 ausgesagt, „daß der Glaube der Juden einst und der Glaube der Christen jetzt noch ein und derselbe ist".[5] Bei Paulus hieß es, die Väter seien alle auf Mose getauft, hätten einerlei Speise gegessen und tranken einerlei Trank von dem geistlichen Felsen, welcher Christus war. Wie legt Erasmus diese Stelle aus? Für ihn sind die Gaben Christi in den Vätern nur „gewissermaßen vorausgegangen". Sie haben „unsere Taufe schattenhaft abgebildet" und „Christus, der offen und wahrhaft vor uns stand, präludierte bei ihnen nur."[6] Bei Zwingli dagegen enthält auch das Alte Testament schon den ganzen Christus. Nicht nur das Neue, konstatiert er 1528, auch das Alte Testament sei voll von Belegen für die Trinitätslehre.[7] Bullinger widmet 1539 dem Thema „Das der Christen gloub von anfang der

---

[1] Ebd. c. 2 C ff.
[2] Vgl. LB VII, c. 281 B. Vgl. auch LB V, c. 378 A/B.
[3] LB VII, c. 157 E f.
[4] Ebd. c. 157 C f.
[5] SS 6-2, S. 161.
[6] LB VII, c. 891 D f.
[7] Z VI/1, S. 462, 6 f.

wält gewärt habe" eine ganze Schrift. Für ihn ist bereits in der Schöpfungsgeschichte „die gantzen Summ unsers heiligen Christenen gloubens" enthalten.[1] Schon Adam habe „ein glouben und erkanntnuß unseres Herrn Christi ghept" und „in jm ware Gottheit und menschheit erkent.[2] Auch für die Zürcher ist das Gesetz ein Fluch, und der Alte Bund wird durch den Neuen ersetzt. Davon aber rücken die Reformatoren nicht ab: der Glaube der Erwählten ist von Beginn der Welt derselbe. Luther betont den Gegensatz von Altem und Neuem Testament schärfer, das Alte Testament enthält das tötende Gesetz, die Zusagen Gottes sind Worte des Neuen Testamentes.[3] Dennoch ist für ihn unabdingbar, daß das Wort Gottes, weil es ewig ist, zu allen Zeiten für alle Menschen passe. „Denn wenn durch die Zeiten hindurch auch die Personen, Orte und Riten variieren, so ist dennoch die Frömmigkeit und Unfrömmigkeit durch alle Jahrhunderte dieselbe."[4] Luther spricht 1520 vom „reychtumb des selben glaubens".[5] In seinem Vorwort zur Übersetzung des Alten Testamentes von 1544 distanziert er sich ausdrücklich von Auslegern wie Hieronymus, Origenes und „viel hoher Leute mehr", die im Alten Testament nur einen geistlichen Sinn suchen[6] – genau dazu aber hatte Erasmus seinerzeit im ‚Enchiridion' aufgefordert.[7] Für Luther gab es auch schon zu Mose Zeiten, Menschen, „die des Gesetzes meinung verstehen / wie es vnmüglich ding foddere". Sie erkennen am Gesetz ihre Sünde und seufzen nach Christus.[8] Wie es nur einen wahren Gott gibt, so gibt es für alle Zeiten einen wahren Glauben und eine Gotteserkenntnis.

Anders für Erasmus: Für ihn sind im Alten Testament nur gewisse Wahrheiten schon deutlich ausgesprochen: Den Alten war bekannt, daß es nur einen Gott und Schöpfer gibt. Wirklich offenbart aber hat sich Gott erst im historischen Leben Jesu Christi, seine göttliche Natur wird aufgedeckt in „seinen Taten noch mehr als in seinen Worten", so Erasmus 1533.[9] Und wie die Offenba-

---

[1] Heinrich Bullinger: Der alt gloub. Das der Christen gloub von anfang der wält gewärt habe. Zürich 1539, B 4 r f.

[2] Ebd. B 6 v. Vgl. auch Bullingers Vorwort zur Lateinischen Bibel: Biblia Sacra utriusque Testamenti. Zürich, Froschauer, 1539, A 2 r und A 3 v.

[3] WA 7, S. 24, 5 f., bes. 20 f.

[4] Archiv zur WA 2, S. 34, 18-21. Vgl. Johannes Kunze: Erasmus und Luther. Der Einfluß des Erasmus auf die Kommentierung des Galaterbriefes und der Psalmen durch Luther 1519-1521. Münster 2000, S. 193.

[5] Auf Schritt und Tritt zitiert Luther die Propheten als vollgültige Zeugen des einen christlichen Glaubens. Vgl. hier WA 7, S. 23, 17 f.

[6] Nachdruck der „Biblia" von 1545. München 1974, S. 8, 4 f.

[7] H, S. 70, 11 f.

[8] Nachdruck der „Biblia" von 1545, S. 18, 1 f.

[9] ASD V-1, S. 293, 551 f.

rung Gottes, so hat auch der Glaube an ihn seine Entwicklung und seine Geschichte: „Damit der evangelische Glaube um so fester werde", läßt Erasmus 1523 den Evangelisten Johannes sagen, „hat es Gott gefallen, daß der Glaube erst allmählich nach dem Fortgang der Zeit und der Aufnahmefähigkeit der Menschen dem sterblichen Geschlecht zugeteilt wurde".[1]

Johannes glaubt in der ‚Paraphrase' begründen zu müssen, warum nun auch noch er ein Evangelium schreibe. Reichte es nicht aus, was die anderen gepredigt und festgehalten hatten? Nein, denn sie hatten zwar über Jesus „dem Fleische nach", also über den Menschen Jesus, ausführlich berichtet, sich aber „über seine göttliche Geburt ohne Anfang und auf unaussprechliche Weise" ausgeschwiegen. Seine göttliche Natur hätten sie nur, „soweit das für ihre Zeit passend schien (pro temporum illorum ratione)" angedeutet, indem sie seine Wundertaten und seine Auferstehung erzählten. Aber sie haben sich enthalten, Christus offen Gott zu nennen (manifesto dei cognomine temperantes).[2] So hätten sie den Gläubigen die Wahrheit nicht verborgen, den noch ungefestigten und unerfahrenen Juden aber keinen Anlaß gegeben, vor dem Evangelium zurückzuschrecken. Gebührte doch für diese der Name Gottes nur dem einen Gott Israels. Andererseits wären auch heidnische Leser in Gefahr geraten, in die Vielgötterei zurückzufallen, wenn sie von einem trinitarischen Gott gehört hätten.[3]

Erasmus argumentiert hier historisch. Die Evangelisten haben für ihre Zeit geschrieben und auf das Denken ihrer Zeit Rücksicht nehmen müssen. Ja mehr noch, solche Zeitgebundenheit beruht nicht etwa auf bedauerlicher menschlicher Schwäche, sie entspricht Gottes Willen.

Bei Lukas brauchte Erasmus für einleitende Überlegungen des Evangelisten nicht zu konjizieren. Lukas selbst hat ein Proömium geliefert.

Erasmus widmet den Versen eine ausführliche Paraphrase. Er mußte sich dafür nicht alles selbst erarbeiten. Er konnte sich auf Auslegungen, insbesondere auf die von Ambrosius berufen. Ambrosius hielt fest, der Stil des Lukas sei historisch,[4] er habe die Chronologie eingehalten[5] und nach Brauch der Hi-

---

[1] LB VII, c. 498 B. 1534 hat Erasmus eingeräumt, er lehre, die Lehre Christi stimme mit der der Propheten überein, was aber, fährt er fort, nicht bedeute, sie übertreffe sie nicht. Er zitiert Apk 21,5: Christus habe alles neu gemacht. (ASD IX-1, S. 471, 804 ff.).

[2] LB VII, c. 497 E.

[3] Ebd. 498 A f.

[4] Prol. 1 (CChr SL 14, S. 1,1 f.).

[5] Prol. 4 (CChr SL 14, S. 3, 46 f.).

storiker mehr Sorgfalt auf die Tatsachen als auf die Lehre verwandt.[1] Lukas habe die verfälschenden apokryphen Berichte zurückweisen wollen.[2] Mit großer Sorgfalt erkundigte er sich über alles, hat aber nicht alles niedergeschrieben.[3] Das alles konnte Erasmus bei Ambrosius finden. Allerdings nicht in einer systematischen Abhandlung zum Historiker Lukas, sondern als einzelne Bemerkungen, eingestreut in eine langatmige moralisch-allegorische Auslegung zu Lk 1,1-4. Das Mittelalter hatte die Bemerkungen des Kirchenvaters nicht überlesen. Nicht nur Theophylactus und Thomas auch die ‚Glossa ordinaria‘ und Nikolaus von Lyra haben die wichtigsten Hinweise bewahrt. Lukas, wird betont, beherrsche den historischen Stil, er bemühe sich um apostolische Zeugnisse und sammle, was andere ausgelassen haben. Insbesondere aber fühle er sich verpflichtet, den anderen Evangelien sein Evangelium hinzuzufügen, weil er häretisch-apokryphe Berichte ausschalten wolle. Er ordne die Texte und wähle aus, was für das Heil notwendig sei.[4]

Erasmus kannte diese Tradition. In seinen ‚Anmerkungen zum Neuen Testament‘ schließt er bewußt daran an.[5] Dort und in der ‚Paraphrase‘ würdigte er ausführlich und originell die kritische historische Arbeit des Lukas, der selbst kein Augenzeuge der Taten Jesu war. Erasmus versuchte zu ergründen, was ihn bewegt haben könnte, einen Evangeliumsbericht zu verfassen.

Er setzte gleich ein mit dem Hinweis: „Die weltliche Geschichte bietet viel Genuß und Nutzen und pflegt insbesondere die Wahrhaftigkeit der Erzählung zu prüfen. Das aber ist noch viel nötiger bei der evangelischen Erzählung, welche nicht nur Kurzweil und Nutzen für das Leben in diesen Zeiten bietet, sondern zur wahren Frömmigkeit nötig ist. Kann doch ohne sie niemand das ewige Heil erlangen."[6] Entsprechend legt denn auch Lukas nach Erasmus Rechenschaft über seine Nachforschungen ab. Zunächst sei die gute Botschaft von den von Gott erwählten und vom Geist angehauchten Augenzeugen mündlich vorgetragen worden.[7] Weil aber die mündliche Überlieferung nur zu leicht verfälscht werde, haben die Apostel Matthäus – auch noch nach Erasmus einer der Zwölf – und Markus – von dem er mit der Tradition glaubte, er sei ein Schüler

---

[1] Prol. 7 (CChr SL 14, S. 5, 109 f.).

[2] L.1, 3 (CChr SL 14, S. 7, 33 f.).

[3] L. 1, 11 (CChr SL 14, S. 12, 179 f.).

[4] Vgl. Theophylactus: Ennar. In Ev. Luc. Praef. (MPG 123, c. 691); Quinta pars Bibliae cum glossa ordinaria et expositione Lyrae litterali et morali continens quatuor evangelia. Basel 1498, (super proömium lucae) s 2 r f.; Thomas: Cat. aur., sec. Lc. 1, 1-4 (Busca 5, S. 281).

[5] Vgl. LB VI, c. 217 C.

[6] LB VII, c. 279 A f.

[7] Ebd. 281 A.

des Petrus – vom Heiligen Geist angehaucht, ihre Evangelienbücher geschrieben, damit nicht Pseudoapostel mit unpassenden Geschichten die Evangelien verfälschen. „Denn wie nicht alle mit gleicher Sorgfalt das Evangelium predigen, so behandelten auch nicht alle, die schrieben, die evangelische Geschichte mit gleicher Sorgfalt."[1] Falsches wurde beigemischt und Gerüchte für wahr genommen und, was in den Augen der Autoren ärgerlich oder widersprüchlich schien, durch Fabeln ersetzt – dem Heiligen Geist entgegen, neigt doch die menschliche Natur zur Verderbnis. Um solche Fehler wieder auszumerzen, habe sich auch Lukas ans Schreiben gemacht.[2]

Also auch für Erasmus hat Lukas die Apokryphen zurückweisen wollen. Der Humanist geht über die Tradition hinaus, wenn er die mündliche Überlieferung und ihre Gefahren diskutiert. Im Übrigen, fährt er fort, hätten die Evangelisten Markus und Matthäus nach einem bestimmten Plan anderen etwas zum Schreiben übriggelassen, was sie selbst mündlich ergänzen konnten.[3] Sorgfältig habe Lukas ausgewählt, nicht alles habe er geschrieben, sondern nur, hier wiederholt Erasmus die Tradition, was zur Frömmigkeit nötig sei.[4]

Weil Lukas für Erasmus nicht selbst Augenzeuge war, legt er um so mehr Wert darauf, ihn als glaubwürdigen Historiker zu erweisen. Er habe geprüft, was richtig, was falsch sei, und sich nur an die Berichte der Augenzeugen gehalten, die freilich auch nicht alles selbst miterlebt hätten, ihre Autorität sei indessen durch Wunder bezeugt. Christus konnte nicht für alle Zeiten auf Erden wandeln, auch die Wunderzeichen, die die Lehren der Apostel beglaubigten, waren nicht für immer gegeben. Sie dienten der Anfangszeit, die Lukas mit der wunderbaren Ausbreitung des Evangeliums noch selbst erlebt habe. Er habe die Geschichte sorgfältig in eine chronologische und systematische Ordnung gebracht.[5]

Für Erasmus also hat der Evangelist Lukas die Wahrhaftigkeit einer Überlieferung geprüft, er hat die besten Quellen ausgewählt, möglichst Augenzeugen herangezogen, und seinen Stoff in eine gute Ordnung gebracht. Mit anderen Worten: er hat nach den Regeln der Kunst eines Historikers gearbeitet, wie

---

[1] Ebd. 281 B.
[2] Ebd. 281 D f.
[3] Ebd. 281 C/D.
[4] Ebd. 281 E.
[5] Ebd. 282 A und D.

sie schon Lukian aufgestellt hatte[1] und wie sie in der Neuzeit für alle Historiker selbstverständlich geworden sind.

Wie originell Erasmus hier ist, zeigt ein Vergleich mit zeitgenössischen Auslegern. Luther, der die Paulusbriefe für „mehr eyn evangelion" hielt als die Berichte der Synoptiker, weil diese „nicht viel mehr denn die hystory" von Christi Wirken beschrieben hätten,[2] scheint in seinem großen Werk nirgends die lukanische Praefatio thematisiert zu haben. Zwingli aber genügte nach der posthumen Ausgabe von Leo Jud dazu der Hinweis, Lukas habe als einziger Evangelist eine Einleitung geschrieben des Inhalts: Obwohl ziemlich viele versucht hätten, Evangelien unter den Federkiel zu nehmen und zu vollenden, sei Lukas dasselbe erlaubt, indem er von den Anfängen an weiter ausgeholt habe. Die Summe unserer Religion sei, Gott zu vertrauen durch Christus. Nur zu Vers 5 gibt Zwingli einen Hinweis darauf, daß Lukas Historiker war, er habe die Zeitrechnung, welche historisch sei, sorgfältig beachtet.[3]

Nach den beiden Reformatoren diene Eck hier als Beispiel für die altgläubige Sicht! Es handelt sich bei ihm allerdings nicht um eine Auslegung der Praefatio, sondern um grundsätzliche Überlegungen zum lukanischen Sondergut. Er beruft sich auf die Väter und erklärt, Lukas sei von Maria unterrichtet worden. Von seriöser historischer Arbeit ist keine Rede. Es geht nicht um Augenzeugenberichte Mariens, sondern um die „haimlichkeit des reichs Gottes", die Maria zunächst in ihrem Herzen bewegte, nachdem sie darin vom Verkündigungsengel, den Geburtsengeln, durch die Prophetien Simeons und Hannas und vor allem durch Worte Jesu eingeweiht wurde. Zunächst habe sie geschwiegen und erst nach Christi Himmelfahrt den Aposteln einiges und Lukas noch mehr mitgeteilt.[4]

Zuletzt noch ein Vergleich mit dem Humanisten Faber Stapulensis. Faber übernimmt in seiner Auslegung der Praefatio die traditionellen Stücke: Vorangegangene apokryphe Nacherzählungen des Evangeliums, Augenzeugenberichte als Quelle und eine überzeugende Anordnung der Ereignisse durch Lukas. Aber was macht er daraus? Die Tatsache, daß es viele weitere Evangelien gegeben habe, regt Faber an zu begründen, warum Lukas und nicht andere in den Kanon aufgenommen wurden: „Wahrlich aus der Vision des Hesekiel folgt: Vier Evangelisten waren verordnet, nicht nach menschlicher, sondern

---

[1] Quomodo historia sit conscribenda, bes. 46 f. (p. 58 f.).

[2] WA 12, S. 260, 10 f. Vgl. auch WA 7, S. 29, 7 f.

[3] SS VI,1, S. 541 f.

[4] Johann Eck: Christenliche außlegung der Evangelien. Ingolstadt 1532, XXXIII r und XXXIV v.

nach göttlicher Weisung und Erwählung." Er teilt wie das Mittelalter den vier Evangelisten die vier Wesen nach Ez 1 zu. Besonderen Wert legt er auf die Reihenfolge, die der der Evangelien entspräche. Wie die Apostel auf göttlichen Befehl hin anderen mitteilten, was sie gesehen und gehört hatten, so schrieb Lukas auf göttliche Weisung hin, was sie ihm berichteten, während die nicht kanonischen Erzähler selbst geforscht hätten. „So ist Lukas also nicht von ungefähr oder nach menschlicher Glaubwürdigkeit vorgegangen, wie einige andere, die nicht ausgewählt wurden, die heiligen Geschichten zu schreiben. Lukas schrieb auf göttliche Weisung hin."[1]

Der Unterschied könnte nicht größer sein. Für Erasmus war Lukas ein verantwortungsvoller historischer Forscher. Für Faber Stapulensis hat Lukas gerade nicht in eigener Verantwortung geforscht. Vom Heiligen Geist getrieben schrieb er nur das nieder, was die Augenzeugen, ihrerseits vom Geist abhängig, ihm berichteten. Nicht daß Erasmus eine Inspiration verwarf! Auch für ihn werden die Evangelisten „vom Heiligen Geist getrieben", ihre Evangelien niederzuschreiben.[2] Für das Zeugnis seiner Selbstoffenbarung in der Schrift benutzte Gott auserwählte Menschen, zunächst seine Propheten, „dann als er auf Erden wandelte, offenbarte er sich seinen Jüngern und schließlich durch den Heiligen Geist den Schülern, die dazu erwählt waren".[3] Das schließt aber für Erasmus keineswegs aus, daß die Evangelisten sich nach bestem Wissen und Gewissen in menschlicher Eigenverantwortung an ihr Werk machten. In den ‚Paraphrasen' machen alle Evangelisten gute Gründe geltend, den Bericht niederzuschreiben, Gründe, die in sich einleuchtend, auf eine transzendente Rückbindung verzichten können. Nur Lukas erwähnt seine persönliche Inspiration und auch er nur ganz am Rande.[4] Viel wichtiger war es Erasmus, ihn als glaubwürdigen Historiker darzustellen.

Hier ist etwas Grundsätzliches anzumerken: Philologische Textkritik und ein historischer Ansatz im Umgang mit den Texten sind zweierlei. Faber Stapulensis stand Erasmus in seiner Sorge um einen bereinigten Bibeltext um nichts nach. Mit großer Sorgfalt prüfte er schon vor Erasmus Übersetzungsvarianten und baute seine Auslegungen auf einem genauen Studium des griechischen Textes auf. Der biblische Text hat ihn indessen nicht als ein historisches Dokument interessiert, sondern als zeitloses, inspiriertes Wort Gottes. Und das gilt auch für die Reformatoren. Selbstverständlich war auch für Erasmus die

---

[1] Commentarii initiatorii in quatuor evangelia Jacobo Fabro Stapulensi authore. Basel 1523, 182 r f.
[2] LB VII, c. 281 B. Vgl. auch LB V, c. 378 A/B.
[3] LB VII, c. 497 D.
[4] LB VII, c. 281 C.

Botschaft zeitlos, aber sie war in einer zeitgebundenen Form niedergeschrieben worden.

Für Luther erwählte Gott die Sprachen Hebräisch und Griechisch für sein Wort. „Der Heilige Geist hat in diesen Sprachen das Alte und Neue Testament geschrieben." Darum sind es heilige Sprachen, „Also mag auch die kriechische sprach wol heylig heyssen, das die selb fur andern dazu erwelet ist, das newe testament darinnen geschrieben würde. Und aus der selben alls aus eym brunnen ynn andere sprach durchs dolmetschen geflossen und sin auch geheyliget hat."[1] Dagegen beginnt für Erasmus mit der Niederschrift der Evangelien in griechischer Sprache bereits die Überlieferungsgeschichte, die in zeitgenössischen Übersetzungen endet. Er schrieb im Vorwort zur Matthäusparaphrase: „Die Evangelisten scheuten sich nicht, Griechisch niederzuschreiben, was Christus in Syrischer Sprache ausgesprochen hatte, und die Lateiner scheuten sich nicht, die Worte der Apostel in der Römischen Sprache wiederzugeben, das heißt, sie für die Menge in gewöhnlicher Form zu überliefern."[2] Der Urtext als griechisches Textgefüge war für Erasmus nicht heilig, er war bereits ein zeitgebundener historischer Bericht, der nicht selbst die gute Botschaft war, sondern sie überlieferte. Aufgabe des Auslegers war es darum, die neutestamentlichen Texte aus der zeitgebundenen Form zu lösen und für die eigene Zeit neu auszusagen. „So schickte es sich in der Zeit der Apostel zu schreiben, für mich als Ausleger, der nacherzählt, schickt es sich anders zu schreiben, besonders in den gegenwärtigen Zeiten", hat er später erklärt, um seine ‚Paraphrasen' zu verteidigen.[3]

Die philologische Textkritik hat sich im Humanismus und im Protestantismus durchgesetzt. Dazu haben die Reformatoren mit Konsequenz und mitreißender Überzeugungskraft die Botschaft des Evangeliums ins Zentrum gerückt und anderes kritisch an den Rand verwiesen, bis hin zur bekannten Kanonkritik Luthers. Sie waren kritische Theologen. Den historischen Ansatz des Erasmus aber haben sie nicht übernommen. Das hat schon Wilhelm Maurer erkannt. Erasmus habe, lobte er überschwenglich: „im wesentlichen ... alles Rüstzeug innerer und äußerer Kritik, über das ein moderner Historiker verfügt, schon bei der Hand", während Luther nicht historisch dachte, vielmehr, auch da dogmatisch blieb, wo er des Erasmus Argumente übernahm.[4]

---

[1] Vgl. WA 11, S. 456, 2 f. und WA 15, S. 37, 18 ff.

[2] LB VII, Pio lectori (3*).

[3] LB IX, c. 658 C.

[4] Nach Aldrige (1966), S. 81.

Erasmus als historisch-kritischer Exeget

Mit dem Interesse an historischer Kritik geht bei Erasmus eine neue Hochschätzung der Geschichte Jesu als eines historischen Faktums einher. Am Ende seines Lebens, in seinem ‚Ecclesiastes‘, ist Erasmus weit davon entfernt wie im ‚Enchiridion‘, den Literalsinn und die Geschichte zu verachten. Da besteht das Neue Testament für ihn „zugleich aus der Geschichte (historia), der Lehre, den Vorschriften, den Sakramenten, der Bestätigung der Versprechen, der Gnade, und dem höchsten Beispiel aller Frömmigkeit. Nichts aber ist bewundernswürdiger, nichts liebenswerter, nichts sicherer als die Geschichte (historia). Sie enthält den Anfang, die Entwicklung und das Ende des Erlösers bis zu den Taten der Apostel, die uns Lukas überlieferte."[1]

Zeitgenössische Passionsauslegungen

Entspricht die Evangeliumsauslegung des Erasmus diesem späten Bekenntnis zur historischen Auslegung? Es wird sich erweisen, daß sie ihm in einem für seine Zeit erstaunlichen Maße entspricht. Erasmus hält sich in seinen ‚Paraphrasen‘ eng an die vorgegebenen Texte und setzt im Rahmen des im 16. Jahrhundert Üblichen Allegorien nur maßvoll ein.[2] Nicht daß Erasmus von jetzt an Allegorien ängstlich gemieden hätte, die Wunder Jesu etwa werden in den ‚Paraphrasen‘ auch von ihm fast durchgehend allegorisiert. Im Ganzen aber hält er sich zurück mit aller Art von Übertragungen, besonders mit voreiligen Aktualisierungen. Das wird deutlich, wenn man seine Passionsauslegungen mit denen einiger wichtiger Zeitgenossen vergleicht. Dazu wurden wieder Zwingli, Luther, Eck und Faber Stapulensis ausgewählt: Zwinglis ‚Brevis commemoratio‘, Luthers Passionspredigten, Johannes Ecks ‚Christenliche außlegung‘ und Faber Stapulensis‘ Lukasauslegung in seinen ‚Commentarii initiatorii‘.

Zwingli betonte in seiner ‚Brevis commemoratio mortis Christi‘, man müsse sich hüten, Christi Tod „fleischlich" zu bedenken, ihn nur emotional „zu betrauern und das mit Tränen zu beweisen". Hat Christus nicht die trauernden Töchter Jerusalems gemahnt: Weint um euch und eure Kinder? „Wir wollen bedenken, oder besser meditieren und erwägen, warum Christus gestorben ist. Hier finden wir das Mark des Glaubens und der Liebe."[3] Entsprechend hat

---

[1] ASD V-5, S. 326, 303 f.

[2] Wie fragwürdig ihm allegorische Auslegungen geworden waren, bekennt er in seinem Widmungsbrief zur Hilariusausgabe. (Allen V, S. 186, 629 f.). Vgl. auch Kathy Eden: Rhetoric in the Hermeneutics of Erasmus‘ Later Works, in: ERSY 11 (1991), S.88-104.

[3] SS VI, 2, S. 1.

Zwingli ausgelegt. Das soteriologische Verständnis der Passion steht im Vordergrund, die Satisfaktion, das ‚für uns‘: „Wir sollen lernen, daß unser Heil in Christus vollendet ist und wir es nicht in anderen Dingen außerhalb Christi suchen sollen."[1] Er allegorisiert, moralisiert und aktualisiert ausgiebig. Nicht nur das Passahlamm oder die Fußwaschung werden allegorisch gedeutet.[2] Die Schriftgelehrten und Ältesten stehen für das Fleisch, das gegen die Wahrheit kämpft, ebenso Judas, der als Beispiel für die Prädestination zum Bösen eingeführt wird.[3] Zwingli scheut sich dabei nicht, die Verurteilung Jesu mit der Verurteilung seiner evangelischen Bewegung in Parallele zu setzen.[4]

Ein ähnliches, wenn auch farbigeres Bild geben die Passionspredigten Luthers. Auch er aktualisiert und polemisiert ausgiebig. Judas wird „zum Vater aller Mönche",[5] die Evangelischen werden von der Welt, die die Wahrheit nicht hören will, wie Christus als Aufrührer verfolgt. In „den Juden" soll der Hörer „die Dämonen, die ihn anklagen", erkennen, in Christus sich selbst, „den alten Adam, die Seele, die in Sünden geboren ist" und zu Recht angeklagt wird.[6] Allegorien werden nicht gemieden.[7] In seinen vielen Passionspredigten zwischen 1518 und 1538 wurden nur gerade zwei gefunden, die, ohne sofort zu aktualisieren, den von den Evangelisten geschilderten Ablauf der Ereignisse nachzeichnen.[8]

Die beiden Predigten sind darum von besonderem Interesse, weil sie zeigen, daß die verschiedenen Quellengattungen, die hier herangezogen werden, für diese Fragestellung vergleichbar sind. Die Predigtform verbot durchaus nicht eine an der Geschichte orientierte Darstellung, ebensowenig forderte sie eine ‚Commemoratio‘ oder eine Evangelienharmonie, wie sie Zwingli seiner Erinnerung und Luther seinen Predigten von 1527 an zugrunde legten. Sicher bestimmt die Form den Inhalt, und sucht sich umgekehrt der Inhalt die angemessene Form. Das ist kritisch im Auge zu behalten, aber, wie die Beispiele zeigen, nicht überzubewerten.

Die beiden an der Passion als Historie interessierten Predigten Luthers stammen vom 17. und 18. April 1538, aber schon am folgenden Tag heißt es:

---

[1] Bes. SS VI, 2, S. 47.
[2] SS VI, 2, S. 4 und S. 12 f.
[3] Ebd. S. 5 und S. 34.
[4] Ebd. S. 30 f. und S. 35 f.
[5] WA 29, S. 237, 6 f.
[6] WA 28, S. 304, 6 f.
[7] Bes. WA 28, S. 204 ff.
[8] WA 46, S. 256 ff. und S. 265 ff.

„Auf den Nutzen und das Ziel der Passion müssen wir dringen."[1] 1525 hatte Luther drastischer formuliert: „Es ist ein Unterschied, ob die Passion Christi einfach gepredigt wird oder der rechte Nutzen verkündet. Das erste predigt auch der Teufel, das zweite nur der Heilige Geist."[2] Das richtige Ziel ist die Kreuzestheologie Luthers. Schon 1518 fordert er dazu auf, sich selbst als den Schuldigen an Jesu Passion zu sehen. Denn Christus leidet für unsere Sünden. Eine Identifikation des Hörers mit den Gegnern Jesu herzustellen, wird dagegen nicht versucht. Wie die Feinde Jesu sind sie die Feinde des Predigers und seiner Hörer, Verworfene, mit denen man nichts gemein hat.[3] Die Passion läßt uns Gottes Liebe und uns selbst erkennen.[4] Wer aber seine Sünde erkennt, der identifiziert sich nicht mit den Peinigern Jesu, sondern leidet gerade mit Jesus. Er ruft: Gott, mein Gott, warum hast du mich verlassen?[5] Anders als Zwingli kann und will Luther 1518 „mitweinen, wenn Christus weint, mitleiden, wenn Christus leidet", und fühlt sich auch in späteren Jahren in dessen Schmach und Schmerzen ein.[6]

Hier berührt er sich mit den Predigten seines hartnäckigen Gegners: Johannes Ecks Passionspredigten wenden sich an die Emotionen seiner Leser. Bei ihm läuft alles auf das Mitleiden hinaus. Darin haben indessen auch moralisierende Interpretationen Platz.[7] Die Satisfaktion ist nicht ausgeklammert,[8] bleibt aber im Hintergrund. Eck bemüht sich nicht um eine textnahe Schilderung der Passion. Er streut auch Legendäres ein, um die Emotionen besser schüren zu können.[9] Vor Polemik scheut auch er nicht zurück. Abstoßend sind seine judenfeindlichen Auslassungen, die durch die Erinnerung daran, daß Judas nach Mt 27,3 seine Tat bereute, nicht gemildert werden. Der wahre Grund für seine Verwerfung ist für Eck – wie für Erasmus[10] – das mangelnde Vertrauen des Ju-

---

[1] WA 46, S. 286, 9. Vgl. auch WA 28, S. 202, 7 f.

[2] WA 17,1, S. 72, 8 f. Vgl. auch WA 46, S. 290.

[3] Vgl. WA 28, S. 304, 6 f.

[4] WA 1, S. 336 ff.

[5] WA 17,1, S. 70, 10 f.

[6] WA 1, S. 336, 20 f.; vgl. WA 28, S. 383, 18 ff.

[7] Johann Eck: Christenliche außlegung der Evangelien. Ingolstadt 1532, bes. CXXIX r; CXXXIX v und CXLIII v.

[8] Ebd. CLI r f. und CLV r.

[9] Ebd. CLIV v; CLV v. und CLVII r.

[10] LB VII, c. 139 A.

das in Gottes Barmherzigkeit.[1] Verglichen mit seinem Judenhaß wirkt Ecks konfessionelle Polemik geradezu vornehm zurückhaltend.[2]

Faber Stapulensis fällt aus dem Rahmen. In seinem Kommentar zur Passion nach Lukas findet sich kein einziger polemischer Hinweis. Der Humanist bemüht sich, den Literalsinn sorgfältig zu erfassen. Er schlägt Übersetzungsvarianten vor und prüft die Parallelstellen. Ein historisches Interesse am Passionsgeschehen läßt sich indessen nicht ausmachen. Der sorgsame Umgang mit dem Text dient seinen soteriologischen und moralischen Interpretationen. Bei allen Unterschieden ist ihm mit den drei anderen Interpreten die Sicht der Schriftgelehrten und Pharisäer gemein. Sie sind mit Judas „dem Sohn des Verderbens, alle verworfen". Ihre Perversität ist unbegreiflich.[3] Es erübrigt sich, ihren Motiven nachzuspüren. Das ist für Zwingli und Luther, die Lehrer der doppelten Prädestination, keine Schwierigkeit, für Stapulensis indessen schon. Er betont zur Bitte des Gekreuzigten: „Vater, vergib ihnen, denn sie wissen nicht, was sie tun", Gott wolle zwar grundsätzlich, daß alle gerettet werden. Hier glaubt Faber aber zwischen den vorsätzlich und in Unwissenheit handelnden Gegnern Jesu unterscheiden zu müssen. Nur den Unwissenden gilt die Vergebung.[4] Auch Faber bemüht sich um keinerlei Verständnis für die Gegner Jesu. Ankläger und Richter sind die satanischen Feinde schlechthin.

Passionsauslegungen des Erasmus

Anders Erasmus: Da handeln die Ältesten und Schriftgelehrten boshaft und vorsätzlich, aber, obwohl der Satan hinter ihren Anschlägen steht, durchaus noch menschlich verständlich. Sie sind neidisch und fürchten um Ansehen und Macht.[5] Judas läßt sich vom Geiz übermannen. Pilatus ist nicht der Typ des völlig ungerechten Richters,[6] er ist ein schwacher Mensch, der von der Situation überfordert war.[7] Erasmus betont denn auch, daß es alle Arten von Menschen waren, die an Jesus schuldig wurden. Wohl steckte hinter ihnen Kaiphas und hinter diesem der Satan, aber alle haben mitgemacht, nicht nur die Schrift-

---

[1] Christenliche außlegung, CXLVIII v.

[2] Zur Judenfeindlichkeit: Ebd. CXLVIII r; und CL r f., bes CLI v; zur konfessionellen Polemik: CXXV r und CXXX r.

[3] Commentarii initiatorii in quatuor evangelia Jacobo Fabro Stapulensi authore. Basel 1523, 269 r und 272 r; vgl. auch 109 r f. Vgl. für Eck: Christenliche außlegung, CL r f.; für Luther: WA 28, S. 304, 6 f.; für Zwingli: SS VI,1, S. 34.

[4] Commentarii, 276 r.

[5] LB VII, c. 258 D und c. 267 A.

[6] Anders Zwingli SS VI,2, S. 39.

[7] LB VII, c. 267 B f.

gelehrten, auch die Diener, das schreiende Volk und die römischen Soldaten. Auch diese Römer dienten den Zielen des Kaiphas, des Hohepriesters, der „das Heiligste unvernünftig (imprudens) anpackte. Er führte dieses Opfer aus, ohne das niemand gerettet werden konnte."[1] Dieser Gedanke war Erasmus wichtig. Das Zitat ist keine Auslegung von Joh 11,51 f., wenn es auch sicher von daher angeregt ist. Das Zitat stammt aus der ‚Markusparaphrase'. Erasmus hat also den Gedanken dort hineingetragen.[2]

Der Leser wird nicht ausdrücklich angehalten, sich selbst in den Gegnern Jesu wiederzuerkennen, aber das Feindbild wird doch aufgebrochen. Erasmus betont, viele Mitschuldige hätten sich nach der Pfingstpredigt Petri zum Namen des Gekreuzigten bekannt. Der Gekreuzigte aber bat um Vergebung für seine Peiniger. „Er rächte sich nicht, sondern übte Nachsicht mit den Urhebern so großer Verbrechen."[3] Ihn gilt es nachzuahmen. „Schauen wir", ermuntert Erasmus seine Leser, „auf unseren Priester, der mit seinem wirksamen Opfer die Sünden der Völker der ganzen Erde auslöschte und die Strafe aller Zeiten wegnahm. Ergreifen wir mit aufrichtigem Glauben, was jener umsonst anbietet. Bekennen wir unsere Ungerechtigkeit und küssen wir seine unaussprechliche Güte gegen uns."[4]

Auch Erasmus geht also über eine bloße Entfaltung des Literalsinnes hinaus. Auch er bietet eine soteriologische Auslegung und moralisiert häufig. Gelegentlich leistet auch er sich nach moderner Sicht fragwürdige allegorische Abstecher.[5] Aber nur selten und vorsichtig überträgt er die historische Situation des Leidens Christi auf seine Zeit.[6] Polemik findet sich nicht.

Sein Hauptanliegen ist, die Passion Jesu plastisch und realitätsnah darzustellen und so nachvollziehbar zu machen. Erasmus interessiert sich für die Strukturen, Kompetenzen und Machtansprüche der Behörden.[7] Er versetzt sich in die handelnden Personen und versucht, ihre Motive zu erfassen. Das gilt auch für Jesus selbst. So sehr die Hingabe des Gottessohnes ein Geheimnis bleibt, wird Jesus doch als Mensch gesehen, dessen Handlungsweise weitgehend einsichtig ist. Die Schriftgelehrten, erklärt Erasmus, wollten Jesus heim-

---

[1] LB VII, c. 267 C ff.

[2] Vgl. die Johannesparaphrase LB VII, c. 593 D ff.

[3] LB VII, c. 462 A/B f.

[4] Ebd. c. 462 E.

[5] Vgl. z. B. LB VII, 450 C. Vgl. dazu die Aufzählung bei James D. Tracy: Erasmus of the Low Countries. Berkeley 1996, S. 112.

[6] Vgl. LB VII, c. 462 D; ebd. c. 262 F f. und c. 269 A.

[7] Vgl. LB VII, c. 458 B ff.

lich beseitigen. „Jesus aber wollte, daß sein Tod öffentlich und nach allgemeinem Brauch stattfinde und in allem den Hinweisen des Alten Testamentes entspreche."[1] „Er dürstet nach dem Heil der Menschen."[2] Souverän setzt Gottes Sohn seinen Willen durch,[3] aber er wird auch als ein Mensch geschildert, der leidet, sich ängstigt, ja, Blut schwitzt und der in seinem Leiden von Mitleid für seine Peiniger erfüllt ist.[4] Die Passion ist für Erasmus in den zwanziger Jahren nicht mehr ein zeitloses, jederzeit neu zu aktualisierendes Drama zwischen Gott und Teufel, zwischen Fleisch und Geist. Sie ist ein historisches Faktum, das Leiden des Gottessohnes zu einer bestimmten Zeit unter ganz bestimmten und einmaligen Umständen, die Erasmus möglichst quellennah nacherzählt. Mit einem Wort: Der Humanist beschreibt ein historisches Ereignis, das für ihn und seine Zeitgenossen relevant ist und entsprechend auch ausgelegt werden darf, zunächst aber genug für sich selbst sprechen kann und soll.

Hoffnungen werden enttäuscht

Nachdem Erasmus sein ‚Neues Testament' Papst Leo X. gewidmet hatte, hat er die ‚Paraphrasen' der vier Evangelien den vier großen Fürsten Europas, Karl V., Ferdinand I., Franz I. und Heinrich VIII. mit Vorworten dediziert, die klären, was es für ihn bedeutete, das Evangelium zeitgemäß auszulegen, nämlich: Nichts weniger als die Verwandlung des Einzelnen und der Gesellschaft.

Kaiser Karl sei als Prinz zwar kein Lehrer aber ein Verteidiger des Glaubens. Darum gälten die ‚Paraphrasen' gerade auch ihm, dem weltlichen Fürsten. Denn seine Aufgabe sei es, „den evangelischen Glauben zu beschützen, zu erhalten und zu verbreiten". Vor allem aber legt Erasmus ihm im Januar 1522 ans Herz zu bedenken, daß auch der gerechteste Krieg großen Schaden bringt und vor allem Unschuldige trifft.[5] Kaiser Karl hatte sich im Mai 1521 mit Papst Leo X. gegen Franz I. verbündet und den Krieg um Oberitalien begonnen.

Zum Frieden wird auch Ferdinand I. aufgefordert. Die Fürsten tragen die größte Verantwortung vor Gott, darum müssen gerade sie die Grundsätze des evangelischen Lebens am besten kennen. Denn sie sollen es vorstellen, beispielhaft vorleben. Was sie aber vorleben sollen, müssen sie erst einmal ken-

---

[1] LB VII, c. 448 F.
[2] LB VII, c. 450 E.
[3] LB VII, c. 259 E.
[4] LB VII, c. 462 A. Vgl. c. 261 E/F; c. 269 A; c. 142 A.
[5] Allen V, S. 7, 85 f.

nenlernen. Sie sollen, wie alle anderen Menschen auch, eifrig im Evangelium lesen.[1]

Beherzigen müssen die Könige: Ein Herr ist im Himmel, dem niemand widerstehen kann. Allen Menschen steht ein Leben im Himmel bevor, wo es kein Ansehen der Person gibt. Sie selbst sind aus sich heraus nichts, alles haben sie von Christus empfangen.

Nichts ist besser als Friede, Milde und Gnade.[2] Die vornehmsten Aufgaben eines Prinzen sind: klug Kriege zu verhindern, jedem Anschlag auf die öffentliche Freiheit vorzubeugen, das Volk vor Hunger zu bewahren und schlechten Menschen kein Amt zu geben.[3] Keine großartigen Visionen und Ziele legt Erasmus den Fürsten ans Herz, bescheiden sollen sie sich begnügen, das Ärgste zu verhindern, um gerade so die Wohlfahrt des Landes zu gewährleisten. So weise diese Maxime ist, auf junge ehrgeizige Prinzen wirkte sie gewiß nicht motivierend.

So haben sie sich auch nicht daran gehalten. Erasmus hat seine großartigen Hoffnungen, denen er Anfang 1517 so überschwenglich Worte verliehen hatte, schnell begraben müssen. Das Goldene Zeitalter des Friedens und der Wissenschaften ist nicht heraufgekommen. Schon im Frühjahr 1518 beklagte er Tyrannei und Schamlosigkeit von Papst und Regenten. Im Herbst seufzt er, „wie hat sich die Welt der Menschen geändert: Aus Menschen machen wir Götter und das Priestertum hat sich in eine Tyrannei verwandelt. Die Fürsten zusammen mit dem Papst und vielleicht noch dem Türken beschwören das Unglück des Volkes herauf."[4] Inzwischen ist das Unglück längst hereingebrochen. Karl V. und Heinrich VIII. bekriegen mit dem Papst im Bunde Franz I.; die Christenheit ist gespalten. „Die Sitten sind verdorben, die Meinungen zerstritten und alles ist verworren." Was kann Erasmus noch hoffen?

Eine Hoffnung ist nicht zerronnen: „Wohin sollten wir eher fliehen ... als zu den reinen Quellen der Heiligen Schrift, deren reinster und unversehrtester Teil die Evangelien sind?" Denn das Evangelium ist eine Botschaft des Friedens. „Es versöhnt uns mit Gott und untereinander."[5] Auf diese Mahnung zur Bibellektüre zu hören, waren die Prinzen eher bereit. Jedenfalls kann Erasmus im August 1523 in seinem ‚Widmungsbrief' der ‚Lukasparaphrase' an Heinrich

---

[1] Allen V, S. 166, 118 f.
[2] Ebd. S. 167, 138 f.
[3] Ebd. S. 170, 286 f.
[4] Vgl. Allen III, S. 217, 5 f.; S. 234, 25 f. und S. 429, 29 f.
[5] Allen V, S. 171, 329 ff.

VIII. rühmen: Karl werde immer wieder mit einem Evangelienband gesehen, Ferdinand halte die ihm dedizierte ‚Johannesparaphrase' oft in Händen und Christian von Dänemark lese eifrig in der ‚Paraphrase zu Matthäus'.[1] Wo aber waren die politischen Früchte davon zu sehen?

In den ersten Jahrhunderten bewies das Evangelium seine verborgene Kraft. Die Welt wehrte sich, aber durch eine Handvoll Männer verbreitete sich Jesu Botschaft durch die ganze Welt. Und in den letzten Jahrhunderten? Europa hat mit Reichtum und Macht ausgestattete christliche Fürsten, Bischöfe und Gelehrte, das Reich Christi aber wird in die Enge getrieben. „Wüßten wir den Grund, wir würden schneller ein Heilmittel finden", seufzt Erasmus.[2]

Aber er resigniert nicht, tapfer preist er weiter sein Heilmittel an: Das Evangelium lesen, immer und immer wieder! Denn „es wird wirken, wenn wir, unserer Krankheiten überdrüssig, die Medizin häufig einnehmen ... und sie im Magen unseres Geistes behalten, bis sie ihre Kraft entwickelt und uns ganz in sich verwandelt."[3]

Erasmus macht sich unverzagt weiter an die Arbeit und paraphrasiert auch noch das Markusevangelium, um es Franz zu widmen. Im Dezember 1523 ist Franz mitten im blutigen Kriege um Oberitalien. Erasmus aber richtet an ihn eine eindringliche Friedensschrift. Er gesteht dem König zu, die Obrigkeit dürfe ein Schwert tragen. Aber sein Gebrauch sei für Christen eingeschränkt. Es darf nur der öffentlichen Ruhe dienen, nicht imperialen Ambitionen.[4] Christus vereinigt beide Arten von Herrschaft in sich, die geistliche und die weltliche, wenn er auch auf Erden nur die geistliche vorlebte. Darum müssen auch die Könige ihm nachfolgen. „Er aber gab sich ganz für die Seinen hin."[5]

Erasmus ist enttäuscht, niemand hört auf ihn. Der Krieg in Oberitalien wird nicht mit einem vernünftigen Schiedsgericht und weisen Verzichten enden, wie er es forderte, sondern mit der Gefangennahme Franz I. und dem Sacco di Roma. Und die Herrscher haben weder Anschlägen auf die öffentliche Freiheit noch dem Hunger klug vorgebeugt. Die Ritter haben sich erhoben, unter den hungernden Bauern gärt es.

---

[1] Allen V, S. 313, 20 f.
[2] Ebd. S. 321, 389 f.
[3] Ebd. S. 322, 404 f.
[4] Allen V, S. 355, 114 f.
[5] Ebd. S. 356 159 f.

Beginnende Glaubensspaltung

Dazu muß sich Erasmus spätestens vom Sommer 1520 an eingestehen, daß es zu einer Spaltung der Christenheit kommt. Zunächst hat er die Luthersache erstaunlich gelassen genommen. Er sendet Luthers Thesen gegen den Ablaß von 1517 kommentarlos an Thomas Morus.[1] Kein Wort der Kritik von ihm wird laut, erregt doch auch er sich über die Ablaßpraxis.[2] Halb Deutschland jubelt Luther im Herbst 1518 zu, nachdem er sich weigerte, vor Cajetan in Augsburg zu widerrufen. Erasmus bleibt kühl abwägend. Johannes Lang, dem Luther seine Abneigung gegen Erasmus gestanden hatte, vertraut Erasmus seinerseits an, die Thesen Luthers haben allen guten Menschen gefallen. Aber er frage sich, ob es klug sei, an dieses Geschwür zu rühren. Das sei die Sache der Fürsten. Warum Eck sich gegen Luther stelle, verstehe er nicht.[3] Im Frühjahr 1519 befürchtet Erasmus erstmals, das Auftreten Luthers werde den Studien schaden und er selbst mit Luther in einen Topf geworfen werden.[4] Mit seinen Befürchtungen hat Erasmus nur zu sehr recht. In Löwen wird er als Lutheraner verschrieen. Seine Gegner nutzen die Gelegenheit, mit Luther auch seinen Bibelhumanismus zu verunglimpfen. Jetzt sieht sich Erasmus überall verfolgt. Selbst Cajetan habe eigentlich die humanistischen Studien im Visier, behauptet Erasmus.[5] Er werde als Häretiker beschimpft,[6] klagt er und sieht sein eigenes Reformwerk durch Luther gefährdet und bald auch sich persönlich bedroht. 1521 weicht er aus dem kaiserlichen Löwen in die freie Reichsstadt Basel aus. Er versucht, weitere Publikationen Luthers zu verhindern.[7] Gegenüber Luther als Menschen aber bleibt Erasmus gerecht. Immer wieder versichert er, Luthers Leben sei untadelig, und wer christlich lebe, solle nicht als Häretiker gelten,[8] so nicht nur vor der Disputation von Leipzig, wo Luther bestritten hatte, daß Konzilsentscheidungen unfehlbar seien. Auch nachher hält er fest: „Bei Luther gilt als häretisch, was man bei Augustin und Bernhard für orthodox und fromm hält", so im Oktober 1519 an Albrecht von Mainz. Damals glaubt er noch, mit seiner Warnung, die ganze Sache gehöre nicht in die Öffentlichkeit, sondern in

---

[1] Allen III, S. 239, 37.

[2] Allen III, S. 241, 24.

[3] Allen III, S. 409, 12 f. Zu den Briefen des Erasmus an Lang vgl. J. Beumer: Der Briefwechsel zwischen Erasmus und Johannes Lang, in: J. Coppens (Hrsg.): Scrinium Erasmianum. Leiden 1969, Bd. II, S. 315 f.

[4] Allen III, S. 523, 36 f. und S. 589, 68 ff.

[5] Allen III, S. 529, 44 f.

[6] Vgl. Allen I, S. 24, 36 f.

[7] Allen IV, S. 100, 46 f. und VI, S. 202, 52 f.

[8] Allen III, S. 530, 69 f.

die Gelehrtenstube, durchdringen zu können.[1] Im Juni 1520 aber resigniert er: Luther hätte höflicher und gemäßigter schreiben sollen. Aber es ist nicht mehr zu ändern, „alles läuft auf einen Aufruhr hinaus", so in einem Brief an den jungen Melanchthon.[2] Luthers Stil ist zu gewalttätig, das hat Erasmus immer wieder zu bemängeln. Die eigentliche Ursache aber ist nicht sein Charakter oder gar eine häretische Sicht auf seiner Seite, die eigentliche Ursache ist das gottlose Leben vieler Kleriker, der Hochmut gewisser Theologen und das tyrannische Benehmen vieler Mönche.[3] Im Übrigen ist nicht nur Luther gewalttätig, seine Gegner sind es ebenso, die päpstliche Bulle entbehre christlicher Liebe.[4] In seinem letzten Brief an Zwingli im März 1523 schreibt Erasmus sogar: „Ich habe fast alles, was Luther verficht, auch verfochten, nur nicht so heftig und ohne absurde Fragen und Paradoxe."[5] Sein Leben lang wird Erasmus daran festhalten: Es sind nicht die Dogmen, die ihn von Luther trennen. Luthers Paradoxe, worunter Erasmus die Leugnung des freien Willens zählt, lehnt er wohl ab, aber sie sind für ihn grundsätzlich diskutabel, auf jeden Fall kein Grund für eine Kirchenspaltung.[6]

Viel weniger verständnisvoll zeigt er sich später gegenüber Zwingli, Oekolampad und Capito. Sie, insbesondere Zwingli, seien viel schädlicher als Luther. 1530 möchte er sie am liebsten „verjagen. Dann gäbe es Hoffnung, die Kirche zu heilen."[7] Ihr Bruch mit der Kirche geht ihn persönlich an, er erlebt in Basel hautnah mit, was in der Eidgenossenschaft und im nahen Straßburg geschieht. Und der Bruch der drei Reformatoren mit der Kirche ist zugleich ein Bruch mit ihm. So jedenfalls sieht er es. Alle drei gehörten zu seinem Kreis. Oekolampad hat als Hebraist an seinem ‚Neuen Testament' mitgearbeitet. Auf Capito hat Erasmus große Hoffnungen für sein Reformprogramm gesetzt.[8] Zwingli hat ihn nicht nur in Briefen verehrt. Er hat ihn sorgfältig gelesen und seine Schriften verbreitet. Das Inventar der Großmünsterbibliothek von 1551 verzeichnet 46 Erasmusschriften, 21 davon stammen mit Sicherheit aus Zwing-

---

[1] Allen IV, S. 102, 82 f.
[2] Allen IV, S. 287, 22 f.
[3] Allen VI, S. 203, 85 f.
[4] Allen IV, S. 374, 85.
[5] Allen V, S. 330, 89 f.
[6] Vgl. LB V, c. 469 ff., bes. c. 506 D.
[7] Allen VIII, S. 473, 10 f.
[8] Allen II, S. 490, 94 ff.

lis Besitz.[1] Zwischen 1521 und 1523 wurden in Zürich folgende Erasmusschriften von Leo Jud übersetzt und zum Teil von Froschauer verlegt: Die
‚Querela pacis, die ‚Institutio principis christiani‘, das ‚Enchiridion‘, die
‚Expostulatio Jesu‘ und sämtliche schon vorhandenen ‚Paraphrasen‘, d. h. die
Nacherzählungen aller apostolischen Briefe des Neuen Testamentes. Erasmus
konnte berechtigte Hoffnungen hegen, sein Reformprogramm werde in Zürich
gefördert.

Was Zwinglis Wirksamkeit für stadt- und kirchenpolitische Konsequenzen
haben könnte, wird Erasmus zunächst kaum bedacht haben. Jedenfalls schlägt
sich das nicht im erhaltenen Briefwechsel nieder. Als Zwingli ihn, der 1522
mehr und mehr als lutherischer Häretiker verdächtigt wurde, in Zürich zu
schützen versprach und ihm das Zürcher Bürgerrecht anbot, war Erasmus ohne
jedes Verständnis dafür, daß Zwingli ihn in Zürich tatsächlich hätte schützen
können. Er lehnte höflich ab. „Er wolle Weltbürger sein." ... „Wenn er nur in
der Himmelsstadt eingeschrieben wäre!"[2]

Daß er absagte, weil er Zwingli da schon als den Freund nur einer Partei
und eben nicht seiner gesehen habe, ist nicht anzunehmen. Bezeichnete er sich
doch etwa ein Jahr später in seiner erregten Reaktion auf Zwinglis ‚Apologeticus‘ als dessen Freund. Im Frühjahr 1522 wurden wie in Basel auch in Zürich
in Froschauers Haus die Fasten gebrochen. Zwingli war dabei anwesend. In einer Schrift an den Basler Rat nahm Erasmus zu den Fastenbrüchen Stellung. Er
plädierte für eine großzügige Haltung in der Fastenfrage. Er selbst aß seiner
Gesundheit wegen Fleisch in der Fastenzeit, besaß aber einen Dispens und
vermied es, vor Zeugen die Fasten zu brechen. Er appellierte an die Bischöfe
und den Papst, endlich die bindenden Fastengebote ebenso wie den Zölibat und
die Klostergelübde aufzuheben. Jeder solle in Freiheit entscheiden, wie und ob
er ein enthaltsames Leben führen wolle oder nicht. Er selbst lebte mit Erlaubnis
außerhalb seines Klosters, konnte aber die klösterliche Lebensform durchaus
bejahen, ja preisen, wenn sie nur in Freiheit gewählt und beibehalten wurde.[3]
Die Freiheit fordernden Gläubigen aber mahnte Erasmus zur Geduld, bis Rom
gesprochen habe.[4]

---

[1] Nach Martin Germann: Die reformierte Stiftsbibliothek am Großmünster Zürich im 16. Jahrhundert und die Anfänge der neuzeitlichen Bibliographie. Wiesbaden 1994, S. 171 und S. 219 ff.,
wo im Inventar die Besitzer vermerkt sind.

[2] Allen V, S. 129, 1 f.

[3] LB V, c. 589 ff.

[4] Allen VI, S. 9, 97 f. und S. 10, 105 ff.

II. Erasmus als Exeget

Wenn Erasmus also die Ungeduld Zwinglis und seiner Anhänger in Zürich mißbilligte, so teilte er doch grundsätzlich ihre Ansicht, die bindenden Fastengebote seien vom Neuen Testament her nicht zu begründen. Zwinglis Antwort auf die bischöfliche Maßregelung des Fastenbruchs, der ‚Apologeticus‘, aber empörte Erasmus. „Frage doch gelehrte Freunde um Rat. ... Ich fürchte, diese Verteidigung bringt Dir große Gefahr und schadet dem Evangelium."[1] So seufzte er erregt, er, der sich am bischöflichen Hof Freunde gemacht hatte. Er hatte mit einigem Erfolg den Bischof und seinen Kreis für seine eigenen Reformpläne gewonnen. Er schickte sich eben an, nach Konstanz zu reisen, um die Freundschaft zu vertiefen und in persönlichen Gesprächen für seinen Bibelhumanismus zu werben. Wie die Machthaber überhaupt, so versuchte Erasmus auch, den Konstanzer Bischof für die ihm vorschwebende „res publica christiana" zu begeistern. Und da fuhr Zwingli mit seinem ‚Apologeticus‘ dazwischen und beschuldigte den Bischof und seine Ratgeber „größter Ruchlosigkeit". Sie handelten nicht dem Evangelium gemäß, gehorchten den Menschen mehr als Gott.[2] Er setzte alles wieder aufs Spiel, indem er, statt den Bischof zu gewinnen, ihn durch Widerspruch reizte und verbitterte. Der feinfühlige Erasmus ahnte die Reaktion der Konstanzer voraus.

Am 9. Dezember aber nach der Lektüre der anonym erschienenen ‚Suggestio deliberandi‘ war Erasmus entsetzt und ehrlich empört. Der anonym schreibende Zwingli hetzte bei den Reichsständen gegen Papst Hadrian VI. und behauptete gar, Rom wolle Erasmus verketzern. Der allerdings habe, wenn überhaupt, nur durch zu große Milde gefehlt.[3] Erasmus verriet nicht, ob er den Verfasser kannte; aus seinem Ärger aber machte er keinen Hehl: Ich rate guten Freunden umsonst. Wieder ist ein Unsinn erschienen: Dazu anonym, hinterhältig und gefährlich. „Ich möchte lieber irgendwohin gehen, als weiter solchen Schund hören zu müssen."[4] Erasmus war bereits aufs Höchste alarmiert, als der Huttenhandel ihn und Zwingli noch mehr entzweite. Ulrich von Hutten, ein national gesinnter deutscher Ritter, Dichter und Anhänger Luthers, der sich 1520 noch mit Empfehlungsschreiben von seinem Freund Erasmus am Hofe Ferdinands hatte einführen können, hatte einen „Pfaffenkrieg" gegen Rom zu entfesseln versucht. Erasmus hatte nicht nur dieses tollkühne Unternehmen in keiner Weise unterstützt, er weigerte sich auch, den erfolglosen und kranken Flüchtling zu empfangen. Mit einer gehässigen Schrift, die Erasmus als völlig unmo-

---

[1] Allen V, S. 131, 5 f.
[2] Vgl. Z I, S. 314, 27 f. und S. 316, 3 ff., bes. S. 317, 11 f.
[3] Z I, S. 434 f., bes. S. 440, 17 f.
[4] Allen V, S. 151, 1 f.

ralischen Feigling und Wendehals verunglimpfte, hat der enttäuschte Hutten sich gerächt. Zwingli aber nahm den todkranken Mann in Zürich auf.[1]

Drei Wochen später schrieb Erasmus seinen letzten und längsten erhaltenen Brief an Zwingli. Er nahm darin Bezug auf den Märtyrertod von Heinrich Voss und Johann van den Esschen in Brüssel. Er verstehe nicht, wofür sie in so beispielhafter Haltung gestorben seien, gesteht er. Denn nach seinem Verständnis gab es keine ernsthaften Unterschiede in den Grundlagen des Glaubens.[2] Er, Erasmus, habe „fast alles, was Luther lehre, auch gelehrt, nur nicht so gewaltsam und ohne absurde Fragen und Paradoxe."[3] Für solche Paradoxe, wie die Lehre vom unfreien Willen, über die es für Erasmus keine letzte Glaubensgewißheit geben könne, lohne es sich doch nicht zu sterben.[4] Erasmus fragte erregt, wieso Luther, Zwingli und Oekolampad, die doch selbst oft uneins seien, für sich so selbstgewiß den Besitz des Geistes beanspruchen, während sie ihn anderen, z. B. ihm selbst, absprechen. „Velim hoc ex te discere, quis sit ille spiritus?"[5] Er solle ihm doch sagen, was das für ein Geist sei, auf den sie sich beriefen, beschwört Erasmus Zwingli. Der Brief dokumentiert ein letztes Zaudern des Erasmus, bevor er sich ein endgültiges Urteil über die Reformatoren bildete. Was später Anklagen werden, sind da zwar empörte, aber immerhin noch drängende Fragen an den jüngeren Freund.

Die Antwort Zwinglis ist nicht erhalten. Ein Jahr später aber äußert sich Erasmus gegenüber Melanchthon: „Ich schrieb Zwingli eine freundliche Mahnung. Er aber sandte mir eine abstoßende Antwort." Immer noch erregt berichtet er nach Wittenberg: „Was du weißt, nützt uns nichts, und was wir wissen, ist für dich nicht passend," habe Zwingli geschrieben, „als ob er, mit Paulus in den dritten Himmel erhoben, Geheimnisse gelernt hätte, die uns Irdische meiden."[6] Und im gleichen Brief beklagt er sich, wie subversiv Zwinglis Methoden seien: „tam seditiose rem gerit".[7]

Zweierlei stieß Erasmus ab: Die prophetische Glaubensgewißheit, mit der die Schweizer Reformatoren ihre Sicht als evangeliumsgemäß verstanden und anderen den Heiligen Geist abzusprechen schienen, und die praktische Durchführung ihrer Reformation. So riet er denn auch im Januar 1525 dem Rat von

---

[1] Allen V, S. 327 f.
[2] Vgl. die Einleitung zur ‚Spongia' von C. Augustijn. ASD IX-1, S. 93 ff.
[3] Allen V, S. 330, 90.
[4] Ebd. S. 327, 5 f.
[5] Ebd. S. 330, 89 f.
[6] Allen V, S. 548, 120 f.
[7] Ebd. S. 546, 75 f.

Basel, Zürich zu bewegen, die Bilder wieder zuzulassen und das Meßformular und die alte Art der Eucharistiefeier wieder einzuführen. Jeder soll nach seinem Gewissen handeln, nicht etwa der Rat mit Mehrheitsbeschluß für alle entscheiden. Im Übrigen ist der Papst um eine Neuregelung anzugehen. Erasmus machte da die kirchliche Lehrvollmacht und das Gewissen des einzelnen Gläubigen, das Gott mehr gehorchen soll als den Menschen, geltend. Der städtischen Obrigkeit teilte Erasmus nur die Aufgabe zu, zwischen dem angefochtenen Gewissen und dem Papst zu vermitteln. Sie hat aber keine Entscheidungsbefugnis in Glaubensdingen.[1] Für Zwinglis Gemeindereformation hatte er keinerlei Verständnis. Erasmus hat die Gewissen der Gläubigen am Evangelium geschärft und die Gewissen der Mächtigen in Reich und Kirche zur Umkehr und zu ihrer obrigkeitlichen Pflicht als Christen gerufen. Er hat mit allen Kräften auf eine Reform der kirchlichen Hierarchie hingearbeitet. Die Reform aber gegen den Willen der Hierarchie von unten her in einzelnen Gemeinden durchzusetzen, wie es in Zürich gelang, das war für ihn undenkbar. Die Bedeutung der Gemeindeautonomie hat er nicht erkannt. Noch weniger hat er die Möglichkeiten, die sie bot, in einer Umbruchzeit die Gesellschaft politisch und wirtschaftlich neu zu strukturieren, positiv bewertet. Was in Zürich vor sich ging, war für ihn schlicht Aufruhr, er hatte keinen anderen Begriff dafür, Aufruhr, aus dem nichts Gutes erwachsen konnte. Die Aufstände der Bauern, die sich auf Zwingli beriefen, haben seine Befürchtungen bestätigt. Hatte er nicht schon im Juni 1520 an Melanchthon geschrieben: „Alles läuft auf einen Aufruhr hinaus"?[2]

Es sind keine weiteren Briefe zwischen Zwingli und Erasmus bekannt, wahrscheinlich auch nur noch wenige gewechselt worden. Mit einem Aufrührer wollte Erasmus nichts zu tun haben. Sein Urteil ist gemacht und spiegelt die ganze persönliche Enttäuschung wider: Die Reformatoren sind untereinander uneins und rühmen sich trotzdem, die einzig wahren Verkünder des Evangeliums zu sein, obwohl ihr Leben wenig evangeliumsgemäß erscheint. „Ich kenne", behauptete Erasmus 1532 in seinem berühmten Brief an Bucer, „niemanden, der durch ‚dieses Evangelium' besser wurde."[3]

Die persönliche Enttäuschung über seine ehemaligen Verehrer war groß und muß Erasmus tief verwundet haben. Daß sie nicht mit gleichem Kaliber zurück schossen, sondern ihn als theologische Autorität weiterhin anerkannten, hat ihn nicht milder gestimmt, im Gegenteil empört. Im Abendmahlsstreit setzte er sich

---

[1] Allen VI, S. 9, 102 f. und S. 10, 105 ff.
[2] „Video rem ad seditionem tendere." Allen IV, S. 287, 24.
[3] Allen IX, S. 456, 435 f.

119

mit allen Mitteln dagegen zur Wehr.[1] Denn er konnte und wollte mit keiner Partei gehen, schon gar nicht mit der der „aufrührerischen" Reformatoren. Er hatte von sich Ende 1522 bekannt: „Ich hasse Spaltungen so sehr und liebe die Eintracht so, daß ich fürchte, käme es darauf an, ich könnte eher etwas von der Wahrheit preisgeben, als den Frieden stören."[2]

Was ist 1523 aus seiner glänzenden Stellung als Haupt der Gelehrtenwelt geworden? Die Lutheraner werfen ihm vor, er habe „zu wenig zum Evangelium gegriffen, nur Rhetorik gelehrt", während die Gegner auf katholischer Seite behaupten, Luther habe seine häretischen Lehren „von Erasmus abgeschrieben". „Mein größter Fehler", so Erasmus 1523, „ist, ich bin zu gemäßigt. Ich habe auf beiden Seiten einen schlechten Namen, weil ich bei beiden Parteien zu einem friedlicheren Vorgehen mahne. Ich habe nichts gegen Freiheit einzuwenden, wenn sie auf Liebe gründet. Aber aus diesen groben Beschimpfungen und Verrücktheiten kann nur ein blutiger Aufruhr entstehen."[3] Erasmus ist sich darüber im klaren, was ihn mit den Reformatoren verbindet: „Wer schrieb mehr gegen das Vertrauen auf Zeremonien, gegen den Aberglauben in bezug auf die Speisen, den Kult, die Gelübde, gegen die, die den menschlichen Auslegern mehr zuteilten als den Vorschriften Gottes, die mehr Schutz bei den Heiligen als bei Christus selbst suchten, gegen die durch philosophische und sophistische Argumentationsweise verdorbene Theologie, gegen die Kühnheit, was immer zu definieren, gegen vulgäre Vorurteile?"[4] So fragt er 1523 und macht im selben Brief auch geltend, was ihn von den Reformatoren trennt: „Aber ich verdamme die, die Öl ins Feuer gießen und die eine Krankheit, die sich schon mehr als tausend Jahre lang eingefressen hat, mit gewaltsamen Mitteln auf einmal heilen wollen unter größter Gefahr des ganzen Körpers. Wie mäßigten sich die Apostel gegenüber den Juden, die nicht vom gewohnten Geschmack ihres Gesetzesverständnisses lassen konnten, und genauso, denke ich, würden sie mit denen vorgehen, die so viele Jahrhunderte lang der ganzen Autorität der Konzilien, der Päpste und Gelehrten folgten und nun nur schwer den heurigen Wein der neuen Lehre annehmen." Auch hier dachte Erasmus historisch. Es galt, dem über Jahrhunderte Gewachsenen Zeit zu lassen, abzusterben, damit neue gesunde Triebe sprießen können.[5]

[1] Vgl. die Einleitung zur ‚Detectio praestigiarum' von C. Augustijn in ASD IX-1, S. 213 ff.
[2] Allen V, S. 159, 22 f.
[3] Allen I, S. 30, 7 f.
[4] Ebd. S. 29, 29 f.
[5] Ebd. S. 30, 26 f.

II. Erasmus als Exeget

Die neutrale Stellung zwischen den Parteien, die Erasmus einnehmen wollte, konnte er nicht halten; er sah sich schon 1524 gezwungen, gegen Luther zu schreiben, freilich suchte er sich ein Thema, bei dem nach seiner Meinung Christen, ohne sich etwas zu vergeben, verschiedener Meinung sein konnten.[1]

Erasmus hätte allen Grund gehabt, sein Reformwerk für gescheitert zu erklären. Aber er tat es nicht. Tapfer hielt er an seinen Ideen fest und förderte sie mit der ganzen Kraft seines Fleißes und seiner Beredsamkeit.

In den folgenden Basler Jahren zwischen 1523 und 1529 verfaßt er nicht etwa nur Streitschriften und Apologien. Es wachsen die ‚Adagia‘ weiter, zahlreiche ‚Colloquien‘ entstehen, darunter die ‚Inquisitio de fide‘, in der Erasmus einem breiten Publikum klarmacht: auch die Protestanten bekennen sich zum apostolischen Glauben. Ein ‚Lob des jungfräulichen Lebens‘ und ein ‚Ehebuch‘ richten sich im besonderen an die Frauen und ihre Erziehungsaufgaben. Erasmus legt ihnen seine pädagogischen Grundanschauungen ans Herz. Ebenfalls an Laien wenden sich die Traktate ‚Über die unermeßliche Barmherzigkeit Gottes‘, ‚Über das Beten‘, ‚Das Sündenbekennen‘, ein ‚Trostbrief‘ und eine ‚Marienliturgie‘. Erasmus arbeitet an Ausgaben von lateinischen Klassikern und mit Feuereifer an den Kirchenvätern. 1526 verlassen die vollständigen Werke des Irenäus, 1527 des Ambrosius die Presse. Daneben werden die ‚Anmerkungen zum Neuen Testament‘ ständig erweitert und überarbeitet. – Was Erasmus geleistet hat, ist ungeheuer, auch wenn er jetzt nicht mehr auf sich allein gestellt war; Famuli und ausgewiesene Gelehrte wie Beatus Rhenanus standen ihm zur Seite, und der Drucker Froben unterstützte ihn in jeder Hinsicht.

Haben die Theologen ihm die Mühe gedankt? Viele haben sein Werk dankbar genutzt, aber andere haben ihn erbittert bekämpft. In den folgenden Jahren entstehen wieder Apologien, die einen eigenen Folioband füllen. Was wirft man Erasmus vor? Auf katholischer Seite konnte man ihm vieles vorwerfen, alles was er selbst aufgezählt hat, seine Kritik an den Zeremonien, an Fastengeboten, an der Beichtpraxis, an den Feiertagen, am Heiligenkult, an Wallfahrten usw. Das aber war nur die Oberfläche, man warf Erasmus mehr vor. Er erneuere die verwerflichsten altkirchlichen Häresien, er sei ein Pelagianer und Arianer. Hat er nicht Röm 5,12 gegen die Vulgata und gegen Augustin so übersetzt und entsprechend erklärt, wie es Pelagius verstand? Statt daß alle *in* Adam gesündigt hätten, Adam also die Sünde als Erbe jedem weitergab, verstand er, sie seien wie Adam Sünder, *insofern* sie gesündigt hätten. Paulus rede hier

---

[1] Vgl. Christine Christ-v.Wedel (1981), S. 94 ff.

nicht von der Erbsünde, sondern vom Hang zur Sünde, vom Hang, es Adam gleich zu tun. Es gehe um die Sünde des Einzelnen. Darum wehrte sich Erasmus auch gegen die Vorstellung, die ungetauften Kinder seien verdammt.[1] Und schlimmer noch: Hatte er nicht an verschiedenen Stellen, die besten biblischen Belege für die Trinitätslehre als spätere Einschübe oder irrtümliche Übersetzungen bezeichnet, gar im ‚Novum instrumentum' erklärt: Fast nirgends nennen die Apostel Christus Gott oder auch nur Gottes Sohn. Sicher, Erasmus hat sich, von den Kritiken aufgeschreckt, später eindeutig und dezidiert zur Trinitätslehre bekannt. In späteren Ausgaben fügte er ein: Man könne aus verschiedenen Stellen folgern: Christus sei Gottes Sohn und nicht nur Mensch.[2] Tatsächlich hat er dann auch, etwa in seiner ‚Paraphrase' zu Mt 16,16, die Gottessohnschaft Jesu betont herausgestellt.[3]

Die Zweifel an seiner Rechtgläubigkeit aber blieben hartnäckig bestehen und beschränkten sich nicht nur auf einige konservative Kritikaster. Gelehrte Theologen wie Lee und Stunica auf altgläubiger Seite haben sie genauso in die Öffentlichkeit getragen wie Luther. Selbst der milde Melanchthon hat 1529 wohl in seiner Empörung über die Schweizer Haltung im Abendmahlsstreit – die Zürcher beriefen sich auf Erasmus – seinen Freund Camerarius in einem Brief gefragt: „Welcher Buchstabe in seinen Büchern über die Obrigkeit und die Rechtfertigung ist eines Christen würdig?" Damit nicht genug, er behauptete: Erasmus habe Samen von gefährlichsten Dogmen in seinen Büchern ausgestreut, die einem Arius wohl anstünden.[4] Er spricht damit nach, was spanische Bettelmönche in viel schärferer Form und ausführlich gegen Erasmus vorgebracht hatten. Erasmus hatte sich 1528 in einer sorgfältigen Apologie dagegen verteidigt.[5] Offenbar nicht mit dem gewünschten Erfolg, wenn ein Jahr später sogar Melanchthon, wenn auch nur in einem privaten Brief, auf die alten Vorwürfe zurückgriff.

Das waren nicht irgendwelche Anschuldigungen, Gelehrtengezänk, über das man vornehm hinwegsehen konnte, das waren schlimmste Häresievorwürfe. Wer an der Trinitätslehre rüttelte, hatte in der Gesellschaft des 16. Jahrhunderts keinen Platz. Er mußte den Tod gewärtigen. Es ging um Sein oder Nichtsein. Dem friedliebenden Erasmus, der fürchtete, wenn es darauf ankäme, könne er

---

[1] Vgl. LB VI, c. 585 B/C und die hilfreichen Anmerkungen dazu aus CWE 56, S. 151 f., sowie LB V, c. 622 C.

[2] Vgl. die ausführlichen Apologien LB IX, c. 309 D f. und ASD IX-1, S. 456, 381 ff. Vgl. auch LB VI, c. 444 D und c. 551-552.

[3] LB VII, c. 92 E f.

[4] MBW 3, S. 550, 28 f.

[5] LB IX, c. 1015 ff.

„eher etwas von der Wahrheit preisgeben, als den Frieden stören",[1] wurde der Frieden aufgekündigt. Seine Gegner versuchten, ihn aus der Gemeinschaft der Christen herauszudrängen.

Was ist von ihren Vorwürfen zu halten? Hat Erasmus sie verdient? Wie sehen seine Gotteslehre und seine Rechtfertigungslehre aus?

---

[1] Allen V, S. 159, 22 f.

III. Zur Theologie des Erasmus

Um es gleich vorwegzunehmen, Erasmus hat in seiner ‚Paraphrase' zum Johannesprolog ein eindeutiges und klares Bekenntnis zur Trinität abgelegt: Sie umfaßt für ihn „die drei Personen, unterschieden nach den Eigenschaften, jede von ihnen ist wahrer Gott und dennoch ist nur ein Gott, um derselben göttlichen Natur willen, die den Dreien gleichermaßen gemeinsam ist".[1] Zur zweiten Person, um die es im Prolog geht, erklärt er: „Sohn" wird er genannt, „weil er in allen Dingen seinem Erzeuger gleich ist." Er ist mit dem Vater in einer unzertrennbaren Natur, als Person beim Vater, aber nicht wie ein „Accidens der Substanz, sondern als Gott von Gott, Gott in Gott, Gott bei Gott, weil die göttliche Natur beiden gemeinsam ist. Beide sind in allem gleich. Es gibt keinen Unterschied unter ihnen, außer daß der Vater gebiert und der Sohn geboren wird, der eine spricht, der andere ausgesprochen wird."[2] Verwirren aber mußte die Leser, daß Erasmus betonte, nur Johannes habe Jesus Gott genannt. Die Juden hätten viele Jahrhunderte lang Gott, den Vater, andächtig verehrt, obwohl ihnen der Sohn und der Heilige Geist unbekannt waren. Gottes Sohn selbst, als er auf Erden wie ein sterblicher Mensch herumzog, litt und starb, habe lange zugelassen, daß ihn seine Jünger für nicht mehr als einen Menschen hielten. Und auch nachher habe er ihnen durch seinen Geist nicht alles eröffnet, sondern nur das, was zum Verbreiten der evangelischen Lehre und zum Heil der Menschen nötig war. Erst das Aufkommen christologischer Häresien habe Johannes veranlaßt, die Zweinaturenlehre zu entfalten.[3] Für Erasmus war das eine nüchterne Feststellung, die sich aus den Quellen ergab und die seine Überzeugung bestätigte, daß Gott nicht nur der Herr der Geschichte ist: Er ging auch in die Geschichte ein und offenbarte sich in ihr der jeweiligen geschichtlichen Situation angepaßt. Wer diesen historischen Ansatz jedoch nicht teilte, den mußten solche Bemerkungen verwirren. Was sollten sie? Was wollte Erasmus damit andeuten? Daß Gott eben doch kein trinitarischer sei, daß sein Sohn ihm eben doch nicht gleich

---

[1] LB VII, c. 498 B. Dieses und die folgenden Zitate sollten das Vorurteil, Erasmus habe einen Hang zum Subordinationismus gehabt, endlich widerlegen. Vgl. dazu: John B Payne: Erasmus. His Theology of the Sacraments. Richmont 1970, S. 30 und Richard Homer Graham: Erasmus and Stunica. A Chapter in the History of New Testament Scholarship, in: ERSY 10 (1990), S. 28 f. und S. 30, wo er doch zugibt, Erasmus habe in den ‚Paraphrasen' orthodox ausgelegt und S. 43, wo Erasmus in dieser Frage mit den Reformatoren gleichgesetzt wird. Vgl. auch den informativen Aufsatz von James D. Tracy: Erasmus and the Arians. Remarks on the Consensus Ecclesiae, in: The Catholic Historical Review, 67 (1981), S. 1-10.
[2] LB VII, c. 500 A f.; vgl. auch c. 498 D/E und c. 499 C.
[3] LB VII, c. 498 B/C.

sei? Oder daß die Apostel nicht den wahren Glauben an den dreieinigen Gott bekannt hätten? Die Antitrinitarier haben das tatsächlich – wohl in gutem Glauben – aus des Erasmus Auslegungen herausgelesen,[1] waren sich aber durchaus bewußt, was sie von Erasmus trennte. In Klausenburg liegt ein Sammelband mit ‚Paraphrasen‘ des Erasmus, in dem Matthaei Torozkai, der den Band 1584 erwarb, auf die Trinität weisende Formulierungen des Erasmus durchstrich und durch unitarische ersetzte.[2] Orthodoxe katholische Theologen wie Lee und Béda aber waren genauso wie Luther aufs Höchste alarmiert über die vermeintlich antitrinitarischen Aussagen des Erasmus.

Für wen nicht nur Gott immer und ewig derselbe und gleich blieb, sondern auch die Antwort des Menschen auf seine Offenbarung sich ewig gleich bleiben mußte, weil sie doch durch den gleichbleibenden Geist ein gleichgewirkter Glaube war, dem mußten solche Überlegungen nicht nur überflüssig vorkommen, der mußte sie für zweideutig, ja gefährlich halten. Aber die Bemerkungen zur Trinität waren nicht das einzige Verwirrende an der Gotteslehre des Erasmus, wie sie die ‚Johannesparaphrase‘ bot.

Zur Einschätzung der Gotteserkenntnis

Erasmus setzt in seiner Nacherzählung des Johannesprologs nicht, wie man erwarten sollte, mit seiner trinitarischen Belehrung ein. Vorausgeschickt wird die eindringliche Mahnung: Der Mensch dürfe Gott nicht spekulativ erfassen wollen. Er müsse sich mit dem begnügen, was Gott selbst ihm in seiner Heiligen Schrift offenbart habe: „Niemand kennt den Vater, wie er ist, außer der Sohn, und wem es der Sohn offenbaren will.[3] Darum ist es verwegen, die göttliche Natur mit den menschlichen Verstandeskräften erforschen zu wollen. Ich meine, es ist Tollheit, das, was nicht mit Worten ausgedrückt werden kann, zu erforschen, Verrücktheit, darüber zu reden, es zu definieren, geradezu ruchlos. Wird uns indessen etwas zu schauen gewährt, dann wird es besser statt mit den Hilfstruppen menschlicher Weisheit in schlichtem Glauben ergriffen. Für das

---

[1] Vgl. Robert Coogan: Erasmus, Lee and the Correction of the Vulgate. The Shaking of the Foundations. Genf 1992, S. 70 ff.

[2] Biblioteca Filialei Cluj a Academiei Republicii Romane, Anexa III. Signatur: U 62555. Den Hinweis auf den Paraphrasenband, den ich selbst nicht einsehen konnte, verdanke ich einem leider noch ungedruckten Vortrag von Mihály Balázs: Erasmus und die siebenbürgischen Antitrinitarier.

[3] Vgl. Lk 10,22.

ewige Heil ist es genug, das von Gott zu glauben, was er selbst von sich offen in den Heiligen Schriften dargelegt hat."[1]

Der Text enthält eine eindeutige Spitze gegen die scholastische Definitionssucht, die auch vor Gott nicht halt macht. Hier könnte auf einen Einfluß des ehemaligen Kanzlers der Pariser Universität, des Theologen Johannes Gerson, geschlossen werden. War er nicht immer wieder „Contra vanam curiositatem", gegen die eitle Neugier, so ein Titel von ihm, eingetreten? Erasmus hat allerdings 1525 gegenüber Béda bekannt, er habe zwar als Jüngling einiges von Gerson gelesen und er habe ihm nicht ganz mißfallen, gesteht aber auch, er besäße ihn in seiner Bibliothek nicht, wolle die Lektüre aber nachholen.[2] Tatsächlich hat Erasmus erst daraufhin Gerson als Theologen, der wie er gegen eine entartete Theologie stehe, herangezogen, so in seinen Werken und Apologien von 1526 an.[3] Es kann darum für Erasmus hier allenfalls ein vager Einfluß durch die breite Nachwirkung Gersons in der spätmittelalterlichen Frömmigkeitsliteratur angenommen werden.

Erasmus läßt es nicht bei einer allgemeinen Kritik an der Scholastik bewenden. Er argumentiert differenziert: „Weil die göttliche Natur die Schwachheit der menschlichen Intelligenz, wie hoch und scharfsichtig sie auch sein mag, unermeßlich übersteigt, kann die Realität der göttlichen Natur mit unseren Sinnen nicht erfaßt, mit unserem Verstand nicht ergriffen, noch mit unserer Einbildungskraft vorgestellt oder mit Worten erklärt werden, auch wenn in den geschaffenen Dingen einige Spuren der göttlichen Macht, Weisheit und Güte durchschimmern. Es kann sein, daß Entsprechungen (similitudines), von den Geschöpfen abgeleitet, die wir – wie auch immer – mit unseren Sinnen und unserem Verstand erfassen, uns zu einer schwachen, schattenhaften Erkenntnis der unvergleichlichen Dinge führen mögen, aber nur so, daß wir sie, gleichsam wie in einem Traum, durch einen Nebel hindurch schauen. Es kann ja nicht einmal von den geschaffenen Dingen eine volle Entsprechung (similitudo) abgeleitet werden, denken wir doch nur an die Engel, den Kosmos oder auch diese niederen Körper, die unserm Verständnis näher sind. Auch sie, zu deren Erfassen doch solche Vergleiche dienen, können wir nicht ganz begreifen, obwohl sie ganz und gar zu unserer Intelligenz und Natur passen."[4]

---

[1] LB VII, c. 497 C f.
[2] Vgl. Allen VI, S. 147, 17 f. und S. 288, 84.
[3] LB IX, c. 556 A; c. 568 D; c. 594 B; c. 648 C; c. 828 und 946 C. Vgl. auch LB V, c. 622 C und weitere Belege zu Erasmus und Gerson bei Christine Christ-v.Wedel (1981), S. 34 f.
[4] LB VII, c. 497 A f. Vgl. auch ASD V-5, S. 368, 122 f.

Genau das aber hatte die thomistische Scholastik gelehrt: „Gott ist für uns offenbar durch gewisse Ähnlichkeiten, die sich in den Kreaturen wiederfinden."[1] Aber nicht nur Thomas hatte das gelehrt, auch Luther. Zu seiner Seligkeit konnte für ihn der durch und durch sündige Mensch nichts beitragen, sehr wohl aber zur Gotteserkenntnis. Auch für den Reformator verfügt der Mensch über eine natürliche Vernunft, mit der er Gott erkennt als den, der größer ist als alles: „So weyt reicht das naturlich liecht der vernunfft, das sie Gott für eynen gütigen, gnedigen, barmhertzigen, milden achtet, das ist eyn groß liecht." Auch ohne die Offenbarung der Heiligen Schrift erfaßt der Mensch, daß Gott unsterblich, weise, gerecht und gut ist. Ist er aber erst vom Evangelium ergriffen, dann sind ihm die Augen geöffnet „für die täglichen Wunder der weiten Welt". Ohne Hemmung nimmt Luther die Rede von der Welt als Schöpfungsbuch auf. Die Christen sollen in der Schöpfung wie in einer „Schrift oder einem Buch" lesen „Also ist unser Haus, Hoff, Acker, Garten und alles vol Bibel".[2] Martin Luther und Huldrych Zwingli bedienten sich beide des überkommenen philosophischen Gottesbegriffes. Zwingli erweist die Allmacht Gottes in ‚De providentia dei' mit stoischer Begrifflichkeit,[3] und Luther bietet gar eine verkürzte Form der Gottesbeweise.[4] Auch für Calvin ist 1545 „die Welt gleichsam ein Spiegel, in dem wir Gott betrachten können", und die Confessio Belgica von 1561 spricht unbefangen von der Welt „gleich einem wunderschönen Buch, darin alle Geschöpfe, groß und klein, statt Buchstaben stehen und uns Gottes unsichtbares Wesen zur Betrachtung darbieten".[5]

Erasmus widerspricht in seiner ‚Johannesparaphrase' dem Denken vieler Zeitgenossen und ein Stück weit auch sich selbst. Hatte er im ‚Enchiridion' doch von der „Entsprechung des menschlichen Geistes mit der göttlichen Natur (similitudo divinae naturae)" gesprochen und daraus gefolgert, die biblische Offenbarung sei der Vernunft gemäß durch „die gleiche Beschaffenheit der Natur (quae consentaneae sunt aequitati naturae)".[6] Nun hat er auf einmal größte Bedenken, von der Schöpfung auf Gott zu schließen, und hält es für „ruchlos" und angesichts der Schwäche der menschliche Ratio auch für sinnlos,

---

[1] Com. ad Rom. I, lec. 6 (117) (Busca 5, S. 446 f.).

[2] WA 19, S. 205, 27 ff.; 56, S. 176, 21 f.; 22, S. 121, 5 ff. und 49, S. 434, 16; 56, S. 174, 11 ff., bes. S. 177, 3 f.

[3] Z VI,3, S. 70 ff., Vgl. Rudolf Pfister: Die Seligkeit erwählter Heiden bei Zwingli. Biel 1952, S. 16 ff. und Gottfried W. Locher: Die Theologie Zwinglis im Lichte seiner Christologie. Zürich 1952, S. 54 f. und u. S. 159 f.

[4] Z VI,3, S. 71; vgl. auch SS 6,1, S. 539; WA 56, S. 174, 11 f., bes. S. 177, 27 f. Zu betonen ist: Die Trinität ist auch für Luther nicht mit dem Verstand zu erfassen. Vgl. WA 46, S. 541, 40 f.

[5] BSRK, S. 119 und S. 233.

[6] H, S. 57, 16 f.

über das in der Heiligen Schrift Offenbarte hinaus mit den Verstandeskräften
Gott erforschen zu wollen.

Erwies sich Erasmus damit nicht in der Tat als zweideutig, wetterwendisch
und verworren wie sein Zeitgenosse Agrippa von Nettesheim, ja als noch unzu-
verlässiger: Hatte der nicht immerhin sein Jugendwerk verworfen, während
Erasmus sein ‚Enchiridion' stehen ließ, wie es war, es offensichtlich als einen
Ausdruck einer weitverbreiteten und ernsten Frömmigkeit zu einer bestimmten
Zeit unverändert neu erscheinen lassen konnte?[1]

Positivismus und Skeptizismus bei Agrippa von Nettesheim

Agrippa zeigt deutlich, wie leicht zur Zeit des Erasmus ein hochgemutes Vertrauen in die potentiell göttergleichen Verstandeskräfte des Menschen in tiefsten Skeptizismus umschlagen konnte. Agrippa von Nettesheim hat kurz hintereinander seine ‚De occulta philosophia', die er schon 1510 verfaßt hatte, und
sein Spätwerk ‚De incertitudine et vanitate scientiarum atque artium de-
clamatione invectiva' von 1526 herausgegeben. In der ‚Occulta philosophia'
hatte Agrippa Erkenntnisse aus der Heiligen Schrift, aus dem Neuplatonismus,
aus der Kabbala und hermetisches Wissen aus verschiedenen Quellen zu einem
System universalistisch-kosmosophischer Theologie verwoben, in dem natürliche Religion einen breiten Platz einnahm. Er leitete sein Werk so ein: „Die
Welt ist dreifach geteilt in eine elementarische, himmlische und geistige und
das Niedrigere wird vom Höheren regiert und nimmt dessen Kräfte auf, so zu-
sammenfließend, daß selbst der Archetyp und höchste Werkmeister durch die
Engel, die Himmel, die Sterne, die Elemente, Tiere, Pflanzen, Metalle und
Steine seine allmächtigen Kräfte von daher in uns eingießt, uns, zu deren
Dienst er dies alles gründete und schuf. Darum glauben die Magier sehr vernünftig, daß wir durch die Stufen, d. h. durch die einzelnen Welten zu jener ar-
chetypischen Welt, zum Schöpfer aller Dinge und zur Erstursache, von der alles
ist und alles ausgeht, aufsteigen können."[2] Nach der Schrift ‚De occulta philo-
sophia' kann der Mensch nicht nur alles erforschen und beurteilen, weil er als
Mikrokosmos die ganze Welt umfasst, vielmehr noch: „er begreift und enthält
Gott selbst (ipsum Deum concipit et continet)".[3]

---

[1] Vgl. den Einleitungsbrief an Paul Volz von 1518, in dem Erasmus das Werk bewußt in die Zeit
und die Umstände stellt, in denen es geschrieben wurde, bes. H, S. 3, 5 f. und S. 7, 21 f.

[2] Perrone Compagni (Hrsg.): Agrippa von Nettesheim: De occulta philosophia. Leiden 1992, S. 85,
7 f.

[3] Ebd. S. 598, 20 f.

In ‚De incertitudine et vanitate‘ aber wird dem Menschen so gut wie nichts zugetraut. Ob es sich nun um Naturwissenschaft oder andere Wissensgebiete handelt, die Vernunft kann nicht zu sicheren Überzeugungen finden. Der Mensch wird ganz auf Gottes Wort verwiesen, das wiederum nicht mit der Vernunft verstanden, sondern nur durch den Glauben ergriffen werden kann. Wie alle anderen menschlichen Erkenntnismöglichkeiten sind auch die der Theologen unsicher, ganz gleich, ob es sich um eine scholastische, exegetische oder prophetische Gottesgelehrsamkeit handelt. „Niemand kann von Gott etwas Beständiges sagen, es sei denn, er wäre von ihm erleuchtet.“[1] Glaube und Wissenschaft sind zu unvereinbaren Gegensätzen geworden. Behauptet Agrippa doch am Ende, alle Wissenschaft stamme vom Teufel. Die Schlange habe im Paradiese den Menschen Wissen versprochen: Sie sollten sein wie Gott und Gut und Böse erkennen. „In dieser Schlange mag sich rühmen, wer sich der Wissenschaft rühmen will. Denn niemand kann Wissen besitzen, es sei denn diese Schlange begünstige ihn, deren Glaubenssätze nichts als Blendwerk sind. Das Ende ist immer böse.“[2]

Agrippa stellte in seiner an Gegensätzen so reichen Zeit seine beiden Werke unverbunden nebeneinander, wobei er sie freilich in eine eindeutige Rangfolge gesetzt hat. Er nannte ‚De occulta philosophia‘ „ein Werk unserer wißbegierigen Jugend, daß er jetzt widerrufen wolle und für das er sich entschuldige.“[3] Erasmus, der seit 1531 mit ihm einige kurze Briefe gewechselt hat, kannte offenbar nur sein Spätwerk ‚De incertitudine et vanitate‘ und auch das nur oberflächlich, ein Schüler habe ihm ein wenig daraus vorgelesen. Daraufhin urteilte Erasmus, Agrippa tadle das Schlechte und lobe das Gute, sei aber etwas wirr.[4]

Was Denken und Lebensart der beiden Männer betraf, waren die beiden Gegensätze. Wer wollte das Leben Agrippas mit seinen Frauengeschichten und sein genialisches Haushalten zwischen Folianten und Hundefutter mit dem verfeinerten Lebensstil des zarten Erasmus im Kreise seiner Famuli und Freunde vergleichen, wer den rastlosen Wissensdurst des Magikers mit dem Suchen nach der wahren „philosophia Christi“ des unermüdlichen Exegeten? Aber in ihrer geistigen Entwicklung gibt es doch Vergleichbares. Man findet bei Erasmus eine entsprechende Entwicklung von einem hochgemuten Vertrauen in die geistigen Fähigkeiten des Menschen hin zu einer demütigen Selbstbescheidung.

---

[1] Agrippa von Nettesheim: De incertitudine declamatio. [Köln] 1539, cap. XCVII, vgl. auch cap. XCVIII – C.

[2] Ebd. cap. CI.

[3] Ebd. cap. XLVIII.

[4] Allen X, S. 203, 1 f. und S. 210, 41 f.

Erasmus zwischen Neuplatonismus und biblischer Sicht

Erasmus hatte in seinem ‚Enchiridion' von 1503 noch ganz auf den Spuren Picos, den Menschen, der sich vom Fleisch zum Geist emporschwingt, wie auf einer Jakobsleiter zu Gott emporsteigen lassen.[1] Aber bereits 1517, noch bevor die fast unveränderte Neuauflage des ‚Enchiridions' von 1518 erschien, erklärte er in der ‚Paraphrase zum Römerbrief' im Anschluß an Röm 3,19 f., die Selbsterkenntnis führe einzig zum Eingeständnis der eigenen Sünde.[2] Jedoch nicht nur da, wo die Vorlage Erasmus eine solche Einsicht nahelegte, kommentierte Erasmus entsprechend. Zu Jak 1,17: „Alle gute Gabe und vollkommenes Geschenk kommt von oben herab, von dem Vater der Lichter, bei dem keine Veränderung ist, noch ein Schatten infolge von Wechsel" schrieb er: „Was in uns an wahrer Erkenntnis (cogitationes), was an reiner und unverfälschter Gemütsbewegung (affectus) zu finden ist, das ist nicht von uns ausgegangen, die wir überhaupt nichts anderes als Sünder und Ignoranten sind, ..."[3]

Gemüt und Verstand werden da gleichermaßen gering geachtet. Erasmus ist hier weit entfernt davon, dem Menschen mit Thomas von Aquin ein inneres Licht zuzusprechen, mit dem er Gott erkennen kann.[4] Aber ist Erasmus damit auf einen Skeptizismus eingeschwenkt, wie ihn Agrippa vertrat? Es lohnt sich, genau zu lesen. Erasmus schränkt zwar im zitierten Text zum Johannesprolog die natürliche Gotteserkenntnis ein, aber er schließt sie doch nicht ganz aus. Es kann für ihn immerhin sein, daß Entsprechungen, die von den Geschöpfen abgeleitet werden, zu einer schwachen, schattenhaften Erkenntnis führen. Erasmus weiß zwar, daß eigentlich nichts Geschaffenes mit dem Göttlichen verglichen werden kann, aber er schickt sich dann doch an – da er ja mit dem Evangelisten Johannes von Gott reden will und muß – auf Entsprechungen zurückzugreifen, ja mehr noch: Er benutzt als Einstieg die von Seneca eingeführte rein rationale Definition Gottes als „jenes höchsten Geistes, über den hinaus nichts Größeres und Besseres gedacht werden kann."[5]

Gottesliebe statt Gottesbeweise

Den Gebildeteren unter des Erasmus Lesern dürfte bekannt gewesen sein, daß nicht nur Seneca diese Definition gebraucht hatte, sondern nach ihm auch Au-

---

[1] H, S. 88, 21-33.
[2] LB VII, c. 786 D.
[3] ASD VII-6, S. 128, 183 f.
[4] Com. ad Rom. I, lec. 6 (116) (Busca 5, S. 446).
[5] LB VII, c. 498 E f.

130

gustin und der Philosoph Boethius. Anselm von Canterbury legte später diesen Satz seinem ontologischen Gottesbeweis zugrunde.[1] Hat Erasmus sich damit zum Anwalt der mittelalterlichen Gottesbeweise gemacht? Wohl kaum. Hat Erasmus sich doch mit seinen ,Paraphrasen' nicht nur – ja, nicht einmal in erster Linie – an ein theologisch gebildetes Publikum gewandt. Er hat die Nacherzählungen der Evangelien weltlichen Herrschern gewidmet: Karl V., Heinrich VIII., Franz I. und Ferdinand I. Für sie und andere hätte Erasmus die Gottesbeweise anführen müssen, wenn der Leser sie hätte mitdenken sollen. Er übergeht sie aber. Und nicht nur das: Er forderte die Leser auf, Gott um seiner Güte willen zu lieben, statt danach zu trachten, seine Erhabenheit zu erschauen und zu begreifen. Erasmus benutzt die lateinischen Verben „suspicere" und „comprehendere". Comprehendere wies eindeutig auf ein philosophisches Verstehen, suspicere konnte als ein bewunderndes Anschauen, aber auch als ein kritisches Schauen, als ein fragwürdiges Vermuten aufgefaßt werden. Richteten sich nun die beiden Verben auf die „sublimitas", die Erhabenheit Gottes, so konnten die scholastisch geschulten Leser hier sogar eine Kritik an den Gottesbeweisen heraushören. Denn die Gottesbeweise liefen alle darauf hinaus, mit Gottes Sein auch seine Erhabenheit zu erweisen, sei es, daß man wie Thomas vom Kausalitätsprinzip ausging, oder wie Anselm von Gottes Größe, um sie dann als seiend nachzuweisen.

Anselm hatte argumentiert: Da die Vorstellung von „etwas, über das hinaus nichts Größeres gedacht werden kann", dem Verstand einleuchtend ist, ist sie selbst zunächst als Vorstellung existent. Nun ist aber ebenso einleuchtend, daß Dinge, die nicht nur in der Vorstellung, sondern auch in der Wirklichkeit existieren, größer sind als solche, die nur in der Vorstellung vorhanden sind. Existierte Gott also in der Wirklichkeit nicht, so wäre der Begriff von etwas, über das hinaus nichts Größeres gedacht werden kann, unsinnig. Da der Begriff aber der Ratio unmittelbar einleuchtend ist, folgt daraus logisch, daß Gott existiert, so der grundlegende Gedanke Anselms im ,Proslogion'.[2]

Einen anderen Weg schlugen Denker wie Thomas von Aquin und Duns Scotus ein. Sie folgerten aus dem Kausalitätsprinzip, es müsse eine Erstursache geben. Thomas wagte es darüber hinaus, diese Erstursache nicht nur als ein Abstraktum, sondern auch als ein Seiendes zu erweisen, welches die Bewegungen

---

[1] Seneca: Naturales quaestiones, Vorwort zu Buch 1 (L. Annaei Senecae opera philosophica. M. N. Bonillet (Hrsg.), Bd. V, Paris 1830, Neudruck 1978, S. 58, 13 f.); Augustin: De doctrina Christiana I, VII,7, 1 f. (CChr SL 32, S. 10); Boethius: De consolatione philosophia III, 10 (Olof Gigon (Hrsg.), 2. Aufl. Stuttgart 1969, S. 132); Anselm: Proslogion cap. 3 (MPL 158, c. 228).
[2] Proslogion, bes. cap. 2 (MPL 158, c. 227).

der Dinge voraussieht und zu einem Ziel führt.[1] Dagegen hatte Duns Scotus einiges einzuwenden, aber auch er ging von einer Erstursache aus, die notwendigerweise, weil sie unverursacht ist, über alles erhaben sein müsse. Wie auch immer man Gott zu beweisen trachtete, am Ende erfaßte man Gott in seiner Fülle als den Erhabenen.

Erasmus aber will nun gerade nicht danach trachten, Gott als Erhabenen zu begreifen. Er zieht es vor, Gottes Güte zu lieben. Er schreibt in der ‚Johannesparaphrase‘: „Darum ist es für den Menschen besser, er trachte nicht danach, die Erhabenheit Gottes zu erschauen und zu begreifen, sondern er sinne mit allem Fleiß darauf, die Güte Gottes zu lieben, die weder Cherubim noch Seraphim ganz erfassen. Obwohl Gott in allen seinen Werken wunderbar wirkt, wollte er doch, daß wir ihn mehr um seiner Güte willen lieben, als auf Grund seiner alles übertreffenden Größe.“[2] Auf Grund dieses einen Satzes wäre es freilich vermessen zu behaupten, für Erasmus seien die Gottesbeweise irrelevant gewesen. Er ist indessen an anderen Stellen deutlicher geworden, so in seiner ‚Paraphrase zum Römerbrief‘ von 1517. Es geht um die Auslegung von Röm 1,19 f., dem grundlegenden Text für alle Überlegungen zur natürlichen Gotteserkenntnis. Da heißt es: „Was man von Gott erkennen kann, ist unter den Menschen offenbar. Denn Gott hat es ihnen offenbart. Sein unsichtbares Wesen, das ist seine Kraft und Gottheit, ist ja seit Erschaffung der Welt, wenn man es in den Werken betrachtet, deutlich zu ersehen.“ Dazu erklärt Erasmus: „Gott kann von der menschlichen Naturanlage her (ingenio) überhaupt nicht verstanden werden.“ Was dem Menschen aber an Erkenntnis zufalle, habe er Gott selbst zu verdanken. Gott, der sich offenbart, ist der Handelnde, nicht der Mensch, der erkennt. Erasmus fährt fort: „Wo Gott sich nicht durch die Prophetischen Bücher offenbarte, durch die er nur zu den Juden gesprochen zu haben scheint,[3] da offenbarte er sich sicher durch die Wunder dieses Weltenbaues.“ Erasmus gesteht hier mit Paulus eine natürliche Offenbarung zu, vermeidet es aber, von einem ‚Buch der Schöpfung‘ zu sprechen. Er erklärt vielmehr: „Obwohl nämlich Gott selbst unsichtbar ist, wird er doch mit dem Verstand erahnt in dieser Welt, die so von ihm geschaffen und verwaltet wurde.“

---

[1] Sum. Theol. Iq, 2, a3 (Busca 2, S. 187) und Sum. contra gent. I, 13 (Busca 2, S. 3 f.) und die Zusammenfassung in der Auslegung zu Röm 1,19: Com. ad Rom. I, lec 6 (115) (Busca 5, S. 446).

[2] LB VII, c. 497 B/C.

[3] Erasmus drückt sich hier wohl so vorsichtig aus, um die bei den Humanisten so beliebte, von Clemens von Alexandrien eingeführte Translationsidee nicht auszuschliessen, d.h. die Vorstellung, die fünf Bücher Mose seien den Griechen bekannt geworden und Platon und Aristoteles wären ihre mit der Bibel kompatiblen Einsichten durch die Thora vermittelt worden. Vgl. Stromateis 1, 22 (MPG 8, c. 889 f.).

Dazu bedarf es für Erasmus nicht eines Rückgriffes auf die Erstursache, im Gegenteil: die Vergänglichkeit der Schöpfung, auf Grund derer ja auf eine Erstursache geschlossen wurde, erschwert es Erasmus, von der Welt auf die Kraft des Schöpfers zu schließen: „Obwohl der Welt irgendein Anfang vorausging und ein Ende folgen wird, kann dennoch die Kraft des Schöpfers aus seinem Werk ersehen werden."[1] Während der Thomas zugeschriebene Römerbriefkommentar an dieser Stelle seine Gottesbeweise aufzählt,[2] läßt Erasmus sich nicht auf eine Erörterung eines Kausalzusammenhanges ein. An den Gottesbeweisen war er nicht interessiert. Er schließt indessen mit Paulus eine Gottesschau, die aus der Schöpfung auf den Schöpfer schließen kann, nicht ganz aus. Aber er beschränkt sie auf genau das, was der Römerbrief nahelegt: auf die Kraft (virtus) des Schöpfers, die ohne Anfang und Ende ist, und auf seine Göttlichkeit (divinitas), in der er in sich selbst der Höchste ist.[3] Entsprechend heißt es zu Kol 1,15 f., der unsichtbare Vater habe sich durch den Sohn entäußert, „während er durch jenen diese Welt schuf und während er, indem er ihn zum Menschen machte, uns bekannt wurde".[4] Die beiden Nebensätze sind parallel formuliert, Gott enthüllt sich in seinem Sohn durch die Schöpfung und durch die Inkarnation, bekannt aber wurde er uns durch die Fleischwerdung. Es sind nur einige „rudimenta" der Gotteserkenntnis, so Erasmus 1535 im ‚Ecclesiastes', die wir aus der Schöpfung schließen können.[5] In der ‚Explanatio Symboli' von 1533 kann der Mensch im Blick auf die Welt Gott gerade nur als den Schöpfer vermuten, weil weder Engel noch Menschen ein solches Werk vollbringen könnten.[6] Erasmus hat eine natürliche Erkenntnis Gottes mit Röm 1,19 nicht ganz ausgeschlossen, aber sich sehr zurückhaltend darüber geäußert – viel zurückhaltender als Luther, der einmal kategorisch festhielt: „Gott konnte und kann von der Schöpfung der Welt an und immer erkannt werden."[7]

Im ‚Enchiridion' hatte Erasmus noch Gebet und Wissen als zwei gleichwertige Wege zum Himmel empfohlen.[8] Auch da hat er zwar erklärt, alles menschliche Wissen sei von Irrtum entstellt und unsicher, aber er pries doch die Ratio, die Verstandeskraft, als göttlich.[9] Nach 1515 verwirft er die Vorstellung

---

[1] LB VII, c. 781 D.
[2] Com. Ad Rom. 1, 20 (117) (Busca 5, S. 446 f.).
[3] LB VII, c. 781 D; vgl. auch LB V, c. 372 D/E.
[4] LB VI, c. 885 C.
[5] ASD V-5, S. 372, 192 f.
[6] ASD V-1, S. 238, 959 f.
[7] WA 56, S. 176, 21 f.
[8] H, S. 29, 23 f.
[9] H, S. 31, 1 f. und S. 43, 15 f.

einer natürlichen Gotteserkenntnis nicht ganz, schon gar nicht verteufelt er sie wie Agrippa, aber er ruft seinen Lesern zu: Viel besser, als Gottes Erhabenheit zu erschauen oder zu begreifen, ist es, Gottes Güte zu lieben. Erasmus ruft also seine Leser zu einer anderen, einer lohnenderen Aufgabe: zur Liebe zu Gott. Zu solcher Liebe findet der Mensch, wenn er die Geschichte des menschgewordenen Sohnes betrachtet. Sie aber ist nicht im Buch der Schöpfung,[1] sie ist in den Heiligen Schriften aufbewahrt. Und Erasmus hat es sich zur Lebensaufgabe gemacht, den bestmöglichen Text davon wiederherzustellen, ihn zu erklären und ihn für seine Zeit nachzuerzählen.

Das Ziel ist für Erasmus die Gottesliebe, der Weg dazu führt über die Offenbarung in der Heiligen Schrift, auf die es sich ganz zu konzentrieren gilt.

Die in Christus erneuerte Natur

Dennoch bleibt für Erasmus die Offenbarung naturgemäß.[2] In der ‚Paraclesis‘ von 1515 fragt Erasmus: „Was nämlich ist die Philosophie Christi, die er (Christus) selbst als Wiedergeburt bezeichnet, anderes, als die Erneuerung der gut geschaffenen Natur?"[3] Und parallel dazu erklärt Erasmus in einer Anmerkung zu Mt 11,28 f. von 1519: „Leicht ist zu ertragen, was der Natur gemäß ist. Nichts aber stimmt mit der Natur mehr überein als Christi Philosophie, die fast

---

[1] Wenn Marjorie O'Rourke Boyle in ihrer interessanten Studie: Erasmus on Language and Method in Theology. Toronto 1977, S. 23 zu der Textstelle aus dem Johannesprolog paraphrasiert: „As omnipotent Lord he wished to publish his commands, and so he spoke creation into existence. Creatures would read his message in the admirable text of creation", dann scheint sie fälschlich von der ihr gut bekannten Tradition verführt zu sein, in den Text des Erasmus etwas hineinzulesen, was dort nicht steht. Erasmus schrieb 1523: Gott erschuf die Welt und Menschen und Engel, *„damit* sie aus den wunderbar erschaffenen Dingen und auch aus sich selbst die Macht, Liebe und Güte des Schöpfers erkennen." Und: „Er wollte uns bekannt werden und, einmal durch die Bewunderung der schönen Welt bekannt, sich in unsere Gemüter einschmeicheln". Gott *wollte,* daß die Menschen ihn auch in der Schöpfung erkennen. Beide Sätze stehen im Irrealis. Denn nach Erasmus haben die gefallenen Menschen Gott nicht erkennen können, weil sie in Finsternis befangen waren, bis das menschgewordene Wort, das Licht der Welt, die Finsternis vertrieb. (LB VII, c. 499 D/E und c. 500 D f.).

[2] Vgl. dazu James D. Tracy: Erasmus the Humanist, in: Richard L. DeMolen (Hrsg.): Erasmus of Rotterdam. A Quincentennial Symposium. New York 1971, S. 43, der darum in Erasmus einen Vertreter der natürlichen Theologie sieht. Vgl. auch die differenziertere Sicht von Jean-Claude Margolin: Recherches érasmiennes. Genf 1969, bes. S. 40 und zu meiner These: Manfred Hoffmann: Erasmus on Church and Ministry, in: ERSY 6 (1986), S. 23. Vgl. auch Albert Rabil, Jr.: Erasmus and the New Testament. The Mind of a Christian Humanist. Lanham 1993, S. 163.

[3] „Quid autem aliud est Christi philosophia, quam ipse renascentiam vocat, quam instauratio bene conditae naturae?" (H, S. 145, 5 f.).

nichts anderes betreibt, als daß sie der gefallenen Natur ihre Unschuld und Reinheit wiedergibt."[1]

Hier ist es nicht der gefallene Mensch, der von Natur aus, gleichsam instinktiv Christi Leiden und Sterben bejaht und begreift, es ist gerade umgekehrt, der leidende und sterbende Christus selbst, seine Lehre, die den Menschen erneuert und die gefallene Natur des Menschen wiederherstellt. Als Wiedergeborener aber entspricht seine Natur dieser Philosophie, die ihn erneuert hat. Denn sie befreit ihn in der Taufe nicht nur von begangenen Sünden, sondern auch vom Hang zur Todsünde und von seiner Torheit hin zu einer gottgemäßen Vernunft. Ganz deutlich hat Erasmus es in der ‚Ratio' ausgesprochen. „ ... , unsere Weisheit ist Torheit, unsere Reinheit ist unrein. Aber dies alles ist uns Christus, er ist unsere Gerechtigkeit, unser Frieden und unsere Weisheit. Er ist es aus der Freigebigkeit des Vaters, der uns zuerst gnadenhaft geliebt hat und es uns selbst in seiner Gnade verliehen hat, daß wir ihn wiederlieben."[2] Erasmus schließt hier wieder an seine Sicht von 1499 in der ‚Precatio' an, die im ersten Kapitel besprochen wurde.[3]

So und nur so will Erasmus auch in seiner ‚Johannesparaphrase' und später noch davon reden, daß die Menschen gleichsam zu Göttern werden, weil es Gott gefiel, „aus Gott einen Menschen zu machen und aus den Menschen in gewisser Weise Götter."[4] Auch hier fügt er sofort warnend an: Keinem der Alten habe sich Gott offenbart. Nur Funken des Lichtes seien ihnen durch Engel, durch Träume oder Visionen erschienen. „Kein Sterblicher, wie groß er auch sei, habe Gott je gesehen, es sei denn in Rätseln." Das von Jesus benutzte Zitat: „Ihr seid Götter" verführt Erasmus nicht dazu zu konstatieren, der Mensch könne Gott gleich sein.[5] Denn für ihn werden nunmehr die Menschen nur in gewisser Weise zu Göttern, weil sie eben keine göttliche Natur besitzen, sie werden Gotteskinder nur „durch Adoption",[6] weil Gott Mensch wurde.

---

[1] „Facile toleratur, quicquid est secundum naturam. Nihil autem magis congruit cum hominis natura quam Christi philosophia, quae pene nihil aliud agit quam vt naturam collapsam suae restituat innocentiae synceritatique." (ASD VI-5, S. 206, 326 f.).

[2] H, S. 234, 7 f.

[3] Vgl. z. B. LB V, c. 1213 A ff.

[4] „ ... quibus illi visum est ex Deo facere hominem, ex hominibus quodammodo facere Deos". (LB VII, c. 505 F). Vgl. auch den Bezug auf Ps 81,1 im ‚Ecclesiastes': ASD V-4, S. 38, 81 f. und Irenäus: Contra. haer. III, 19.1 (MPG 7, c. 939 f.).

[5] Vgl. LB VI, c. 384 E und LB VII, c. 586 C f.

[6] ASD V-4, S. 38, 91.

Erasmus hat nicht nur den schon von Thomas eingeschärften Unterschied zwischen Gott, seinem Wesen nach, was der Mensch nicht sein kann, und einem göttlichen Sein nach, in das Gott den Menschen einsetzen will, beachtet,[1] es war Erasmus überhaupt nicht wohl dabei, Menschen als Götter zu bezeichnen. In einem ‚Adagium' warnt er: „Unter Christen sollte der Name Gottes nie einem Sterblichen beigelegt werden, auch nicht im Spaß."[2] Im ‚Ecclesiastes' von 1535 wird Erasmus noch einmal betonen, daß wir nur durch „eine geheimnisvolle Wiedergeburt der Natur nach vereinigt werden mit dem Haupt Christus". Erasmus wird dort aller platonisierenden Rede vom Göttlichen im Menschen eine deutliche Absage erteilen. Die Philosophen, erklärt er da, „irren schändlich", wenn sie behaupten, den Menschen wohne ein göttlicher Funke inne."[3]

Erasmus mußte einen langen Weg gehen, bis er sich so deutlich distanzierte. 1503 hatte er die menschliche Seele als göttlich bezeichnet, in seiner ‚Paraphrase' zur Areopagrede des Paulus konzidierte er dem Menschen noch, Gott habe ihn, den Lehmkloß, mit einem „himmlischen Hauch (particulam aurae coelestis)" belebt, „wodurch wir uns näher zu Gott selbst, unserem Vater hinwenden und ihn auf Grund der ähnlichen Natur leichter erkennen, als es den übrigen Tieren gegeben ist."[4] In der ‚Diatribe' ist das natürliche Licht des Menschen durch den Sündenfall verdunkelt, aber nicht ganz ausgelöscht. Das wiederholt Erasmus nochmals ausdrücklich im ‚Hyperaspistes' von 1526. Dort wird das natürliche Vernunftlicht, durch das auch die Philosophen Gott erkannten, mit der Ebenbildlichkeit in eins gesetzt. Erasmus fügt da bei: Er bezeuge von den Philosophen, was Paulus an die Römer schrieb, „er hätte es nicht gewagt, ihnen so viel zuzuschreiben, wenn er nicht einen so großen Autor hinter sich gewußt hätte".[5] Mit Recht betont Erasmus, auch Luther teile dem natürlichen Licht einiges zu.[6] In der Tat erweist sich der ältere Erasmus in dieser

---

[1] Thomas: Super evangelium St. Johanni I, lectio 1 (Busca 6, S. 230, c. 1 und 3).

[2] Adagium I, 1, 69 (ASD II-1, S. 182, 885 f.).

[3] „Quemadmodum per mysticam regenerationem vnum natura efficimur cum capite Christo, ... " (ASD V-4, S. 38, 81 f.). „Hoc nimirum admirati philosophorum praecipui, suspicati sunt humanas animas esse veluti scintillulas quasdam lucis illius incommutabilis, quos imitatus Flaccus dixit: *Atque affigit humo divinae particulam aurae*, in hoc quidem turpiter errantes, quod perinde quasi Deus sit res corporea, sectilis aut propagabilis, existimarunt vllam rem creatam posse Dei portionem esse, sed tamen illud recte perspexerunt, hominem non alia re propius accedere ad naturam aeterni numinis, quam mente et oratione, quam Graeci νοῦν καὶ λόγον appellant." (ASD V-4, S. 40, 124 f.).

[4] LB VII, c. 737 C.

[5] LB X, c. 1324 D.

[6] Ebd.

Frage als viel vorsichtiger als die Reformatoren an verschiedenen Stellen. Bekanntlich teilte Zwingli in seiner Schrift „Über die Vorsehung" offen den erwählten Heiden die Seligkeit zu und traute dem Verstand zu, zur Gottheit zu gelangen.[1] Auch da blieb Erasmus viel zurückhaltender, die „wahre Seligkeit" mag er den Heiden nicht zusprechen.[2] In der ‚Explanatio Symboli' von 1533 mahnt Erasmus, die „humanae rationis argutias" beiseite zu lassen, erklärt dann aber doch, „ein gewisser Funken wohnt auch noch in den Gefallenen (scintilla quaedam residet etiamnum in prolapsis)", der den menschlichen Intellekt der Heiligen Schrift zustimmen lasse. Dieser Funke wird nicht göttlich genannt, aber dem Leser wird auch nicht ausdrücklich verwehrt, ihn so zu verstehen.[3] Es wird deutlich, wie sehr Erasmus in dieser Frage immer wieder um Ausgewogenheit ringen mußte. Erst 1535 im ‚Ecclesiastes' stellt Erasmus das Reden über eine göttliche Teilhabe grundsätzlich in Frage: „Als ob Gott irgendeine körperliche Sache wäre, die geteilt ist und Ableger macht, daß irgendetwas Geschaffenes ein Teil Gottes Sein könnte", empört er sich dort. Der Mensch ist nicht göttlich, aber Gott hat ihm die Fähigkeit zur Erkenntnis geschenkt. Darum fährt Erasmus im ‚Ecclesiastes' fort: Das sahen die alten Philosophen richtig, „daß sich der Mensch durch nichts anderes der Natur des ewig Göttlichen nähert als durch den Geist und die Rede, die die Griechen Nus und Logos nannten".[4] Oder mit den Worten der ‚Johannesparaphrase': „Gott hatte dem Verstand der Menschen einen Funken von Erkenntnisvermögen eingepflanzt, aber die Leidenschaften und die Nacht der Verfehlungen ließen das Vermögen erblinden", das keine Philosophie, ja nicht einmal das Gesetz und die Propheten wiederherstellen konnten. Gottes Sohn aber kam, um allen Menschen „das Augenlicht wiederzuschenken, damit sie durch das Licht des Glaubens Gott, den Vater, der allein zu verehren und zu lieben ist, und seinen einzigen Sohn Jesus Christus erkennen."[5] Erasmus gebraucht hier sehr starke Ausdrücke, er spricht 1523 von der tiefsten und der dichtesten Finsternis der Welt oder der Sünder, die ganz erblindet sind. Da argumentiert er von Gott aus, es geht ihm darum, das Licht, das in der Finsternis scheint, darzustellen. Angesichts des Lichtes Christi kann die Finsternis der Menschen nur die tiefste sein. Argumentiert Erasmus aber vom Menschen her, von seiner Verantwortung vor Gott, dann drückt er sich anders aus, dann ist das Licht der Vernunft nur

---

[1] Z VI,3, S. 181, 12 f. und S. 229, 12 f. Vgl. Rudolf Pfister: Die Seligkeit erwählter Heiden bei Zwingli. Biel 1952, bes. S. 85.

[2] LB V, c. 485 D/E; vgl. dazu Christ-v.Wedel (1981), S. 91 f.

[3] ASD V-1, S. 206, 44 und S. 208, 79 f.

[4] ASD V-4, S. 40, 124 f.

[5] LB VII, c. 500 D f., bes. F.

verdunkelt, nicht ganz ausgelöscht. Beide Redeweisen hatten für ihn nebeneinander Platz.

Was vermag die Vernunft?

Erasmus nimmt in seiner ‚Johannesparaphrase' nicht nur deutlich Abstand von der scholastischen Tradition und von Platonikern und Pansophisten aller Zeiten, er unterscheidet sich auch merklich von Luther. Und das nicht nur, weil Luther dem menschlichen Verstand, was die Gotteserkenntnis aus der Schöpfung betraf, etwas mehr zutraute als der ältere Erasmus. Der Gegensatz liegt tiefer. Luther erklärte in seiner Predigt zum Johannesprolog von 1537 zum 1. Vers mit Blick auf die daraus abgeleitete Trinitätslehre: „Das mus man gleuben, mit der Vernunfft, sie sey so klug, scharff und spitzig, als sie kan, wirds niemand fassen noch ergreiffen, köndten wirs durch unser weisheit erlangen, so dürffts Gott nicht offenbaren von himel noch es uns durch die heilige Schrifft anzeigen. So richte dich nu nach derselbigen und sage: Ich gleube und bekenne, das ein einiger, ewiger Gott sey, und doch drey unterschiedliche Personen, ob ichs schon nicht ergreiffen noch fassen kan, denn die Schrifft, so Gottes Wort ist, die sagets, dabey bleibe ich."[1]

Erasmus und Luther sind sich einig: von der Schöpfung auf die Trinität zu schließen, ist müßig. Das Geheimnis der Trinität überfordert den menschlichen Verstand. Gott aber hat seine Dreieinigkeit in der Heiligen Schrift offenbart, und sie muß im Glauben ergriffen werden. Auch daß nur der Heilige Geist das Herz auftun kann, lehrten beide.[2] Dann aber trennen sich die Denker: Luther reißt einen großen Graben zwischen dem Glauben und dem Erkennen auf. Die Offenbarung kann nur im Gehorsam hingenommen werden, fassen und ergreifen kann sie der Mensch nicht. Der Gegensatz zwischen Offenbarung und Vernunft bleibt auch für den Glaubenden unüberbrückbar. „ ... , darümb mus man die Vernunfft hie nicht zu rat nemen, sondern dem heiligen Geist die ehre geben, das, was er redet, die Göttliche warheit sey, und seinen worten gleuben, in des die augen der Vernunfft blenden, ja, gar ausstechen, ..."[3]

Anders für Erasmus: Der vom Sohn, vom Licht der Welt, Getroffene kann die Offenbarung nicht nur gehorsam hinnehmen, er kann sie mit seiner Vernunft – jedenfalls ein gutes Stück weit – schauen, wenn auch nie ganz begreifen. Denn das Offenbarte entspricht seiner durch Christus wiederhergestellten

---

[1] WA 46, S. 541, 40 ff.
[2] Vgl. WA 46, S. 543 und LB VII, c. 612 C.
[3] WA 46, S. 545, 18 f.

Natur. Durch den Sündenfall ist der Intellekt verdorben und täuscht sich so sehr, daß er meint, Dinge existierten, die es gar nicht gibt, und umgekehrt. „Der Glaube" aber „reinigt das Herz, das heißt den Geist und die Vernunft oder den Grund der Seele." So Erasmus 1533.[1] Glaubend erkennt auch der menschliche Verstand Gott als den Dreieinigen, der sich ihm liebend zuwendet.

Der ältere Erasmus hat eine für seine Zeit erstaunlich eigenständige, ausgewogene und christuszentrierte Lehre von der Gotteserkenntnis vertreten. Seinen euphorischen Glauben an die Möglichkeiten eines göttergleichen Menschen hatte er 1523 aufgegeben, ohne wie Luther in seiner Johannespredigt von 1537 einen tiefen Graben zwischen Vernunft und Glauben aufzureißen und ohne in die Resignation des späten Agrippa zu verfallen. Der Grund dafür war nicht ein größeres Vertrauen in die Vernunft des gefallenen Menschen. Der Grund dafür war sein unbedingtes Vertrauen in die lebensverändernde Kraft der Gnade, die den wiedergeborenen Gläubigen durch und in Jesus Christus erneuert und auch seinen Verstand erhellt.

Denkern, für die es hier mit Agrippa nur ein Entweder-Oder gab, aber auch Theologen, die mit Luther einen unüberbrückbaren Gegensatz zwischen Glauben und Erkennen aufrissen, der nur im Gehorsam zu überwinden sei, mußte Erasmus hier verworren, wenn nicht unverantwortlich vieldeutig erscheinen. Das gilt auch für seine Schöpfungslehre.

Zur Schöpfungslehre

„In dieser Rede war nicht nur die Kraft, auf einen Wink hin alles Sichtbare und Unsichtbare zu erschaffen, im Sohn war auch das Leben und das Vermögen alles Geschaffenen, so daß durch ihn alles nach seinem eingeborenen Vermögen handelt und durch die einmal eingegebene Kraft sich in anhaltender Fortpflanzung erhält. Nichts nämlich ist teilnahmslos oder müßig in der so großen Menge der Dinge. Jedem Kraut, jedem Baum ist seine Kraft eingegeben, jedem Wesen seine Eigenheit. Und wie er alles, was er schuf, nach seiner Vorsehung durch eine gewisse eingepfropfte Kraft zu seinem jeweiligen eigentümlichen Handeln und zur Fortpflanzung seiner Art ordnete, so überließ er diesen wunderschönen Weltenbau nicht ohne Licht."[2] So Erasmus 1523 ebenfalls in der ‚Johannesparaphrase'.

---

[1] ASD V-1, S. 208, 50 ff., bes. 57 f.
[2] LB VII, c. 500 C f.

Anders äußerte sich Luther in einem Gespräch Anfang der 30er Jahre. Eifrige Verehrer, die am Tisch des gastfreien Reformators in Wittenberg saßen, schrieben alle Äußerungen Martin Luthers mit. Sie sind als ‚Tischreden' überliefert. Man darf da kaum jedes Wort auf die Goldwaage legen, sie geben aber doch ein lebendiges Bild der Themen, die in Wittenberg besprochen wurden. Martin Luther soll erklärt haben, Erasmus achte Gottes Werk und Kreaturen nicht: „Wir ... sind izt in der Morgenröthe des künftigen Lebens, denn wir fahen an wiederum zu erlangen das Erkenntniß der Creaturen, die wir verloren haben durch Adams Fall. Itzt sehen wir die Creaturen gar recht an, mehr denn im Papstthum etwan. Erasmus aber fraget nichts darnach, bekümmert sich wenig, wie die Frucht im Mutterleibe formiret, zugericht und gemacht wird; so achtet er auch nicht den Ehestand, wie herrlich der sey. Wir aber beginnen von Gottes Gnaden seine herrlichen Werk und Wunder auch aus den Blümlin zu erkennen, wenn wir bedenken, wie allmächtig und gütig Gott sey; darum loben und preisen wir ihn, und danken ihm. In seinen Creaturen erkennen wir die Macht seines Worts, wie gewaltig das sey. Da er sagte, er sprach, da stund es da, auch in eim Pfirsichkern; derselbige, obwol seine Schale sehr hart ist, doch muss sie sich zu seiner Zeit aufthun durch den sehr weichen Kern, so drinnen ist. Dies übergeht Erasmus fein und achtets nicht, siehet die Creaturen an wie die Kuhe ein neu Thor."[1]

Daß das so pauschal gesprochen eine Verleumdung ist, läßt sich leicht belegen. Zum Ehestande, dem Erasmus 1526 wenige Jahre nach Luther ein Werk gewidmet hatte, das dessen kleine Schrift jedenfalls an Umfang weit übertraf, wird im letzten Kapitel einiges zu sagen sein.[2] Auch die „Blümlin" nehmen im Werk des Erasmus ihren gebührenden Platz ein. Man braucht nur sein ‚Convivium religiosum' oder seine ‚Paraphrase' zu Mt 6,28 aufzuschlagen, um einen Begriff von seiner Freude an der Natur zu bekommen.[3] Da verkündigt die liebliche Natur nichts anderes als die Güte des Schöpfers. Wie aber „die Frucht im Mutterleibe formiret, zugericht und gemacht wird", damit hat sich Erasmus in seinem Colloquium ‚Puerpera' und in seiner ‚Christiani matrimonii institutio' – wenn auch nicht sehr originell – doch eingehend auseinandergesetzt.[4] Die Schriften waren längst geschrieben, und Erasmus wurde auch in Wittenberg gelesen. Ob Luther hier aus Unkenntnis oder wider besseres Wissen Erasmus verunglimpfte, bleibe dahingestellt. Hier interessiert das Körnchen Wahrheit in

---

[1] Tischreden Nr. 1160 (WA Tr. 1, S. 574, 7 f.).
[2] S. bes. u. S. 235 f.
[3] ASD I-3, S. 231 f., bes. S. 232; 23 f. und 235, 112 f.; LB VII, c. 40 E f.
[4] ASD I-3, S. 453 ff. und LB V, c. 708 F f.

Luthers abfälliger Rede. Luther behauptet, er habe gegenüber der päpstlichen Lehre eine neue, bessere Sicht. Die habe Erasmus nicht.

Erasmus schrieb, daß durch Christus, den Logos, die Geschöpfe „nach ihrem eingeborenen Vermögen handeln und durch die einmal eingegebene Kraft sich in anhaltender Fortpflanzung erhalten."[1] Das ist in der Tat gut ‚papistisch‘, sofern man darunter scholastisch verstehen will. Schon Abaelard hatte erklärt, daß der Same „die Kraft zur Fortpflanzung in sich selbst hat".[2] Scholastiker wie Duns Scotus und Wilhelm von Ockham hatten hier weitergedacht und eine Lehre von unveränderlichen und erkennbaren Gesetzmäßigkeiten in der Natur entwickelt. Erasmus läßt sich in der ‚Johannesparaphrase‘ nicht auf eine vertiefte naturwissenschaftliche Diskussion ein, aber er betont doch eine Autonomie der Natur und entläßt damit die Naturwissenschaft in eine große Freiheit.

Die Welt ist nicht ewig

Tatsächlich hatten sich Denker wie Agrippa von Nettesheim eine solche Freiheit längst genommen und zwar in einem Maße, vor dem Erasmus grauen mußte. So machte Agrippa die Welt zu einem vernünftigen und unsterblichen beseelten Wesen".[3] So sehr indessen Erasmus die aristotelische Physik anerkannte – sein Colloquium ‚Problema‘ legt davon beredt Zeugnis ab – sowenig konnte und wollte er als gläubiger Christ dessen Lehre von der Ewigkeit des Kosmos übernehmen. Entsprechend besorgt schrieb er 1533 in seiner Erklärung zum Glaubensbekenntnis: „Es gibt solche, die an die Stelle Gottes die Natur setzen. Denn wenn sie ewig und allmächtig ist, dann ist sie tatsächlich Gott, wenn aber nicht, dann ist sie eine Dienerin Gottes und von ihm geschaffen. Ich denke, ebenso muß man über die Zweitursachen urteilen. Obwohl es meiner Meinung nach frömmer ist, dies alles, was die Natur oder die Zweitursachen betreiben, der Kraft Gottes zuzuschreiben."[4] Im ‚Epicureus‘ fragt sich Erasmus gar, ob es sinnvoll sei, überhaupt angesichts des Schöpfers von einer Natur zu reden.[5] Und im ‚Ecclesiastes‘ erklärt er, ihm seien die immer noch lieber, die keinen Unterschied machen zwischen den Wundern Gottes und den natürlichen Ursachen, als die, die Gott ganz aus der Schöpfung verbannen und

---

[1] LB VII, c. 500 C.

[2] Petri Abaelardi Expositio in Hexaemeron. 3. dies (MPL 178, c. 750 C).

[3] „Mundus animal est rationale, immortale", De occulta philosophia, cap. XXXVI (Perrone Compagni (Hrsg.): Cornelius Agrippa: De occulta philosophia. Libri tres. Leiden 1992, S. 507, 17 f.).

[4] ASD V-1, S. 234, 835 f.

[5] ASD I-3, S. 730, 376.

für alle seine Wunder natürliche Gründe suchen.[1] Aber er hält auch noch 1535, ein Jahr vor seinem Tod, fest, daß die gesamte Schöpfung dem Naturgesetz (lex naturae) unterworfen ist und daß einzig die mit einem freien Willen begabten Geistwesen, also Engel und Menschen, sich dagegen auflehnen können, aufgelehnt haben und weiter auflehnen. Wenn auch die übrige Schöpfung gegen das Naturgesetz zu verstoßen scheine, so nur weil sie in den Fall des Menschen mit hineingezogen wurde. Sie wartet nach Röm 8,19 auf die Offenbarung der Kinder Gottes. Bis dahin aber „weicht sie nicht vom Gesetz Gottes". Aber auch so ist alles Gott zuzuschreiben: „Auf den Wink Gottes hin, weicht die Schöpfung nicht von seinem Gesetz."[2]

Alles Walten in der Natur ist Gott zuzuschreiben. Da waren sich Erasmus und Luther einig. Sie stimmten nicht nur in diesem frommen Appell überein. Beide haben die Schöpfung deutlich vom Schöpfer unterschieden, der sie souverän schafft und auch ohne sie existiert. Beide haben eine ‚creatio ex nihilo‘, die Schöpfung aus dem Nichts, gelehrt und für beide war nur Gott ewig, die Schöpfung war nicht vor aller Zeit da, sie hatte einen Anfang.[3] Beide bauen die platonische Ideenlehre nicht in ihre Auslegung zum Johannesprolog ein. Entsprechend verzichten sie auch weitgehend auf den in der Tradition der Johanneskommentare üblichen Vergleich Gottes mit einem Handwerker, der lebloses Material durch seine Kunst, indem er ihm Form gibt, belebt. Dieser Vergleich ermöglichte Augustin und späteren Denkern die Ideenlehre als die Form, nach der Gott seine Werke schuf, zu übernehmen.[4] Bei Erasmus erinnert nur noch der Begriff „fabrica" für den Weltenbau an diesen Topos, und Luther benutzt den Vergleich einzig mit negativen Vorzeichen: „Gott Vater, Gott Son mit dem heiligen Geist lassen von jren Wercken nicht ab, wie Handwercks leute ... von jrer arbeit ablassen, ... sie hören nicht auff an dem (das sie geschaffen haben) zu wircken ..."[5]

---

[1] ASD V-5, S. 314, 66 f.

[2] ASD V-5, S. 320, 194 ff.

[3] Vgl. LB VII, c. 499 D; c. 500 A; c. 737 B; LB V, c. 1091 E und WA 46, S. 560, 20; S. 542, 36 f. Vgl. auch die Diskussion bei Melanchthon (MCR 13, c. 376 f.).

[4] Augustin: Tract. in Joh. I, 17 (CChr SL 36, S. 10) und Thomas v. Aquin: Super Ev. S. Joa. cap. 1, lc 2 (Busca 6, S. 232 c.1). Vgl. auch Cat. aur., in Joa. cap. 1, lc. 1 (Busca 5, S. 367, c. 3).

[5] WA 46, S. 559, 30 f.; vgl. auch S. 561, 15 ff. und zum Ablehnen der Ideenlehre WA 10,I/1, S. 195, 14 ff. Für Erasmus LB VII, c. 500 D. Vgl. dagegen die Paraphrase zur Areopagrede, wo der Mensch als Werkstück Gottes bezeichnet wird. Dort liegt freilich der Ton darauf, daß Gott durch den Menschen wie ein Handwerker mit Hilfe eines Werkzeuges handelt. (LB VII, c. 737 B)

Autonomie der Schöpfung

Beide also setzen sich deutlich von pansophistischen und platonisierenden Schöpfungslehren ab. Zu einem so kindlichen Schöpfungsvertrauen wie das, mit dem Luther sich 1537 dem Zeitgeist entgegenstellte, konnte und wollte Erasmus sich indessen nicht bekennen. Luther schrieb in seiner Auslegung zu Joh 1,3 und 4: „So spricht nu der Herr Christus: ‚wie der Vater bisher wircket, so wircke ich auch‘, das ist; der Vater ist ein solcher Schöpffer, der, nach dem er angefangen hat alle ding zu schaffen, noch fur und fur wircket, sein geschöpff regiert und erhelt, also auch ich." Bis hierher hätte Erasmus jedes Wort unterschreiben können. Dann aber folgt: „Denn teglich sehen wir fur augen, das newe Menschen, junge kinder zur Welt geboren werden, die vor nicht gewesen sind, newe Beume, newe Thier auff Erden, newe Fische im Wasser und newe Vogel in der Lufft werden, und höret nicht auff, zu schaffen und zu neeren bis an den Jüngsten tag. Gott Vater, Gott Son mit dem heiligen Geist lassen von jren Wercken nicht ab ... zu wirken bis an das ende, und ehe ein ding sein ende hat, und schaffen sie anders an seine stat, das also jr geschöpff fur und fur weret."[1] Hier ist der Natur jede Autonomie genommen. Alles kommt unmittelbar und immer wieder neu aus Gottes Hand.

Dagegen läßt Erasmus in einem Colloquium sogar eine junge Mutter, die voll Gottvertrauen erklärt, sie habe nach Gottes Willen einen Sohn geboren und Gott habe ihr bei der Geburt beigestanden, differenziert formulieren: „Was sollte Gott lieber betreiben, als das, was er erschuf, durch die Fortpflanzung zu erhalten."[2] Auch für Erasmus erhält und regiert Gott die Welt. „Kein einzelnes Haar vergeht ohne den Willen Gottes." Ihn nur als Ersturcache zu bekennen, ist zu wenig,[3] aber die Natur hat für Erasmus doch ihr Eigenleben, und Naturphänomene lassen sich nach ihren eigenen Gesetzmäßigkeiten erforschen und erklären.

Im Colloquium ‚Problema‘ wagt sich Erasmus an eine unabhängige Naturerklärung. Es werden naturkundliche Probleme innerhalb des aristotelischen Systems der Erdanziehungskraft diskutiert. Auf schöpfungstheologische Hinweise aber wird verzichtet.[4] Erst ganz am Schluß wagt der Schüler einen Vergleich mit Himmel und Hölle, der deutlich von der rein „naturwissenschaftli-

---

[1] WA 46, S. 559, 22 f.

[2] ASD I-3, S. 454, 41 f.

[3] ASD V-1, S. 231, 777 f. und S. 232, 799 f.

[4] ASD I-3, S. 713-719. Einzig auf die Frage, was es ist, was Körper leicht oder schwer macht, antwortet Alphinus: Gott müsse darauf antworten, warum er Feuer am leichtesten und die Erde am schwersten gemacht habe. (S. 715, 86 f.).

chen" Argumentationsweise abgehoben bleibt und auf einer theologischen Ebene ausgeführt wird, die nur metaphorisch mit dem Hauptteil verbunden ist.[1]

Frei von magischen Denkmustern

Noch interessanter ist das Colloquium ‚Amicitia'. Hier ist die Diskussion der Naturphänomene nicht so scharf vom Vergleich mit der innermenschlichen Freundschaft abgegrenzt. Das darum, weil Erasmus allein die „natürliche" Freundschaft bzw. Anziehungskraft der Menschen diskutiert. Die christliche Nächstenliebe, die Freundschaft, zu der erst der in Christus Wiedergeborene fähig ist, wird ausdrücklich ausgenommen.[2] Interessant ist das Gespräch, weil es Sympathie und Antipathie in der Natur, Feindschaft und Anziehungskraft, behandelt. Das war ein Lieblingsthema der zeitgenössischen Neuplatoniker und Magiker, ein Herzstück ihrer Systeme. Marsilio Ficino etwa macht die Anziehungskraft der Dinge geradezu zum Fundament seiner Magie. In der Liebe liegt für ihn „tota vis magice".[3] Die magische Kunst unterstützt die natürlichen Anziehungskräfte. Solche Kunst ist von dem auch für Ficino und Pico verwerflichen Umgang mit Dämonen zu unterscheiden.[4] Die rechte Magie ist indessen, so Pico, eine Dienerin der Natur, eine „scientia naturalis", eine Naturwissenschaft, und sie lehrt nichts anderes, „als wunderbare Werke zu vollbringen, indem man die Kräfte der Natur anwendet durch ihr gegenseitiges Hinneigen und in ihrer natürlichen Eigenart."[5] Die Florentiner standen mit solch magischer Naturkunde nicht allein, sie beherrschte vielmehr das naturwissenschaftliche Denken des 16. Jahrhunderts.[6]

Bei Erasmus aber finden wir keine Spur davon. Das Colloquium ‚Amicitia' vermeidet jede Systematik, ja überhaupt eine Erklärung für die Naturphänomene, die aus Aristoteles und Plinius übernommen, aber auch aus eigener Anschauung und Erfahrung aufgezählt werden. Da wird gefragt, welche Gottheit wohl die Natur beraten haben mag, daß sie so geheimnisvoll überall Freund-

---

[1] Ebd. S. 719, 225 f.

[2] ASD I-3, S. 709, 305.

[3] Marsilio Ficino: Comm. In Convivium Platonis de amore VI, 10 (Opera omnia. Basel 1576 (ND Turin 1962), Bd. II, S. 1348).

[4] Ebd. Bd. I, S. 466 ff.

[5] Giovanni Pico della Mirandola: Opera omnia. Basel 1557-73, Bd. 1, S. 169 ff. und 104 ff. Vgl. auch Fernand Roulier: Jean Pic de la Mirandole (1463-1494). Humaniste, Philosophe, Théologien. Genf 1989, S. 461 f.

[6] Vgl. K. Goldammers Artikel Magie, in: Joachim Ritter und Karlfried Gründer (Hrsg.): Historisches Wörterbuch der Philosophie. Bd. 5, c. 633.

schaft oder Feindschaft austeilte,[1] die, „wenn den Astrologen zu trauen ist", sich sogar bei den Sternen findet.[2] Es bleibt nicht bei solch vagem Infragestellen der Astrologie. Am Ende des Colloquiums wird Erasmus deutlich und bringt die Sache auf den Punkt: „Ich erkläre dir die Sache in Kürze: Es gibt solche, die ihr Glück in magischen Künsten oder in den Sternen suchen. Ich glaube indessen, es gibt nur einen sicheren Weg zum Glück: Meide eine Lebensweise, von der man durch seinen unerklärlichen natürlichen Sinn zurückschreckt, und wende dich dem zu, was anzieht, ausgenommen irgendetwas Schändliches."[3] Hier wird also einer instinktiven Natürlichkeit das Wort geredet.

In einem Brief von 1519 hatte Erasmus gar die Freundschaft gegenüber der Astrologie ausgespielt. Viele, heißt es da, glaubten, Sterne machen glücklich. Er aber glaube, daß wahre Freundschaft glücklich, Feindschaft aber unglücklich mache. „Andere", fährt er fort, „mögen Sterne beobachten, wenn es gefällt. Ich glaube, auf Erden ist zu suchen, was uns glücklich oder unglücklich werden läßt."[4]

Wie kam Erasmus zu seiner ganz anderen, ganz neuen Sicht, die ihn die Astrologie verachten und in den Colloquien ‚Exorcismus sive spectrum' und ‚Alcumistica' den Dämonenglauben und die Alchimie verhöhnen ließ? Wie die Bibel haben die Kirchenväter und auch Thomas von Aquin Magie in Theorie und Praxis verworfen.[5] Das hinderte indessen eine weite Verbreitung magischen Denkens im Spätmittelalter und in der frühen Neuzeit nicht. Ganze Regionen verfielen dem Hexenwahn. Auch die Besten des Jahrhunderts waren davor nicht gefeit. Man denke nur an Melanchthons astrologische Studien. Aber auch ein so tapferer Kämpfer gegen den Hexenwahn wie der Nominalist Martinus Plantsch bezweifelte zwar in seinem ‚Opusculum de sagis maleficis' von 1507, daß der Teufel gegen Gottes Willen schwarze Magie betreiben könne,

---

[1] ASD I-3, S. 700, 1 f.

[2] Ebd. S. 708, 260 f.

[3] Ebd. S. 709, 298 f.

[4] Allen IV, S. 41 f. Weitere wichtige Belegstellen, in denen sich Erasmus gegen die Magie ausspricht sind: ASD I-3, S. 366, 86 f.; S. 725, 173 f. und ASD IV-1A, S. 97, 362 f. Vgl. auch die freie Behandlung der Astrologie schon in der Goudahandschrift der ‚Antibarbari' (ASD I-1, S. 45, 10 f.).

[5] Vgl. Dtn 18,9-12; Weish 17,7 ff.; Act 8,9 ff.; 13, 6 f.; 19,19 und Origenes: Contra Celsum I, 24, 38, 60; II, 51; VI, 41 (MPG 11, c. 701 f.; c. 733 f. und c. 769 f.); Athanasius von Alexandrien: Vita Antonii 78 (MPG 26, c. 952); Irenäus: Adv. Haer. 1, 13, 1 (MPG 7, c. 578 f.); vgl. Augustin: De civ. Dei X, 9 f. (CChr SL 47, S. 281, 56 f.) und Thomas von Aquin: S. c. gent. III, 107, n 7 und 11 (Busca 2, S. 96).

blieb aber grundsätzlich dem magischen Weltbild seiner Zeit verhaftet.[1] Nicht nur Theologen und Philosophen, sogar die neuzeitlichen „experimentellen" Naturwissenschaftler bis hin zu Newton blieben von magischen Denkmustern geprägt.[2] Warum blieb Erasmus davon unberührt? Immerhin berichtete er selbst 1501 noch unkritisch ohne allen Spott von einem Magier und dessen Teufelszitationen, führt aber die Zauberei schon da nicht auf Teufelspakte zurück, sondern auf die grassierende Habsucht: „Habsucht" gepaart mit „Aberglauben, Ruchlosigkeit, Idolatrie und Religionsfrevel".[3]

Erstaunlicherweise beruft sich Erasmus an keiner der bekannten einschlägigen Stellen auf die Kirchenväter, ebensowenig wie auf Giovanni Pico della Mirandolas Schrift gegen die Astrologie. Ernst Cassirer hat herausgearbeitet, daß Pico, der grundsätzlich an dem neuplatonisch-magischen Weltbild der Renaissance festhielt, die Astrologie aus ethischen Gründen ablehnte. Denn er wollte die Freiheit gewahrt wissen. Weil er die Würde des Menschen propagierte, konnte er nicht gleichzeitig eine Abhängigkeit von den Sternen lehren.[4] Ist auch des Erasmus Sicht von daher zu erklären? Auch er hat dem Menschen einen freien Willen zugesprochen, wenn er ihn auch 1524 gegenüber Pico und gegenüber seinem eigenen Frühwerk wieder einschränkte.[5] Für Erasmus wurde wie für Pico der Mensch nicht als Mensch geboren, er mußte erst zum Menschen werden.[6] Fernand Roulier erklärt allerdings mit guten Belegen, Pico habe nicht, um die menschliche Freiheit zu retten, die Astrologie zurückgewiesen, sondern weil sie nicht mit der christlichen Religion zusammenpasse.[7] Ob nun Erasmus Picos ‚Disputationes adversus astrologiam divinatricem' gelesen hat oder nicht – er kannte sicher seine Briefe und seine Thesen[8] – hier sind Berührungspunkte, aber nicht mehr. Die Gründe dafür, daß Erasmus ein magisches Weltbild ablehnte, müssen jedenfalls tiefer liegen als bei Pico, sonst hätte er wie dieser die Astrologie widerlegen müssen. Darauf aber hat Erasmus verzichtet. Er glaubte offenbar, sich und anderen gar nicht erst beweisen zu müssen, daß die Sterne keine Macht über den Menschen besitzen.

---

[1] Zu Martinus Plantsch vgl. Heiko Augustinus Oberman: Werden und Wertung der Reformation. Tübingen 1977, S. 211 ff.

[2] Vgl. Brian Vickers (Hrsg.): Occult and Scientific Mentalities in the Renaissance. London 1984, S. 13 ff.

[3] Allen I, S. 336, 68 f., bes. 340, 220 f.

[4] Vgl. Ernst Cassirer: Individuum und Kosmos in der Philosophie der Renaissance. Darmstadt 1963, S. 121 f., bes. S. 126.

[5] S. u. S. 167 f.

[6] ASD I-2, S. 31, 21.

[7] Fernand Roulier (1989), S. 552.

[8] ASD I-2, S. 567, 18; ASD IX-3, S. 178, 2292.

Was also machte Erasmus gegen Astrologie und Magie immun? Sicherlich nicht irgendwelche neuen naturwissenschaftlichen Einsichten. Man findet keine bei Erasmus. Es kann keine Rede davon sein, daß die bald aufkommende mathematisch-physikalische Methode – oder auch irgendeine denkbare andere – bei Erasmus die überkomme Naturlogik abgelöst und ihn zwangsläufig von magischem Denken befreit hätte. Seine beiden naturkundlichen Colloquien bleiben ganz von Aristoteles abhängig. Neues oder nur Ungewöhnliches kündigt sich nur im Verzicht auf jede neuplatonische Systematik an. Auf naturkundlichem Gebiet hatte Erasmus nichts Bedeutendes zu bieten, wohl aber auf theologischem Gebiet. Vielleicht ist es nicht abwegig, bei Erasmus den Grund für seine neue Sichtweise – neben seiner spürbaren instinktiven Abneigung gegen alles Okkulte – in der Gotteslehre zu suchen, die im Folgenden untersucht werden soll.

Jedenfalls hat Erasmus frei vom magischen Zeitgeist zu Beginn der Neuzeit seinen Schöpfer im Logos dauernd am Werk gesehen. Das hinderte ihn nicht, den Geschöpfen eine eigene Gesetzmäßigkeit zu belassen, die ihm erlaubte, nüchtern mit den ihm zugänglichen naturwissenschaftlichen Kenntnissen umzugehen und sie durch eigene Erfahrungen zu vertiefen. Offen muß bleiben, wie Erasmus, hätte er sie noch erlebt, auf die Entdeckungen des Kopernikus reagiert hätte. Luther, so ein Tischgespräch, lehnte sich 1539 dagegen auf und hielt sich lieber an das überkomme Weltbild des Buches Josua, wonach sich nicht die Erde, sondern die Sonne bewegt.[1] Ebenso urteilte Melanchthon.[2] – Sicher ist indessen, daß Erasmus naturkundliche Schriften des Aristoteles und medizinische Werke Galens neu herausgab, ein Lob der Medizin schrieb und bereit war, zu Georg Agricolas ‚De metallis‘, eines für die Bergbautechnik und Geologie grundlegenden Werkes, ein Vorwort zu schreiben. Erasmus war kein Naturwissenschaftler, er war Doktor der Theologie. Aber seine Schöpfungs-

---

[1] WA Tr. 4, S. 412, Nr. 4638. Wolfgang Maaser hält das zitierte Tischgespräch für wenig aussagekräftig. Er behauptet, Luther habe die Naturwissenschaften von dogmatischen Zwängen befreit, indem er naturwissenschaftliche Erkenntnisse als nur wahrscheinlich bezeichnete. Daß Luther insbesondere die logischen Gesetze der Mathematik als nur wahrscheinlich bezeichnete, legt Maaser überzeugend dar, daß Luther damit die Naturwissenschaft von biblischen Vorgaben befreite, diesen Beweis bleibt er schuldig. Für mich stellt es sich so dar, daß Luther im Gegenteil mit seiner Wahrscheinlichkeitsbehauptung seinen Biblizismus rettete, den Naturwissenschaften nicht aktiv Freiheit schenkte, sondern ihre Ergebnisse nur auf sich beruhen lassen konnte. Vgl. Wolfgang Maaser: Luther und die Naturwissenschaften – systematische Aspekte an ausgewählten Beispielen, in: Günter Frank und Stephan Rhein (Hrsg.): Melanchthon und die Naturwissenschaften seiner Zeit. Sigmaringen 1998, S. 25-41.

[2] MCR 13, c. 216 f., bes. 217. Vgl. Cornelis Augustijn: Melanchthons Suche nach Gott und Natur, in: Günter Frank und Stephan Rhein (Hrsg.): Melanchthon und die Naturwissenschaften seiner Zeit. Sigmaringen 1998, S. 16 und 20.

lehre erlaubte ihm ein offenes Gespräch mit der Naturwissenschaft seiner Zeit. Er mußte sich ihr nicht verweigern. Er konnte ihre Erkenntnisse mit seinem Glauben an seinen Schöpfer verbinden. Sah er seinen Schöpfer also anders als viele seiner Zeitgenossen?

Zur Gotteslehre

In seiner ,Paraphrase' zum Johannesprolog beschreibt Erasmus Gott so: „Ganz ist er immer in sich, und wie er ist, so wird von ihm immer der Sohn geboren, der Ewige vom Ewigen, der Allmächtige vom Allmächtigen, der Beste vom Besten, kurz: Gott von Gott, weder dem Erzeuger folgend, noch ihm unterworfen, die ewige Rede, vom ewigen Geist, durch die der Vater wie in heimlichem Nachsinnen mit sich selbst redet."[1]

Auffallend ist, wie deutlich, ja kühn, hier der alexandrinische Gedanke der ewigen oder immerwährenden Zeugung aufgegriffen wird: „Der Sohn wird vom Vater immer geboren (ab eo semper nascitur Filius)" und wenig später: Er ist „die ewige Rede des ewigen Vaters" und: „Nie hat er den Sohn nicht geboren. Nie ließ er die allmächtige Rede nicht aus sich hervorgehen."[2]

Der Begriff der ewigen oder immerwährenden Zeugung des Sohnes war von Origenes geprägt worden. Ihm ging es darum, durch diese ,Hilfskonstruktion' Gottes Vollkommenheit und Unveränderlichkeit, seine Allmacht und Erhabenheit zu erweisen. Für ihn war der Gedanke, Gott könnte einmal nicht Vater gewesen sein, oder nicht mehr Vater sein, unannehmbar. Denn dann wäre Gott veränderlich. Entsprechend postulierte er nicht nur eine immerwährende Zeugung, sondern auch eine immerwährende Schöpfung.[3] Seine Überlegungen zur immerwährenden Schöpfung wurden von der Kirche zurückgewiesen, die ewige Zeugung aber übernommen. Sie spielte bei der Ausbildung der trinitarischen Dogmen eine große Rolle und konnte als Waffe gegen die Arianer eingesetzt werden. Denn Athanasius hatte den Gedanken aufs engste mit der Ewig-

---

[1] LB VII, c. 499 C.

[2] LB VII, c. 499 C f. und 500 B, C und D. Vgl. dagegen die vorsichtige und abwägende Diskussion des Begriffes „sempiterna generatio" bei Petrus Lombardus! (Sententiae I, 9 (MPL 192, c. 546 f.).

[3] Origenes: De principiis I, 2, 9; I, 2, 10; I, 4, 3 und III, 5, 3 (Herwig Görgemanns und Heinrich Karpp (Hrsg.): Origenes Vier Bücher von den Prinzipien. Darmstadt 1976, S. 142 ff., S. 86 und 624 f.). Vgl. Maurice Wiles: Eternal Generation, in: The Journal of Theological Studies. New Series, Bd. XII (1961), S. 288. Vgl. auch Augustin, für den Gott ebenfalls im Logos als der Unveränderliche spricht. De trin. VII, 1, 1 (CChr SL 50, S. 244, 24 f.).

keit verbunden und damit nachgewiesen, daß der Sohn dem Vater gleich sei.[1] Das Nicänum hat das Dogma dann endgültig formuliert, ohne allerdings ausdrücklich von einer immerwährenden Zeugung zu sprechen. Da ist die Rede vom eingeborenen Sohn, „vor aller Zeit geschaffen (ante omnia saecula)", was eine ewige Zeugung implizieren kann, aber nicht muß. Weiter heißt es vom Sohn, er sei: „Gott von Gott, Licht vom Licht ... ".

Die Formulierung „Licht vom Licht" erinnert an ein altes Bild. Schon Tatian, einer der frühen Apologeten, hatte die Zeugung des Sohnes mit einer Lichtquelle, die anderen Licht gibt, verglichen. Er sprach von einer Fackel, die andere Feuer entzündet, ohne selbst an Leuchtkraft zu verlieren.[2] Origenes prägte das Bild um, so daß er es für die immerwährende Zeugung nutzen konnte: Wie das Licht ständig Glanz aussendet, so gebiert Gott ständig seinen Sohn. Denn er ist der Glanz der Herrlichkeit Gottes und das Prägebild seines Wesens (Hebr 1,3).[3] Das Bild machte Geschichte. Die Lichtquelle, meist die Sonne, steht für Gottvater, ihre Strahlen symbolisieren den Sohn und ihre Wärme den Heiligen Geist. Der Vergleich wurde und wird durch die Jahrhunderte bis heute viel benutzt,[4] er begegnet in den späten Loci-Ausgaben von Melanchthon[5], auch Erasmus hat ihn in seiner Frühschrift ‚Precatio ad virginis filium Jesum' von 1499 übernommen. Erasmus blieb da ganz in den traditionellen Bildern und in der traditionellen Begrifflichkeit.[6]

In der ‚Paraphrase' zum Johannesprolog aber benutzte er die einschlägigen Bilder und Begriffe nicht, auch nicht die einschlägigen Bibelzitate (Kol 1,15; Hebr 1,3), die schon Origenes mit der ewigen Zeugung verbunden hatte, und die auch Melanchthon aus der Tradition übernahm.[7] Warum übernahm sie Erasmus hier nicht? Origenes wollte mit der immerwährenden Zeugung Gottes Vollkommenheit erweisen und Athanasius den Sohn als vor aller Zeit geboren und dem Vater gleich. Dazu diente ihnen die Lichtmetapher. Dasselbe lehrte auch Erasmus.[8] Aber diese trinitarischen Dogmen mußte und wollte er nicht

---

[1] Vgl. Maurice Wiles (1961), S. 284 ff., bes. S. 290.

[2] Tatian: Oratio ad Graecos 5 (MPG 6, c. 817).

[3] Origenes: De Principiis I, 2, 7 (Herwig Görgemanns und Heinrich Karpp (Hrsg.), S. 137).

[4] Vgl. Thomas: Cat. aur., in Joa. cap.1, lc 1 (Busca 5, S. 368 c. 1) und im Gesangbuch der Evangelisch-reformierten Kirchen der deutschsprachigen Schweiz von 1998 die Nr. 665, ein Dialektlied von Mica Romano: „Gott, du bisch wie d'Sune" von 1975.

[5] MCR 21, c. 615.

[6] LB V, c. 1210 E f.

[7] MCR 21, c. 615. In seiner Anmerkung zu Hebr 1,3 hat auch Erasmus auf das „lumen de lumine" hingewiesen (LB VI, c. 983 C).

[8] LB VII, c. 499 A f.

durch Bilder erhärten. Die Dogmen waren längst eine Selbstverständlichkeit, jedenfalls für ihn, und gegen Vergleiche aus der Schöpfung hatte er sowieso größte Bedenken.[1] In der ‚Explanatio Symboli‘ von 1533 zählte er der Vollständigkeit halber mit dem Bild von der Sonne alle üblichen trinitarischen Vergleiche aus der Schöpfung auf, aber nicht ohne auf ihre Unzulänglichkeit eindringlich hinzuweisen.[2] In der ‚Johannesparaphrase‘ hatte er es nicht nötig, die Bilder zu zitieren, lief doch sein Gedankengang ohnehin auf etwas anderes hinaus, und dafür waren die gängigen Vergleiche nicht nötig und nicht hilfreich.

Das innergöttliche Nachsinnen

Erasmus verbindet die immerwährende Zeugung mit seinem Verständnis des λόγος als Gespräch oder Rede (sermo), statt als Wort (verbum). Das erlaubt ihm eine ganz neue eigenwillige Auslegung des Textes. Erasmus spricht von einem immerwährenden innertrinitarischen Gespräch, in dem „der Vater wie in einem geheimnisvollen Nachsinnen immer mit sich selbst spricht (quo sibi semper velut arcana cogitatione loquitur Pater)“.[3] Hier taucht auf einmal bei Erasmus die Möglichkeit auf, Gott statt als eine sich ewig gleichbleibende statische Wesenheit, als eine dynamische Größe, als eine sich ständig austauschende Trinität zu denken.

Die Auslegung erinnert an das volkstümliche mittelalterliche Bild der himmlischen Beratung, das Erasmus 1499 in einem Gedicht übernommen hatte.[4] Aber was wird jetzt daraus? Es wird zugleich aufgewertet und relativiert. Indem Erasmus es mit seinem Verständnis vom λόγος als sermo verbindet, bekommt die Vorstellung, daß die Trinität mit sich selbst redet, eine neue Qualität. Sie ist nicht mehr nur eine Allegorie, sie ist exegetischer Befund des Literalsinnes. Was in den Mysterienspielen, genauso wie im Gedicht des Erasmus, eine spielerische Metapher, ein dramatisches Ausmalen naiv anthropomorpher Vorstellungen von der himmlischen Vorgeschichte des göttlichen Heilsplanes war, wird jetzt zur Selbstoffenbarung Gottes. Ausdrücklich wird jedes anthropomorphe Verständnis zurückgewiesen: „Das ist keine zeitliche Geburt, noch ein Gespräch wie das der Menschen. Nichts Körperliches ist in Gott, nichts der Zeit oder dem Raum Unterworfenes, noch ist er einem Anfang, einer Entwicklung, einem Alter unterworfen. Ganz ist er immer in sich, und wie er ist, so wird von ihm immer der Sohn geboren, der Ewige vom Ewigen, der Allmäch-

---

[1] LB VII, c. 497 A f.
[2] ASD V-1, S. 224, 1 ff.
[3] LB VII, c. 499 C.
[4] S. o S. 36 f.

tige vom Allmächtigen, der Beste vom Besten, kurz: Gott von Gott, weder dem Erzeuger folgend, noch ihm unterworfen, die ewige Rede, vom ewigen Geist, durch die der Vater wie in heimlichem Nachsinnen mit sich redet."[1]

Der neuen Auslegung des Erasmus war eine heftige Auseinandersetzung vorausgegangen um seine Übersetzung des bis heute maßgeblich gebliebenen Wortlautes der Vulgata „in principio erat verbum (im Anfang war das Wort)" durch „in principio erat sermo (am Anfang war das Gespräch)" in seiner Ausgabe des Neuen Testamentes von 1519.[2] Erasmus ließ sich nicht beirren. Er hielt an seinem Verständnis fest und ließ mutig seine umstrittene Übersetzung weiter drucken. Durchgesetzt aber hat sie sich nicht. Obwohl heute fast alle Ausleger in ihren Kommentaren dem Begriff eine entsprechend weite Bedeutung geben wie Erasmus und auch etwa Martin Luther, Huldrych Zwingli und dessen Nachfolger in Zürich, Heinrich Bullinger in Joh 1,1 λόγος erasmisch verstanden, wurde und wird λόγος weiterhin mit verbum oder Wort übersetzt. Das zweisprachige 1535 bei Froschauer erschienene Neue Testament übernimmt wie die lateinische Froschauerbibel von 1539 den integralen lateinischen Text von Erasmus, übersetzt aber mit Wort, die lateinische Zürcher Bibel von 1543 ersetzt sermo wieder durch verbum.[3] Nur radikale Antitrinitarier folgten Erasmus willig, immerhin hat Theodor Beza, der Mitarbeiter und Nachfolger Calvins in Genf, in seinem Neuen Testament kühn gewagt, mit Bezug auf Erasmus „sermo" zu drucken.[4] Die Vorstellung von einem immerwährenden

---

[1] LB VII, c. 499 C.

[2] Vgl. dazu August Bludau: Die beiden ersten Erasmus-Ausgaben des Neuen Testamentes und ihre Gegner. Freiburg 1902, S. 60 f. und Marjorie O'Rourke Boyle: Erasmus on Language and Method in Theology. Toronto 1977, S. 3–31.

[3] Vgl. Novum Testamentum omne Latina versione, oppositum aeditioni uvlgari siue Germanice ... . (Hrsg. Johannes Zwick, Zürich, Froschauer, 1535; Biblia sacra vtriusque Testamenti ... NOVUM ... opera D. Eras. Rot. ultimo recognitum & aeditum. (Hrsg. Heinrich Bullinger), Zürich, Froschauer, 1539 und Biblia sacrosancta ... translata in sermonem Latinum. Zürich, Froschauer, 1543.

[4] Vgl. Novum D. N. Iesv Christi testamentum. (Hrsg. Theodor Beza). [Genf], Oliva Roberti Stephani, 1556, S. 106. Zu den Antitrinitariern vgl. Delio Cantimori: Italienische Häretiker der Spätrenaissance. Übers. von Werner Kaegi, Basel 1949, S. 421 und Irena Backus: Erasmus and the Antitrinitarians, in: ERSY 11 (1991), S. 53. Trotz erasmischer Erklärungen zum Begriff λόγος haben neben Luther mit verbum bzw. Wort übersetzt: Zwingli (SS IV,1, S. 682) und auch Heinrich Bullinger, (In Divinum Jesu Christi Domini nostri Evangelium secundum Joannem ... . Zürich 1543, Liber I, cap. 1), obwohl der praktisch wörtlich die wichtigsten Passagen der Erasmusparaphrase übernimmt. Vgl. auch Martin Bucers Enarratio in Evangelion Johannis (Irina Backus (Hrsg.): Martini Buceri opera latina. Bd. 2, Leiden 1988, S. 21 und 23). Vgl. auch Vermigli, der von Jesus als „unicus Dei sermo", „sermo incarnatus oder „diviny sermo" spricht. Diesen Hinweis verdanke ich Emidio Campi. Vgl. Klaus Sturm: Die Theologie Peter Martyr Vermiglis während seines ersten Aufenthaltes in Straßburg 1542-1547. Ein Reformkatholik unter

Gespräch übernahmen indessen Heinrich Bullinger und Martin Luther: Bullinger, indem er den Abschnitt von Erasmus 1547 unkommentiert wörtlich zitierte,[1] und Luther, indem er in seiner treffsicheren Sprache 1537 formulierte: „Diesem Bilde nach gehet Gott auch in seiner Maiestat, in seiner Natur schwanger mit einem wort oder gesprech, das Gott in seinem Göttlichen wesen mit sich selbst hat, und seines Hertzens gedancken ist."[2] – Diese Formulierung hat im letzten Jahrhundert Karl Barth zu seinen trinitarischen Überlegungen ermutigt, Überlegungen zum innertrinitarischen Geschehen, die ganz erasmisch anmuten, obwohl Karl Barth Erasmus, soweit er ihm bekannt war, keineswegs geschätzt hat.[3] –

Das Bild vom schwangeren Gott, wenig später nennt Luther ihn „brünstig", nimmt den Gedankengang von Erasmus treffend auf. Erstaunlich ist, wie nah Luthers Auslegung von 1537 der eigenwilligen ,Paraphrase' des Erasmus von 1523 steht, während Luthers frühere Auslegung von 1522 andere Wege ging und ganz im traditionellen Rahmen blieb.[4] Eine Abhängigkeit des Luthertextes aus dem Jahre 1537 von Erasmus ist anzunehmen.[5]

Dennoch bleibt das Ziel, auf das die ganze Argumentation des Erasmus hinausläuft, bei Luther außer Betracht. Für Luther ist die Rede vom Sohn als Wort eine nicht zu fassende oder auszulegende Rede. Sie bleibt unverständlich und kann nur im Glauben gehorsam hingenommen werden.[6] Luther vergleicht das

---

den Vätern der reformatorischen Kirche. Neukirchen Vluyn 1971, S. 115; S. 222, Anm. 170; S. 179.

[1] Heinrich Bullinger: In ... Evangelium secundum Johannem. Zürich 1543, Liber I, cap. 1.

[2] WA 46, S. 545, 6 f.

[3] Karl Barth, Die kirchliche Dogmatik. Bd. I/1 Zürich 1955, S. 179.

[4] WA 10,I/1, S. 180, 4 – 214, 3.

[5] Wer keine Abhängigkeit unterstellen möchte, muß eine gemeinsame Quelle annehmen. Denn in den Texten von Luther und Erasmus entsprechen sich neben der immerwährenden Zeugung folgende Gedankengänge: Die Lehre von der Zeugung des Sohnes ist mit dem Verstand nicht zu fassen, sie ist im Glauben anzunehmen. (Die Unterschiede im Einzelnen wurden oben diskutiert.). (LB VII, c. 497 A. f. und WA 46, S. 541, 40 f.; S. 543, 1 f.; S. 548, 15). Johannes weist als erster auf die trinitarischen Dogmen. (LB VII, C. 497 E f. und WA 46, S. 541, 4 f. und S. 542, 15 f.). Sie werden eingeschärft. (LB VII, C. 499 A f. und E f. und WA 46, S. 541 f.). Die göttliche Zeugung wird von der menschlichen abgehoben. (LB VII, c. 499 A und C und WA 46, S. 541, 21 f.). Der Vergleich mit dem menschlichen Wort versagt, (LB VII, c. 499 C und E und WA 46, S. 543, 23 f.), wird dann aber doch versucht. Das Wort ist ein Spiegel der inneren Gedanken; (LB VII, c 499 A f. und WA 46, S. 543, 35 ff.); nur diese Überlegung stellt Luther so auch schon 1522 an. (WA 10,I/1, S. 187, 9 f.). Das Gespräch führt Gott mit sich alleine, es ist niemand außer Gott selbst bekannt. Erst im Fleischgewordenen offenbart sich Gott. (LB VII, c. 497 C und 499 C f. und WA 46, S. 544, 3 f.).

[6] WA 46, bes. S. 543, 1 f. und S. 547, 6 f.

Gespräch, das Gott mit sich selbst führt, mit Leidenschaften des Menschen, wie Zorn oder Liebe, Freude oder Leid. Wie diese das Herz des Menschen ganz ausfüllen, so das Wort Gott.[1]

Die Rede Gottes als Liebesmitteilung

Dagegen läuft bei Erasmus alles darauf hinaus, Gott als den liebend sich Mitteilenden zu zeigen. Erasmus erklärt die Rede Gottes mit der klassischen Definition der Sprache als dem Mittel der Kommunikation und Liebe. Durch die Sprache vereinigt sich das Herz des Redenden mit dem des Hörenden. „Wenn wir jemanden den Willen unserer Seele bekannt machen wollten, geht das nicht sicherer und schneller als durch gesprochene Worte, die aus den innersten Gemächern des Geistes hervorgehen und durch die Ohren des Hörenden mit einer geheimnisvollen Kraft die Seele des Sprechenden in die Seele des Hörenden versetzen." Durch nichts wird die Seele mehr bewegt. „Rede wird der Sohn genannt, weil Gott, der in seiner eigenen Natur durch keinen Verstand erfaßt werden kann, durch ihn uns bekannt werden wollte. Und er wollte uns offenbar werden, damit wir durch die Kenntnis von ihm ewig selig werden"[2] Als das fleischgewordene Wort offenbarte Jesus Christus uns seine Liebe. „Sein ganzes Leben atmete eine neue und wunderbare Liebe." Das lehrten uns auch die anderen Evangelisten, „aber niemand betont das mehr als Johannes, der von dem, der die ewige Liebe war, besonders geliebt wurde", so Erasmus zusammenfassend am Ende seiner ‚Johannesparaphrase‘ an den „Frommen Leser".[3] Johannes schilderte zwei Reiche, ein himmlisches und ein irdisches. „Er stellte in die himmlische Sphäre Gott den Vater, die höchste Quelle alles Guten, und gesellte ihm den Sohn zu, durch den der Vater alle Dinge schafft, regiert und wiederherstellt, und den Geist, gleich mit beiden, durch den der Vater alles vollendet. Diese heilige Trias, fest verbunden und in sich zurückkehrend, ist das vornehmste Beispiel absoluter Liebe und Eintracht." Das innertrinitarische immerwährende Gespräch erweist Gott als den Liebenden schlechthin. Im Gegensatz dazu steht der Teufel. So sehr dieser Gott gleich zu sein wünscht und sich einen Hofstaat zulegt wie Gott, er hat keine Dreiheit, „denn er ist ein Tyrann, er verlangt, allein zu sein, und erlaubt niemandem, seinen Thron mit ihm zu teilen."[4] – Der Teufel als lächerlicher Abklatsch Gottes, der wie der Mensch gut geschaffen, sich von Gott abwandte und dessen Königsherrschaft in eine

---

[1] Ebd. S. 543, 34 ff., bes. S. 544, 31 f.
[2] LB VII, c. 499 B.
[3] LB VII, c. 649/50.
[4] Ebd.

Tyrannis verkehrte, um am Ende nur von Gott dazu benutzt zu werden, die Guten zu läutern und die Bösen zu strafen, an dieser Sicht von Gottes Gegenspieler wird Erasmus sein Leben lang festhalten.[1]

Daß Gott sich durch den Logos offenbarte, ist seit dem griechischen Kirchenvater Irenäus[2] ein Gemeinplatz der Vätertheologie. Weiter hat sich Erasmus auf eine Stelle in der Augustin zugeschriebenen Schrift ‚De cognitione verae vitae‘ berufen, die von Gott sprach, als dem, der, indem er das Wort zeugte, „nachdenklich mit sich redete“.[3] Mehr als eine Anregung war dort jedoch nicht zu holen. Denn der kleine Dialog führt gerade aus, was Erasmus nicht wollte. Da wird die Trinität zwar nicht „proprie“, eigentlich, aber doch „aenigmatice“, bildlich, als notwendig und einsichtig („ratione probante“) nachgewiesen.[4] Der Autor unternimmt das mit dem klassischen Lichtvergleich,[5] den Erasmus ausläßt. Ein Vergleich mit der menschlichen Geburt wird nicht gescheut[6] und auch ein Vergleich mit dem menschlichen Wort wird bis ins Einzelne gewagt.[7] Das kleine Werk will anleiten zum glückseligen Leben in Gott. Das ist auch bei Erasmus das Ziel. Aber bei Erasmus ist das Ziel von Gott gesetzt, und Gott ist es auch, der es vollendet. Der Traktat vom wahren Leben aber geht vom Menschen aus, der Mensch wird angeleitet, Gott zu erkennen und so zur Seligkeit zu finden, denn dazu sei die vernunftbegabte Natur geschaffen.[8] Im Traktat wird ein Weg des Menschen zu Gott beschrieben, in des Erasmus Johannesprologauslegung der Weg Gottes zu den Menschen. Eine Verbindung der immerwährenden Zeugung mit dem sich offenbarenden Wort konnte Erasmus dort nicht finden. Sie scheint von Erasmus so neu hergestellt worden zu sein.[9]

---

[1] Vgl. ASD V-5, S. 318, 142 f. Erasmus hält also an der Lehre vom Engelsfall fest und sein Teufelsbild behält etwas Lächerliches.

[2] Irenäus: Contra haereses II, IV, 6, 3 (MPG 7, c. 987 f.). Vgl. Marjorie O'Rourke Boyle (1977), S. 25.

[3] De cognitione verae vitae cap. XIV (MPL 40, c. 1015); vgl. für Erasmus LB IX, c. 119 F f.

[4] Ebd. cap. X (MPL 40, c. 1013 f.).

[5] Ebd.

[6] Ebd. cap. XI (c. 1014).

[7] Ebd. cap. XIV (c. 1016).

[8] Ebd. cap. I (c. 1005 ff.) und cap. XLVII (c. 1032).

[9] Die 11. Katechese von Cyrill von Jerusalem mag ihn direkt oder indirekt dazu angeregt haben; es ist allerdings nicht nachzuweisen, daß Erasmus sie benutzt hat. Da wird auf die immerwährende Zeugung verwiesen (11,4 (MPG 33, c. 693 C f.) und Christus als das gesprochene Wort Gottes, durch das er alles wirkt, gepriesen. Ein innertrinitarisches Gespräch wird – allerdings in unsicherer Lesart – angedeutet, indem Cyrill – wie später Erasmus (LB VII, c. 1166 F) – Hebr 1,5 nicht auf die Inkarnation, sondern auf die ewige Zeugung vor aller Zeit bezieht. Das Wort des Vaters,

Die Trinität als eine Liebesgemeinschaft zu definieren, ist keine Erfindung von Erasmus. Schon bei Augustin verband der Geist als höchste Liebe den Vater und den Sohn.[1] Am originellsten und wohl als erster in solcher Konsequenz hat Richard von St. Victor die Trinität als Liebesgemeinschaft gepriesen. Für ihn *muß* Gott geradezu, wenn er ein Liebender ist, ein Dreieiniger sein. Denn Liebe will sich an einen Mitgenossen verschenken und will das Entzücken der Liebe einem Dritten mitteilen.[2] Auf ihn dürfte Erasmus indessen kaum zurückgegriffen haben.[3] Wahrscheinlich aber ist, daß ihn eine in dieser Tradition stehende Formulierung Bonaventuras angeregt hat. Bonaventura spricht vom dreieinigen Gott, „der sich vollkommen mitteilt (Deus se summe communicare), indem er ewig einen Geliebten hat und einen Mitgeliebten", von „Gott, der einen Genossen hat, den er aufs Höchste liebt, das Wort, das ihm gleich ist, und das er von Ewigkeit her zeugte ... ".[4] Die Mönchstheologie Bonaventuras steht hier Erasmus sehr nahe.

Die Bedeutung der Logoslehre für das Erasmische Denken

Was bedeutet nun die neue Sicht des 1. Verses aus dem Johannesevangelium, was sein Verständnis des Logos als immerwährend neu gezeugtes, sich selbst offenbarendes Wort Gottes für die Theologie des Erasmus? Seit Marjorie O'Rourke Boyles herausragender Studie zur Übersetzung vom λόγος mit ‚sermo'[5], in der sie die Affinität zwischen der Theologiemethode des Erasmus und der antiken Rhetorik herausarbeitete, sind verschiedene bedeutende Arbeiten zur rhetorischen Methode des Erasmus erschienen.[6] Sie belegen, wie für ihn

---

erklärt er, sei ein redendes Wort, das sagt: „Was ich bei dem Vater gesehen habe, das rede ich." (Joh 8, 38; Kat. 11,10 (MPG 33, c. 701 B/C). Und zu Hebr 1,5 betont Cyrill: „Der Herr sprach zu mir, heute habe ich dich gezeugt". Dieses heute aber sei nicht der Zeitdauer unterworfen, sondern ewig. (Kat. 11,5 (MPG 33, c. 697 A). Von der Offenbarung durch den Logos spricht er indessen nicht.

[1] De trin. VII, 3, 6 (CChr SL 50, S. 254, 85 f.).

[2] Richard von St. Victor: De trin. 3, 14 (MPL 196, c. 924 C f.).

[3] Walter M. Gordon: Humanist Play and Belief. Toronto 1980, der die Nähe der Erasmischen Theologie zu der des Victoriners herausarbeitet, (bes. S. 22), bleibt einen Beweis schuldig, daß Erasmus seine Schriften tatsächlich studiert hat. Auch ich kann ihn nicht erbringen, weshalb ich hier größte Vorsicht anmahnen möchte.

[4] Bonaventura: Breviloquium cap. 2 (Opera. Leiden 1619, Bd 1, S. 9 und 10).

[5] Marjorie O'Rourke Boyle: Erasmus on Language and Method in Theology. Toronto 1977.

[6] Die große Studie von Jacques Chomarat: Grammaire et Rhétorique chez Erasme. 2 Bde., Paris 1981, die in Bd. 1, S. 36 f. auf das Verständnis des Erasmus von Joh 1 eingeht, ist hier neben Boyle zu nennen, sowie Manfred Hoffmann: Rhetoric and Theology. The Hermeneutics of Erasmus. Toronto 1994. Hoffmann verarbeitet die beiden Werke und denkt von ihren Ergebnissen her weiter.

Christus, die Rede Gottes, Vorbild und Archetyp für die Rede des Menschen ist, eine Rede, die in rhetorischen Kategorien begriffen wird. Grundlegend für sein Werk sei etwa der folgende Gedankengang von 1525: „Was in den göttlichen Dingen der Vater ist, der aus sich den Sohn gebiert, das ist in uns der Geist, die Quelle der Überlegung und der Rede, was dort der Sohn ist, aus dem Vater hervorgehend, das ist in uns die Rede (oratio)."[1] Mit allem Nachdruck sei darauf hingewiesen, daß für Erasmus dieser Gedankengang selbstverständlich war.

Dennoch ist entschieden davor zu warnen, hierin den Schlüssel für seine Theologie und sein Denken überhaupt zu sehen. Denn Erasmus selbst hat diesen Gedankengang nur sehr zurückhaltend geäußert. In der ‚Paraphrase zum Johannesevangelium' wird der Bezug zur menschlichen Rede bzw. zur Methode der Theologie so nicht hergestellt. Es bleibt bei einer Auslegung dessen, was Johannes wichtig war, nämlich der Zeugung des Sohnes als des Wortes Gottes vor aller Zeit, seine personale Gottverbundenheit und seine wesenhafte Gottgleichheit. Das eben zitierte, deutlichste Wort des Erasmus zur Entsprechung von menschlicher und göttlicher Rede, stammt aus der Schrift ‚Lingua', einer Schrift, die sich mit dem Nutzen, vor allem aber mit dem Mißbrauch der Sprache beschäftigt. Wenn irgendwo, dann sollte doch hier des Erasmus Logostheologie entfaltet werden. Was aber ist da zu finden? Neben den beiden zitierten Sätzen in der ganzen langatmigen Schrift nur ein einziger Absatz, der sich mit der Gottesrede auseinandersetzt.

Der Abschnitt ist in lange Lamentationen über die Geschwätzigkeit und Verleumdungssucht der Menschen eingebaut und wird so eingeleitet: „Gott sprach so selten und kurz zusammengefaßt, wie wahr und wirksam." – Gott sprach selten? Erasmus widerspricht hier offen dem Hebräerbrief, dessen erster Vers lautet: „Nachdem Gott vor Zeiten zu vielen Malen und auf vielerlei Weise zu den Vätern geredet hat." Ein Wort, das sich mit den ihm folgenden Versen für Erasmus hätte anbieten müssen, daran seine Logoslehre zu entwickeln, oder doch zumindest auf sie zu verweisen. Schaut man in seinem ‚Neuen Testament' nach, wird man enttäuscht. In den Anmerkungen findet sich nichts dazu und in Vers 3 wird ῥῆμα mit verbum übersetzt.[2] Auch die ‚Paraphrase' dazu bietet wenig Interessantes. Immerhin wird dort „der Sohn des ewigen Vaters" als „ewige Rede (sermo est aeternus)" gesehen.[3] Von einem innertrinitarischen Gespräch oder von einem Bezug zwischen Gottes- und Menschenrede spricht

---

[1] ASD IV-1, S. 296, 96 f.
[2] LB VI, c. 984 A.
[3] LB VII, c. 1165 F.

Erasmus nicht. Auch in der Auslegung zu Psalm 33, wo Erasmus Hebr 1,1 heranzieht, wird kein Bezug zum praeexistenten Logos hergestellt.[1] Ähnlich sieht es mit den Exegesen zu I Joh 1,1 aus. Erasmus gibt dort keinen Hinweis auf die Logoslehre, außer daß er das „verbum vitae" der Vulgata mit „sermo vitae" ersetzt. Ebenso zurückhaltend bleiben seine ‚Paraphrase' zu I Joh 1,1 und auch seine ‚Anmerkungen' und die ‚Paraphrase' zu I Petr 1,23-25. Da wird nicht einmal durchgängig ‚verbum' durch ‚sermo' ersetzt.[2]

Zurück zum Abschnitt über die Gottesrede aus der Schrift ‚Lingua'! Auf die Erklärung, daß Gott selten und kurz geredet hatte, folgt: „Einmal sprach Gott und gebar die ewige Rede (sermo)." Das ist ein deutlicher Bezug auf den Johannesprolog, aber die immerwährende Zeugung kommt nicht vor. Der Text geht weiter: „Gott sprach wiederum und schuf durch das allmächtige Wort (omnipotenti verbo) die ganze Erde." Sermo wird hier also nicht durchgängig benutzt. Es folgt: „Wiederum sprach er durch seine Propheten ... " und schließlich sprach er „eine verkürzte Rede, als er seinen Sohn, das mit Fleisch umkleidete Wort, sandte. So zog er gleichsam in einer Klausel alles zusammen. Er verband den Glauben des Schweigens mit einer verkürzten Rede und mit beiden die höchste Wahrheit."[3] Was ist hier in dem kleinen theologisch bedeutsamsten Abschnitt der ganzen Schrift aus dem ewigen Logos geworden? Eine göttliche Sprache im ‚Telegrammstil'! So sehr also konnte Erasmus seinen eigenen Gedankengang entstellen, wenn es ihm darum ging, im Sinne des Jakobusbriefes gegen Schmähsucht und Geschwätzigkeit vorzugehen. Das sollte doch davon abhalten, vorschnell in der Entsprechung des göttlichen Logos mit der menschlichen Rede den Schlüssel für das Erasmische Denken zu sehen.

Dazu kommt, daß Erasmus in seiner ‚Ratio', die eine Methode zur wahren Theologie zu finden, lehren wollte, nie explizit menschliche und göttliche Sprache oder Rede in Beziehung setzt und den Johannesprolog kein einziges Mal zitiert. Neben einem vagen, noch stark platonisierenden Anklang im ‚Enchiridion'[4], entfaltet Erasmus abgesehen von der Paraphrase zum Johannesprolog nur in seiner ‚Apologie' zur Übersetzung von Joh 1[5] und vor allem im ‚Ecclesiastes' im ersten und vierten Buch offen eine Logoslehre. Sie enthält

---

[1] ASD V-3, S. 99, 179 f.
[2] Vgl. zu I Joh 1: LB VI, c. 1071 A f. und ASD VII-6, S. 257 f., bes. S. 257, 5 und S. 258, 18. Zu I Petr 1: LB VI, c. 1043; vgl. auch ASD VII-6, S. 194, 219 f.
[3] ASD IV-1, S. 294, 19 f.
[4] H, S. 75, 14 f.
[5] Vgl. LB IX, c. 119 C ff.

1535, am Ende von des Erasmus Leben, die ganze Heilsgeschichte.[1] Sie sei nach dem Titulus: „Der sich offenbarende Gott" zusammengefaßt: „Vor aller Zeit besprach sich – um es so auszudrücken – Gott der Vater durch den Sohn im Beisein des Heiligen Geistes."[2] Anders sprach er durch den Sohn bei der Erschaffung der Welt, „weil nach jener höchsten Philosophie für den Vater das Wort (verbum!) auszusprechen, nichts anderes ist, als den Sohn zu gebären." Weiter offenbarte sich Gott unserer Schwäche angepaßt langsam Schritt für Schritt durch das Gesetz und die Propheten. Und er sprach zu uns in vertrautester Weise (familiarissime) in seinem menschgewordenen Sohn. So wurde „das Wort (verbum!), welches Gott war und ohne Anfang bei ihm, für uns faßbar vor unsere Sinne gestellt." Wie Gott sich uns anpaßte, so paßten sich die Apostel beim Verkündigen des Evangeliums dem Fassungsvermögen ihrer Hörer an, und so soll sich der heutige Prediger seinen Hörern anpassen.[3]

Erasmus benutzt da für den Logos nicht den Begriff ‚sermo', sondern ‚verbum'. Offenbar hing seine Logostheologie nicht an dem Begriff. Wie die Apostel sich ihren Hörern anpaßten, so paßte sich im Jahre 1535 auch Erasmus an. Er dürfte sich bald darüber im klaren gewesen sein, daß seine Übersetzung von Joh 1,1 sich nicht durchsetzte. Um verstanden und akzeptiert zu werden, hat er es wohl vorgezogen, neben dem Begriff ‚sermo' auch wieder ‚verbum' zu benutzen. Im ersten Buch des ‚Ecclesiastes' werden die Begriffe parallel gebraucht. In der Zusammenfassung im vierten Buch konnte Erasmus wie andere vor und nach ihm eine Theologie des „Wortes" Gottes auch ohne den Begriff ‚sermo' formulieren. Im ‚Ecclesiastes' läuft die ganze Argumentation darauf hinaus, den präexistenten Logos als ständig gegenwärtig und am Werk zu erweisen: Er existierte nicht nur vor aller Zeit, Gottvater erschuf durch ihn die Welt. In Jesus Christus wurde er Mensch und in der Heiligen Schrift sowie in der Predigt, im von Christi Geist gewirkten Wort des Menschen, bleibt er ständig gegenwärtig und am Werke.[4]

Daß Christus gegenwärtig und am Werke ist, betont Erasmus auch sonst auf Schritt und Tritt. Auf den präexistenten Logos aber verweist er in einiger Ausführlichkeit nur in der ‚Johannesparaphrase' und entfaltet seine Logostheologie nur im ‚Ecclesiastes'. Warum hat Erasmus sie nicht mehr herausgestellt, warum

---

[1] John W. O'Malley findet in seiner Studie ‚Erasmus and the History of Sacred Rhetoric: The Ecclesiastes of 1535, in: ERSY 5 (1985), S. 1-29, sogar diese Entfaltung enttäuschend. (S. 19).

[2] „Ante omnia secula Deus Pater sibi, ut ita dicam, loquebatur per Filium praesente Spiritu sancto." (ASD V-5, S. 370, 178 ff.).

[3] Ebd.

[4] Vgl. bes. ASD V-5, S. 314, 49 f. und V-4, S. 36, 31 ff.

blieb er so zurückhaltend, in einem seinem Denken und Streben so verwandten, ja kongenialen Topos? Warum klammert er die Logostheologie in der ‚Ratio‘ aus und läßt sie nur implizit in der ‚Paraclesis‘ aufscheinen?[1] Erasmus hat betont, daß die Synoptiker ohne einen Hinweis auf den präexistenten Logos auskamen.[2] Bekanntlich ist im Neuen Testament nur gerade im Johannesprolog und in I Joh 1,1 davon die Rede. Im vierten Buch des ‚Ecclesiastes‘ schickt Erasmus dem „Titulus", in dem er seine Logoslehre zusammenfaßt, folgenden Satz voraus: „Über die höchsten Geheimnisse der göttlichen Natur zu sprechen, ist für den Menschen kaum gefahrlos. Sicher ist es nicht jedem erlaubt, noch bei jeder Gelegenheit, an jedem Ort oder mit beliebigen Worten." Und er erinnert seine Leser daran, daß Paulus beschloß, bei den Korinthern „nichts zu wissen, als Jesus Christus, den Gekreuzigten".[3]

Überlegungen zum Logos nahmen im Werk des feinfühligen Exegeten Erasmus eine ähnlich zugleich herausragende und marginale Stellung ein wie im Neuen Testament. Erasmus hat sie in seine ‚Ratio‘ nicht aufgenommen, ihnen aber in der ‚Johannesparaphrase‘ eine Bedeutung gegeben, die in seiner Zeit ihresgleichen suchte.[4] Hier, wo die Vorlage es ihm erlaubte, läßt er sich zu einem christuszentrierten, dynamischen Bild der Trinität anregen, das in einem Gespräch der innertrinitarischen Liebesgemeinschaft gipfelt.

Daß Erasmus der Versuchung widerstand, seine Logostheologie weiter und systematisch auszubauen und solche Spekulationen zum Fundament seiner Theologie zu machen, weist auf seinen Rang als Exegeten. Wie sehr auch eine Logostheologie seinen humanistischen Interessen entgegenkommen mochte, er hat ihr doch nicht mehr Raum gegeben als das Neue Testament.

Das Besondere der Erasmischen Gotteslehre

Man braucht dem Gottesbild des Erasmus nur das Zwinglis in der Schrift ‚De providentia dei‘ von 1530 gegenüberzustellen, um das Besondere daran zu ermessen. Bei Zwingli wird zunächst mit Vernunftgründen Gott als der von Natur aus Eine, Unveränderliche nachgewiesen. Als solcher muß er allmächtig,

---

[1] „Certe solus hic e caelo profectus est doctor, solus certa docere potuit, cum sit aeterna sapientia, solus salutaria docuit unicus humanae salutis auctor, solus absolute praestitit, quicquid unquam docuit, solus exhibere potest, quicquid promisit." (H, S. 140, 36 f.).

[2] LB VII, c. 497 E.

[3] ASD V-5, S. 370, 145 ff., bes. 154 f.

[4] Vgl. dazu Christine Christ-v.Wedel: Zur Christologie von Erasmus von Rotterdam und Huldrych Zwingli, in: Harm Klueting, Jan Rohls (Hrsg.): Reformierte Retrospektiven. Emder Beiträge zum reformierten Protestantismus 4. Wuppertal 2001, S. 1-23.

gütig, wahr sein. Dann werden diese Eigenschaften auf die Trinität verteilt: „Nun, um der Sache auf den Grund zu gehen, ist es das nächste und notwendig, daß das, was von Natur aus gut ist und im höchsten Maß gut ist, und was auch immer gut ist, von sich aus gut ist und auch wahr. Das haben auch die Philosophen genau gewußt, da sie dem Guten und Einen zu gleichen Teilen das Wahre zugeschrieben haben. Das Eine, das ist, müsse auch gut sein; denn es könne nicht gut sein, wenn es nicht zugleich auch wahr wäre, das heißt rein, aufrichtig, durchsichtig, unversehrt, einfach und unveränderlich ... Weil also das, was wir als einfach ansehen oder uns so vorstellen, damit wir die Entstehung und den Ursprung der Dinge auf die ersten Elemente zurückführen können, in Wahrheit gar nicht einfach ist und der Veränderung unterliegt, steht es fest, daß es ein einziges und höchstes Gut gibt, das wahr, das heißt rein und unversehrt ist, da es selbst alleine unveränderlich ist. Und umgekehrt, weil als einziges und alleine dieses höchste Gut unveränderlich ist, steht fest, daß es alleine wahr, das heißt rein, aufrichtig usw. ist. Weil nun das Höchste wahr, einfach, rein und unversehrt ist, muß es erstens wissend und allverständig sein ... zweitens allmächtig" ... und schließlich „das Gute". ... „Unterdessen will ich zeigen, daß das, was wir dem Vater, dem Sohn und dem Heiligen Geist als dem einen Gott und der Gottheit zuschreiben, seinen Ursprung aus diesen Quellen zu haben scheint. Denn dem Vater wird in den Heiligen Schriften die Allmacht, dem Sohn die Gnade und die Güte, dem Heiligen Geist dagegen die Wahrheit zugeschrieben"[1] Das Trinitätsdogma wird da vom philosophischen Gottesbild her gefüllt.

Es sei noch Melanchthon zum Vergleich herangezogen. 1521 hatte er in einem kühnen Entwurf in seinen ‚Loci' auf eine philosophische Definition Gottes verzichtet und diesen Verzicht in erasmischen Wendungen begründet.[2] In den späteren Ausgaben aber nimmt er den Artikel ‚De Deo' wieder auf. Wohl will er sich ausdrücklich von den Heiden fern und allein an die Offenbarung halten, zieht dann aber doch die „verstümmelte" Gottesbeschreibung Platons heran, die sein Gottesbild immer noch unverkennbar prägt. Nach Platon sei „Gott ein ewiger Geist, d. h. eine geistige einsichtige ewige Essenz, die Ursache des Guten in der Natur, d. h. wahr, gut, gerecht, allmächtig, der Schöpfer aller guten Dinge" usw. Diese Definition sei zwar „wahr und gelehrt", aber menschlich. Die Definition, die sich auf die Offenbarung stützt, lautet: „Gott ist eine geistige, einsichtige und ewige Essenz, wahr, gut, rein, gerecht, voll Erbarmen,

---

[1] Z VI,3, S. 70, 9 ff.

[2] MSt II,1, S. 19, 28 f.; vgl. dazu bei Erasmus: H, S. 141, 13 ff.; S. 180, 3 f. und 22 f.; ASD IV-3, S. 186, 85 f. Die Stellen stammen aus Schriften, die Melanchthon 1521 bekannt waren. Vgl. dagegen Luthers deutlich anders begründeten christologischen Ansatz in WA Br. 1, S. 328, 45 ff.

ganz frei, von unendlicher Allmacht und Weisheit, der ewige Vater, der den Sohn, sein Bild, von Ewigkeit her gebar, und der Sohn, das gleichewige Abbild des Vaters und der Heilige Geist, der aus dem Vater und dem Sohn hervorgeht."[1]

Nun kann und soll freilich nicht behauptet werden, das Gottesbild von Erasmus sei nicht mehr von Vorgaben der griechischen Philosophie beherrscht gewesen. Auch sein Gott bleibt im Sinne der Griechen weiter der Eine, Ewige, Unveränderliche.[2] Aber Erasmus beginnt doch an seiner Unveränderlichkeit zu rütteln und die Grenzen zwischen Gottes absoluter und angeordneter Allmacht, die Grenzen zwischen der ‚potentia absoluta' und ‚potentia ordinata' zu verwischen, die es der Tradition erlaubte, den einen unveränderlichen Schöpfer mit dem in der Bibel offenbarten Erhalter der vergänglichen, kontingenten Welt denkerisch zu verbinden.[3] Das sind freilich bei Erasmus nur Ansätze. Von einem Streitgespräch zwischen den göttlichen Personen zu sprechen, wie es hundert Jahre später ein Friedrich von Spee tat,[4] oder gar eine Prozeß-Theologie zu entwickeln, das wagte Erasmus nicht, im Gegenteil, die Trinität ist ihm gerade Vorbild innigster Harmonie. Aber in seiner Auslegung zum Johannesprolog versucht er, das Trinitätsdogma unabhängig von philosophischen Erwägungen von Christus, dem Logos, her zu füllen, und löst damit die eineinhalb Jahrtausende lang das christliche Gottesbild beherrschenden philosophischen Vorgaben nicht ab, aber erschüttert sie doch oder tastet sie zumindest an. Aus der einen, sich ewig gleichbleibenden göttlichen Essentia in drei Personen wird eine sich immer neu und andauernd besprechende Liebesgemeinschaft, die sich den Menschen frei aus Liebe mitteilt und von ihnen frei wiedergeliebt werden will.

War es Zufall, daß ausgerechnet Friedrich von Spee, der Kämpfer gegen den Hexenwahn, das Bild von der innertrinitarischen Rede bis hin zu einem Streit zwischen Vater und Sohn ausbaute? Wohl kaum. Wer einen Gott denken konnte, der sich in seiner Trinität mit sich selbst bespricht, der nicht nur der erste Beweger ist, sondern sich auch bewegen läßt, mußte für den nicht das Fundament magischen Denkens dahinfallen? Mußte er nicht mit einer „necessitas absoluta",[5] mit einer vollständigen Notwendigkeit, mit der nach gängiger stoischer Lehre alles geschieht, auch einen Automatismus der magischen Kräfte

---

[1] MSt II,1, S. 199, 7 ff. Vgl. auch S. 203 16 f.

[2] Vgl. ASD V-1, S. 229, 709 f.; LB IX, c. 1226 F.

[3] LB IX, c. 1231 ff. und c. 1242 B. Vgl. u. S. 176 f.

[4] Theo. G. M. van Oorschot (Hrsg.): Friedrich von Spee: Güldenes Tugend-Buch. München 1968, S. 424.

[5] Zur Ablehnung einer absoluten Notwendigkeit bei Erasmus vgl. LB IX, c. 1227 C ff.; c. 1232 A ff.; c. 1242 B f.; c. 1245 C f.

ablehnen? Erasmus hat sich nicht darüber geäußert, warum er Magie ablehnte, hier muß es darum mit dieser Frage sein Bewenden haben.

In der johanneischen Rede vom Logos ist für Erasmus Gottes geheimstes Wollen und Wirken, soweit es den Menschen offenbar wurde, enthalten. Denn es offenbart Gott als Trinität, als sich besprechende Liebesgemeinschaft. Aus diesem Gespräch fließt die Schöpfung und ihre Geschichte mit dem Menschen, der in die Freiheit entlassen wird und fällt. Gott offenbart sich durch die Propheten, er wird Mensch, stirbt, ersteht zum Leben und ist in seiner Kirche gegenwärtig. Das tiefste Geheimnis Gottes ist demnach nicht seine Unveränderlichkeit, seine ewige, unabänderliche Voraussicht. Das tiefste Geheimnis ist ein Gespräch in Liebe.

Zur Rechtfertigungslehre

Nicht nur die Gottes- auch die Rechtfertigungslehre des Erasmus war für viele seiner Zeitgenossen verwirrend. Die einen warfen ihm vor, ein Pelagianer zu sein, andere, er nähme den guten Werken jeden Verdienstcharakter.

Das Interesse an diesem im frühen 16. Jahrhundert so heiß diskutierten Thema wurde bei Erasmus erst durch die exegetische Arbeit geweckt. Erasmus hat sich in seinen Frühschriften nicht mit der Rechtfertigungslehre beschäftigt. In der ‚Precatio ad Virginis Filium Jesum' wird sie erwähnt,[1] ist aber nicht eigentlich thematisiert. Das ‚Enchiridion' kommt ohne einen Hinweis auf die Rechtfertigung aus. Da wird „dem tapfer Kämpfenden" „höchster Lohn" versprochen.[2] Da ist das Kreuz Christi nichts anderes als ein Tugendweg,[3] und es wird gefragt, was soll das Zeichen des Kreuzes, wenn du nicht unter ihm streitest?[4] Nur ganz traditionell wird die Satisfaktionslehre nebenbei gestreift.[5]

Ganz anders im ‚Neuen Testament'. Schon im ‚Novum instrumentum' von 1516 wird zu Röm 1,5 festgehalten, daß Gnade ein Schlüsselbegriff für Paulus ist,[6] zu 1,4 wird auf die Rechtfertigung verwiesen.[7] Zu Röm 3,24 „ ... und werden gerechtgesprochen ohne Verdienst durch seine Gnade durch die Erlösung, die in Jesus Christus ist", erklärt Erasmus, der Begriff „Erlösung (redemptio)"

---

[1] Vgl. bes. LB V, c. 1214 D.
[2] Vgl. bes. H, S. 25, 25 f.
[3] H, S. 69, 3 f.
[4] H, S. 24, 20 f.
[5] H, S. 24, 15; S. 106, 7 f.; S. 118, 20.
[6] LB VI, c. 558 C; Reeve (1990), S. 338.
[7] LB VI, c. 556 D; Reeve (1990), S. 339.

sei gleichzusetzen mit „der Lösung eines Gefangenen, für dessen Freiheit ein Preis bezahlt worden ist."[1] Der Preis wird nicht vom Gefangenen bezahlt, sondern von außen, der Gefangene bleibt passiv. Diesen Gedanken verdeutlicht Erasmus mit seiner berühmten Übersetzung von Röm 4,3, wo er die „reputatio iustitiae (das in Betracht Ziehen der Gerechtigkeit)" durch die „imputatio iustitiae (die Anrechnung der Gerechtigkeit)" ersetzt.[2]

Alle Anmerkungen aufzuzählen, die in den verschiedenen Ausgaben des Erasmus die Rechtfertigung durch den Glauben einschärfen, – in jeder weiteren Ausgabe fügt er neue ein – wäre eine Sisyphusarbeit. Die wichtigsten seien genannt: Zu Röm 1,17 schrieb Erasmus 1527 zwei Anmerkungen, die erklären, daß die Gerechtigkeit durch den Glauben von Gott geschenkt wird.[3] Und zu 1,7 betont er, die Gnade werde ohne Verdienste gewährt.[4] In einer Anmerkung zu 4,9 aus dem Jahre 1535 erläutert Erasmus nochmals, was mit der „imputatio iustitiae" gemeint war: Eine Gerechtsprechung durch Gott allein ohne Verdienste. Die Gnade wird umsonst zugesprochen, die Schuld ausgelöscht.[5] In der ,Paraphrase' aus dem Jahre 1517 umschrieb Erasmus Röm 4,3 so: „Er wurde für gerecht gehalten wegen seines Glaubens, nicht vor Menschen, sondern vor Gott. Von Gott als einzigem Zeugen wurde diese schwierige Angelegenheit behandelt. Und von Gott wurde das jenem zur Gerechtigkeit angerechnet, obwohl er die mosaischen Gesetze nicht erfüllt hatte. Denn angerechnet werden (imputari) oder angenommen werden (acceptum ferri) wird zu Recht benannt, was in der Tat nicht abgezahlt wurde und dennoch durch die anrechnende Gnade als bezahlt angenommen wird".[6] Erasmus hat also eindeutig spätestens von 1516 an eine Rechtfertigung von außen ohne Verdienste gelehrt.

Die Rechtfertigung ist für Erasmus *das* Evangelium: „Das Evangelium aber nenne ich die Rechtfertigung durch den Glauben an Jesus Christus."[7] Was aber heißt für Erasmus das Evangelium, was ist die gute Botschaft? „Der freie Zugang zu Christus selbst", zu Christus, „dem Heilmacher aller Dinge. Er, der begehrt, alle Menschen selig zu machen, zieht alles zu sich."[8] Im Glauben wird

---

[1] LB VI, c. 576 E; Reeve (1990), S. 358.
[2] LB VI, c. 578 A und c. 577 F f.; Reeve (1990), S. 359.
[3] LB VI, c. 562 D f., bes. F ff., Reeve (1990), S. 345.
[4] LB VI, c. 559 C/D, Reeve (1990), S. 342.
[5] LB VI, c. 568 E; Reeve (1990), S. 360.
[6] In epistolam Pauli Apostoli ad Romanos paraphrasin per Erasmum Roterodamum. Basel, Froben, 1518, S. 38; LB VII, c. 788 C.
[7] LB VII, c. 780 D.
[8] LB VII, Pio Lectori paraphrasis in Evangelium Matthaei (1*).

diese gute Botschaft aktualisiert. Der Glaube, der ein Geschenk Gottes ist,[1] ist, so Erasmus in der ‚Explanatio Symboli‘, viel mehr als nur ein Fürwahrhalten der biblischen Botschaft. Wer glaubt, vertraut auf das Heilswerk Christi, „er übergibt sich, die Seinen und das Seine ganz dem Willen Gottes, dem eigenen Willen aber sagt er in allem ab. ... Was ohne Glauben ist, proklamiert Paulus, ist Sünde, während der Glaube uns mit Gott Vater verbindet und mit Christus, dem Haupt, vereinigt und uns durch den Heiligen Geist in die Gemeinschaft der Kinder Gottes aufnimmt.“[2]

Dem Glauben geht auch für Erasmus, wie für die Reformatoren, die Erkenntnis voraus, daß kein Sterblicher vor dem Gesetz bestehen kann. „Die ganze Welt ist gleich schuldig vor Gott. Das Gesetz des Mose – nach dem Buchstaben befolgt – hat nicht die Kraft, irgendjemand gerecht und unschuldig vor Gott als Richter zu machen.“ Es dient dazu, „daß jeder besser die eigene Sünde erkennt“, so die ‚Paraphrase‘ zu Röm 3,19.[3]

Erasmus hat den Römerbrief genau übersetzt und nach bestem Wissen und Gewissen angemessen ausgelegt. Aber nicht nur da, wo die Vorlage den sorgfältigen Exegeten zwang, eine paulinische Rechtfertigungslehre zu entwickeln, ist Erasmus auf sie eingegangen. Die Rechtfertigung durch den Glauben gehört fortan zum Grundbestand seiner Theologie. So findet man etwa in seiner ‚Paraphrase‘ zu Mt 1 dieses vom Evangelisten in keiner Weise vorgegebene Hohelied auf die Rechtfertigung durch den Glauben: „Denn wie Gott nicht nur der Juden Gott ist, sondern der ganzen Welt gemeinsam wie die Sonne, so ist Jesus Christus, sein Sohn, in diese Welt gekommen, alle selig und heil zu machen. Für alle Menschen ist er gestorben, allen ist er erstanden und für alle zum Himmel aufgefahren, allen hat er seinen Geist geschickt. ... Durch seinen Tod sind einmal im Bad alle Sünden des vorigen Lebens abgewaschen. Sie werden keinem Menschen, der glaubt, mehr zugemessen, wie schrecklich seine Verbrechen auch sein mögen. Ein für alle Mal ist der unschuldige Christus gestorben, um sie zu büßen. ... Christus fordert von niemandem die schwere Bürde des Gesetzes. ... Er begehrt von uns nur einen löblichen Glauben in das, was er verkündigte und ein gewisses Vertrauen und eine feste Hoffnung auf die Dinge, die er uns verheißt.“[4]

---

[1] ASD V-1, S. 236, 912 f.
[2] ASD V-1, S. 224, 562 f.
[3] LB VII, c. 786 D.
[4] LB VII, c. 2 B f.

Auch als es mit dem heraufziehenden Konfessionalismus immer gefährlicher wurde, die Werkgerechtigkeit mit Paulus abzulehnen, hat Erasmus gegenüber seinem Kritiker Béda, der ihn anklagte, lutherische Häresien zu verbreiten, daran festgehalten. „Kein Werk des Menschen ist gut genug, um das ewige Leben damit zu verdienen",[1] erklärte er ihm und fragte andernorts Béda: „Dürfen wir etwa, weil andere über die guten Werke und die Satisfaktion schlecht lehren, dem Glauben nicht mehr zuteilen, was ihm nach den Sätzen der Heiligen Schrift zusteht?"[2]

Die Rechtfertigungslehre des Erasmus steht der der Reformatoren sehr nahe. Aber auch auf katholischer Seite gab es – zum Teil durch Erasmus angeregt – Gleichgesinnte. Contarini und Gropper konnten sich mit Melanchthon auf dem Regensburger Religionsgespräch von 1541 schnell auf eine gemeinsame, von Gropper formulierte Rechtfertigungslehre ganz im Sinne des Erasmus einigen.[3] Aber auch nachdem Johannes Gropper sich enttäuscht vom Unionswerk abgewendet hatte und keinerlei Rücksicht mehr auf protestantische Bedenken nehmen mußte, diskutierte er nicht nur mit Gelehrten seine Rechtfertigungslehre, er verbreitete sie auch in weiten Kreisen mit seinen „Capita" von 1546. Ein Jahr später wurden sie gar in deutscher Übersetzung publiziert. Da wird eine Rechtfertigung ohne jeden Verdienst des Menschen allein durch Christus gelehrt. Gropper scheute sich nicht, in diesem Katechismus von der Rechtfertigung durch den Glauben zu sprechen. Christus wurde danach Mensch, „uff das er uns durch den glauben an jn / kinder Gots mächte".[4] In der Rechtfertigungsdebatte von 1546 in Trient wurden sehr differenzierte Voten abgegeben. Eine erasmische Rechtfertigungslehre konnte sich indessen nicht mehr durchsetzen.[5] Wenn Erasmus 1533 behauptete, zwischen den Alt- und Neugläubigen seien keine wesentlichen dogmatischen Fragen strittig, – einzig in der Willenslehre denke man kontrovers – so hatte er gute Gründe dafür und konnte es in guten Treuen vertreten.[6]

---

[1] LB IX, c. 589 F ff.

[2] LB IX, c. 482 E.

[3] Vgl. Hubert Jedin: Kirche des Glaubens, Kirche der Geschichte. Ausgewählte Aufsätze und Vorträge. Freiburg 1966, Bd. I, S. 364 f.

[4] Johannes Gropper: Hauptartikel christlicher Unterrichtung zur Gottsäligkeit. o. O. 1547, B V r; vgl. auch B III v; R V r; S II r f.

[5] Vgl. Hubert Jedin: Geschichte des Konzils von Trient. Bd. II. Die erste Trienter Tagungsperiode 1546/ 47. Freiburg 1951 (2. Aufl.), S. 139 ff.

[6] Vgl. LB V, c. 500 C f.

Gesetz und Heiligung

Was für die Vorwürfe, Erasmus sei ein Arianer gilt, gilt auch, sofern sie den Theologen nach 1515 betreffen, für die Vorwürfe, Erasmus sei ein Pelagianer. Im ‚Enchiridion' hatte Erasmus zweifellos eine pelagianische Sicht. In seinen ‚Annotationes' und in seinen ‚Paraphrasen' aber hat Erasmus eindeutig und klar eine Rechtfertigung allein durch den Glauben gelehrt. Vorwerfen konnte man ihm indessen, er bestreite mit seiner Exegese die Erbsündenlehre, die in der klassischen Entfaltung der Rechtfertigungslehre eine große Rolle spielte. Tatsächlich hatte Erasmus ja die Erbsünde, wie sie Augustin und ihm folgend das Abendland mit der Zeugung verband, schon 1498 abgelehnt und seine Meinung später nie geändert.[1] Unbeirrt hielt er an seiner Übersetzung und Auslegung von Röm 5,12 in allen Ausgaben fest.[2] Erasmus bestritt nicht, daß jeder Mensch ein Sünder sei, aber den Automatismus des augustinischen Erbsündenbegriffs lehnte er ab. Das haben Lee und Luther richtig gesehen.

Luther hatte ihm noch mehr vorzuwerfen. Erasmus konnte nicht wie der Reformator im Gesetz nur einen Fluch sehen. Sicher, das Gesetz ist auch für ihn „Fleisch", „Schatten", „Schein", „Knechtschaft", während das Evangelium „Geist", „Licht", „Wahrheit" und „Freiheit" ist, so im ‚Argumentum' zur ‚Galaterparaphrase' vom Mai 1519.[3] Noch schärfer formuliert Erasmus im erbaulichen Spätwerk ‚Über die Vorbereitung zum Sterben' von 1534: „Durch Mose nämlich ist das Gesetz gegeben, das unsere Ungerechtigkeit hervorbringt, aber die Gnade ist durch Christus Jesus geworden, der uns seine Gerechtigkeit mitteilt"[4]. Das ist aber für ihn nur die eine Seite. Abgetan ist für ihn durch Christus nur das äußere Gesetz, die Zeremonien, nicht aber das ganze Gesetz, das Christus erfüllt hat, und das für ihn das Gesetz der Liebe ist. Das gilt es vielmehr zu halten. Es dient der Heiligung und ist untrennbar mit dem Glauben verbunden: „Der Glaube gebiert gute Werke, aber jene ernähren wiederum ihren Erzeuger."[5] Ob der Glaube die Werke, oder die Werke den Glauben ernähren, oder gar rechtfertigen können, darüber könne man, so Erasmus Ende 1529, immerhin diskutieren,[6] obwohl er selbst unmißverständlich betont hatte, daß Christus ohne Verdienst gerecht spricht und die Werke nichts nützen: „nam soli fidei

---

[1] Vgl. LB VI, c. 585 B-C und die hilfreichen Anm. dazu aus CWE 56, S. 151 f., sowie LB V, c. 622 C. S. auch o. S. 50.

[2] LB VI, c. 584 B f. und die Anmerkung dazu: c. 584 F ff. Vgl. o. S. 121 f..

[3] LB VII, c. 943/4.

[4] ASD V-1, S. 374, 833 f.

[5] ASD V-1, S. 294, 588 f.

[6] ASD IX, S. 295, 341 f.

datur, non meritis operum".[1] Das aber ist für ihn sicher: „Ohne Glauben gibt es keine Hoffnung auf Rettung, und aus dem Glauben werden durch die Liebe notwendig gute Werke geboren, so daß unverschämt den Glauben im Munde führt, wer sich nicht um gute Werke bemüht, und daß sich umsonst Heil versprechen, die sich eines Glaubens rühmen, der von guten Werken entblößt ist."[2] Der Buchstabe des Gesetzes ist für Erasmus abgetan, den Geist des Gesetzes aber gilt es zu erfüllen. 1533 ging Erasmus so weit zu formulieren: „Das ganze Gesetz stimmt mit dem Evangelium überein." Das Evangelium befreie vom Gesetz nur insofern, „als wir – von der Liebe angespornt – gerne tun, was das Volk der Juden nur aus Furcht vor Strafe tat. ... Christus kam nicht dazu in die Welt, daß wir ungestraft sündigen könnten, sondern damit wir überhaupt nicht mehr sündigen sollen, wir, die in Christus neu geboren wurden, der keine Sünde kannte".[3]

So nahe Erasmus Melanchthon und Zwingli mit seinem Gesetzesverständnis stand,[4] so sehr bot er doch Luther Angriffsflächen, ihm Werkgerechtigkeit und Moralismus vorzuwerfen.

Zur Willenslehre

1527, drei Jahre nach der ‚Diatribe‘, in der Erasmus die Willensfreiheit gegenüber Luther verteidigte, wurde der Humanist von seinem Freund Thomas Morus aufgefordert, erneut gegen Luther zu schreiben. Erasmus lehnte ab. Man müßte Luther zwar nur von zwei Lehren abbringen, damit er sich verkrieche: Erstens von seinem Gesetzesverständnis: Luther lehre, das Gesetz habe keinen anderen Nutzen, als daß wir unsere Sünde erkennen. Zweitens von seiner Sündenlehre: Für Luther sei die Menschheit durch Adam so korrumpiert, daß sogar der Heilige Geist nichts als Böses hervorbringen kann. Aber fragt er sich: „Mit welchen Waffen soll man einen Menschen bekehren, der nichts annehmen will als die Heiligen Schriften, die er seinem System anpaßt."[5] So das Urteil des Erasmus über Luther. „Wollte ich im Sinne der altgläubigen Theologen und Mönche schreiben, die der Werkgerechtigkeit zu viel zuteilen, weil sie aus ihr Gewinn ziehen, so müßte ich gegen mein Gewissen schreiben und würde wis-

---

[1] LB VII, c. 961 B.

[2] ASD IX, S. 295, 343 f.

[3] ASD V-1, S. 302, 858 f.

[4] Vgl. dazu Christine Christ-v. Wedel: Zur Christologie von Erasmus von Rotterdam und Huldrych Zwingli, in: Harm Klueting und Jan Rohls (Hrsg.): Reformierte Retrospektiven. Emder Beiträge zum reformierten Protestantismus 4. Wuppertal 2001, S. 19 f.

[5] Allen VII, S. 7, 51 f.

send den Ruhm Christi verdunkeln. Wollte ich aber mit Mäßigung schreiben, indem ich dem freien Willen ein wenig, das meiste aber der Gnade zuteile, würde ich beide Parteien schockieren. Das ist mir mit der ‚Diatribe' passiert."[1] Er schließt eine kritische Diskussion um die Willenslehre bei Augustin an und gesteht dann seinem Freund: „Mir würde die Meinung nicht mißfallen, nach der wir auf Grund unserer reinen natürlichen Kräfte und ohne besondere Gnade de congruo – wie jene sagen – die Gnade ergreifen könnten. Aber Paulus widerspricht. Im Übrigen lassen sogar die Scholastiker diese Meinung nicht zu."[2]

Paulus widerspricht, das war für Erasmus ausschlaggebend. Immerhin war noch im Juli 1524 von ihm ein Traktat über die Barmherzigkeit Gottes erschienen, in dem ein so lutherisch klingender Satz stand wie: „Hic si nihil est, quod tuis meritis possis adscribere." – Wenn hier nichts ist, was du deinen Verdiensten zuschreiben kannst, „dann preise Gottes Barmherzigkeit"[3] – und der dann doch endete mit der so anstößigen Behauptung: Mit guten Werken könne man Gottes Barmherzigkeit geradezu erpressen. – „ ... extorquenda sit Dei misericordia ... ."[4] Im September des gleichen Jahres 1524 in der ‚Diatribe' hat Erasmus das Problem noch einmal gründlicher durchdacht. Er kommt zum Ergebnis: Gottes Gnade sei alles zuzuschreiben, dem freien Willen aber fast nichts; und dieses "Fastnichts" entspringe auch nicht menschlicher Fähigkeit, sondern allein Gottes Gnade. Selbst der Begnadete ist immer wieder neu auf Gottes Gnade und Zuwendung angewiesen: „Der Wille ... kann sich mit seinen natürlichen Mitteln nicht zurückrufen. ... Nach dem Verlust seiner Freiheit ist er gezwungen, der Sünde zu dienen. ... Nach den Rechtgläubigen aber kann der Wille mit Hilfe der göttlichen Gnade, die den Versuch des Menschen immer unterstützt, im richtigen Zustand bleiben. So jedoch, daß ihm die Neigung zum Bösen nicht fehlt, wegen der Spuren der einmal eingewachsenen Sünde."[5] Gott aber ruft den gefallenen und korrumpierten Menschen in seiner unfaßlichen Güte immer wieder zu einem freiwilligen Gehorsam auf und befähigt ihn, seinem Ruf zu folgen,[6] so in ‚De libero arbitrio'. In der Auslegung zu Psalm 33 heißt es entsprechend: „Gott will, daß die, die er erwählt, gerettet werden, aber so, daß sie ihr Werk mit dem göttlichen Willen verbinden. Er rettet sie durch

---

[1] Allen VII, S. 8, 75 f.
[2] Ebd. S. 8, 91 f.
[3] LB V, c. 571 F.
[4] Ebd. c. 585 C.
[5] LB IX, c. 1221 E f.
[6] LB IX, c. 1244 A f.

die Gnade, aber er will, daß diese Gnade von uns erfleht wird durch Bitten, Tränen, Seufzer und Almosen."[1]

Erasmus sah durchaus die Gefahr, daß ein Beharren auf der Willensfreiheit Gottes Allmacht einschränkt. Aber es gab doch Gründe, die ihn an ihr festhalten ließen. An Morus schrieb er: „Wenn man den freien Willen nicht duldet, ist zu befürchten, daß einige die Sorge um die guten Werke aufgeben. Wir stehen der Skylla gegenüber, aber vor uns haben wir die Charybdis, die noch schrecklicher ist: Uns selbst zuzuschreiben, was ganz der göttlichen Freigiebigkeit zuzuschreiben ist. Wenn das ein irdisches Thema wäre, könnte ich es spielerisch behandeln. Aber in den Dingen, die zur Frömmigkeit gehören, ist es nicht klug, den lustigen Redner zu spielen."[2]

Nein, es war kein lustiges Thema. Glaubte Erasmus doch, die befürchtete Sittenverderbnis und Gottlosigkeit schon ausmachen zu können. 1529 in ‚Contra Pseudoevangelicos‘ schrieb er: „Was ist denn die neue evangelische Freiheit anderes, als daß jeder tut und denkt, was ihm gefällt?"[3] Mit Schaudern stellt er fest: „Schon fürchte ich, unter dem Namen (des Evangeliums) stehen viele Heiden auf, die sich um so freier dünken, wenn sie weder an den Himmel noch die Hölle oder die Unsterblichkeit der Seele glauben. Dabei führen sie die befreiten Gewissen im Munde. Die vollendete Frömmigkeit hat ein ruhiges Gewissen, aber das hat auch die höchste Ruchlosigkeit. Und ich möchte lieber ein unruhiges Gewissen, das der Glaubenssame ständig antreibt und nicht zur Ruhe kommen läßt. Ein unheilbares Übel ist es, nichts mehr zu empfinden."[4]

Der Historiker wird bezweifeln, daß die reformatorische Willenslehre Sittenlosigkeit und Atheismus förderte, in der Vorstellung des Erasmus aber war sie eine echte Gefahr, die dem christlichen Europa drohte, der „res publica christiana", die er sich wünschte und für die er unermüdlich warb.

Gott wirkt nichts Böses

Aber das war nicht der einzige Grund, der Erasmus davon abhielt, eine doppelte Prädestination, also eine Vorherbestimmung zur Seligkeit *und* zur Verdammnis, zu lehren, die für ihn wie für die Reformatoren aus einer Ablehnung der Willensfreiheit folgen mußte. Der andere Grund lag tiefer, in der Mitte seines Glaubens. Luthers Lehre vom unfreien Willen verwundete ihn zutiefst, weil sie

---

[1] ASD V-3, S. 130, 345 f.
[2] Allen VII, S. 8, 96 f.
[3] ASD IX-1, S. 294, 307.
[4] ASD IX-1, S. 295, 346 f.

sein Gottesbild antastete. Denn „wer leugnet, daß es überhaupt einen freien Willen gibt, und dagegen alles durch absolute Notwendigkeit geschehen läßt, der bekennt, daß Gott alles bewirkt, nicht nur die guten Werke, sondern auch die schlechten. Daraus scheint zu folgen: wie der Mensch in keiner Weise als Urheber der guten, so kann er auch in keiner Weise als Urheber der schlechten Werke benannt werden. Diese Meinung scheint ganz offen Gott Grausamkeit und Ungerechtigkeit zuzuschreiben. Davor schaudern fromme Ohren entsetzt zurück. (Denn Gott wäre nicht Gott, wenn irgendetwas in ihm eines Fehlers oder einer Unvollkommenheit fähig wäre.)"[1] Immer wieder kommt Erasmus in seiner ‚Diatribe' darauf zurück, daß doch niemand einen Gott lieben könne, der selbst das Böse wolle und wirke und die Menschen dafür mit der Hölle bestrafe.[2]

Nun hat natürlich auch Luther Gott Vollkommenheit zugesprochen. Für ihn war Gottes Vollkommenheit umgekehrt angetastet, wenn man Gott absprach, daß er alles in allem wolle und wirke. Für ihn wäre Gott geradezu „lächerlich", wenn nicht alles nach seinem Willen in absoluter Notwendigkeit geschähe, und er hatte erfahren, daß ihm, wenn er diesem Gedanken standhielt, Gottes Gnade besonders nahe war. Er gestand: „Ich selbst habe mich mehr als einmal daran gestoßen bis in die Tiefe und den Abgrund der Verzweiflung, so daß ich wünschte, niemals als Mensch geschaffen zu sein, ehe ich erkannte, wie heilsam jene Verzweiflung ist und wie nahe der Gnade."[3] Wenn aber für Luther alles mit Notwendigkeit nach Gottes Willen geschieht, dann mußte Luther jede Kontingenz bestreiten und eben auch das Böse von Gott gewirkt sein lassen.[4]

Nichts deutet darauf hin, daß Erasmus ähnliche Anfechtungen durchlitten hätte. Wohl war auch er bereit, nicht nur Freuden, sondern auch Leiden und Verlust aus seines Gottes Hand vertrauensvoll anzunehmen, aber doch immer in der Gewißheit, daß das zu seinem Besten diene und im Bewußtsein, daß auch Gott selbst gelitten hat. Erasmus scheint sich nur auf dieser Ebene mit der Theodizeefrage beschäftigt zu haben.[5] In seiner ‚Epistola consolatoria' von 1528 schrieb er: „Wenn die Leute sehen, wie gute Christen heimgesucht werden durch Krieg, Verlust des Eigentums, Exil, Folter und Tod, dann fragen Ungläubige: ‚Wo ist ihr Gott?' Wenn das doch wenigstens nicht auch unter

---

[1] LB IX, c. 1245 C f.
[2] LB IX, c. 1217 F; c. 1226 B; c. 1228 B f., bes. D; c. 1229 A; c. 1230 A; c. 1242 F; c. 1246 C/D.
[3] WA 18, S. 719, 9 ff.
[4] WA 18, S. 615, 12 ff.; S. 709, 10 f.
[5] Vgl. Robert D. Sider: The Just and the Holy in Erasmus' New Testament Scholarship, in: ERSY 11 (1991), S. 26.

Christen gehört würde! Aber es wiegt schwerer, so oft solche Stimmen in unseren Herzen aufbrechen, ja manchmal geradezu in Blasphemie ausarten, wenn wir in unseren Gedanken, überwunden von Trauer und Ekel, Gott erbarmungslos nennen, ungerecht, ungerührt von menschlichen Sorgen und den Bösen gütiger zugewandt als den Guten. Denn die erfreuen sich gewöhnlich größerer Erfolge als die Frommen. Wenn wir das tun, dann haben wir nicht verstanden, daß unser Herr durch Leiden und Schande zur Herrlichkeit einging. Wir vergessen, was Paulus an Timotheus schrieb: Alle, die fromm in Jesus Christus leben wollen, werden in dieser Zeit verfolgt werden."[1] Angesichts des Leidens und Sterbens Christi für und mit dem Menschen verstummten für Erasmus die bohrenden Fragen nach Gottes Gerechtigkeit.

Erasmus hat hier in den Vers an Timotheus „in hoc saeculo (in dieser Zeit)" eingetragen. Der Einschub ist ihm wichtig. Weist er doch auf die Hoffnung, daß „das Leiden bald ein Ende haben wird, gefolgt von der ewigen Seligkeit".[2] An seiner und anderer Erwählung dürfte Erasmus nie ernstlich gezweifelt haben. Er scheint zu den begnadeten Menschen gehört zu haben, die, von ungetrübtem Gottvertrauen getragen, nicht durch solche Tiefen der Verzweiflung zu gehen haben. Nichts deutet darauf hin, daß er je ernstlich an Gottes Güte gezweifelt hätte. Ebensowenig machte ihm das Verhältnis von Gerechtigkeit und Güte Schwierigkeiten, das die Reformatoren beschäftigte. Auf die Frage, wie Gott denn gerecht sein könne, wenn er die Bösen schone, hätte er wohl mit Anselm geantwortet: Gott schafft, indem er verschont, auch aus dem Bösen Gutes. Das sei höchste Gerechtigkeit.[3] Immer wieder hat Erasmus erklärt, daß Gott die bösen Taten der Menschen in Segen verwandle. So diente nicht nur die Herzenshärte des Pharao dem Erweis von Gottes Größe. Die Verurteilung Jesu diente schließlich unser aller Erlösung.[4]

Aber es kam ihm gar nicht darauf an, Gottes Gerechtigkeit als höchste zu erweisen. Kühn erklärte er im Traktat über die Barmherzigkeit: „In Gott, der von einfacher Natur ist, ist nichts, das mit ihm streitet. Und dennoch, wenn wir auf das sehen, was uns widerfährt, scheint doch ein Kampf ausgetragen zu werden zwischen Gottes Gerechtigkeit und seiner Barmherzigkeit (si spectemus ea, quae nobis eveniunt, videtur certamen esse inter Dei iustitiam et eius miseri-

---

[1] LB V, c. 610 F (vgl. Ps 79,10 und 2 Tim 3,12) und ASD V-1, S. 235, 881 f.
[2] LB V, c. 611 A.
[3] Anselm: Proslogion, cap. IX (MPL 158, c. 232 f.); vgl. für Erasmus: LB VII, c. 267 D.
[4] LB VII, c. 267 D und c. 808 A f.

cordiam). Die Gerechtigkeit ruft nach Strafe, aber die Barmherzigkeit erhebt sich gegen sie wie eine Siegerin."[1]

Die Argumente Luthers mußten an Erasmus abprallen. Weder verstand er die Glaubensanfechtungen des Wittenbergers, noch sein Gottesbild mit den dunklen Seiten des ‚deus absconditus'. Für Erasmus war es nicht nötig, ja undenkbar, mit Luther neben dem im Wort „geoffenbarten Gott" noch einen „verborgenen" anzunehmen und neben dem „geoffenbarten Willen", der den Tod des Sünders nicht will, einen „unerforschlichen Willen", der eben gerade dessen Tod fordert.[2]

Zum Vorwurf, die Allversöhnung zu lehren

Wenn Luther Erasmus 1525 in ‚De servo arbitrio' vorwarf, eigentlich wolle er auf die Allversöhnung hinaus,[3] dann tat er ihm zwar Unrecht, wies aber doch auf den wesentlichen Unterschied in ihrem Gottesbild hin. Erasmus war nicht bereit, um die Erhabenheit und Gerechtigkeit Gottes zu retten, seine Güte anzutasten. Entsprechend mußte er zur Allversöhnungslehre neigen.[4] Offen aber hat er sie nicht gelehrt. In seinem Traktat ‚Über die unermessliche Barmherzigkeit Gottes' wird die Versöhnungslehre des Origenes als häretisch bezeichnet, aber doch als Beispiel für ein großes Vertrauen in Gottes Güte gewürdigt.[5] Das Gericht mit seiner letzten Konsequenz, der Verwerfung, wird nicht ausgeklammert. Erasmus hat in seinen exegetischen Schriften die Gerichtsworte nicht weginterpretiert, er hat im Gegenteil in seiner ‚Erklärung des Apostolikums' das Jüngste Gericht mit seiner Scheidung von Guten und Bösen als einen besonders wichtigen Artikel bezeichnet. Aber warum er ihm wichtig ist, ist entlarvend, nicht, weil so Gottes Gerechtigkeit und Größe gewahrt bliebe, sondern weil dadurch die Guten getröstet, die Bösen aber voll Schrecken von Verbrechen abgehalten werden.[6] Das Gericht hat da seinen Grund nicht in Gottes Gerechtigkeit, es tritt in den Dienst der Erziehung, ist also in Gottes gütiger Zuwendung zum Menschen begründet. An anderer Stelle hat Erasmus sich indessen nicht gescheut, das Gericht vorsichtig auch auf Gottes Gerechtigkeit und Macht weisen zu lassen. Aber auch dort argumentiert er nicht: Gottes Gerechtigkeit und Allmacht begründen die Verwerfung, sondern umgekehrt: „Selbst

---

[1] LB V, c. 584 F. Vgl. das Motiv vom Streit der Eigenschaften Gottes o. S. 37 f.
[2] WA 18, S. 685, 25 f.
[3] WA 18, S. 708, 4 f.
[4] Vgl. LB X, c. 1488 C f.
[5] LB V, c. 568 C/D.
[6] ASD V-1, S. 288, 429 f.

die Hölle und die Menge der unfrommen Geister predigen seine unbesiegte Macht, der niemand widerstehen kann: die Wahrheit in seinen Versprechen, die Gerechtigkeit in seinen Belohnungen, die Güte gegen die, die er von so vielen Übeln barmherzig errettet und zu so großer Glückseligkeit erwählt."[1] Die Lehre vom Gericht hat Erasmus nicht übergangen, sie konnte aber sein unbeschränktes Vertrauen in Gottes Güte nicht antasten. Typisch ist seine Entfaltung der zweiten Vaterunserbitte. Da betet Erasmus dogmatisch korrekt: Dein Reich möge sich ausbreiten, „bis alle herangebracht sind, die dein Wille für dieses Reich bestimmt hat", um schließlich die hoffnungsvolle Bitte anzuschließen, daß am Ende „sich ja niemand von dir und deinem Sohn abwende und in die Tyrannei des Teufels zurückfalle".[2]

Der exegetische Befund verbot Erasmus eine Allversöhnung zu lehren, er verbot ihm aber nicht, Gott von aller Beteiligung am Bösen freizusprechen. Erasmus mußte darum geradezu, wollte er seinem Gottesbild treu bleiben, den Taten der Menschen auf Erden Kontingenz zu- und eine reine Notwendigkeit absprechen. Er mußte den freien Willen verteidigen, um Gott von allem Bösen freizuhalten. Das hat er denn auch in der ‚Diatribe' mit geradezu ermüdender Penetranz getan. Immer wieder stellt er die „mera necessitas", die reine Notwendigkeit, in Frage, die sich mit Gottes Mahnung, seine Gebote zu halten und das Gute zu wählen, schlechterdings nicht in Einklang bringen lasse.[3]

Luther hatte umgekehrt große Schwierigkeiten, überhaupt von einer Versöhnung für alle zu sprechen und einen Zuspruch wie: „Gott will, daß allen geholfen werde (1 Tim 2,4), gelten zu lassen.[4] In seinem Sendbrief an Hans von Rechenberg hatte der Reformator schon 1522 klargemacht, seine Überzeugung, „das on glawben Got niemant will noch kan selig machen", sei exklusiv zu verstehen. Wer vor Gottes Gericht zurückschrecke, dem sei ein „tragender Glaube" abzusprechen.[5]

Die Auslegung von Römer 9

Mit welchen Gründen hat Erasmus die doppelte Prädestination abgelehnt? Zu betrachten sind zunächst seine exegetischen Beweise, wobei nur auf den wichtigsten eingegangen werden kann, sonst müßte fast die ganze Diatribe be-

---

[1] ASD V-5, S. 314, 43 f. und bes. S. 318, 120 f.
[2] LB V, c. 1222 C f.
[3] LB IX, c. 1226 F; c. 1227 D; c. 1227 F ff.; c. 1229 E f.; c. 1232 A f.; c. 1241 E; c. 1242 B f.
[4] Vgl. Thomas Reinhuber: Kämpfender Glaube. Studien zu Luthers Bekenntnis am Ende von De servo arbitrio. Berlin 2000, S. 213.
[5] WA 10,2, S. 322 ff.; bes. S. 324, 19 f.

sprochen werden, weil sie voller biblischer Belege steckt. Die wichtigste Grundlage für eine Prädestinationslehre und ein Ablehnen des freien Willens war und ist Röm 9,6 ff. Da heißt es, Gott habe Jakob geliebt und Esau gehaßt, schon, als die Zwillinge noch im Mutterleibe waren. Gott erbarme sich, wessen er will, und verhärte, wen er will. Er habe den Pharao auftreten lassen, um an ihm seine Macht zu erweisen, auf daß sein Name auf der ganzen Erde verkündigt werde. Wie geht Erasmus damit um? Für ihn ist es nicht Gott, der den Pharao verhärtet. Gott gäbe ihm mit immer neuen Strafen gar einen Aufschub und allen Anlaß zur Umkehr. Es ist der Pharao selbst, der Schuld an seiner Herzenshärte trägt. „Gott aber benutzte die Schlechtigkeit des Pharao zu seinem Ruhm und zum Heile seines Volkes."[1] Und wie steht es mit den Zwillingen Esau und Jakob, von denen Gott den einen liebte und den anderen haßte? Das, so Erasmus, darf nicht buchstäblich verstanden werden. Gott liebt und haßt nicht wie wir Menschen. Und dort wird nicht von einem Haß gesprochen, der in Ewigkeit verdammt, sondern von einer zeitlichen Heimsuchung. Mit dieser bildlichen Redeweise wollte Paulus nicht „die Notwendigkeit beweisen", sondern die Arroganz der Juden eindämmen, die glaubten, als Nachkommen Abrahams einen besonderen Anspruch auf die evangelische Gnade zu haben.[2]

Erasmus hat hier auf seine ‚Paraphrase' zu Röm 9 vom November 1517 zurückgegriffen.[3] Er hatte es sich dort nicht einfach gemacht. Zu Vers 15 kommentierte er: „Es scheint (Quasi)" – so die Formulierung von 1517, 1532 drückt sich Erasmus schärfer aus: „Quum" – „nicht am Wollen oder Laufen zu liegen, ob einer gerettet wird, sondern an der Gnade Gottes. Denn umsonst sehnen wir uns, umsonst bemühen wir uns, wenn nicht Gott uns nach seinem Willen zu sich zieht. Er zieht aber zu sich, wen es ihm beliebt, sogar solche, die nichts verdient haben und verwirft solche, die an nichts schuldig geworden sind." 1517 hatte er den Satz folgen lassen: „Oder besser: ein kleiner Teil liegt an unserem Willen und unserer Anstrengung, obwohl dieser Teil so gering ist, daß er nichts zu sein scheint im Vergleich zur freien Güte Gottes." 1532 lautete der Satz: „Daraus folgt jedoch nicht, daß Gott zu irgendjemand ungerecht ist, sondern daß er sich vieler erbarmt." Denn, so Erasmus: „Niemand ist verdammt, außer aus eigener Schuld, und niemand erlöst, außer durch die Gnade Gottes. Welche er erwählt, die werden durch ihn gewürdigt, aber so, daß du, erbar-

---

[1] LB IX, c. 1230 F.

[2] LB IX, c. 1232 F.

[3] Vgl. In epistolam Pauli Apostoli ad Romanos paraphrasin per Erasmum Roterodamum. Basel, Froben, 1518, S. 84 und 86 (LB VII, c. 807 D f., bes. 807 F).

mungsvoll gezogen, Grund hast ihm zu danken, aber kein Recht zu murren, wenn deine Übeltaten dich zurücksetzen."[1]

Solche Überlegungen hatten Überzeugungskraft. Ihnen verschlossen sich auch nicht alle Ohren in Wittenberg. Melanchthon schrieb 1532 in seinem Römerbriefkommentar zum 9. Kapitel: „Es ist daraus in keiner Weise zu folgern, daß Gott die Sünden wolle und wirke oder die Willen zum Sündigen zwinge. Denn es heißt: Gott will die Sünde nicht, du bist es.[2] Die Wahnideen der Stoiker über die Notwendigkeit sind zurückzuweisen." Auch für Melanchthon zieht Gott nur den, der will: „Trahit Deus, sed volentem trahit."[3]

Es kann keine Rede davon sein, daß Melanchthon hier „sachlich und wörtlich" dasselbe vertreten habe wie Luther.[4] Melanchthon lehrte nur in den Loci von 1521 eine absolute Notwendigkeit. Schon von 1527 an setzte er deutlich andere Akzente.[5] In der Confessio Augustana und in der Apologie betonte er, in äußeren Dingen könne der Mensch frei handeln, eine Möglichkeit, die Luther nur gerade zugestand.[6] Von 1532 an aber verneinte Melanchthon ganz im Sinne des Erasmus und eindeutig gegen Luther eine absolute Notwendigkeit und gestand Kontingenz zu.[7] Er wandte sich gegen die Lehre von zwei Willen in Gott[8] und traute dem menschlichen Willen zu, sich nicht von Gott abzuwenden, ja ihm zuzustimmen: Es gibt „drei Ursachen für eine gute Tat: das Wort Gottes, den Heiligen Geist und den menschlichen Willen, der zustimmt und das Wort Gottes nicht zurückweist."[9]

Man macht es sich entschieden zu leicht, wenn man die Lehre vom freien Willen dem Humanismus zuweisen wollte und die vom gebundenen Willen der Reformation. Lorenzo Valla hat einen freien Willen in Frage gestellt[10] und der ältere Melanchthon hat ihn bejaht. Die Fronten verliefen nicht so eindeutig und

---

[1] LB VII, c. 807 E f.

[2] Vgl. Ps 5,5.

[3] MCR 15, c. 981 f.

[4] Vgl. den Artikel ‚Prädestination' von Theodor Mahlmann in: TRE, 27 (1997), S. 119 f.

[5] Vgl. Heinz Scheible: Melanchthon. Eine Biographie. München 1997, S. 151 f. Vgl. auch Timothy Wengert: Human Freedom, Christian Righteousness. Philipp Melanchthon's Exegetical Dispute with Erasmus of Rotterdam. Oxford 1998, S. 142 ff.

[6] BSLK, S. 73 und S. 311; WA 18, S. 638, 4 f.

[7] MSt II/1, S. 255, 30 f.

[8] MSt II/1, S. 273, 10. Dagegen Luther: WA 7, S. 684, 35 f.

[9] MSt II/1, S. 270, 20 f.

[10] Eduard Keßler (Hrsg.): Lorenzo Valla: Über den freien Willen. De libero arbitrio (lat. dt.). München 1987. Vgl. Paul Oskar Kristeller: Acht Philosophen der italienischen Renaissance. Weinheim 1986, S. 23.

hingen nicht von einer paulinischen Rechtfertigungslehre ab, aber auch nicht davon, ob ein Denker je gänzlich an seinem eigenen Heil verzweifelte. Denn diese Erfahrung hat Melanchthon mit Luther geteilt. Er schrieb in der Apologie: „Aber dieselbigen erschrockenen Gewissen fühlen wohl, daß man de condigno noch de congruo nichts verdienen kann, sinken bald dahin in Verzagen und Verzweiflung, ..."[1] Melanchthon lehnte jede eigene Sicherheit ab, weil sie an der Angst des Gewissens zerbrach.

Erasmus dagegen hätte, wenn es allein auf sein Gewissen und seine Erfahrung angekommen wäre, eine ,gratia de congruo‘ gelehrt. Er lehnte sie ab, weil Paulus widersprach. Die persönlichen Voraussetzungen der beiden Denker waren verschieden. Dennoch konnten beide auch nach einer gründlichen Analyse von Röm 9 gegen Luther eine ,necessitas absoluta‘ ablehnen, nicht weil sie eine Prädestination grundsätzlich verneinten – beide haben eine einfache Prädestination gelehrt.[2] – Aber sie lehnten es gemeinsam ab, Gott in irgendeiner Form Böses zuzuschreiben. Über anderes war Erasmus bereit zu diskutieren, darüber nicht.

Die exegetische Beweisführung des Erasmus war – in Melanchthons Augen jedenfalls – durchaus nicht so läppisch, wie Luther sie darstellte. Sobald Erasmus aber die exegetische Beweisführung verließ, begab er sich auf schwankenden Boden. Seine logischen Vernunftsgründe, die er anführte, sind – da ist Luther zuzustimmen – enttäuschend.

Rückgriff auf die Scholastik

Erasmus betonte, gerade auch der freie Wille sei ein Gnadengeschenk Gottes, der den Willen zuerst erschaffen hat, und dann den gefallenen Willen befreit und heilt.[3] Zu Gottes Güte gehörte für ihn auch, daß „er uns nicht nur gibt, was uns zukommt, sondern gerade auch, was sein ist, uns zu eigen anbefiehlt."[4] Aber er argumentierte nun nicht frei auf dieser Ebene, von Gottes Liebe und Barmherzigkeit her, die sich über jede logische Notwendigkeit erhebt. Seine Argumentation blieb in den üblichen scholastischen Bahnen. Da wird traditionell das Verhältnis von Gottes Vorauswissen und der Zufälligkeit menschlichen Tuns diskutiert, wie es schon Hieronymus getan hatte,[5] und auf den Unter-

---

[1] BSLK, S. 164, 13 f.

[2] ASD V-1, S. 282, 276 f.; MCR 21, c. 330 f.

[3] LB IX, c. 1244 C. Vgl. auch c. 1239 B; 1241 A f.

[4] LB IX, c. 1240 D/E.

[5] Ebd. c. 1231 A f. Vgl. Hieronymus: In Jer. com. l.V, cap. 26 (MPL 24, c. 844 B).

schied von Gottes absolut freiem Willen und seiner „voluntas ordinata", seinem Willen, den er uns offenbart hat im Sinne von Duns Scotus, verwiesen.[1] Die Lehre von den Zweitursachen wird herangezogen[2] und sorgfältig mit Duns Scotus zwischen einer absoluten Notwendigkeit und einer Notwendigkeit, die einen freien Willen nicht ausschließt, unterschieden.[3]

Erasmus muß sich bewußt gewesen sein, wie fragwürdig und wenig überzeugend seine traditionellen Argumente in der ‚Diatribe' waren. Dennoch hat er sie benutzt, denn ihm standen keine besseren zur Verfügung.[4]

Seine Beweisführung bleibt weit hinter der Klarheit zurück, mit der etwa Melanchthon in seinen 1540 erschienenen ‚Initia doctrinae physicae' den freien Willen darlegte und die Kontingenz in der Freiheit des göttlichen Willens begründete.[5]

Die philosophische Begründung des freien Willens hat Erasmus nicht interessiert. Er hätte, das hat er immer wieder betont, das Problem lieber auf sich beruhen lassen[6] und am liebsten einen freien Willen gelehrt, der ohne besondere vorausgehende Gnade sich Gottes Gnade anbefehlen könne. Aber Paulus lehrte etwas anderes. Darum hat sich der Exeget des Problems angenommen, die Problematik genau studiert und seine Meinung dem exegetischen Befund, wie er sich ihm darbot, angepaßt. Die scholastische Argumentation war ihm dabei von Nutzen. Über sie hinaus gelangte er in seiner Exegese, nicht aber in seiner philosophischen Begründung.

Zwinglis Willenslehre in Auseinandersetzung mit Erasmus

Ein kurzer Blick sei noch auf Zwinglis Willenslehre geworfen: 1523 in den ‚Schlußreden' hat Zwingli in aller Härte einen freien Willen abgelehnt und eine doppelte Prädestination gelehrt. Auf die Frage, warum Gott die verdammt, in denen er selbst die Sünde bewirkt, antwortet er mit Röm 9 schroff: „Ich bin nicht in seinem Rat gesessen."[7] 1525 in seinem ‚Commentarius de vera et falsa

---

[1] Ebd. c. 1232 A. Vgl. Duns Scotus: Quaet. In lib. Prim. Sent. Dist 44 q 1 (Juxta editionem Waddingii XII tom. continentem a Patribus Franciscanis (Hrsg.): Opera omnia. Paris 1891 ff., Bd. 10, S. 746 ff.).

[2] LB IX, c. 1231 E.

[3] LB IX, c. 1232 A f. Vgl. Duns Scotus: dist 39, q. 5, 11 ff. (Juxta ed. Wadding, 1891), S. 619 ff.

[4] Vgl. o. S. 32 f.

[5] MCR 13, c. 207 ff.

[6] LB IX, c. 1215 C f.; 1216 C; 1218 B/C.

[7] Z II, S. 174, 1 ff.; bes. S. 179, 31 f.

religione' im Kapitel „de merito" entwickelte Zwingli seine Willenslehre neu. Sie zeigt deutlich Spuren der Erasmuslektüre – die ‚Diatribe' war im September 1524 erschienen. Zwingli arbeitete am ‚Commentarius' von Dezember 1524 bis März 1525. Er geht anders als 1523 auf die Angst ein, „Gott auch den Urheber des Bösen nennen zu müssen",[1] und vermeidet sorgfältig, von der Vorherbestimmung zum Bösen zu reden. Dennoch lehnt er Abstriche an Gottes Vorsehung ab. Einen freien Willen kann es für ihn nicht geben, alles ist von Gott gewirkt.[2] Aber Gott wirkt nichts Böses, sondern nur das Gute. Von einem ‚deus absconditus' oder einem verborgenen Willen Gottes, der den Tod des Sünders will, ist keine Rede. Das Kapitel über Gott im gleichen ‚Commentarius' ist vielmehr ein einziger Lobgesang auf Gottes überfließende Güte, sie ist mit Gottes Sein gleichzusetzen: Wie er „das Sein ist, so das Gute".[3] Zwingli betonte ebenso wie Erasmus, daß Gott alle Menschen versöhnen will.[4] Wie aber erklärt er dann 1525 das Böse? Er erklärt es weg! Gott wirkt das Gute. Was die Menschen für Böse halten, ist nur scheinbar böse. In ihren Augen ist es böse, weil sie unter dem Gesetz stehen. Gott aber ist frei vom Gesetz. Promiskuität, die wir bei Menschen für schändlich halten, argumentiert Zwingli, gestehen wir den wilden Tieren zu, weil sie nicht unter das gleiche Gesetz fallen. Gott aber untersteht keinem Gesetz. Darum „ist bei ihm nicht schlecht, was bei uns schändlich ist." Mehr noch: „Was wir für verderblich halten, ist aus anderer Sicht nützlich."[5] Hier unterscheidet sich Zwingli deutlich von Erasmus. So sehr dem Teufelsbild des Erasmus etwas Lächerliches anhaftete, sowenig hat er das Böse in der Welt relativiert. Es ist für ihn als verkehrtes, teuflisches und menschliches Handeln real und bedrängend. Es ist Gott ganz und gar entgegengesetzt, der freilich kann und will in seiner Güte auch das Böse zum Guten wenden.

Die Problematik der Willensfrage aber bringt Zwingli 1525 auf den gleichen Punkt wie vor ihm Erasmus. Es gelte einerseits, die Allmacht Gottes zu wahren und keine Abstriche an der Vorsehung zu machen, andererseits die Menschen mit dem Evangelium zu einem gottgewollten Lebenswandel und damit zur eigenen Willensanstrengung anzuhalten.[6] Dennoch will Zwingli nur von Gottes Vorsehung allein reden. Die Bibelstellen, die dem Menschen eindeutig einen Verdienst zuerkennen – daß es sie gibt, leugnet Zwingli nicht – die

---

[1] Z III, S. 842, 30 f.
[2] Ebd. S. 843, 23 f.
[3] Z III, S. 640, 28 f., bes. S. 645, 9.
[4] Vgl. z. B. ebd. S. 651, 14 f.
[5] Z III, S. 842 ff., bes. S. 843, 3 f.
[6] Ebd. S. 845 ff.

seien nur an die im Glauben noch Schwachen gerichtet, die Zuckerbrot und Peitsche noch brauchten, die wirklich vom Evangelium Betroffenen hätten das nicht mehr nötig.[1] Seinen Ausführungen fügt Zwingli folgende Mahnung an: „Fromme streiten nicht, sie belehren nur in Liebe. ... Nur darauf wollen wir achten: Wenn wir sehen, daß durch Gottes Mund uns zugeteilt wird, was nur Gott gehören kann, dann wollen wir seine Gnade anerkennen, die er so überreich gegen uns gebraucht, daß er uns zuteilt, was ihm allein zuzuschreiben ist. Wir wollen uns weder rühmen, noch im Streit das, worauf es ankommt, rauben."[2]

Für Zwingli gab es keine Willensfreiheit. Er entschied sich grundsätzlich anders als Erasmus, er hat aber 1525 die Diskussion im Sinne der ‚Diatribe‘ geführt und ließ sich von ihr zu neuen Überlegungen anleiten. Damit steht er Erasmus in seinem ‚Commentarius‘ nahe, so nahe, daß der Rotterdamer erklärt haben soll, es stehe darin nichts, was er nicht auch schon geschrieben habe.[3] – Ob Erasmus das tatsächlich gesagt hat, bleibe dahingestellt. Auf jeden Fall schien es informierten Zeitgenossen, Zwingli eingeschlossen, glaubwürdig. – 1530 hat Zwingli in ‚De providentia‘ seine Willenslehre noch einmal breit entfaltet. Es kommen keine neuen Argumente hinzu, aber die Zurückhaltung, die er 1525 nach der Lektüre der ‚Diatribe‘ zeigte, hat Zwingli fünf Jahre später wieder aufgegeben. Da wagt er wieder, von der Verdammnis zur Sünde zu reden.[4]

Erasmus unterstellte sich dem kirchlichen Konsens

Erasmus hat seine Willenslehre, obwohl sein persönliches Empfinden anders sprach, auf Grund des exegetischen Befundes geändert. Nun war er freilich in der Willensfrage nicht nur bereit, sich Paulus unterzuordnen. Er war auch bereit, seine Meinung dem kirchlichen Konsens zu unterstellen: In der ‚Diatribe‘ schrieb er: „Und sowenig freue ich mich an festen Behauptungen, daß ich mich lieber der Meinung der Skeptiker anschließe, wo immer es nach der unverletzlichen Autorität der Heiligen Schrift und den kirchlichen Dekreten erlaubt ist, denen ich mein Urteil überall gern unterwerfe, ob ich verstehe, was sie vorschreiben oder nicht."[5] Im ‚Hyperaspistes‘ erklärte er gar: „Nachdem die Kirche sich darauf festgelegt hat, verachte ich menschliche Beweise und folge der

---

[1] Ebd. S. 843, 35 f.

[2] Ebd. S. 845, 2 f.

[3] Z VIII, S. 333, 26 f.

[4] Vgl. bes. Z VI,3, S. 152, 14 ff. und S. 222, 18 f.

[5] LB IX, c. 1215 D.

Entscheidung der Kirche."[1] Solche und ähnliche Sätze aus der ‚Diatribe‘ und dem ‚Hyperaspistes‘ haben Erasmus die Verachtung vieler eingetragen. Luther schloß daraus, Erasmus wolle den Menschen der Kirche „ohne eigenes Urteil unterwerfen" und „es sei ihm gleich, was immer von wem auch geglaubt werde, wenn nur der Friede der Welt erhalten bleibe". Wo „Leben, guter Ruf, Besitz und Ansehen bedroht seien", sei Erasmus bereit, die Wahrheit zu verleugnen.[2]

Erasmus hat dieses Urteil sehr übel genommen. Noch kurz vor seinem Tod in seinem letzten Brief an Melanchthon vom 6. Juni 1536 kam er darauf zurück.[3] Warum konnte er nicht vornehm über die Invektiven hinwegsehen? Bezeugte sein Werk nicht zur Genüge, wie kritisch und eigenständig er selbst dachte? Zeigte er nicht, wie sehr er seine Leser zu einem eigenen Urteil zu erziehen trachtete, wenn er in seinen ‚Anmerkungen zum Neuen Testament‘ verschiedene Auslegungen nebeneinanderstellte? Wie sollte eine so ungeheuerliche Behauptung Erasmus treffen? Bezeugte sein Werk nicht auch, wieviel ihm am Glauben seiner Leser lag, wenn er sich immer wieder engagiert für das als evangeliumsgemäß Erkannte einsetzte, auch wenn es umstritten war, wie seine Rechtfertigungslehre? Bleibt also nur noch der dritte Vorwurf, der Vorwurf, Erasmus sei feige. Es spricht einiges dafür, daß es dieser Punkt war, der Erasmus besonders traf. Hier war er verwundbar. Hier war seine schwache Stelle.

Im ‚Hyperaspistes‘ erklärte er, er sei nur Skeptiker in bezug auf zweifelhafte Auslegungen. Was in der Heiligen Schrift klar überliefert und von der Kirche dogmatisch festgelegt sei, das wolle er freudig behaupten: „Hier wünsche und habe ich auch so wenig einen skeptischen Geist, daß ich keineswegs zögere, dafür dem Tod entgegenzugehen."[4] Es besteht guter Grund daran zu zweifeln. Erasmus hat nach dem Zeugnis seiner Freunde seinen Tod auf dem Krankenbett würdig und fromm erwartet. Von einer tapferen Todesbereitschaft zur Unzeit aber hat sich kein Zeugnis erhalten. Im Gegenteil: Ängstlich ist er immer wieder vor Seuchen geflohen und hat hypochondrisch jede echte oder eingebildete Todesgefahr gemieden. Es sei denn, man wollte seine Reisen über die Alpen und über den Kanal mit Huizinga als besondere Mutproben würdigen. Erasmus hat, obwohl er Streitereien haßte, von 1520 an einen Gutteil seiner Arbeitskraft seinen ‚Apologien‘ gewidmet. Die Sorge um seinen guten Ruf

---

[1] LB X, c. 1258 E.
[2] WA 18, S. 605, 1 f. und 15 f.
[3] Allen XI, S. 332, 5 f.
[4] LB X c. 1262 D.

und die Angst vor einem Häresieprozess ließen ihn nicht zur Ruhe kommen. Diese Angst war keine Einbildung. Die Scheiterhaufen brannten, und nur seine hohen Gönner in Rom bewahrten ihn zu Lebzeiten vor Verfolgung. In Trient konnten seine Anhänger eine Indexierung seines Werkes nicht mehr verhindern. Die Angst hat Erasmus nicht nur zu fragwürdigen Polemiken veranlaßt, die auf persönliche Beleidigungen, ja Verleumdungen nicht verzichteten. Sie hat ihn auch getrieben, gute Freunde fallen zu lassen. Mit dem verfolgten und schwer kranken Hutten hatte er kein Mitleid. Er hat den ehemaligen Freund, der freilich längst andere Wege, die Wege der „aufrührerischen" Reformation, ging, nicht mehr empfangen und ihn öffentlich angeklagt. Sogar Vives, von dessen Streben, Glaubenshaltung und Stil ihn kaum etwas trennte, hat er seine Unterstützung entzogen, als dessen Familie der Inquisition zum Opfer fiel.[1] Nein, ein Märtyrer, ein Glaubensheld voll Todesverachtung, war Erasmus nicht.

Daß Erasmus bereit war, sich dem allgemeinen Konsens der Kirche zu beugen, scheint noch eine andere Frage aufzuwerfen. Ist Erasmus 1524 auf den Konziliarismus oder gar Papalismus eingeschwenkt?[2] Nein, eindeutig nicht. Auch in der ‚Diatribe' erklärt er: „Nicht daß ich, wie bei menschlichen Versammlungen, nach der Zahl der Jastimmen oder nach der Würde der Votanten meine Meinung bilden wollte. Ich weiß, daß es öfter vorkommt, daß die größere Partei die bessere besiegt und daß nicht immer das das Beste ist, was die meisten unterstützen. ... Ich bekenne: Es ist angemessen, daß die Autorität der Heiligen Schrift allein die Voten aller Sterblichen überstimmt. Aber hier geht der Kampf nicht um die Schrift, ... sondern um die Auslegung."[3]

Dahinter verbirgt sich ein sehr hartes Urteil über die Reformation. Denn Erasmus drückt damit aus: Die einzige Glaubensfrage, die nach seinem Urteil die Reformatoren von der Kirche trennte, die einzige Glaubensfrage also, um derentwillen sich die Reformatoren abgespalten hatten und damit das ganze Reich in Aufruhr brachten, diese einzige Frage sei gar keine grundsätzliche der Schrift, sondern eine Frage der Auslegung, im Grunde ein nebensächliches Gelehrtengezänk. Kein Wunder, daß Luther empört reagierte.

---

[1] Vgl. Carlos Gilly (1985), S. 178 f.
[2] S. dazu u. S. 195 f.
[3] LB IX, c. 1219 A f.

Der Umgang mit dem Dogma

Dieses Kapitel behandelte wichtige dogmatische Stücke, die Trinitäts- und Gotteslehre, die Rechtfertigung und die Willensfreiheit. Es stellt sich die Frage nach einem systematischen Zusammenhang. Gibt es überhaupt einen systematischen Zusammenhang bei diesem Denker, der immer wieder seinen Abscheu vor der scholastischen Dogmatik seiner Zeit, aber auch Vorbehalte vor der systematischen Arbeit Melanchthons geäußert hat? Noch in seinem letzten Brief an ihn – schon vom Tode gezeichnet – schrieb er im Blick auf die ‚Loci' von 1535: „Der übernimmt eine schwere Aufgabe, der die Regeln des katholischen Glaubens weitergibt. Wenn er irgendwo unstimmig ist, schwankt seine Autorität in allen Punkten."[1] Die Vorbehalte des Humanisten gegen jede dogmatisch fixierte Theologie waren so groß und sind so offenkundig, daß Chomarat immerhin noch 1981, also nachdem die siebziger Jahre Erasmus als Theologen wiederentdeckt hatten, ihm absprach, überhaupt ein Theologe zu sein.[2] Nun – hier ist zu fragen, was denn unter einem Theologen zu verstehen ist. Wenn nur der ein Theologe ist, der es wagt, mit überzeitlich gültigem Anspruch eine Summe oder ein Bekenntnis zu verfassen, das mit der Definition von Gottes Sein beginnt und, eins aus dem anderen ableitend, mit der Ordnung in Staat und Kirche endet, dann war Erasmus kein Theologe. Ist aber ein Theologe, wer versucht, für seine Zeit Gottes Offenbarung neu und verbindlich auszusagen, und wer die Welt und ihre Geschichte, auch in ihren niedrigsten Teilen nur glaubt verstehen zu können, wenn er „alles auf Gott bezieht, in dem Anfang, Entwicklung und Vollendung von allem ist",[3] dann war Erasmus in höchstem Maße ein Theologe. Eben keiner, der glaubte, alles „auf Ursachen und Prinzipien" aufbauen zu können „wie die Philosophen", sondern einer, der nur vom Glauben leben wollte: „Denn der Glaube, der von Gott kommt, überwältigt alle Gewißheit der Sinne und Prinzipien, es gibt keine sichere Erkenntnis, außer der im Glauben."[4]

Eine theologische Systematik hat Erasmus in Frage gestellt, auf allgemeine Glaubenslehren aber konnte und wollte auch er nicht verzichten. Es sei nicht nur nötig, allen die Bibellektüre zu ermöglichen, forderte er, sondern auch die wichtigsten Glaubenslehren allgemein bekannt zu machen und zu unterrichten. Er ermunterte dazu, Bücher über den christlichen Glauben, über das Vaterunser, die Glaubensartikel und die Sakramente für ein breites Publikum zu schrei-

---

[1] Allen XI, S. 333, 16 f.
[2] Jacques Chomarat (1981), Bd. 1, S. 20.
[3] ASD V-1, S. 236, 910 f., bes. 914.
[4] Ebd. S. 236, 918 f.

ben.[1] Und auch für den gelehrten Studenten der Heiligen Schrift sollten „die Dogmen als Summe oder Kompendium zusammengefaßt werden und zwar vornehmlich aus den evangelischen Quellen und den Apostelbriefen, damit er feste Ziele habe, auf die er alles, was er lese, beziehen könne".[2] Erasmus läßt indessen dieser Feststellung keine ‚Summe' folgen – es wurde schon darauf hingewiesen – sondern nur einen kleinen Hinweis als Beispiel. Und was beinhaltet er? Nicht etwa einen Blick auf die Trinität, einen Artikel „de Deo", nein, die Wirkung des Geistes wird beschrieben, das neue Volk, das Christus einsetzte, die Wiedergeborenen, die ein Leben der Engel im Fleische führen, weil sie eine neue Kreatur in Christus geworden sind.[3] Also Gottes Wirken im Menschen scheint Erasmus hier allein erwähnenswert. Das gehört zum Wenigen, was bei Erasmus „Methode" hat. Im vierten Buch des ‚Ecclesiastes' wird Erasmus zwar von Gott, aber nicht von seinem Sein, sondern von seiner „Hierarchia", von seiner heiligen Herrschaft und Ordnung im Himmel und auf Erden ausgehen, seinem Walten, das im „corpus Christi mysticum" wirkt, in den Frommen, die nicht gegen seinen Willen rebellieren, sondern „in Hoffnung und Vertrauen" in der Welt wandeln.[4] Nicht daß Erasmus dort in seinem Kompendium die Trinitätslehre ausgelassen hätte, aber sie hinkt hinterher, wird erst im zweiten Anlauf bedacht.[5] Wo Erasmus dogmatische Ansätze bietet, versucht er sie konsequent von Gottes Glauben schaffendem Wirken her zu entfalten, wie es für ihn im Wort, das Jesus Christus ist, offenbart ist und weiterhin wirkt.

Er tut das beispielhaft in seiner ‚Erklärung des Glaubensbekenntnisses' von 1533, die mit einer Auslegung des Dekalogs und einem kurzen Hinweis auf das Vaterunser endet. Seine ‚Explanatio' unterscheidet sich grundsätzlich von unzähligen Auslegungen des Apostolikums, wie sie in fast allen frühprotestantischen Katechismen zu finden sind, wo ein Hausvater, Pfarrer oder Lehrer den wahren Glauben abfragt, der vom Kind in vorgefertigten Antworten eindeutig und präzise bekannt wird.[6] Luther fragt in seinem ‚Enchiridion' immer wieder: Was ist das? Und läßt auf den ersten Artikel etwa antworten: „Ich gläube, daß mich Gott geschaffen hat ... und für allem Übel behüt und bewahret, und das alles aus lauter väterlicher, göttlicher Güte und Barmherzigkeit ohn alle mein Verdienst und Wirdigkeit, des alles ich ihm zu danken und zu loben und dafür

---

[1] Vorwort zur Matthäusparaphrase, LB VII, Pio lectori (3*).
[2] H, S. 193, 24 f. Vgl. auch H, S. 156, 14 f.
[3] Ebd. f.
[4] ASD V-5, S. 311 ff., auch S. 312, 40 f.
[5] Ebd. S. 316, 88 f.
[6] Vgl. die erdrückende Fülle der Belege bei F. Cohrs: Die evangelischen Katechismusversuche vor Luthers Enchiridion. 5 Bde., Berlin 1900 ff.

zu dienen und gehorsam zu sein schuldig bin, das ist gewißlich wahr."[1] Bei Calvin sind die Fragen präziser, aber die Methode ist dieselbe. Er fragt u. a. das Kind zum ersten Artikel: „Wie verstehst du Gottes ‚Allmacht'?" Die Antwort: „Nicht so, daß er Macht hätte, die er nicht ausübte, sondern er hat alles in seiner Hand und unter seiner Gewalt. Durch seine Vorsehung regiert er die Welt; nach seinem Willen erhält er alles und leitet alle Kreaturen, wie es beschlossen ist." Darauf der Katechet: „Also, meinst du, ist Gottes Allmacht nicht müßig, sondern seine Hand ist immer am Werk. Nichts geschieht, außer durch ihn und mit seinem Befehl." Und der Schüler muß bestätigen: „So ist es."[2] Der Katechumene lernt vorgefertigte, abschließende Antworten. Er wird so angeleitet, seinen Glauben kompetent zu bekennen, nicht aber ihn selbständig zu hinterfragen und zu vertiefen. Bei allen Unterschieden blieben die Reformatoren der Tradition der vorreformatorischen Katechesen verhaftet. Sie dienten den ‚Laien' zur Belehrung, bestimmen aber auch, „was ‚Laien' lernen sollen".[3] Zum selbständigen Fragen ermunterten sie nicht.

Auch Erasmus schreibt für die Jugend, allerdings für die reifere, die sein Humanistenlatein verstand, und er sieht sein Werk durchaus auch als Anweisung für den Katecheten.[4] Wie andere bietet er Belehrung in Frage und Antwort. Aber bei ihm ist es der Katechumene, der fragt, und der Lehrer, der antwortet. Die Antworten bieten keine abschließenden Bekenntnisse, die weitere Fragen überflüssig machen, sie regen vielmehr zu weiterem Nachdenken und zu weiteren Fragen an. Der Glaube des Schülers soll nicht ein für alle Mal gefestigt oder gar geprüft werden, er soll sich entwickeln und reifen. Der Lehrer kann nicht mehr als anregen: „Möge Gott doch, nachdem ich gepflanzt und gegossen habe, Wachstum schenken bis zu einer echten Reife", bittet der Katechet.[5] Der Schüler wird von ihm immer neu aufgefordert, die Dinge zu überdenken, und prompt kommen diesem dabei Zweifel und neue Fragen.[6] Des Fragens ist bei Erasmus kein Ende. Denn bei seinem Katechumenen „wächst, je mehr er hört, der Durst, Weiteres zu lernen".[7] Die Erklärungen sprengen denn

---

[1] BSLK, S. 510 f.

[2] BSRK, S. 118, 40 f.

[3] Zur Beurteilung der vorreformatorischen Katechesen vgl. Christoph Burger: Direkte Zuwendung zu den ‚Laien' und Rückgriff auf Vermittler spätmittelalterlicher katechetischer Literatur, in: Berndt Hamm und Thomas Lentes (Hrsg.): Spätmittelalterliche Frömmigkeit zwischen Ideal und Praxis. Tübingen 2001, S. 108.

[4] ASD IX-1, S. 448, 150 f.

[5] ASD V-1, S. 236, 904 f.

[6] Vgl. bes. ASD V-1, S. 214, 252 f.; S. 236, 902 f.; S. 306, 997.

[7] ASD V-1, S. 292, 546.

auch den Umfang des Üblichen weit, und am Ende wird der Schüler noch auf einschlägige Lektüre verwiesen.[1] Erasmus kann und will offenbar keine abschließende Dogmatik bieten. Er will seinen Schüler anleiten, mündig zu werden. Er soll am Ende selbständig fragen und weiterdenken. Während der Katechumene zu Beginn nur schüchterne Fragen stellt, wagt er bald weiterführende Bemerkungen und bringt gar Einwände vor.

Ausgangspunkt ist die von Gott gewirkte Sehnsucht des Schülers nach Rettung und sein Wissensdrang.[2] Erasmus bietet ein Gespräch, in dem der Katechet sich anscheinend immer wieder von den zufälligen Fragen des Schülers leiten läßt. Das ist freilich Fiktion, das Werk ist sorgfältig komponiert, aber eben so komponiert, daß es schon in der Form das Wichtigste ausdrückt: Der Glaube ist ein Geschenk Gottes. Er entwickelt sich in jedem Einzelnen und in der Kirche. Er ist eine lebendige, auf Erden nie abgeschlossene Geistwirkung, die sich erst im ewigen Leben vollenden wird. Die Belehrung kann nur eine spontane, sich im Gespräch entwickelnde sein. „Wir wollen Gottes Erbarmen anflehen, daß durch seine Inspiration du kluge Fragen stellen mögest, ich heilsame Antworten geben kann", mahnt der Katechet zu Beginn.[3] Er hat dabei so sehr betont, Gott allein habe das Werk im Schüler begonnen und werde es auch vollenden, daß der junge Mann folgerichtig fragt, ob eine Belehrung durch Menschen überhaupt sinnvoll sein kann. Doch, ist die Antwort, denn Christus hat geboten: „Lehret alle Völker!"[4] Es ist sein Werk, aber er beauftragt damit Menschen. Aller Stolz soll so von vornherein ausgeschlossen und die gegenseitige Liebe gefördert werden, durch die die Menschen einander dienen.[5] Erasmus kämpft hier offenbar an zwei Fronten. Er vermeidet ein schwärmerisches Selbstvertrauen, das auf eine unmittelbare Inspiration baut und glaubt, auf Tradition und Lehramt verzichten zu können; und zugleich richtet er sich gegen eine Erstarrung zur verstaubten Buchdogmatik, die sich auf das einmal als richtig Erkannte für alle Zeit festlegt. Die Schwärmer und die sich 1533 verfestigende Orthodoxie der Alt- und Neugläubigen dürfte er hier zugleich im Visier haben.

---

[1] Ebd. S. 320, 447 f.
[2] Ebd. S. 205, 5 f.
[3] Ebd. S. 206, 29 f.
[4] Mt 28,19.
[5] ASD V-1, S. 206, 16 f.

Was ist Glauben?

In der ersten Lektion – das Werk besteht aus sechs – läßt Erasmus den jungen Mann fragen: „Was ist Glauben?"[1] Erasmus benötigt die ganze Unterrichtseinheit für die Antwort, denn er holt weit aus, ja er wird auch noch in den folgenden Lektionen immer wieder zu weiteren grundsätzlichen Erklärungen, was Glauben heißt, ansetzen. Die Frage: Was „ich glaube" bedeutet, ist für ihn die Hauptfrage.[2]

Die Antwort setzt mit einer anthropologischen Belehrung ein, die Erasmus sonst kaum benutzt.[3] Die menschliche Seele bestehe aus zwei Hauptkräften: „Intellekt und Wille.[4] Mit dem Verstand urteilen wir, was zu wählen ist, mit dem Willen erstreben wir, was uns der Verstand zeigte. Der Sündenfall der ersten Menschen aber hat diese Teile verdorben." Der Mensch kann sich auf seine Fähigkeiten nicht mehr verlassen. Der Intellekt gaukelt ihm vor, „daß Dinge existierten, die es gar nicht gibt, oder daß sie nicht so seien, wie sie sind." In seinem verderbten Willen erstrebt der Mensch „als heilsam, was tödlich ist. Gegen dieses doppelte Übel hat die Güte Gottes uns mit zwei Heilmitteln versehen: Mit dem Glauben, der das Herz reinigt, d. h. den Verstand und Geist bzw. die Quelle der Seele und mit Liebe, die den verkehrten Willen korrigiert." Der Glaube „vertreibt allen Irrtum, jedenfalls in allem, was das Heil betrifft, die Liebe alle schlechten Begierden, so daß wir zu dem gezogen werden, was Gott vorschreibt. Der Glaube befiehlt, die Liebe folgt ihm als seine Dienerin."[5]

Erasmus macht gleich zu Anfang klar: Zum Glauben gehört die Liebe. Der Glaube ist existentiell. Er erfaßt alle Seelenkräfte, er verwandelt den ganzen Menschen und verändert sein Handeln. Der Gläubige „übergibt sich selbst, die Seinen und das Seinige ganz dem Willen Gottes. Dem eigenen Willen sagt er in allem ab, auch wenn ihm tausend Tode drohen."[6]

---

[1] Ebd. S. 208, 49.

[2] Vgl. neben der ersten Lektion ASD V-1, S. 224, 563 ff.; S. 226, 616 ff.; S. 231, 774 ff.; S. 236, 920 ff.; S. 240, 11 f.; S. 287, 405 f.; S. 290, 477 f.; S. 294, 586 ff.

[3] Zur sich wandelnden Sicht des Menschen bei Erasmus vgl. Christine Christ-v.Wedel (1981), S. 69 f. und S. 122 f.

[4] Erasmus verzichtet hier darauf, die üblicherweise mitgenannte, für Augustin um der trinitarischen Entsprechung willen so wichtige dritte Kraft, das Gedächtnis zu erwähnen. Vgl. De trin. X, 12 (CChr SL 50, S. 332).

[5] ASD V-1, S. 208, 50 f.

[6] Ebd. S. 225, 566 f.

Dieser Glaube gründet für Erasmus in der Offenbarung. „Der Glaube ... ist ein Geschenk, von Gott in den menschlichen Verstand eingegossen. Dank ihm vertraut der Mensch ohne jedes Zögern, daß völlig wahr ist, was Gott uns in den beiden Testamenten übergab und versprach." Das heißt: Der Gläubige vertraut im Blick auf die Vergangenheit Gott als dem Schöpfer und Herrn der Geschichte, im Blick auf die Gegenwart als dem Erhalter, der die Welt und seine Kirche regiert, im Blick auf die Zukunft, daß Gott alle seine Versprechen für ein ewiges Leben halten wird.[1] Der Mensch vertraut also als zeitliches Wesen auf Gottes Wirken in dieser geschichtlichen Zeit und über diese Zeit hinaus. Wer so glaubt, den kann nichts erschüttern. Der Glaube schützt und macht furchtlos und unüberwindlich gegenüber allen Anschlägen der Welt und des Teufels. Selbst dem Tod wird der Gläubige mit Vertrauen entgegengehen, weiß er sich doch als ein von Gott Geliebter, dem ewige Seligkeit bereitet ist.[2] Alle seine Sorgen wird er in vollem Vertrauen auf Gott werfen.[3]

Dieser Glaube führt als letztes Ziel zur Vereinigung mit Gott. Der Gläubige, der „in der Taufe mit dem Kreuz gezeichnet wird", wird zu einem „Gefäß des Heiligen Geistes", er wird „in Christi Blut versiegelt", in der Eucharistie schenkt sich Christus ihm selbst. Christus, der Bräutigam, verbindet sich mit seiner Braut, der Kirche. Jeder Einzelne hat an dieser Hochzeit teil. „Alle Männer und Frauen jeder Nation sind dazu eingeladen. ... Jede Seele ist im Glauben verbunden mit Christus ihrem Bräutigam."[4] Emphatisch ruft der Katechet aus: „Wie glücklich ist die Ehe, welche uns mit Gott vereinigt, dem anzuhängen das höchste und einzige Glück ist."[5]

Der Glaube beginnt als Geschenk Gottes. Vermittelt durch andere Menschen schenkt Gott seinem geistbegabten Geschöpf Vertrauen, durch das es verwandelt wird. In Christus vereinigt Gott sich mit dem Menschen und die Menschen mit sich. In der ewigen Seligkeit wird der Glaubende endgültig mit Gott vereinigt werden. Der Glaube gründet im Heilsgeschehen, das für Erasmus nichts anderes ist, als die Offenbarung Gottes, der nicht allein bleiben wollte, sondern die himmlische und irdische Welt erschuf, um seine Glückseligkeit zu teilen. Nach dem Fall des Menschen hat Gott sich immer wieder neu offenbart, im Gesetz und in den Propheten. Die Menschen aber haben sich von ihm abgewandt. „Da offenbarte Gott seine Barmherzigkeit, die alle seine Werke über-

---

[1] Ebd. S. 208, 65 f.
[2] Ebd. S. 224, 563 f.
[3] Ebd. S. 231, 775 f.
[4] Ebd. S. 211, 150 ff.
[5] Ebd. S. 212, 200 f.

trifft. Er würdigte uns, ihn durch diesen seinen Sohn näher und herzlicher kennenzulernen, damit wir so auch in eine wechselseitige Liebe zu ihm hingerissen werden, überwältigt von so vielen und großen Wohltaten. ... Er sandte ihn nicht als Rächer, sondern als Erlöser, durch dessen Tod er uns ins Leben zurückrief."[1] Seitdem offenbart er sich in seinem Wort. Dieses Wort entspricht für Erasmus dem angeborenen vernünftigen Urteil des Menschen, das – es wurde schon zitiert – auch nach dem Fall nicht so völlig verdorben ist, daß der Mensch dem Wort nicht zustimmen könnte.[2]

Das apostolische Glaubensbekenntnis faßt für Erasmus die Offenbarung vorbildlich zusammen. „Wegen seiner Autorität nennt man es apostolisch. ... Es enthält mit wenigen Worten das Wichtigste, was von allen zu glauben ist und was man zum Heil benötigt. Es ist eine feste, verläßliche Richtschnur, die die Meinungen der Menschen und Irrtümer der Häretiker in die richtige Richtung lenkt oder korrigiert.[3] Wie Luther betont Erasmus die trinitarische Einteilung. Mit der Enthüllung der Trinität, die sich in ihrem Handeln offenbart, enthält es die ganze Heilsgeschichte: Vorspiel, Hauptteil und Ziel des Heilsdramas.[4]

Das Glaubensbekenntnis ist eine feste Richtschnur, aber auch es hat – wie das Heil und der Glaube des Einzelnen – seine Geschichte. Bereits in der zweiten Lektion wird der Schüler in historisch-philologische Überlegungen eingeführt, die nahelegen, daß das apostolische Glaubensbekenntnis in einer komplizierten Geschichte ausgebildet und erst spät in seinem überlieferten Wortlaut ausformuliert wurde. Er lernt, daß die Endfassung des Apostolikums erst nach dem athanasischen Bekenntnis und nach Tertullian entstanden sein kann. Jedenfalls, so wird aus dem Bekenntnis des Athanasius deduziert, war das Bekenntnis der ersten Christen kürzer. Gegen die Frage aber, ob es denn nicht allzu lang geworden sei, verwahrt sich der Katechet. Die Zusätze wurden nötig, weil Streit entstand. Das Bekenntnis mußte für einfache Gemüter verdeutlicht werden.[5] Mit anderen Worten: Für Erasmus hat das Glaubensbekenntnis eine Geschichte, und nur wer seine Geschichte kennt, kann es recht verstehen und nachvollziehen. Eingehend wird der Schüler in die christologischen Streitigkeiten bis zum Konzil von Chalkedon eingeführt.[6]

---

[1] Ebd. S. 238, 955 ff., bes. 970 f.

[2] Ebd. S. 208, 79 f.

[3] Ebd. S. 210, 127 f.

[4] So der Eingang der zweiten Lektion, vgl. bes. ebd. S. 215, 272 ff. und S. 218, 358 f.

[5] Ebd. S. 218, 382 f.

[6] Ebd. S. 247, 256 ff.

Diesem Vorgehen stand Luther völlig verständnislos gegenüber. Der Katechet Erasmus betreibe nur das eine, unterstellte Luther im Brief an Amsdorf von 1534, „daß er seine Katechumenen in Zweifel stürzt und die Glaubenssätze suspekt macht. Schon zu Beginn, ohne ein solides Fundament gelegt zu haben, mutet er ihnen dennoch so viele Häresien und widerstreitende Meinungen zu, daß er gleichsam zu definieren scheint, in der christlichen Religion sei überhaupt nichts sicher. Der unerfahrene Geist aber, der mit solchen Beispielen und gefährlichen Fragen sogleich von Anfang an überschüttet wird, was wird der anderes denken und tun, als daß er sich von der christlichen Religion, wie von der Pest, entweder heimlich wegschleicht, oder, wenn er den Mut dazu zusammengebracht hat, sich öffentlich lossagt?[1]

Für Erasmus dagegen war eine Einführung in die dogmatischen Streitigkeiten unumgänglich. Seien doch einzelne Sätze des Apostolikums erst in Auseinandersetzung mit Häresien entstanden.[2] Die Beschäftigung mit ihnen bringe viel Nutzen. Der Schüler werde so von vornherein vor Irrwegen gewarnt und kann nur so die Glaubenssätze wirklich verstehen und würdigen. „Ungern trage ich die zu verabscheuenden Blasphemien mit den unseligen Namen ihrer Autoren vor", gesteht Erasmus, „aber trotzdem sind diese Fragen dazu nützlich, daß wir um so sicherer erfassen, was wir erfassen, und Gott um so mehr danken, der uns würdigt, uns ein so großes Licht zu offenbaren." So gesteht denn auch der Katechumene: „Dank ihrer Wahnvorstellungen sehe ich die Wahrheit klarer und glaube gewisser."[3]

Gott wird Mensch und leidet

Erst die Kenntnis der Irrlehren läßt den Schüler ganz ermessen, was es bedeutet, daß Christus wahrer Gott und wahrer Mensch ist. Erasmus legt auf beides großen Wert. Christus litt als Mensch wie alle Menschen an Leib und Seele, und er war und ist doch Gott. Erasmus traut sich, ähnlich wie in seinem Gedicht von 1499, auch noch 1533 zu formulieren: „Wir können fromm sagen, Gott litt und starb."[4] Eine solche Formulierung war im 16. Jahrhundert durchaus nicht unumstritten. Zwingli verwahrte sich deutlich gegen solche Aussagen. Er betonte immer wieder, daß Christus nur als Mensch gelitten habe. 1531 in seiner Glaubenserklärung heißt es: „Wir glauben, daß unter dem Statthalter Pilatus Christus ans Kreuz geschlagen wurde, aber daß die Bitternis des Leidens nur

---

[1] WA Br. 7, S. 31, 89 f.
[2] ASD V-1, S. 266, 795 ff.
[3] ASD V-1, S. 252, 368 f.
[4] ASD V-1, S. 242, 110.

der Mensch fühlte, nicht auch Gott, der, da er ἀόρατος, das heißt unsichtbar ist, ebenso auch ἀνάλγητος das heißt keines Leidens und keiner Versehrung unterworfen ist."[1] Die Scheu davor, Gott als leidend zu denken, war groß. Erasmus war ihr schon während seines ersten Englandaufenthalts begegnet. John Colet mochte nicht einmal den irdischen Jesus in Gethsemane als einen leidenden Menschen denken, der vor dem Tod zurückschaudert. Damals hat Erasmus in der kleinen Schrift, die ihre Diskussion zusammenfaßte, zugestanden, nur die menschliche Natur Christi habe gelitten.[2] Daran hat er grundsätzlich auch festgehalten.[3] Aber er scheute sich auch im Alter nicht, vom leidenden Gott zu sprechen. Luthers Sicht der zwei Naturen Christi kam der des Erasmus nah: „obwol die tzwo natur unterschieden sind, ßo ists doch eyne person, das alliß, was Christus thut odder leydet, hatt gewißlich gott than unnd gelieden, wiewol doch nur eyner natur dasselb begegnett ist", hat er 1522 erklärt.[4] 1531 drückte er sich in einer erst 1565 nach gut bezeugten Nachschriften gedruckten Predigt viel weniger präzis, dafür umso drastischer aus. Er betonte, daß die Gottheit und Menschheit Christi nicht getrennt werden dürfen und verwahrt sich gegen den Einspruch der Mohammedaner: „Der Turcke spricht: das wirstu mich nicht uberreden, das der sol ein gott sein, der do von einem weibe geboren wirdt, lest sich herab vom himmel undt legen Neun Monath in den leib Marien der Jungckfrauen, scheist undt pisset in die wiegen, Darnach stirbt ehr am Creutz als ein Dieb undt Schelm, Sol das ein gott sein?" Für Luther muß es gerade dieser sein. Wer nicht bei der Menschheit Christi bleibt, wird die Gottheit nicht finden.[5]

Für Erasmus hing alles daran, daß Christus nicht nur wirklich Gott und wirklich Mensch war, sondern daß Gott in ihm selbst zum Menschen wurde. Zum einen offenbarte er sich so liebend dem Menschen ganz nahe und als einer der ihren, damit sie hingerissen werden, ihn wiederzulieben.[6] Zum anderen beruht das unbedingte Vertrauen in die gute Botschaft, in die Zusagen Gottes, darauf, daß Gott zu seinem eigenen Propheten wurde.[7] Es ist nicht irgendein Mensch, der sie beglaubigt, es ist Gott selbst. Schließlich hängt auch die Würde des Menschen daran, daß die menschliche Natur „zur Genossin der göttlichen Person Christi" angenommen wurde und nun zur Rechten Gottes sitzt. Vor der

---

[1] Z VI,5, S. 69, 6 f. Vgl. auch Z VI,1, S. 464, 5 f. und Z VI,2, S. 794, 2 f.

[2] LB V, c. 1286 B ff., bes. c. 1288 C f.

[3] Vgl. ASD V-1, S. 243, 127 f. und ebd. S. 252, 365 f. Dazu LB VII, c. 503 F ff.

[4] WA 10,I/1, S. 150, 21-23.

[5] WA 33, S. 155, 4 ff., bes. S. 157, 3 f.

[6] Vgl. ASD V-1, S. 238, 971 f.

[7] Vgl. ebd. S. 293, 559.

Inkarnation waren die Engel den Menschen übergeordnet. Sie ließen sich von ihnen verehren. Nachdem Gott Mensch wurde, lehnten sie solche Ehren ab. Sie verwehrten dem Seher Johannes, sich vor ihnen niederzuwerfen, was sie von Abraham entgegengenommen hatten.[1]

Das Kreuz Christi

Im Sterben Gottes am Kreuz steckt für Erasmus „die ganze Philosophie, der ganze Trost und die ganze Kraft für die christliche Gesinnung".[2] Diese Kreuzesphilosophie enthält nicht nur die Rechtfertigungslehre, sie ist zugleich eine Theologie der Nachfolge. „Der Herr kam nicht nur auf Erden, um uns von unseren Sünden zu reinigen, er kam auch, um uns den Weg, der zum ewigen Heil führt, zu zeigen und um unserer Schwachheit aufzuhelfen, die uns immer wieder in Sünde fallen läßt, die wir gleichermaßen schwach sind in Freude und Leid." Wer „mit Vertrauen auf den gekreuzigten Christus blickt", der wird sich vor Sünden hüten und sein Leid leichter ertragen, „wenn er bedenkt, wieviel Christus, der frei war von allem Bösen, für uns litt".[3]

Solch gläubiges Vertrauen in das Kreuz Christi und alle Gaben, die daraus fließen, schenkt der Heilige Geist. Dieses Geschenk gilt nicht nur dem einzelnen Christen, es gilt der ganzen Kirche. „Wie der Heilige Geist das unaussprechliche Band ist, durch das die drei Personen (der Trinität) in ewiger Harmonie sich untrennbar verbunden haben, vereinigt er durch eine unlösbare Fessel die Braut Christi mit ihrem Bräutigam und alle Glieder des mystischen Leibes untereinander durch einen ewigen Bund."[4]

Gottes Walten in der Geschichte als Heilsspiel

Eine theologische Systematik hat Erasmus nicht geliefert. Was er liefern konnte, war seine Sicht von Gottes Offenbarung in der Geschichte, die über die Geschichte hinausweist. Darin haben alle Stücke der altkirchlichen Glaubensbekenntnisse Platz. Denn das Offenbarte bekennt Gott als den vor aller Zeit trinitarischen und als den liebenden Schöpfer, Erhalter und Herrn der Welt. Es bekundet das Werk Jesu Christi zum Heil der Menschen und das Wirken des Heiligen Geistes in der Gemeinschaft der Gläubigen und weist in Gottes Weissagungen auf die Ewigkeit, die allen Gläubigen bereitet ist.

---

[1] Vgl. ebd. S. 298, 710 f.
[2] ASD V-1, S. 256, 493 f.
[3] ASD V-1, S. 256, 482 f.
[4] ASD V-1, S. 271, 942 f.

In fünf Lektionen hat Erasmus den christlichen Glauben entfaltet, um in der sechsten die Antwort des Menschen auf den geschenkten Glauben zu behandeln, seinen in Liebe geleisteten Gehorsam, mit dem er die Gebote Gottes befolgt. Diese Gebote sind alle im Doppelgebot der Liebe enthalten und zusammengefaßt.[1]

In seiner Auslegung des Apostolikums ging Erasmus von der subjektiven Glaubenserfahrung des Katechumenen aus, um sie sofort als Gottes Wirken an ihm zu erklären. Den Inhalt des Glaubens definierte er als Gottes in der Heiligen Schrift geoffenbartes Walten in der Ewigkeit und in der Welt und ihrer Geschichte. Grundlegend sind für ihn Weissagung und Erfüllung in der Schrift. „Nichts wurde überliefert, was nicht schon vor Tausenden von Jahren verschiedentlich in Figuren des mosaischen Gesetzes schattenhaft vorgezeichnet und in den Sprüchen der Propheten vorausgesagt wurde." Nämlich, „daß es nicht mehrere Götter gibt und von einem Gott die Welt erschaffen wurde". Sogar schon vor dem Gesetz wurde der eine Gott fromm verehrt. Was die anderen Propheten nur von Ferne sahen, konnte Johannes von Angesicht zu Angesicht sehen. Der Herr selbst kam als „sicherster Prophet seiner selbst", der auslegte, was die Alten nur gleichnishaft geahnt hatten. Auch er sprach „in Parabeln" und selbst vor seinen Schülern nicht immer „offen". „Er offenbarte seine göttliche Natur mehr durch Taten als durch Worte. Je näher die Zeit seines Todes kam, je offener sagte er den Seinen voraus, daß er den Menschen ausgeliefert, verspottet und gekreuzigt werden würde. Aber er tröstete sie auch mit der Ankündigung seiner Auferstehung am dritten Tage." Ebenso weissagte er, wie sich der „evangelische Glaube" über den ganzen Erdkreis ausbreiten werde und welches Schicksal die Verkünder des Evangeliums erwarte. Er sagte voraus, die Juden werden sich vom Evangelium abwenden, während die Heiden es annehmen. Schließlich aber werden nach Paulus, Juden und Heiden in einem „Schafstall unter einem Hirten" vereinigt werden. Christus verschwieg nicht einmal, daß verschiedene Häresien die Kirche erschüttern, sie aber nicht überwinden werden. Das Gesetz und die Propheten haben vorausgewiesen auf Jesus Christus, in dem Gott sich offenbarte. Alle seine Versprechungen sind eingetroffen. „Es wäre die äußerste Verblendung, daran zu zweifeln, daß alles so eintreffen wird, wie es vorhergesagt wurde von den letzten Dingen und dem Lohn für die Frommen und Unfrommen."[2]

Ein solcher Zugang zum Glauben darf zu Recht „heilsgeschichtlich" genannt werden. Erasmus selbst spricht hier allerdings nicht von einer

---

[1] ASD V-1, S. 294, 598 f.
[2] ASD V-1, S. 293, 551 ff.

Heilsgeschichte (historia), sondern von einem Heilsspiel, einer „fabula", die wie ein Drama abläuft.[1] – Diese Formulierung, die Luther als frivol zurückwies, wurde von Erasmus ausdrücklich als angemessen bestätigt.[2] Gottes Walten mit einem Spiel in Verbindung zu bringen hatte für ihn nichts Anrüchiges. Die Ausdrucksweise erinnert an die Gedichte von 1499, die heilsgeschichtliche Motive der mittelalterlichen Mysterienspiele aufnahmen.[3] Für Erasmus hat Gott sich nicht losgelöst von der Geschichte offenbart. Nur in ihr ist er zu finden. Denn er offenbarte sich nur durch Menschen, die er in bestimmten Zeiten dazu erwählte, das von ihm mitzuteilen, was für die jeweilige Zeit faßbar war, um schließlich in seinem Sohn selbst ein historischer Mensch zu werden. In ihm paßte er sich dem menschlichen Fassungsvermögen ganz an und überstieg es zugleich, um den Menschen so zu sich zu ziehen.

---

[1] ASD V-1, S. 218, 358 f.

[2] ASD IX-1, S. 452, 283 f.

[3] Vgl. o. S. 35 f.

IV. Reformanliegen

Viel wichtiger als sich über dogmatische Fragen, wie die Willenslehre, zu streiten, war für Erasmus die längst überfällige Reform der Kirche und der christlichen Gesellschaft. Dafür wollte Erasmus die Überzeugungskraft seiner Beredsamkeit einsetzen. Es genügte ihm nicht, die Theologie durch seine exegetischen Arbeiten erneuert zu haben, er wollte mehr. Die Theologie konnte für ihn nicht im luftleeren Raum bleiben, sie konnte und sollte die Menschen erneuern. Waren aber die Menschen erneuert, regierte Christus ihr Herz, so mußten sich alle ihre Einrichtungen, ihre Sitten, ihr Umgang ändern. Was Erasmus vorschwebte, ging weit über ein neues Erziehungscurriculum hinaus. Neben einer neuen Pädagogik bedurfte es einer neuen Politik, neuer Gesetze, einer ganz neuen christlichen Kultur. Das sei exemplarisch an drei Reformanliegen des Erasmus gezeigt: An seinen Reformvorschlägen in bezug auf das Recht, den Frieden und die Rolle der Frau. Alle drei Gebiete betrafen Fragen, die im 16. Jahrhundert heiß umstritten waren.

Die Rechtsfrage

Erasmus hat immer wieder die göttliche Offenbarung aller menschlichen Erkenntnis gegenübergestellt und entsprechend auch göttliche Weisung und menschliches, positives Recht voneinander deutlich unterschieden. So in seiner viel zitierten und von den Protestanten propagandistisch genutzten Anmerkung von 1519 zu Mt 11,29 und 30. Da klagte Erasmus, Gottes Weisungen werden übergangen und dafür von Menschen erfundene gehalten. Dabei ist doch „Christi Gesetz einladend und leicht, schwer und hart aber wird es durch Vorschriften und Dogmen, die die Menschen dazusetzen".[1] Die Anmerkung wurde in den ersten Jahren der Reformation übersetzt und als Einzeldruck verbreitet.[2] Noch bemerkenswerter ist die Anmerkung zu I Kor 7,39, die in die Ausgabe vom März 1519 aufgenommen und 1522 überarbeitet wurde. Denn hier fordert Erasmus gegen den Konsens der Väter, der Schulen, der Constitutiones und Dekretalien, ja gegen das Christuswort Mt 5,32 die Freigabe der Wiederverheiratung nach einer Scheidung.[3] Er stand damit nicht nur im Gegensatz zu

---

[1] ASD VI-5, S. 206, 322 f.; bes. 330 f.

[2] Das Verzeichnis der im deutschen Sprachbereich erschienenen Drucke des XVI. Jahrhunderts (VD 16). Stuttgart 1983 ff. listet im Bd. 6, S. 269 f. (E 3100-3110) zehn verschiedene Einzeldrucke im Jahre 1521 und einen aus dem Jahre 1523 auf.

[3] LB VI, c. 692 F f.

194

menschlichem Recht, er stand auch nach der üblichen augustinischen Definition, die sich im Abendland durchgesetzt hatte, im Gegensatz zum göttlichen
Recht. Nach Augustin waren alle Gebote, die sich auf Christus, die Apostel
oder eine ökumenische Synode berufen konnten, göttlich. Sie galten als ewig
und unveränderlich und sollten die Richtschnur für die veränderbaren menschlichen Vorschriften abgeben.[1] Nun trat Erasmus gegen nach allgemeiner Auffassung unveränderliches ewiges Recht an, nämlich gegen Christus- und Paulusworte, die nach Mt 5,32 und I Kor 7,10-11 eine Wiederverheiratung unter
Gläubigen ausschlossen.

Erasmus läßt sich nicht unbedacht auf dieses Wagnis ein. Er betont zunächst, daß er immer dazu gemahnt habe, am „unerschütterlichen und untrügli-
chen Urteil der Heiligen Kirche und derer, denen das Geschenk der Gelehrsamkeit und Weisheit reichlich zuteil wurde", festzuhalten. Andererseits aber hält
er es nicht für verächtlich, von noch so vielen Lehrern abzuweichen und auch
sich selbst zu korrigieren, wenn irgendjemand – und sei er auch völlig ungelehrt (idiota) – irgendetwas vorlegt, was richtiger ist.[2] Erasmus beruft sich hier
also implizit auf das schon in der ‚Glossa ordinaria' eingeforderte Recht: „Einer
kann der Gesamtheit widersprechen, wenn er einen vernünftigen Grund dazu
hat.“[3] Eine Regel, die von dem einflußreichen Kanonisten Nikolaus de Tudeschis genannt Panormitanus in seinen Kommentar zum c. Significasti übernommen und so formuliert wurde, daß sie zusammen mit dem unbestrittenen
Primat der Heiligen Schrift zu einer scharfen und bis hin zu Luther viel genutzten Waffe in den Kämpfen um die höchste Lehrautorität werden konnte.
Dort erklärt Panormitanus: Wohl könne die universale Kirche nicht irren, es sei
aber möglich, daß der wahre christliche Glaube und mit ihm die wahre Kirche
nur in einem Einzigen erhalten bleibe, so wie alle an Jesu Leiden Anstoß nahmen und nur seine Mutter im Glauben festblieb. Dennoch betete Christus nach
seinem Leiden für Petrus, damit dessen Glaube nicht verloren gehe. Also kann
gesagt werden, der Glaube kann nicht verloren gehen und auch nicht irren,
wenn er nur in einem Einzigen erhalten bleibt. Denn wo die Guten sind, da ist
die Kirche.[4]

Erasmus behauptet nun freilich nicht, er allein verkörpere, fußend auf besseren Schriftbeweisen und überzeugenderen Vernunftgründen, gegen den Kon-

---

[1] Augustin: An Januarius Ep. 54, V-6 (MPL 33, c. 202).
[2] LB VI, c. 692 D/E.
[3] Nach Hermann Schüssler: Der Primat der Heiligen Schrift als theologisches und kanonistisches
Problem im Spätmittelalter. Wiesbaden 1977, S. 30.
[4] Nach Hermann Schüssler (1977), S. 175 f.

sens der institutionellen Kirche die wahre Glaubenskirche. Das wird wenig später Luther proklamieren. Erasmus will nur eine Rechtsfrage, nicht eine Glaubenswahrheit diskutieren. Glaubenswahrheiten, wie die zwei Naturen Christi, die Inkarnation oder die Auferstehung von den Toten seien „evident durch die Heiligen Schriften und die Übereinstimmung der Kirche überliefert". Hier geht es um Lebensregeln, die wir zweifelsfrei aus der Heiligen Schrift entnehmen, aber „den allgemeinen Sitten anpassen (accomodare)" sollen.[1] Insbesondere gilt es, Zeit und Umstände der Regeln zu beachten. Das Christuswort ist eine der vielen Forderungen der Bergpredigt, die im Übrigen von der Kirche nur als Ratschläge (consilia) und nicht als Vorschriften (praecepta) aufgefaßt werde.[2] „Das Reich Gottes ruft nach der Predigt des Evangeliums, damit sie es selbst auf die jeweilige Zeit bezieht. Es gibt eine Zeit zum Heiraten und eine Zeit zur Abstinenz von Hochzeiten."[3] Daß die Väter die Scheidung ausgeschlossen haben, ist nur allzu verständlich. Waren sie doch grundsätzlich ehefeindlich eingestellt und ließen darum die Ehe selbst nur zur Not zu, ganz zu schweigen von einer Wiederverheiratung.[4] Nicht für alle Zeiten, nur für seine Zeit hat Paulus von der Wiederverheiratung abgeraten. Heute gilt es, in christlicher Liebe zum Heile Vieler neue Regelungen zu finden.[5] So die Argumentation des Erasmus, die an moderne mentalitätsgeschichtliche Denkmuster erinnert.

Luther verteufelt menschliche Satzungen

Als Luther im Juli 1519 in den Thesen zur Leipziger Disputation päpstliche Dekrete mit dem „Wortlaut der Heiligen Schrift und den Beschlüssen von Nicäa" bekämpfte, hat Erasmus ihm das nicht übel vermerkt. War Luther dort doch durchaus noch konform mit den kirchlichen Dekreten, die festlegten: Gesetze oder Lehren, die der Heiligen Schrift oder den Lehren der Väter widersprechen, sind ungültig.[6] Luther blieb dort zahmer als Erasmus in seinen Anmerkungen.

Luther proklamierte, wie später in Worms vor einer großen Öffentlichkeit: nur, was Christus und die Apostel befohlen haben, gelte als göttliches Gebot,

---

[1] LB VI, c. 692 F.

[2] LB VI, c. 697 D – 698 C. Auf die Unterscheidung zwischen Praecepta und Consilia hat Erasmus sonst verzichtet. Sie kommt in seiner ‚Paraphrase' zu Mt 5 nicht vor.

[3] LB VI, c. 695 D f.

[4] Ebd. c. 697 D.

[5] Ebd. c. 701 A f. und c. 703 C.

[6] WA 2, S. 161, 35 f.; zu den kirchlichen Dekreten vgl. Aemilius Friedberg (Hrsg.): Corpus Iuris Canonici. 1879, I, S. 17 und 1009.

alles andere seien menschliche Satzungen, die keinen Anspruch auf ewige Geltung erheben könnten.[1] Er sprach offen aus, was viele dumpf empfanden, für sich oder im engeren Kreis dachten oder wie Erasmus in gelehrten Anmerkungen schrieben.[2] Denn es war offenkundig, daß auch konziliar bestätigte Gebote allenthalben übertreten wurden, also nach gängiger Meinung nicht dem göttlichem Recht entsprachen. Mußte doch nach allgemeinem Rechtsverständnis das göttliche Recht mit dem Naturrecht, also mit einer jedem unmittelbar einleuchtenden Gerechtigkeit übereinstimmen.[3]

Aber Luther ging bald noch einen wesentlichen Schritt weiter. Ein Jahr später, im Oktober 1520, erschien die Schrift ‚De captivitate Babylonica ecclesiae‘. Da nannte er das Papsttum ein „babylonisches Reich", ein teuflisches Gegenreich. Er bestritt dem römischen Bischofamt als Petrusamt nicht nur eine Einrichtung göttlichen Rechtes zu sein, er lehnte das Papsttum auch als Einrichtung menschlichen Rechtes ab.[4] Folgerichtig verbrannten die Wittenberger im Dezember 1520 zusammen mit der Bannandrohungsbulle eine päpstliche Dekretaliensammlung. Luther demonstrierte öffentlich: Rechtssatzungen, die sich nicht auf die Heilige Schrift berufen können, gehören ins Feuer. Für Erasmus hatte er damit seine Sache „unheilbar gemacht".[5]

Die Schrift von 1520 enthält einen Abschnitt über die Ehe. Da bestritt Luther der Ehe den Sakramentscharakter, indem er wie Erasmus schon 1516 im Vers Eph 5,32, der die Grundlage für die altgläubige Auffassung der Ehe als Sakrament bildete, das Wort μυστήριον mit Geheimnis statt Sakrament übersetzte.[6] Luther befaßte sich auch mit der Wiederverheiratung. Grundsätzlich – so bei der Behandlung des Abendmahls – hatte Luther erklärt: „Wenn wir zulassen, daß eine Anweisung Christi geändert wird, dann machen wir alle seine Gesetze ungültig."[7] Und : „Ferne, ja ferne sei, daß es auch nur ein Tüttelchen im ganzen Paulus gäbe, das nicht die ganze Kirche befolgen und bewahren

---

[1] Vgl. WA 1, S. 533, 15 und WA 2, S. 279, 23-26.

[2] Vgl. Heiko Augustinus Oberman: Forerunners of the Reformation. The Shape of Late Medieval Thought Illustrated by Key Documents. Philadelphia 1981, S. 95 und 99 ff.

[3] So nicht nur die Kirchenrechtstradition, sondern auch Luther: WA 2, S. 279, 780 und Zwingli: Z II, 492. Auch Erasmus steht in dieser Tradition, immerhin aber hat er festgehalten: „Jam nemo poterit inficiari, leges Christi multo aequissimas esse, longeque praecellere, sive cum lege naturali, sive cum humanis legibus conferantur." (LB VI, c. 695 C/D).

[4] WA 6, 498, 1 f.

[5] Allen IV, S. 494, 24 f.

[6] Luther: WA 6, S. 550, 22 f.; Erasmus: Vgl. Reeve (1993) S. 615; LB VI, c. 855 B.

[7] WA 6, S. 503, 13 f.

sollte."[1] Dennoch wunderte es ihn, „warum sie einen Menschen zwingen, zölibatär zu leben, der durch Scheidung von seiner Gattin getrennt wurde und warum sie ihm nicht erlauben, eine andere heimzuführen."[2] Aber er plädierte nun nicht mit Erasmus für eine Wiederverheiratungsmöglichkeit auf Grund anderer Zeitumstände, die eine seelsorgerlich vertretbare Anpassung erforderten. Er beschritt einen anderen Weg. Luther interpretierte die vermeintlichen Schriftbeweise aus Mt 5,32 und I Kor 7,11 weg, indem er sie mit anderen verband. Er schrieb: „Wenn nämlich Christus die Scheidung im Falle des Ehebruchs zuläßt und niemand gezwungen ist, zölibatär zu leben und Paulus lieber will, daß wir heiraten als daß wir (vor Begierde) brennen, scheint gänzlich zugestanden zu sein, daß der Mann an Stelle der Entlassenen eine andere heiratet. Wollte Gott, diese Frage wäre klar erörtert und sicher bewiesen!"[3] fügte er bei. Luther war bei seiner Argumentation offenbar nicht recht wohl. Jedenfalls hat er 1527 erklärt, man solle Ungläubigen die Scheidung und Wiederverheiratung zugestehen, ein Christ aber solle nicht scheiden.[4] Dennoch hat sich die Argumentation von 1520 im Protestantismus durchgesetzt. 1524 verteidigte Luther die Wittenberger Praxis mit denselben Überlegungen wie 1520,[5] und in der Zürcher Ehegerichtsordnung von 1525 wurde die Scheidung bei Impotenz so begründet: „Weil die Ehe von Gott eingesetzt wurde, um Unkeuschheit zu vermeiden ... soll man sie voneinander scheiden und anders sich vermählen lassen."[6]

1521 erschien Luthers Schrift gegen die Mönchsgelübde. Das Werk kämpfte nicht nur, wie es Erasmus auch tat, für die Freigabe der Gelübde, es brandmarkte sie als gefährlich und gottlos, weil sie nicht in der Heiligen Schrift belegt seien. Sie seien verderblich, wie alles, was Menschen erfunden hätten.[7] In der Schrift ‚Wider den falsch genannten geistlichen Stand des Papstes und der Bischöfe' von 1522 formulierte Luther noch drastischer. Da ist „Menschengebote halten, gleich Unkeuschheit treiben". Alles was nicht in der Schrift steht, ist abgöttisch. Denn Gott hat nach Dtn 4,22 verboten, etwas zu seinen

---

[1] Ebd. S. 505, 33 f.

[2] WA 6, S. 559, 20 ff., bes. 27 f.

[3] Ebd. 29 f.

[4] WA 24, S. 304 f. Er hat 1527 die Frage im Lichte seiner Zwei-Reiche-Lehre gesehen. So hat er, wie später auch Zwingli (Z III, S. 409, 1 ff.) oft betont, die Ehe sei nicht nur kein Sakrament, sondern, wiewohl von Gott eingesetzt, ein „äußerlich leyplich ding". (WA 10,2, S. 283, 8; WA 30,3, S. 74 und S. 205, 12 f. Vgl. auch: Johannes Heckel: Lex Charitatis. Darmstadt 1973, S. 147).

[5] WA 15, S. 558, 25 ff.

[6] Z IV, S. 187, 6 f.

[7] WA 8, S. 578, 6 f.

Satzungen hinzuzufügen. Es gibt nur entweder „Gottes Ordnung" oder „des Teufels Ordnung".[1] Ihm galt also menschliches Recht, das sich auf geistliche Dinge bezog, nicht als veränderbar, ihm galt es als teuflisch. Dem kanonischen Recht und der Tradition war der Kampf angesagt. Bereits im Januar 1522 hatte man sich in Wittenberg eine neue am Wort Gottes orientierte Ordnung gegeben.

Der Fastenbruch in Zürich und Basel

In Zürich und Basel wurden zwei Monate später in der Passionszeit 1522 ostentativ die Fasten gebrochen. Zwingli verteidigte diesen Schritt in seiner Schrift ‚Von Erkiesen und Freiheit der Speisen' im Sinne Luthers mit Dtn 4,2: „Ihr sollt nichts hinzutun zu dem, was ich euch gebiete, und sollt nichts dazutun, sondern die Gebote des Herrn, eures Gottes, halten, die ich euch gebe" und mit Gal 1,9: „Wenn jemand ein anderes Evangelium predigt, als das, welches ihr empfangen habt, so sei er verflucht". Da die Fastengebote in der Bibel nicht festgelegt seien, seien sie demnach freizugeben. Denn: „Hat man zuo dem alten testament nüt mögen noch söllen hinzuothuon, viel minder zuo dem nüwen. ... das nüw ist ewig, das nimmer mer mag abthon werden. ... wie gdar denn ein mensch zuo dem testament gottes hinzuothuon, glich als ob ers beßren welle."[2] Die Reformatoren schränkten nicht nur die göttlichen Gebote auf die biblischen ein, sie erklärten in den ersten Jahren der Reformation[3] alle nachapostolischen Satzungen, also alle nach ihrer Definition menschlichen Gebote für widergöttlich. Sie seien überflüssig und abzuschaffen.

Auch Erasmus meldete sich zum Fastenbruch zu Wort, fühlte er sich doch herausgefordert, nachdem die Basler Spanferkelesser sich auf ihn berufen hatten. Hatte er doch wiederholt – freilich mit päpstlichem Dispens – um seiner Gesundheit willen in den Fasten Fleisch gegessen. In seiner ‚Epistola de interdictu carnium' vom April 1522[4] forderte er mit den Reformatoren, die Fastengebote sollten gelockert, dazu die Priesterehe freigegeben und viele Feiertage aus sozialen Gründen abgeschafft werden. Er begründete indes seine Forderungen ganz anders. Wohl wies auch er auf den Gegensatz von göttlichen und

---

[1] WA 10,2, S. 120, 30 f.; S. 119, 29 f; S. 138, 33 ff.

[2] Z I, S. 134.

[3] Zur späteren Entwicklung vgl. den Aufsatz von Christoph Strohm: Ius divinum et ius humanum, in: Gerhard Rau, Hans Richard Reuter, Klaus Schlaich (Hrsg.): Das Recht der Kirche. Bd. II, Zur Geschichte des Kirchenrechts. Gütersloh 1995, S. 131 ff.

[4] ASD IX-1, S. 19 – 50.

menschlichen Geboten hin,[1] aber dieser Gegensatz bedeutete für ihn nicht, daß die menschlichen gottlos seien. Im Gegenteil, die menschlichen Gesetze können und sollen der Frömmigkeit dienen. Da sich jedoch die Zeiten und mit ihnen die Umstände und Sitten der Menschen ändern, verkehren sie sich je nach dem in ihr Gegenteil. Dann sind sie abzuändern. Weil es menschliche Gebote sind? Das auch: „Vielmehr ist den Geboten zuzuteilen, die von Gott eingesetzt wurden, als denen, die Menschen schufen",[2] schreibt er. Wichtiger als das sich auf Äußeres beziehende Fastengebot ist ihm das Gebot der Nächstenliebe: „Leichter sündigt der, der sein Leben lang ohne Not die Fasten bricht, als wer wegen Speise und Trank seinen Nächsten schmäht und kränkt, den er nach göttlicher Vorschrift nicht weniger lieben soll, als sich selbst."[3]

Aber Erasmus stellt nicht nur zwischen menschlichen und göttlichen Geboten eine Rangordnung auf, sondern auch zwischen verschiedenen paulinischen, also apostolisch-biblischen, die nach allgemein anerkannter Definition göttlich und unabänderlich waren. Er erklärt, Paulus verbot immer wieder Geiz, Begierde, Zorn, Streit und Neid und fügte ausdrücklich hinzu: Wir wissen, daß die, die das treiben, das Reich Gottes nicht besitzen werden. Wenn Paulus aber den Frauen das Sprechen in der Kirche verbot, dann, so Erasmus, glaube er nicht, daß darauf Höllenstrafen folgen sollten.[4] Sollten etwa auch die apostolischen Gebote veränderlich sein?

Auch göttliches Recht soll angepasst werden

Genau das wollte Erasmus gegenüber einem Konsens von mehr als tausend Jahren andeuten. Er hatte schon in der oben zitierten Anmerkung zu I Kor 7,39 provokativ gefragt: „Hat nicht Petrus, der Fürst der Apostel, sich nicht geschämt, dem Besseren zu folgen, als er von Paulus ermahnt seinen Irrtum erkannte?"[5] In den Scholien, mit denen er 1532 sein Werk gegen heftige Angriffe verteidigte, wird er überdeutlich. Als Beispiel für Vorschriften, die zu Recht eingeführt, jetzt aber durch die Sitten der Menschen antiquiert seien, führt er aus: Unter den apostolischen Kanones findet sich eine Vorschrift, die Klerikern verbietet, sich mit weltlichen Geschäften, wie Beglaubigungen von Testamenten oder Bürgschaften zu befassen – ein Verbot also, das im 16. Jahrhundert tagtäglich auf allen Stufen der geistlichen Hierarchie übertreten wurde. Nie-

---

[1] ASD IX-1, S. 35, 477 f. und 483; S. 38, 550 f. und S. 44, 778.
[2] ASD IX-1, S. 35, 477 f.
[3] ASD IX-1, S. 49, 937 f.
[4] ASD IX-1, S. 35, 487 ff.
[5] LB VI, c. 697 C.

mand fand etwas dabei, im Gegenteil, die Gesellschaft war auf rechtskundige Kleriker angewiesen. Dabei, betont Erasmus, handelt es sich nicht um irgendeine menschliche Satzung, sondern um eine des Apostels Paulus, der Timotheus ermahnte, er solle sich nicht in die Geschäfte des gewöhnlichen Lebens verstricken lassen.[1]

Die Tradition hatte scharf zwischen göttlichem und menschlichem Recht unterschieden. Die Reformatoren zogen die Trennungslinie enger und vertieften den Graben zwischen den beiden Rechten noch entschieden, indem sie menschliches Recht in geistlichen Belangen als widergöttlich verstanden. Erasmus aber verwischte die Grenze zwischen beiden Bereichen. Seine Argumentation lief auf Folgendes hinaus: Kirchliche wie apostolische, also im Neuen Testament beglaubigte Vorschriften, waren jeweils für eine bestimmte Zeit gegeben. Sie formten für ihre Zeit göttliches Recht den historischen Umständen entsprechend aus. Gottes Wille blieb auch für Erasmus gleich, sein Ratschluß war unveränderlich und sein Wort, das er immerwährend gebar, ewig dasselbe. Wenn Gott aber für und durch Menschen seinen Willen offenbarte, paßte er sich den vergänglichen Menschen und ihren Umständen an. Es mußte also gelten, den ewigen Willen Gottes in und hinter den angepaßten Vorschriften auszumachen und für die eigene Zeit neu auszuformen. 1535 im ‚Ecclesiastes‘ schrieb Erasmus seine Überlegungen zum Gesetz zusammenfassend: „Das Gesetz Gottes ist immer dasselbe, so wie Gottes Willen unwandelbar ist, verschieden aber ist es ausgeformt je nach Zeiten und Personen.“[2]

Diese Gedankengänge hat Erasmus nicht erst in den kirchenrechtlichen Streitigkeiten von 1522 an entwickelt. Er hatte sie längst im Rahmen seiner exegetischen Überlegungen ausgebildet. Auf die Anmerkung zu I Kor 7,39 wurde schon hingewiesen. Es war einer seiner wichtigsten exegetischen Grundsätze, innerhalb der biblischen Schriften, auf die verschiedenen Zeiten und Personen sorgfältig zu achten und ihren Wandel in Betracht zu ziehen,[3] so Erasmus schon in der ‚Methode‘ von 1516. In der ‚Ratio seu methodus‘ von 1519 folgert er, daß es Menschen überhaupt nicht möglich sei, Gesetze für das alltägliche Leben wirklich dem Leben Christi konform einzurichten. „Die Päpste schreiben als Menschen für schwache Menschen, ja für verschieden schwache Menschen vor, was ihnen für ihre Zeit sinnvoll scheint.“ Von Christus, dem Archetyp, müssen die menschlichen Gesetze abgeleitet werden. „Von seinem Licht nähren sich die Fünklein der menschlichen Gesetze, aber anders scheint der Glanz

---

[1] ASD IX-1, S. 78, 376 f. Vgl. 2 Tim 2,4.
[2] ASD V-5, S. 320, 190 f.
[3] H, S. 158, 22 f. und S. 198, 33. Vgl. o. S. 86.

der ewigen Wahrheit wieder auf einem glatten, geputzten Spiegel als auf Eisen, anders in einer sehr klaren Quelle als in einem trüben Tümpel." Die kirchlichen Gesetze sollten deutlicher wie ein Spiegel oder eine Quelle das Evangelium abbilden. Für die weltlichen ist es genug, wenn sie matt wie Eisen oder ein Tümpel Christi Leben aufscheinen lassen. Alle aber verändern das Gespiegelte und sind nach Zeit, Anlaß und Absicht ihrer Entstehung zu beurteilen.[1] Alle können nur mittelbar je nach Zeit und Umständen auf verschiedene Weise dem Evangelium entsprechen.

Erasmus unterscheidet hier also nicht wie die Tradition mit Ivo von Chartres und wie später die Lutheraner zwischen unveränderlichen ewigen Gesetzen, die das Heil betreffen und unbedingt eingehalten werden müssen, und weniger wichtigen, nicht heilsnotwendigen, die, wie es die Liebe jeweils erfordert, angepaßt und verändert werden dürfen.[2] Für ihn müssen alle angepaßt werden und können auf Erden nur mittelbar auf Christus zurückweisen. Erasmus unterscheidet auch nicht sauber zwischen göttlichen und menschlichen Gesetzen. Ebenfalls in der ‚Ratio' fragt er einmal – es geht dort um Beichtvorschriften – : Was ändert es für die Frömmigkeit, „ob Christus selbst oder die Kirche, angehaucht durch den Geist, etwas eingesetzt hat?"[3]

Erasmus glaubt, daß Gottes ewiges Gesetz auf der Erde grundsätzlich nur in veränderliche Gesetze ausgeformt werden kann, die der Zeit und Vergänglichkeit unterworfen sind. Darum muß und soll die Kirche und Gesellschaft jeder Zeit, ja jeder Einzelne sich den jeweiligen Umständen entsprechend immer wieder neu nach dem Leben Christi ausrichten.

Die Gesetze sind Zeit und Umständen anzupassen

Für Erasmus hatte auch die Zeit von Jesu Erdenleben und die Zeit „nach der Gabe des Heiligen Geistes, als die Kirche noch unerfahren, sich erst entfaltete (rudis adhuc et nascentis ecclesiae)" ihre eigenen Sitten und Gebräuche. Ihre Lebensweise kann nicht einfach auf spätere Zeiten übertragen werden. Wer entmannt sich heute um des Himmelreiches willen? Wer verkauft seinen Besitz? Wem folgen die Zeichen nach, die den damaligen Glaubenden zugesagt waren? Wollten wir alle Vorschriften der damaligen Zeit auf uns anwenden,

---

[1] H, S. 203, 20 ff. Erasmus erinnert hier an die mittelalterliche Ständeordnung, relativiert sie aber, wenn er in einer Parallelstelle von 1518 im Brief an Paul Volz erklärt, es gäbe keinen Grund, irgendeine Lebensform von der christlichen Vollkommenheit auszuschließen, und hinzufügt, manche Mönche könnten kaum dem äußersten Kreis zugerechnet werden. (H, S. 12, 30 f.).

[2] Decretum, Prologus (MPL 161, c. 50 A).

[3] H, S. 206, 1 f.

„dann wären wir keine Christen, denn uns sind diese Zeichen bekanntlich nicht nachgefolgt",[1] so Erasmus 1519 in der ‚Ratio', und in der Anmerkung zu I Kor 7,39 hieß es: „Das Reich Gottes ruft nach der Predigt des Evangeliums, damit sie dieses selbst auf die jeweilige Zeit bezieht."[2] Die Zeiten haben sich geändert. Nachdem die Verfolgungen aufhörten, so wieder in der ‚Ratio', und die Kirche zu Ansehen gelangt ist, „sind den veränderten Umständen entsprechend neue Gesetze eingeführt worden, von denen ein paar den Vorschriften Christi zu widersprechen scheinen, wenn wir sie nicht durch die Unterscheidung der Zeiten in Einklang bringen."[3]

Hat Erasmus damit nicht einem verheerenden Relativismus Vorschub geleistet? Wurde für ihn nicht jede Vorschrift beliebig und der Gehorsam gegenüber dem Wort Gottes untergraben, ja jedes geordnete menschliche Zusammenleben in Frage gestellt? Nicht nur Luther, auch seine konservativen Gegner aus dem altgläubigen Lager haben ihm das vorgeworfen.[4] Nach dem Selbstverständnis des Erasmus indessen konnte gerade so die evangelische Lehre rein erhalten bleiben. Er erklärte, er habe das so dargelegt, „damit wir die himmlische Philosophie Christi nicht durch Gesetze und Gewohnheit entstellen. ... Bewahrt bleibe jener heilige Anker der evangelischen Lehre, zu dem in der so großen Dunkelheit menschlicher Wirrnis Zuflucht genommen werden soll. ... Es bleibe jenes feste Fundament, das keinem Einblasen von Meinungen und keinen Stürmen der Verfolgung weichen darf. ... Menschen können fallen, Christus

---

[1] H, S. 198, 35 ff., bes. S. 200, 4 f.

[2] LB VI, c. 695 D.

[3] H, S. 201, 13 f. Es ging Erasmus also gerade nicht darum, zu „reinen Ursprüngen" der Kirche zurückzukehren, und er sah die Rechtsgeschichte nicht nur als Unfall, so Wilhelm Maurer in seinen Aufsätzen: Reste des kanonischen Rechts im Frühprotestantismus, in: ders.: Die Kirche und ihr Recht. Tübingen 1976, bes. S. 162 und 157 ff. und: Erasmus und das Kanonische Recht, in: H. Junghans, I. Ludolphy, K. Meier (Hrsg.): Vierhundert Jahre Lutherische Reformation 1517-1967. Festschrift für Franz Lau. Göttingen 1967, bes. S. 224. Reine Sitten der Urkirche nutzt Erasmus als Folie, um Unsitten seiner Zeit deutlich zu machen, und als Vorbild, wie im Geiste des Evangeliums Recht gesetzt werden kann, aber nicht als Norm für seine Zeit. Anscheinend blieb Wilhelm Maurer in seinem Quellenmaterial weitgehend auf Hinweise von Guido Kisch und Emile V. Telle angewiesen und hat von Luther ausgehend übersehen, daß Erasmus gerade den Reformatoren – mit mehr oder weniger Recht – vorwarf, sie wollten das Unmögliche wagen und die erwachsene Kirche wieder in die Wiege legen, indem sie sie zu den „reinen Ursprüngen" zurückzuführen suchten. (ASD IX-1, S. 304, 623 f.). Dagegen hat er den geschichtsbewußten Umgang des Erasmus mit dem kanonischen Recht selbst überzeugend gewürdigt. Darum sei hier auf weitere Bemerkungen dazu verzichtet und auf seine Aufsätze verwiesen.

[4] So die Pariser Fakultät, die ihm, der erklärte, die Frage, ob Kriege erlaubt seien, sei heute unter Christen anders zu beurteilen als in den Zeiten des Alten Testamentes, unterstellte, „er untergrabe das ganze Staatswesen und weiche vom Naturrecht wie vom göttlichen Recht ab". (Vgl. LB IX, c. 840 E).

vermag nicht zu irren. ... Darum achte vor allem darauf, ob, was vorgeschrieben wird, mit der evangelischen Lehre übereinstimmt, ob es das Leben Christi widerspiegelt und erkennen läßt."[1] Eine Vorschrift war also für Erasmus nicht zwingend göttlich und damit unveränderlich, wenn sie zufällig im ersten Jahrhundert in den paulinischen Gemeinden gefordert oder eingehalten wurde. Sie war göttlich, wenn sie mit Leben und Lehre Christi übereinstimmte.

Erasmus und die humanistische Jurisprudenz seiner Zeit

Der historische Ansatz des Erasmus wurde von Juristen aufgenommen und für ihre Arbeit fruchtbar gemacht. Guido Kisch ist schon 1960 in einer Studie der reichen Wirkungsgeschichte der Erasmischen Vorstellungen in bezug auf das Zivilrecht nachgegangen, in einer Studie, die leider viel zu wenig beachtet wurde.[2] Der Erasmusforscher C. Douglas McCullough glaubt, sie in seinem Aufsatz über das Gesetzeskonzept des Erasmus als wenig überzeugend beiseite schieben zu können.[3] Ihm ist insoweit recht zu geben, daß Erasmus kein Jurist war und – wenn er sich auch kompetent zu Rechtsfragen äußerte – keine Rechtstraktate schrieb, was übrigens auch Kisch bemerkte.[4] Das hinderte Cantiuncula, Zasius und Amerbach, Juristen, die zu seinem Freundeskreis gehörten, jedoch nicht, sich von seiner exegetischen Methode befruchten zu lassen, zumal sich sein von der antiken Rhetorik geprägter Ansatz mit ebenfalls aus der antiken Rhetorik geprägten Grundsätzen des römischen Rechtes traf. Schrieb es doch ausdrücklich vor, eine Strafe sei Personen, Orten und Umständen anzupassen.[5] Der beste Zeuge, daß Kischs Sicht, Erasmus habe die humanistische Rechtsphilosophie und –praxis nachhaltig beeinflußt, nicht aus der Luft gegriffen ist, ist Cantiuncula selbst. Der Rechtsprofessor erklärt ausdrücklich, er habe, was er bei Erasmus in bezug auf die Bibelauslegung gelernt habe, auf sein Gesetzesverständnis übertragen.[6] Der neue Ansatz fand nicht nur in theo-

---

[1] H, S. 204, 10 f.

[2] Guido Kisch: Erasmus und die Jurisprudenz seiner Zeit. Studien zum humanistischen Rechtsdenken. Basel 1960. Kisch behandelt Vives, Cantiuncula, Budaeus, Oldendorp, Alciatus, Zasius und Amerbach. M. W. hat seine Arbeit nur Wilhelm Maurer für seine Aufsätze zu Erasmus fruchtbar gemacht.

[3] C. Douglas McCullough: The Concept of Law in the Thought of Erasmus, in: ERSY 1, 1981, S. 89-112.

[4] Kisch (1960), S. 55 f.

[5] Vgl. D. 48, 19, 16, 1 (Theodor Mommsen (Hrsg.): Corpus iuris civilis. Hildesheim 1993 (25. Aufl.), Bd 1, S. 866).

[6] Nach Kisch (1960), S. 104; S. 107 und bes. S. 157, Anm. 4: „At quemadmodum in scriptura sacra, huiusmodi scrupi si quando inciderint, non oportebit offendi aut fide scripti dubitare, sed magno

retischen Werken der Erasmusfreunde seinen Niederschlag, sondern auch in der Praxis. Hier sei an die heute noch in modernen Rechtsgeschichten zitierte Einleitung zum Freiburger Stadtrecht erinnert, hinter der der mit Erasmus befreundete Zasius stand. Da wird eingangs formuliert: „So aber nach den worten des keisers Justiniani des menschen stand im empsiger verwandlung ist also, das sich alle hendel, übung und bruch, steet und wesen mit hingang der zit und des alters verendern dergestalt, das menschlich art gar oft by alten satzungen nit bestan, wo sy nit uss erheischung der notturft mit nüwen versehen und ersetzt würden."[1]

Auch der konservative Rechtsgutachter Bonifacius Amerbach war bereit, Jahrhunderte alte Rechtsgewohnheiten und Rechtssatzungen umzustoßen, falls sie nicht aus göttlichem oder natürlichem Recht fließen und nicht auf der menschlichen Vernunft gründen. Dabei berief er sich auf Erasmus.[2] Wie sehr er seinen älteren Freund als Jurist ernst nahm, bezeugt ein Brief vom Februar 1530. Erasmus hatte Amerbach um seine Meinung zum Scheidungswunsch Heinrichs VIII. gebeten. Er hatte ihm anvertraut, wie hin- und hergerissen er in dieser Frage sei. Da war der gerechte und billige Anspruch der verlassenen Mutter von Heinrichs Tochter, die Ehe zu erhalten. Wer wollte sich dem verschließen? Andererseits faszinierte Erasmus die Möglichkeit, durch eine Scheidung einen bevorstehenden Bürgerkrieg verhindern zu können. War doch beim Ableben Heinrichs ein Bürgerkrieg zu befürchteten, da in der bestehenden Ehe mit Katharina kein Thronfolger mehr zu erwarten war. Als Scheidungsgrund konnte Heinrich allerdings nur einen unwillig geleisteten Ehevollzug geltend machen.[3] Amerbach machte sich die Antwort nicht leicht, vier immer wieder korrigierte Manuskripte des Briefes sind erhalten.[4] Amerbach konnte es sich nicht leicht machen. Denn er schwankte hier überhaupt nicht. Für ihn war es klar, der Papst hatte in diesem Fall rechtens keine Möglichkeit zu scheiden. Aber gerade seine besten Argumente dafür fand er bei Erasmus selbst. Er mußte also mit Erasmus gegen Erasmus argumentieren. Nicht nur war er sich mit dem Rotterdamer einig, daß der Papst sich nicht einfach über göttliches Recht hinwegsetzen sollte, er erinnerte ihn auch daran, daß er, Erasmus selbst,

---

Erasmo autore pensitatis omnibus circumstantiis explicandae difficultatis rationem quaerere, sic in legalibus scitis ... ."

[1] Nach Marcel Senn: Rechtsgeschichte. Ein kulturhistorischer Grundriß. Zürich 1997, S. 141.

[2] Vgl. Hans-Rudolf Hagemann: Die Rechtsgutachten des Bonifacius Amerbach. Basler Rechtskultur zur Zeit des Humanismus. Basel 1997, bes. S. 30 mit Anm. 163. Dem Autor habe ich für ein hilfreiches und klärendes Gespräch zu den behandelten rechtsgeschichtlichen Fragen zu danken.

[3] Allen VIII, S. 326, 35 ff.

[4] Allen VIII, S. 351.

erklärt habe, eine Ehe sei nach gegenseitigem Konsens, auch wenn sie nicht vollzogen sei, gültig. Demnach konnte der nur unwillige Vollzug also kein Grund sein, eine Ehe zu trennen. Amerbach beschloß sein sorgfältiges kleines Rechtsgutachten so: Des Papstes Macht (zu scheiden) fällt zusammen, nachdem die Ehe rechtens eingegangen wurde, es sei denn gewichtige und gerechte Gründe forderten „suo iure" die Scheidung. Der Gutachter fügt in seinem Brief an Erasmus an: „Darüber hat niemand vollendeter geschrieben als Du." Und er gibt als Marginalie gleich noch die Stellen an: Die Anmerkung zu I Kor 7,39 und deren ‚Apologie' gegen Lee.[1] Der berühmte Rechtsgutachter hat da Erasmus als Autorität in einer Frage des kanonischen Rechtes angesprochen.

Erasmus als Kirchenrechtler? Ein zünftiger Kanoniker war er zweifellos nicht, aber für ein angemessenes Verständnis des Erasmischen Denkens, insbesondere, um seine Stellung zur Reformation zu verstehen, ist seine Sicht des kanonischen Rechtes von größter Bedeutung. So sehr für Erasmus die Kirche als durch die Sakramente verfaßte Gemeinschaft ihre von Christus eingesetzte Ordnung grundsätzlich nicht ändern sollte,[2] so folgt doch aus seinem Ansatz, daß im speziellen Fall nicht nur das menschliche, nein, auch das göttliche Recht je nach Zeit und Umständen angepaßt und ausgelegt werden darf. Nicht nur Erasmus, auch Cantiuncula hat diese Konsequenz gezogen: „Man soll es nicht für unrecht oder heidnisch halten, wenn wir die vollkommene Richtschnur der überkommenen göttlichen Gesetze der menschlichen Schwäche anpassen", schrieb er. Für diesen Grundsatz bezog er sich ausdrücklich auf die ‚Ratio' des Erasmus und erklärte: „sic se habere testis est locupletissimus magnus ille Erasmus (Daß es sich so verhält, dafür ist jener reich begabte und große Erasmus Zeuge)".[3]

Das Gesetzesverständnis von Zwingli und Luther

Diesen Ansatz hat Luther überhaupt nicht und Zwingli nur teilweise übernommen. Schon 1523 – die ‚Epistola de interdictu carnium' des Erasmus war 1522 bereits in mehreren Ausgaben erschienen – meldeten sich die beiden Reformatoren zum Thema neu zu Wort. Sie hielten daran fest, daß das göttliche Recht, wie es die apostolischen Schriften überlieferten, unveränderbar sei.[4] Wie

---

[1] Ebd. S. 353, 70 f. Zu beachten ist die Anmerkung!

[2] ASD V-5, S. 312, besonders 34 f.

[3] Claudius Cantiuncula: Oratio apologetica. Basel 1522, b 3 r ff., bes. c 1 r.

[4] Der ehemaliger Tischgenosse des Erasmus Johannes Zwick bewahrte dagegen noch einen schwachen Abglanz der Erasmischen Argumentation in bezug auf das Kanonische Recht in seiner ‚Underrichtung Warumb die ee uß menschlichem gsatz in vyl grad verbotten sey'. Basel o. J.

versuchten sie dann die Probleme zu lösen, die sich daraus ergaben, daß die neutestamentlichen Vorschriften in einem ganz anderen kulturellen Umfeld für Untergrundgemeinden vor der konstantinischen Wende entstanden waren? Die traditionelle Lösung war, neue Vorschriften zu erlassen, indem man sich auf Joh 16,12 f. berief, wo Jesus seinen Jüngern vor dem Abschied erklärt hatte; er habe ihnen noch viel zu sagen, in das sie der Geist einführen werde. Diese Lösung schlossen die Reformatoren aus. Genauso wenig wollten sie zweierlei Maßstäbe anwenden, einen für die weltabgewandten Ordensleute, die verpflichtet wurden, auf Besitz, auf Rechtsdurchsetzung usf. zu verzichten, und einen für die in der Welt lebenden Christen, für die es grundsätzlich genug war, die zehn Gebote zu halten. Sie mußten neue Wege gehen.

Luther hat bekanntlich in seinen Schriften ‚Von weltlicher Obrigkeit‘[1] und ‚Daß eine christliche Versammlung oder Gemeinde Recht und Macht habe, über alle Lehre zu urteilen ...‘[2] seine Zwei-Reiche-Lehre entwickelt, die streng zwischen geistlichem und weltlichem Recht unterschied und zwischen privatem und öffentlichem Handeln. Das geistliche Regiment habe sich ohne Wenn und Aber nach den klaren evangelischen Vorschriften zu richten. Denn es beziehe sich auf die Seele, die ewig sei, also keiner Veränderung unterworfen.[3] – So Luthers verblüffende Begründung, die zeigt, wie unsicher tastend 1523 in dieser Frage noch argumentiert wurde. – Für die Obrigkeit gelten andere Normen. Sie regiert das vergängliche Äußere. Sie darf und soll mit dem Schwert dreinfahren. Der Christ als Einzelner, den Geboten der Bergpredigt unterworfen, hat willig Unrecht zu ertragen. Die Obrigkeit hat es zum Nutzen des Nächsten zu strafen.[4]

(probl. 1524). Auch er erklärte wortreich und ständig: „die war Christenlich kirch gat dem wort nach / von dem sy jren stammen und namen hatt / schempt sich deßelbigen nit / lat seine ordnungen und gsatz beleiben / thuot nüt hinzuo noch dar von / wycht nit da von / weder zuo der lincken noch zuo der gerechten /", aber er setzt dann doch einmal gut erasmisch hinzu: „unn alles das sy von nüwe sätzt / das sätzt sy nit nach eignem / sunder nach dem verständ und willen deß wort gottes / der alweg in jr ist und sy in jm" (e I. Vgl. Christine Christ-v.Wedel: Johannes Zwicks *Underrichtung* neu gelesen. Zum Verständnis von Schrift und Gesetz zwischen 1521 und 1524, in: Sigrid Lekebusch / Hans-Georg Ulrichs (Hrsg.):Historische Horizonte. Vorträge der dritten Emder Tagung zur Geschichte des reformierten Protestantismus. Wuppertal 2002, S. 93 f.).

[1] WA 11, S. 245 ff.
[2] WA 11, S. 408 ff.
[3] WA 11, S. 409, 2 f.
[4] Vgl. bes. WA 11, S. 249, 9 ff.

Zwingli argumentierte im Sommer 1523 anders.[1] Er sprach nicht von zwei Regimenten, sondern von zwei Gerechtigkeiten. Für ihn entspricht das göttliche Recht dem Wesen Gottes, es ist untadelig und rein und weit über alles Menschliche erhaben.[2] Es ist das Gesetz des Evangeliums. Christen sollen sich danach richten.[3] Sie sind aber nicht in der Lage, es einzuhalten.[4] Darum hat Gott noch ein anderes Recht erlassen: Das menschliche Recht, das in den zehn Geboten und anderen biblischen Vorschriften zu finden ist. „Das hatt got vorgesehen und hat gsatzt geben, damit man den gotlosen verheben und zwingen möchte." Wer es befolgt, erlangt menschliche Gerechtigkeit, es macht nur vor Menschen, nicht vor Gott gerecht. Es regelt das menschliche Leben.[5]

Die Gebote der menschlichen Gerechtigkeit sind also auch von Gott gesetzt und von Gott im Alten und Neuen Testament offenbart.[6] Sie haben nichts zu tun mit von Menschen erdachten Satzungen, die sind „unrechtmäßig" und abzuschaffen.[7]

Schon 1525 hat Zwingli sich im ‚Commentarius' erneut zum Thema geäußert und sich dort viel differenzierter ausgedrückt. Er unterscheidet da den „ewigen Willen Gottes", der den inneren Menschen angehe, und zivile und Zeremonialgesetze, die sich auf den äußeren Menschen beziehen. „Die äußeren Gesetze werden nach Maßgabe der Zeit (pro temporum ratione) verändert, wie wir das bei den zivilen oft geschehen sehen." Die Erfahrung also hat ihn gelehrt, daß die menschliche Gerechtigkeit nicht immer dieselbe ist und sein kann. Entsprechendes gilt bzw. galt für die Zeremonialgesetze. Sie sind durch Christus aufgehoben, sie waren nur gegeben, um nach Hebr 9,10 zu ihrer Zeit korrigiert zu werden.[8] Leider äußert sich Zwingli nicht weiter zu dieser Frage,

---

[1] Auf eine detaillierte Diskussion mit den Thesen von Steven E. Ozment: The Reformation and the Cities. The Appeal of Protestantism to Sixteenth-Century Germany and Switzerland. New Haven 1975, S. 131-138 und Christof Gestrich: Zwingli als Theologe. Glaube und Geist beim Zürcher Reformator. Zürich 1967, S. 175 sei verzichtet. Sie interpretieren Zwinglis Schrift ganz im Sinne der Zwei-Reiche-Lehre von Luther. Die Quelle spricht deutlich genug anders. Schon die wenigen Zitate im Folgenden erweisen es. Immerhin sieht auch Ozment: „that Zwingli and Bucer, like Calvin later, more closely integrated religion and society and were determined to transform the latter by the former, subjecting rulers to Scripture's guidance and the standards of divine righteousness". (S. 135).

[2] Z II, S. 475, 8 ff.

[3] Z II, S. 476, 8 ff.

[4] Z II, S. 477, 24 f.; S. 483, 10 f., u.a.

[5] Z II, S. 483, 24 ff.

[6] Vgl. Z II, S. 490, 14 f.

[7] Z II, S. 522, 6 f. Vgl. auch Z I, S. 134.

[8] Z III, S. 707, 1 f.

aber es ist klar: was menschliche Gesetze angeht, ist er auf die Linie des Erasmus eingeschwenkt.

„Die göttlichen Gesetze aber, die sich auf den inneren Menschen beziehen, sind ewig", erklärt Zwingli unmißverständlich. Daran will er grundsätzlich nicht rütteln. Niemals wird abgeschafft werden, daß du den Nächsten lieben sollst wie dich selbst, noch wird man je Diebstahl, Meineid und Mord nicht für Schandtaten halten." Hat sie Gott doch auch den Heiden ins Herz geschrieben.[1] Die göttlichen Gesetze entsprechen den Naturgesetzen und bleiben nach wie vor unveränderbar, aber Zwingli setzt sie jetzt in eine Rangordnung. Alles muß dem Gesetz, den Nächsten zu lieben, unterstellt werden. Hatte nicht Paulus in Röm 13,9 ausdrücklich gelehrt, daß in diesem Gebot alle Gesetze enthalten seien? Darum können „wir aus dem selben Gesetz einiges behalten und anderes wegschneiden". Was nicht unter das Gesetz der Liebe fällt, ist in Christus veraltet. Christus nämlich ist das Ende des Gesetzes. „Wer also unter Christus dient, ist zu dem verpflichtet, was die Liebe fordert oder was aus ihr folgt. Was sie nicht vorschreibt, das ist entweder nicht verlangt oder unnütz."[2] Was die äußeren Gesetze betrifft, war Zwingli bereit, sie der Zeit anzupassen. Diesen historischen Ansatz aber hat er nicht auf die göttlichen übertragen und mit Erasmus den ewigen Willen Gottes von den zeitlichen Gesetzen, in den er ausgeformt werden muß, unterschieden. Aber er hat gut erasmisch die göttlichen Gebote in eine eindeutige Rangordnung gesetzt und alles dem Gesetz der Liebe unterstellt.

Das gab ihm die Freiheit, menschliche und göttliche Gerechtigkeit eng aufeinander zu beziehen. Sie sollen sich gegenseitig durchdringen. Die menschliche Gerechtigkeit soll der göttlichen so nahe wie möglich kommen. Das kann sie, weil alles – menschliches und göttliches Gesetz – auf das Gebot der Liebe bezogen werden muß und darf.

In der Theorie hat Zwingli Erasmus 1525 ein Stück weit folgen können, die zivilen Gesetze als den Umständen nach veränderbar gesehen und in bezug auf die ewigen göttlichen Gesetze gefordert, alles müsse dem Gebot der Liebe unterstellt werden. In der Praxis aber hat Zwingli sich dann doch, auch wenn es nicht darum ging, das Gebot der Liebe durchzusetzen, auf das ewige göttliche Gesetz berufen. Einen Monat nachdem er die Niederschrift des ‚Commentarius' abgeschlossen hatte, fordert er den Ausschluß der Ehebrecher, Wucherer und Hurer vom Abendmahl und aus der städtischen Gemeinschaft „nach götlichem

---

[1] Ebd. S. 707, 7 f.
[2] Ebd. S. 707, 22 ff.

gsatzt" und was den Umgang mit Gläubigern betraf, die auf das umstrittene Zinsnehmen nicht verzichten wollten, erörtert er nicht die Zeitumstände, sondern greift auf das Beispiel von Abraham, Jakob, Josef und Salomon zurück.[1]

Zwingli machte die Obrigkeit eng von biblischen Vorschriften abhängig. Für Erasmus war das eine neue Tyrannei. „Das Joch der menschlichen Gesetze wurde abgeschüttelt", konstatiert er Ende 1529, „aber wo sind die, die ihren Nacken unter das süße Joch des Herrn beugen? Inzwischen sind die menschlichen Gesetze durch neue menschliche, in der Tat zu wenig menschliche, ersetzt worden. Die Bezeichnung hat sich geändert, sie heißen jetzt nämlich Wort Gottes, die Sache ist aber so wenig milder geworden, daß viele rechtschaffene Leute ein freiwilliges Exil der herrlich besungenen Freiheit vorziehen."[2] Der Zürcher Rat hat das offenbar ähnlich gesehen. Jedenfalls nahm er, so bezeugt Bullinger, nach der Niederlage von Kappel den Zürcher Pfarrern sofort das Versprechen ab, daß sie sich „keiner weltlichen sachen, die weltlich regiment und oberkeit zuo stand ... nit beladind, sunder uens, nach dem uens Christenlich, loblich ouch Statt und Land nutzlich dunkt, regieren lassind".[3] Wohl als Christen, aber nach ihrem Gutdünken, also nach menschlichen Satzungen, wollen sie fortan regieren.

Auch in bezug auf kirchenrechtliche Bestimmungen dachten die Zürcher nach Zwinglis Tod weiter. In seinem großen Katechismus von 1534 unterscheidet Leo Jud die Kirche, wie sie sich dem Geiste und dem Leibe nach darstellt. Die Kirche dem Geist nach wird vom Heiligen Geist geleitet. Die dem Leibe nach aber bedarf einer äußeren Ordnung: „Diewyl (wie gseit ist) die kilch noch im fleisch / lyb und zyt hie laebt und straebt / treit sich offt zuo das man nach enderung und zuofal der usseren dingen etwas setzen und ordnen muoß /damit ein ussere ordnung unnd zucht gehalten werde unter den gliederen Christi." Zu dieser äußeren Ordnung gehören nicht etwa nur Verwaltungsbestimmungen und die Kirchenzucht: „Zuor usseren ordnung gehoert ouch das usser wort und zuodienung der sacramenten ... ."[4] Leo Jud, der noch kurz vor seinem Tod im Jahre 1542 eine Gesamtausgabe der Erasmischen ‚Paraphrasen' in seiner Übersetzung mit einem Register und einer Nacherzählung der Apokalypse von Konrad Pellikan herausbrachte und Erasmus als Exegeten warm empfahl,[5] erweist

---

[1] Z IV, S. 31 f.

[2] ASD IX-1, S. 293, 282 f.

[3] J. J. Hottinger und H. H. Vögeli (Hrsg.): Heinrich Bullingers Reformationsgeschichte. Frauenfeld 1840, III, S. 287.

[4] Leo Jud: Catechismus. Zürich 1534, LXXII v. f.

[5] Paraphrasis Oder Erklärung des gantzen Neüwen Testaments ... uraltem allgemeinem Christenlichem verstand gemaeß / auß der heyligen geschrifft / auch auß den alten bewaerten und Chri-

sich auch in seiner Sicht der Kirchenordnung als Erasmianer. Für ihn ist sie eine vorläufige Ordnung, die sich die Gemeinden durch ihre Vorsteher geben. Sie können sich auch überregionale Ordnungen geben, die für die Gläubigen verpflichtend sind. Anders als bei Erasmus wird aber selbstverständlich eine päpstliche Ordnungsbefugnis ausgeschlossen.[1]

Luther ließ dem weltlichen Regiment genügend freie Hand, problematisch aber blieb für die Wittenberger, ein geistliches Regiment einzurichten. Um nicht „neue päpstliche Dekretalen aufzustellen", konnten sie die ‚Visitations-ordnung' von 1528 nicht als „strenges Gebot" ausgehen lassen, sondern nur als eine „hystorien odder geschicht" und „als Zeugnis und Bekenntnis unseres Glaubens". Mit der Durchsetzung, auf die auch sie nicht verzichten konnten, mußten sie die weltliche Obrigkeit beauftragen.[2] Verbindlich wie das göttliche Recht kann sie nicht sein.

Zwei Jahre später hat Melanchthon in der Confessio Augustana erklärt, in bezug auf die Kirchenordnungen sei zu unterscheiden zwischen Menschensat-zungen, die dem Frieden in der Kirche dienen und ohne Sünde gehalten werden können, und solchen, die eingeführt wurden, um Gott zu versöhnen. Nach ihm widersprechen nur sie dem Evangelium und sind abzuschaffen.[3]

Erasmus hatte die Unterschiede schon im September 1524 sehr genau regi-striert. Er hatte an Melanchthon geschrieben: Zwingli betreibe die Sache so auf-rührerisch. Melanchthon lehre, Bilder zu stürmen, sei unfromm, Zwingli habe einen Bildersturm veranlaßt. Melanchthon lehre, die Kleidung sei irrelevant, hier lehrten die meisten, das Habit müsse abgetan werden. Melanchthon lehre, bischöfliche Bestimmungen, die nicht geradezu gegen die Frömmigkeit ver-stießen, sollen ertragen werden, hier sei alles unfromm und unchristlich.[4]

Die Reformatoren haben schwer um ihr Verständnis des göttlichen Rechtes ringen müssen und sahen sich größten Schwierigkeiten gegenüber, es in ihren Gemeinden umzusetzen. Den historischen Ansatz des Erasmus, der sie mit ei-nem Schlag vieler Probleme entledigt hätte, haben sie zunächst nicht über-

---

stenlichen der heyligen Kirchen Leerern gezogen / unnd anfangs durch den hochgeleerten und gottsaeligen mann H. Erasmum von Roterodam in Latinischer spraach außgangen / yetzund aber durch den getreüwen diener Christi M. Leon Jude Predicanten Zürych / in das Teütsch gebracht / zuo guotem allen denen so in Teütschem land der leer Jesu Christi zeerkennen begirig sind. Zü-rich, Froschauer, 1542.

[1] Leo Jud: Catechismus. Zürich, Froschauer, 1534, LXXIII r f.
[2] WA 26, S. 200, 11 f.
[3] BSLK, S. 69, 1 f.
[4] Allen V, S. 546, 75 und S. 547, 78 f.

nommen, nicht übernehmen können. Erasmus warf ihnen 1529/30 vor, sie wollten das Rad der Geschichte um eineinhalb Jahrtausende zurückdrehen und die Kirche des 16. Jahrhunderts zum Urzustand zurückführen. Für ihn aber war das ebenso absurd, wie einen Erwachsenen wieder in die Wiege zu legen.[1]

Zur Auseinandersetzung mit den Schwärmern

Erasmus traf damit einen wunden Punkt. Mußten die Reformatoren sich doch gerade umgekehrt von Thomas Müntzer etwa vorwerfen lassen, sie blieben auf halbem Wege stehen und „steckten im Irrtum, weil sie den Brauch der Apostel noch nicht ganz übernommen hätten",[2] so Thomas Müntzer im März 1522 in einem Brief an Melanchthon. Es fiel den Reformatoren schwer, sich gegen solche Vorwürfe zu verteidigen. Luther versuchte es in seiner Schrift ‚Wider die himmlischen Propheten' von 1525. Er rekurriert da immer wieder im Blick auf den Gegensatz von tötendem Gesetz und lebensspendendem Evangelium auf die christliche Freiheit, die jedenfalls das mosaische Gesetz samt den zehn Geboten mit ihrem Bilderverbot außer Kraft gesetzt habe. Wenn der Dekalog auch bei Christen Geltung habe, dann nur insofern er dem „naturlich gesetze" entspräche, erklärt Luther dort, wobei er mit Bezug auf Röm 1,19-20 wie die meisten Denker seiner Zeit das von jedem Menschen gefühlte Naturgesetz im Sinne Gratians als mit Gottes Willen übereinstimmend sieht. Das mosaische Gesetz ist für Luther abgetan.[3] Wie aber stand es mit dem Neuen Testament? Galt es da nicht, Christi Gebote zu befolgen? Hier konnte und wollte Luther nicht widersprechen. Christi Wort gilt, aber nur sein Wort. „Das Wort, das Wort soll es tun, hörst du nicht?" ruft er erregt aus. Auf Christi Beispiel ohne das Wort dürfe ein Christ sich nicht berufen, wie es die „himmlischen Propheten" täten, für die Christi Handeln Lebensanweisung sei. Wer Christi und der Apostel Leben zum Maßstab für das eigene mache, der pflanze eine neue Werkgerechtigkeit. „Hüte dich, wenn du nicht Gottes Wort hörst, das dich

---

[1] Vgl. ASD IX-1, S. 304, 623 f. Zum Vergleich der Entwicklung der Kirche mit dem Lebensalter der Menschen vgl. Nelson H. Minnich: Some Underlying Factors in the Erasmus-Pio Debate, in: ERSY 13 (1993), S. 40 f.

[2] Franz Günther (Hrsg.): Thomas Müntzer. Schriften und Briefe. Gütersloh 1968, S. 380 ff., bes. 381, 12 f.

[3] WA 18, S. 80, 15 ff. Zum weitverbreiteten Rückgriff auf das Naturgesetz vgl. das Corpus Iuris Canonici, das gleich mit der Belehrung einsetzt, das Naturrecht enthalte, was in Gesetz und Evangelium enthalten ist, wonach jeder dem anderen tun soll, was er will, daß man ihm tut. (Mt 7,12). In der 8. Distinctio wird dann lapidar festgehalten: Gegen das Naturrecht darf niemand irgendwie verstoßen. (I,c1 und 8cII, Friedberg (Hrsg.:), I, c 7 f.). Christoph Strohm (1995), S. 147 glaubt, erst Melanchthon habe gegen Luther das göttliche Recht mit dem Naturrecht identifiziert. In diesem Punkt ist ihm zu widersprechen.

zu etwas auffordert oder dir etwas verbietet, dann wende dich ab und halte dich nicht daran, auch wenn es Christus selbst täte ... sprich ... das geht mich nichts an; es sind Werke für seine eigene Person."[1]

Hier widersprach nicht nur Erasmus, auch für Zwingli galt Christi Leben als für jeden Christen vorbildlich: „Welcher redt, er sye in im (Christus), der sol ouch wandlen, wie er gewandlet hat."[2] Gegenüber der Forderung der Täufer: „Wir müssen uns in allem Christus angleichen!" hielt Zwingli unmißverständlich fest: „Wer leugnet das?"[3] Entsprechend differenziert widerlegte Zwingli denn auch 1527 die Argumente der Täufer mit ausgefeilten Exegesen, in denen er auch historische Argumente nicht ganz ausklammerte. Aber diese galten nur dem richtigen Verständnis der biblischen Schriften und dienten seinen exegetischen Argumenten. Sie betrafen nicht die nachapostolische Zeit. Diese haben die Reformatoren mit den Täufern als Festhalten oder Rückkehr zu den sich immer gleich bleibenden und in allen Zeiten gleich auszuformenden evangelischen Normen oder als Abfall zu Menschensatzungen interpretiert. Der Streit ging nicht darum, ob und wieweit die apostolischen Vorschriften im Sinne des Evangeliums für spätere Zeiten zu interpretieren bzw. neu auszuformen seien, sondern nur darum, was nach der Schrift als evangelische Norm zu gelten hatte bzw. wie die einzelnen unveränderlichen Vorschriften zu verstehen seien. Für Zwingli umfaßten sie das dem Liebesgebot unterstellte gesamte Gesetz des Alten und Neuen Testamentes ohne die Zeremonialvorschriften, für Luther alle für die Heilsverkündigung notwendigen Christusworte, aus denen er Wortverkündigung, Sakramentsspendung und Schlüsselgewalt ableitete. Luther und Zwingli haben der vermeintlichen Gesetzlichkeit der Täufer ihr Verständnis der christlichen Freiheit entgegengehalten. Dem Anspruch aber, wieder zu den evangelischen Normen des ersten Jahrhunderts zurückzukehren, konnten sie grundsätzlich kaum etwas entgegensetzen. Wohl darum fiel es ihnen so schwer, den Täufern gerecht zu werden. Sie konnten sich nicht enthalten, sie in fragwürdiger Weise moralisch zu diffamieren. Erasmus dagegen, der sie genauso wenig schätzte – er verglich sie mit den ägyptischen Plagen[4] – konnte ihnen statt mit Haß mit Mitleid begegnen. Für ihn waren sie arme Irregeleitete, und er betonte, daß sie durchaus nicht alle schlecht seien, im Gegenteil, sie fielen durch ein unschuldiges Leben auf.[5]

---

[1] WA 18, S. 114, 15 f., bes. S. 116, 28 f.

[2] Z III, S. 380, 22. Vgl. I Joh 2,6.

[3] Z VI,1, S. 141, 15 f.

[4] Allen XI, S. 39, 8 f.; V, S. 295, 38 f; X, S. 283, 42 f.

[5] Allen VIII, S. 113, 214 und S. 473, 15 f.

Das Recht soll den Menschen dienen

Schon vor den Reformatoren pries Erasmus die Heilige Schrift als Gottes Wort, das nicht irren kann und normgebend sein soll, er unterschied sich aber wesentlich von Luther und Zwingli in der Frage, wie diese Norm aus der Heiligen Schrift zu erheben und wie sie auf das alltägliche Leben der eigenen Zeit anzuwenden sei. Daraus folgte eine völlig andere Beurteilung des kanonischen Rechtes. Erasmus verwischte die traditionelle Unterscheidung von göttlichem und menschlichem Recht und sah in den kanonischen Sammlungen menschliche Vorschriften, die je für ihre Zeit den ewigen göttlichen Willen in vergängliche Menschensatzungen ausformten. Die Gesetzestexte müssen darum immer wieder angepaßt werden. Ins Feuer aber gehören sie nicht. Diese Sicht bestimmte sein Verhältnis zur Tradition. Anders als die Reformatoren stellte er nicht alles in Frage, was nach seinem Verständnis nicht mit dem Urzustand der Kirche übereinstimmte. Denn für ihn waren auch der Zustand und die Vorstellungen der ersten Christengemeinden vergängliche Ausformungen der einen, ewigen evangelischen Norm. Für Erasmus wandelte sich die Zeit und mit ihr Sitten und Gesetze. Wie die Offenbarung, so hatte die Kirche ihre von Gott gewollte Geschichte, die Erasmus durchaus nicht in Bausch und Bogen verurteilen konnte und wollte – auch was ihre letzten 300 Jahre betraf: „Die Zeit und die Umstände bringen vieles vom rechten Wege ab, vieles wandeln sie zum Besseren",[1] konstatierte er. Vieles hatten Zeit und Umstände vom rechten Weg abgebracht, da war Erasmus mit den Reformatoren einig. Die Kirche erwies sich als im höchsten Maße reformbedürftig. Deswegen aber eine Kirchenspaltung in Kauf zu nehmen oder gar zu provozieren, das mußte für Erasmus ein unsinniger Gedanke sein. Denn Zeit und Umstände würden nach seiner Sicht auch die neue Kirche bald wieder vom rechten Wege abbringen.

In seinem ‚Ehebuch' von 1526 hat Erasmus seine Sicht sehr deutlich formuliert: Sachlich stellt er fest, daß göttliches, weltliches und geistliches Recht in der komplizierten Frage der Ehehindernisse voneinander abweichen. Das göttliche Recht schränkte zunächst die Möglichkeit zu heiraten nur im nächsten Verwandtschaftsgrad ein. Denn am Anfang hätten auch Bruder und Schwester sich begatten müssen. Als das menschliche Geschlecht gewachsen war, wurden die Ehehindernisse nach Lev 18 bis in den vierten Grad ausgeweitet.[2] Weitere Einschränkungen folgten in der Zeit der Kirche. Erasmus hielt das durchaus nicht für gottlos. Selbst wo Bischöfe fragwürdige Satzungen aufgestellt hätten,

---

[1] ASD IX-1, S. 304, 626 f.
[2] LB V, c. 637 E.

seien sie zu tolerieren, solange sie nicht gegen die Frömmigkeit verstießen.[1] Im Ganzen waren es keine schlechten Gesetze, sie paßten zu ihrer Zeit, in der Keuschheit hoch angesehen war. Heute aber brächten die Ehegesetze viel Verwirrung und Kummer, „darum wird die Liebe, die für alle das Beste will, wünschen, daß die Kirche, die über die Auferbauung der Ihren wacht und sie nicht unterdrücken will, einige Hindernisse nachläßt." Die Kirche soll die Gesetze erneuern und der Zeit angepaßt auslegen. Ausdrücklich distanziert sich Erasmus von denen, die den von Päpsten und Bischöfen aufgestellten Satzungen alle Berechtigung versagen, genauso wie von denen, die sie dem Evangelium gleichstellen oder gar vorziehen. In den Rechtsfragen kann es allein darum gehen, den angefochtenen Gewissen Frieden zu verschaffen.[2]

Die Friedensfrage

Wie Erasmus am traditionellen Verständnis des göttlichen Rechtes rüttelte, so auch am Verständnis des gerechten Krieges. Wie die Definition vom göttlichen Recht ging auch die im Abendland allgemein anerkannte Bestimmung vom gerechten Krieg auf Augustin zurück: Kriege sind danach nicht grundsätzlich schlecht. Das beweisen schon die Kriege im Alten Testament. Ein Krieg, der Unrecht bekämpft, ist gut. Dazu gehören nicht nur Ketzerkriege, sogar Eroberungskriege können darunterfallen, wenn sie von rechtmäßigen Regierungen aus triftigen Gründen angefangen werden. Wenn ein Kriegsgrund nicht gegen Gottes Gesetze verstößt, kann mit gutem Gewissen gekämpft werden. Dienen doch gerechte Kriege grundsätzlich dem Frieden, sofern es keine Privatkriege sind und sie auf obrigkeitlichen Befehl hin erfolgen.[3] Bei Gratian galten dann alle Kriege, die zum Wohle des Staates geführt werden, Böses eindämmen, den Guten helfen, sowie Ketzerkriege als gerecht.[4] Entsprechend mußten nach Thomas von Aquin die Kriege dem Gemeinwohl dienen, dann waren sie erlaubt, sogar mit allen Mitteln, wenn sie von der Obrigkeit befohlen waren und Unbeteiligte nicht getötet wurden.[5]

---

[1] LB V, c. 642 B.
[2] LB V, c. 643 A f.
[3] Vgl. De civ. Dei 15, 4 und 19, 7 (MPL 41, c. 440 f. und c. 634); C. Faust. 22, 74 (MPL 42, c. 447 f.); Quaest. in Hept. 6, 10 (MPL 34, c. 781).
[4] II, causa 23, q I, c. III ff. (Ae. Friedberg, I, c. 892 ff.).
[5] S. Th. II, (3), q. 40 a 1 (Busca 2, S. 579).

Diese Definition blieb weitgehend unbestritten. Die Reformatoren blieben ihr verhaftet und das Ius belli wurde gar in die Bekenntnisschriften der protestantischen Kirchen aufgenommen.[1]

Erasmus aber distanziert sich in der ‚Institutio principis christiani' von 1515 ausdrücklich von den kanonischen Bestimmungen zum gerechten Krieg und von Augustin, der an der einen und anderen Stelle den Krieg gebilligt habe. Er spielt dort die Autorität Christi und der Apostel gegen die Augustins aus[2] und rät grundsätzlich von allen Kriegen ab: „Wenn nicht Christi Lehre überall dem Krieg entgegensteht, wenn sie auch nur einen Beleg bringen können, in dem der Krieg ausdrücklich empfohlen wird, dann mögen wir Christen Kriege führen. Den Israeliten war es erlaubt, Kriege zu führen, aber nur auf Gottes Ratschluß hin, uns aber lassen die Evangelien vom Kriege zurückschrecken." Auch nicht zum Türkenkrieg, zum Krieg gegen ‚die Ketzer', mag Erasmus da aufrufen: „Ich glaube, auch gegen die Türken sollte nicht einfach ein Krieg begonnen werden. Vor allem wenn ich mir überlege, wie das Reich Christi auf ganz andere Weise entstand, ausgebreitet und gefestigt wurde."[3]

Heute kann man kaum noch nachfühlen, was das im Jahre 1515 bedeutete. Der Papst rief zum Türkenfeldzug auf, der alternde Kaiser Maximilian arbeitete mit allen Mitteln darauf hin. Ein Sieg über die Türken sollte sein an kriegerischen Taten reiches politisches Werk krönen. Seine Hofdichter nahmen einen Triumph über die Ketzer schon voraus.[4] Wenn Erasmus später angesichts der Türkengefahr zu Einigkeit innerhalb des Reiches aufrief, dann konnte er einer breiten Zustimmung sicher sein. Aber einen Türkenkrieg grundsätzlich in Frage zu stellen, das hieß nicht nur gegen den Zeitgeist stehen, das war geradezu gefährlich. Wenige Jahre später wurde Luther in der Bulle „Exsurge domini" unter anderem auch deswegen verdammt, weil er behauptet haben sollte, gegen die Türken zu kämpfen, heiße Gott zu bekämpfen, der unsere Sünden durch sie heimsuche.[5] So hatte es Luther nicht formuliert, er hatte nur die Türken als „Gottes Zuchtrute und Peitsche" bezeichnet. – Entsprechend rief übrigens auch für Erasmus Gott durch die Türken die Christen zur Buße.[6] – Aber auch das

---

[1] Vgl. BSLK, S. 70; BSRK, S. 221, 1 f.

[2] ASD IV-1, S. 215, 512 f.

[3] ASD IV-1, S. 218, 606 f. (nach dem Wortlaut von 1516).

[4] Vgl. Dieter Mertens: Maximilians gekrönte Dichter über Krieg und Frieden, in: Franz Josef Worstbrock: Krieg und Frieden im Horizont des Renaissancehumanismus. Weinheim 1986, bes. S. 108 f.

[5] Vgl. WA 30,2, S. 93.

[6] Vgl. ASD V-3, S. 31 ff.

war in einer Zeit allgemeiner Türkenangst und angesichts der tatsächlichen Bedrohung schon zuviel.[1]

Die Gewaltfrage im historischen Kontext

Hatte Erasmus gute Gründe für seine so außergewöhnliche Sicht, oder war es nur die naive Friedenssehnsucht eines zarten Stubengelehrten, die ihm die Feder führte, ihm, der so viele, ja zu viele Kriege erlebt hatte und nun endlich einen europäischen Frieden in greifbarer Nähe sah?[2] Offenbar war es mehr, sonst hätten seine Friedensschriften nicht so große Auflagen erlebt und die berühmteste sich nicht bis heute im Buchhandel halten können. Das ist die ‚Querela pacis‘, die ‚Klage des Friedens‘ aus dem Jahre 1517, in der der Frieden wirkungsvoll als Frau auftritt. Verzweifelt klagt sie, daß sie wie Christus unter den Menschen keinen Platz finde.

Nach 1515 dürfte Erasmus mit seiner Friedenssehnsucht und seinem Schrecken vor den vernichtenden Waffen nicht allein gestanden sein. Denn in der Schlacht von Marignano am 13./14. September 1515 wurden zum ersten Mal Feuerwaffen in großer Zahl eingesetzt. Franz I. erkaufte seinen Sieg über die Schweizer mit 20.000 Gefallenen. Kein Wunder, daß Erasmus die neuen Waffen „Höllenmaschinen" nannte, „raffinierter und schrecklicher als alles, was die Wildheit oder Barbarei der Heiden je ersonnen hat."[3]

Aber Erasmus interessierte sich nicht in erster Linie für eine Abrüstung. Er machte sich Gedanken über die Menschen, die Waffen gebrauchten. Wie viele Zeitgenossen, wie Thomas Morus und Machiavelli etwa, verabscheute er die Söldner. Er nannte sie „den rohen Bodensatz von schlimmsten Verbrechern".[4] Aber er wollte ihnen nicht allein die Schuld zuschieben. Denn alle Menschen

---

[1] Vgl. WA 1, S. 535, 30 f. Tatsächlich hat Luther sich gegen einen vom Papst angeregten Türkenkrieg ausgesprochen, (vgl. WA 30,2, S. 94 und WA 7, S. 140, 20 f.), allerdings, wie er ausführte, nur gegen diesen. Die wahren Christen sollten, nachdem sie Buße getan und erst den Teufel in sich bekämpft hätten, durchaus als tapfere Untertanen unter dem Panier des Kaisers gegen die Türken kämpfen. (WA 30,2, S. 107 ff., bes. S. 115 f.) So nach der Schlacht von Mohács, als auch Erasmus seine Sicht differenzierte. Erasmus seinerseits machte Luther dieselben Vorwürfe wie die Bulle auch noch 1530, obwohl er sich die Schrift gegen die Türken von Amerbach ausgebeten hatte (LB V, c. 354 B; Allen VIII, S. 369, 1 f.) und sie in einem Brief Ende Juni 1530 an Georg von Sachsen verspottete. Man gewinnt da den Eindruck, er habe nur den Anfang gelesen. (Allen VIII, S. 467, 41 f.).

[2] Zur biographischen Situation und den Zeitumständen vgl. die sehr lesenswerte Einleitung zur ‚Querela pacis‘ von Otto Herding. (ASD IV-2, S. 7 f.).

[3] ASD IV-2, S. 80, 456 und ASD II-4, S. 36, 429 f.

[4] ASD IV-1, S. 214, 478.

schienen ihm beteiligt. Alles sollte den Menschen Frieden lehren, die Natur müßte ihn dahin ziehen, aber er ist ständig im Kampf. Nicht nur Söldner bekämpfen sich, auch Wissenschaftler, gar Priester, nicht einmal in den Familien herrscht Frieden, jeder einzelne Mensch liegt im Kampf mit seinen Leidenschaften. „Welche Erynnie hat, die Leidenschaft zu kämpfen, in die Brust des Menschen gepflanzt?" fragte er ratlos.[1]

Unter allen Menschen scheint die Kampflust unverständlich, aber unter Christen ist sie geradezu ein Skandal: „Wie widersinnig ist es, wenn sich die fast ununterbrochen bekriegen, die eine Kirche zur Heimat haben, die Glieder eines Leibes sind, sich gemeinsam ihres Hauptes rühmen, nämlich Christi, die einen Vater im Himmel haben, gemeinsam durch denselben Geist belebt werden, in dieselben Geheimnisse eingeführt sind, erlöst durch dasselbe Blut, wiedergeboren durch die gleiche Quelle, durch dieselben Sakramente gespeist werden und den gleichen Befehlshaber ehren ... ."[2]

Erasmus behaftet die Fürsten bei ihrem Christentum. Sie sind eine christliche Obrigkeit und können sich nicht auf die alttestamentlichen Kriege herausreden. Sicher, die Juden nannten ihren Gott einen „Herrn der Heerscharen". „Aber es gibt einen großen Unterschied zwischen dem Gott der Juden und dem Gott der Christen, auch wenn er seiner eigenen Natur nach ein und derselbe Gott ist."[3] Wenn der Unterschied nicht in Gottes Natur begründet ist, kann er nur in der Geschichte der Menschen, an die Gott sich wendet, begründet sein.

Für Erasmus können nicht für alle Zeiten dieselben Richtlinien gelten. Darum schreibt er bewußt für seine Zeit, für eine christliche Obrigkeit und für christliche Untertanen. Das hatte große Konsequenzen. Die Fürsten dürfen keinen Krieg anfangen, und die Untertanen keinen Kriegsdienst leisten. Denn: „Wer Christus verkündigt, verkündigt den Frieden. Wer Krieg predigt, predigt den, der Christus am wenigsten gleicht. Überlege einmal, was den Sohn Gottes auf die Erde trieb, wenn nicht, daß er die Welt mit dem Vater versöhnte, damit die Menschen untereinander in gegenseitiger und unlöslicher Liebe glühen?"[4] Liebe aber schließt für Erasmus den Krieg grundsätzlich aus. Als einzige Ausnahme läßt er in der ‚Querela pacis' die Abwehr von Barbareneinfällen zum Schutz der öffentlichen Ordnung gelten.[5] Was die Türkenfrage betrifft, hat er seine Meinung nicht geändert: Wenn schon Krieg, dann lieber gegen die Tür-

---

[1] Vgl. bes. ASD IV-2, S. 64, 103 f.
[2] ASD II-7, S. 26, 420 f.
[3] ASD IV-2, S. 70, 225 f.
[4] ASD IV-2, S. 70, 237 f.
[5] Ebd. S. 90, 671 f.

ken als unter Christen, erklärt er, aber es ist viel besser, die Ungläubigen „durch die Lehre, gute Taten und ein unschuldiges Leben zum Christentum anzureizen, als sie mit Waffen anzugreifen".[1]

Erasmus hat die Fürsten aufgerufen, selbst bei gerechtesten Ansprüchen darauf zu verzichten, diese mit Kriegen durchzusetzen. Sie sollten lieber einen Amtsverzicht ins Auge fassen.[2] Zugleich hat er die Untertanen offen zum Widerstand aufgefordert. Sie sollten den Kriegsdienst verweigern.[3] Wie verbindet Erasmus diesen Rat mit der Gehorsamsverpflichtung gegenüber der Obrigkeit nach Röm 13,1-7, wo es heißt: „Wer sich der Obrigkeit widersetzt, der widerstrebt Gottes Ordnung"? Erasmus macht dem Leser bewußt, daß diese Verse für eine machtlose christliche Minderheit unter einer ihr feindlich gesinnten Regierung geschrieben wurden. Seine ‚Paraphrase' zu Röm 13, die im gleichen Jahr wie die ‚Klage des Friedens' erschien, setzt gleich mit dem Problem der Christenverfolgung ein. In Röm 13 findet sich aber kein Hinweis darauf. Das bedeutet also: Erasmus hat ihn hier eingefügt. Für ihn konnte dieser Text nicht ausgelegt werden, ohne die historische Situation der Christen in Rom und die des Autors zu bedenken. Der Autor Paulus starb aller Wahrscheinlichkeit nach wenige Jahre später in Rom als Märtyrer, kam also offenbar mit der Staatsgewalt in Konflikt. Wenn er schrieb: Die Obrigkeit ist von Gott eingesetzt, wer sich der Obrigkeit widersetzt, der widerstrebt Gottes Ordnung, dann kann er das den verfolgten Christen in Rom nur unter einem Vorbehalt geschrieben haben. Diesen Vorbehalt macht Erasmus denn auch deutlich: Magistraten können, wie auch immer sie Gottes Herrschaft abbilden, nur „je nach dem (utcunque)" Gottes Auftrag erfüllen. Insofern sie das Böse strafen, kommt ihre Gewalt von Gott, und wer sich einer Obrigkeit widersetzt, die Gottes Auftrag erfüllt, widersetzt sich Gott, von dem alle Autorität stammt. Wie der Schatten des mosaischen Gesetzes von Gott kam und bis anhin nicht verachtet werden sollte, so ziemt es sich eine „Zeitlang (pro tempore)" der weltlichen Gerechtigkeit die Ehre zu geben. Ihre Autorität kann nur nach Zeit und Umständen bedingt sein. Alles muß in drei Klassen eingeteilt werden, erstens in himmlische, die in allen Dingen vorzuziehen sind, zweitens in ganz weltliche, wie Begierden und Sünden, die in jedem Fall zu meiden sind und drittens in mittlere, die in sich selbst weder böse noch gut sind. Dazu gehören die Staatsgeschäfte. Nur innerhalb dieser mittleren Sphäre war für Erasmus, was „den notwendigen Schutz der

---

[1] Ebd. S. 90, 680 f.
[2] ASD IV-1, S. 213, 456 ff. und ASD IV-2, S. 96, 822 f.
[3] ASD IV-2, S. 90, 664 f. Vgl. auch ebd. S. 87, 613 f. Zu beachten sind die Textvarianten!

äußeren Ordnung" betraf, auch einer schlechten und heidnischen Regierung zu folgen.[1]

Man braucht diese Auslegung nur mit der Luthers von 1516 zu vergleichen, um das Besondere bei Erasmus herauszuhören. Luther bezog den historischen Kontext in seine Auslegung nicht mit ein, nicht einmal so weit wie Thomas, der doch am Rande auf das Martyrium der Apostel wies, um damit im äußersten Fall ein Widerstandsrecht zu begründen.[2] So konnte und mußte Luther den Gehorsam gegenüber der Obrigkeit auch für seine Zeit ohne jeden Vorbehalt einschärfen.[3] Er las die Anweisung als nicht zu hinterfragende, zeitlose göttliche Vorschrift und sah sich nicht genötigt, die Umstände, unter denen Paulus sie gab und die römische Gemeinde sie erhielt, für seine Auslegung weiter fruchtbar zu machen. Für Erasmus dagegen hatte sein historischer Ansatz große Konsequenzen: einmal verstand er die Paulusworte anders, zum anderen mußte er sie für seine Zeit neu anpassen.

Denn im 16. Jahrhundert befand man sich in einer anderen historischen Situation als unter den römischen Kaisern des ersten Jahrhunderts. Eine christliche Obrigkeit regierte über ein christliches Volk, und dieses Volk bildete für Erasmus den Staat, nicht der Monarch. So sehr Erasmus hierarchisch dachte,[4] der Staat konnte für ihn ohne den Herrscher, der Fürst aber nicht ohne das Volk auskommen, das im Idealfalle den Herrscher selbst wählen sollte.[5] Obrigkeit und Volk waren gleicherweise auf eine Politik nach christlichen Grundsätzen verpflichtet. Ein Fürst durfte nie vergessen, daß „er als Mensch über Menschen, als Freier über Freie, schließlich als Christ über Christen befahl". Wenn die Obrigkeit gegen den allgemeinen Nutzen verstoßen sollte – und für Erasmus tat sie es eigentlich immer mit einer Kriegserklärung –, dann „wird der Gemeinsinn der Bürger die ehrgeizigen Pläne vereiteln".[6]

Unter christlichen Grundsätzen, auf die alle verpflichtet waren, verstand Erasmus nicht nur unbestimmt den allgemeinen Nutzen, der zur Not auch mit Gewalt durchzusetzen war. Er verpflichtete die Politik auf den Grundsatz der

---

[1] LB VII, c. 820 B ff.

[2] Com. ad Rom. cap. 13 (Busca 5, S. 487).

[3] WA 56, S. 123, 10 ff. Vgl. bes. S. 125, 25, wo Luther die Gehorsamsverpflichtung unter einer schlechten Obrigkeit nicht im Blick auf den römischen Kaiser zur Zeit des Paulus einschärft, sondern eigens mit Jeremiazitaten belegt.

[4] Vgl. Eberhard von Koerber: Die Staatstheorie des Erasmus von Rotterdam. Berlin 1967, S. 42 f.

[5] ASD IV-1, S. 203, 118 f., bes. 124 f. und ASD IV-2, S. 88, 643 f.

[6] ASD IV-2, S. 87, 611 f.

Liebe: Christus wurde als Versöhner, nicht als Satrap angekündigt.[1] Er mahnte vor seinem Tod: „Ihr sollt einander lieben, wie ich euch geliebt habe". (Joh 13,34).[2] Er hat die Seinen durch dasselbe Sakrament zu einem Leib verbunden.[3] Christus kannte nach Erasmus die Menschen nur zu gut, er wußte um ihren Ehrgeiz und ihre Leidenschaften rund um die politische Macht, wo es ihnen um Ehre, Reichtum und Vergeltung geht. „Darum brach er ihnen die Leidenschaften bis ins Innerste hinein auf: Er verbot ihnen ganz und gar, dem Bösen zu widerstehen, und befahl, soweit sie es können, denen, die sich Böses zuschulden kommen ließen, mit Gutem zu vergelten und die Fluchenden zu segnen."[4] Die letzten Sätze sind deutlich an die Bergpredigt, an Mt 5,39 f., angelehnt. Erasmus hat auch die Obrigkeiten, die ihr Schwert nicht umsonst tragen,[5] unmißverständlich auf die Feindesliebe verpflichtet.

Anders als Luther und Zwingli ließ er die traditionelle Unterscheidung zwischen privatem und obrigkeitlichem Handeln in der Gewaltfrage nicht gelten. Auch Luther riet den Fürsten, einen Krieg so oft wie möglich zu vermeiden, ja lieber Unrecht zu erleiden und zu bedenken, „wie viele unschuldige Frauen und Kinder im Krieg zu Witwen und Waisen werden". Muß aber ein Fürst zum Schutze seiner Untertanen Krieg führen, so „ist es Christlich und eyn werk der liebe, die feynde getrost würgen, rauben und brennen", so 1523 in seiner Schrift zur weltlichen Obrigkeit.[6] Zwingli benutzte in der Prophezei die Mahnung des Täufers an die Soldaten, niemand Gewalt noch Unrecht anzutun und sich an ihrem Solde zu genügen,[7] um in der Auseinandersetzung mit dem grundsätzlichen Gewaltverzicht der Anabaptisten einzuschärfen: Sie berufen sich zu Unrecht darauf, Jesus habe irdische Herrschaft verweigert und alle Christen gehörten demselben Leib an und seien Brüder. Auch das Wort: Widerstrebt nicht dem Bösen! spricht nicht wirklich für sie. Das hätte seine Berechtigung, wenn die Christen diesem Wort, das als höchstes Vorbild gegeben sei, wirklich nachleben könnten. Aber in Sünden und Leidenschaften befangen, benötigen sie weiterhin eine Obrigkeit, die gerecht straft und gerechte Kriege führt. In ih-

---

[1] ASD IV-2, S. 68, 205 f.

[2] ASD IV-2, S. 72, 267.

[3] Ebd. S. 74, 304 f.

[4] Ebd. S. 74, 305 f.

[5] Vgl. Röm 13,4.

[6] WA 11, S. 276, 27 f.

[7] Vgl. Lk 3,14. Ein Text, den auch Augustin zur Rechtfertigung des gerechten Krieges herangezogen hatte. (C. Faust. 22, 74 (MPL 42, c. 447 f.). Vgl. auch das kanonische Recht: II, c. 23, q. I, c. IV (Ae. Friedberg, I, c. 893).

rem Dienst darf der Christ nicht nur, er „soll morden und fällen".[1] Leo Jud, der den Text nach Zwinglis Tod herausgab, nennt hier den Namen des Erasmus nicht, obwohl ihm bekannt sein mußte, daß alle zurückgewiesenen Argumente, die die Wiedertäufer nach Zwingli benutzten, in der ‚Querela pacis' zu finden waren. Er selbst hatte das Werk übersetzt. Anders als des Erasmus altgläubige Gegner in Paris konnte und wollte er ihm nicht unterstellen, er untergrabe jede politische Ordnung. Das gab die ‚Klage des Friedens' nicht her, noch weniger spätere Schriften, die inzwischen erschienen waren.

Nach der Schlacht von Mohács

Wie Luther hat Erasmus nach der Schlacht von Mohács (1526) sich noch einmal und diesmal eingehend zum Türkenkrieg geäußert. Die Türken hatten 1526 Ungarn verwüstet. 1529 standen sie vor Wien. Erasmus war durch seine ungarischen Freunde darüber gut informiert. Angesichts ihrer bedrängten Lage veröffentlichte Erasmus im Frühjahr 1530 seinen „Ratschlag in letzter Minute über den Krieg, der gegen die Türken zu führen ist".[2] Erasmus geht da auf den Vorwurf ein, er habe einen absoluten Pazifismus gelehrt und jeden Krieg unbesehen abgelehnt. „Wer meine Schriften unvoreingenommen liest, besonders wo ich schweige, der erkennt die offenbare hinterhältige Unverschämtheit", empört er sich: „Ich lehre, daß ein Krieg nur unternommen werden darf, wenn er, nachdem alles versucht worden ist, nicht vermieden werden kann, weil ein Krieg seiner Natur nach so schrecklich ist, daß er, auch wenn er von gerechte-

---

[1] SS VI,1, S. 561 ff.

[2] Es ist behauptet worden (so sehr pointiert z. B. von Heinz Holeczek: Friedensrufer Erasmus, in: Erasmus von Rotterdam. Vorkämpfer für Frieden und Toleranz. Ausstellungskatalog Historisches Museum Basel. Basel 1986, S. 38), diese Schrift sei als Auftragswerk nicht weiter ernst zu nehmen. Dabei ist nicht einmal sicher, ob Erasmus mit dem Werk einer Bitte, die ein befreundeter Kölner Jurist, Johannes Rinck, an ihn richtete, nachkam. (Vgl. die Einleitung von A. G. Weiler in ASD V-3, S. 5). Aber, auch wenn es so wäre, gilt das auf jeden Fall auch für die ‚Querela pacis', die nicht irgendein Freund, sondern der Kanzler Le Sauvage beim bestallten Rat anforderte. Erasmus hat dort wie im ‚Panegyricus' seine durchaus nicht immer mit der fürstlichen Politik konforme Meinung deutlich zum Ausdruck gebracht. Es besteht kein Grund, die Aufforderung zum Türkenkrieg als eine Konzession an den Auftraggeber zu verstehen, die Erasmus wider besseres Wissen gemacht hätte, zumal er J. Rinck nicht weiter verpflichtet war. Vgl. dagegen: Dealy Ross: The Dynamics of Erasmus' Thought on War, in: ERSY 4 (1984), S. 53-67. Ross erklärt, Erasmus propagiere einerseits einen absoluten Pazifismus im Sinne des Evangeliums (sic), andererseits schränke er ihn ein, gebe zu, gegen Türken könne Krieg geführt werden, aber nur aus Realismus, weil die christliche Gesellschaft einfach noch nicht so weit sei.

sten Fürsten um der gerechtesten Sache willen geführt würde, dennoch wegen
der Ruchlosigkeit des Militärs und der Führer mehr Schaden als Gutes bringt."[1]

Die zweideutige Formulierung macht die schwierige Lage, in der Erasmus
sich befand, deutlich. Er fühlt sich, wie so oft in seinem Leben, zwischen zwei
Stühlen. „Ich muß mit zwei Sorten Menschen kämpfen", seufzt er: Da ist die
Menge, die sich nur zu gern zu diesem Krieg entflammen läßt. „Sie nennt die
Türken Hunde und Feinde des Namens Christi und bedenkt nicht, daß diese zuerst Menschen sind." Mitmenschen aber dürfen für Erasmus nicht ohne legiti-
men Grund angegriffen werden und haben auch als Feinde ein Anrecht darauf,
als Menschen geachtet und so liebevoll wie möglich behandelt zu werden.[2]
Schon im Adagium ‚Dulce bellum inexpertis' hatte Erasmus betont: „Christus
ist für alle Menschen gestorben. Warum willst du sie töten, auch wenn sie Ungläubige sind?[3] – Hier leuchtet ein Gedanke auf, der von des Erasmus etwas
jüngerem spanischen Zeitgenossen Franciscus de Victoria in seinem Werk über
den Kolonialkrieg aufgegriffen und naturrechtlich begründet zur Grundlage des
modernen Völkerrechtes wurde. –

Die anderen Gegner sind Pazifisten, die wie die Wiedertäufer jede obrigkeitliche Gewalt ablehnen. Ihr Argument, die Urkirche sei ohne weltliche Ma-
gistratspersonen, ohne Waffen und Folter ausgekommen, wird wie folgt zurückgewiesen: „Wenn es gut war, daß die Kirche so ihren Anfang nahm, so ist
es in keiner Weise notwendig, daß das immer genauso bleiben muß. Sie wuchs
durch Wunder, die heute nicht mehr nötig sind. Im Übrigen schützten damals
die heidnischen Behörden Ruhe und Ordnung in der Kirche; es war damals
nämlich nicht jedem erlaubt, einen Christen zu töten."[4] Erasmus gibt hier zwei
historische Begründungen. Erstens, die Zeit der Urkirche ist vorbei. Die damaligen Umstände sind nicht mehr die seiner Zeit. – Der Leser muß also folgern:
Für seine Zeit müssen neue Kriterien gefunden werden. Man kann die Lebensweise der Apostel nicht unbesehen für die eigenen Zeiten übernehmen. –
Zweitens, die weltlichen Behörden haben damals für die Christen die obrigkeitliche Gewalt ausgeübt. Auch die Urgemeinde sei nicht ganz ohne sie ausgekommen.

Was aber sagte Erasmus in bezug auf die obrigkeitliche Gewalt seiner Zeit?
Auf den ersten Blick ist seine Antwort enttäuschend. Er sagt 1530 nur: „Weil

---

[1] ASD V-3, S. 54, 415 f.
[2] ASD V-3, S. 52, 393 f.
[3] ASD II-7, S. 38, 798 f.
[4] ASD V-3, S. 56, 469 f.

auch unter Christen die öffentliche Ruhe nicht anders erhalten werden kann, bedarf es der weltlichen Gewalt, um die Frevler, die Gesetzen und Ermahnungen nicht folgen, durch Furcht vor Strafe zu bändigen. Wenn wir der Obrigkeit aber diese Macht zubilligen, dann müssen wir auch den Fürsten das Recht zum Krieg zugestehen." Denn ein Krieg ist nichts anderes, als eine Strafe an vielen.[1] – Das ist schon alles.

Erasmus gibt sich keine Mühe, das Problem systematisch zu lösen. Einerseits gesteht er, wenn auch nur sehr bedingt, den Regierungen das Recht zum gewaltsamen Strafen und zum Kriegführen zu, andererseits verpflichtet er sie darauf, Böses nicht mit Bösem zu vergelten. Hat Erasmus sich die Sache allzu leicht gemacht? Kaum! Er nimmt sich und den politisch Verantwortlichen nicht durch eine ein für alle Mal vorgefertigte Argumentation die Entscheidung ab. In jeder Zeit, in jedem konkreten Fall muß neu beurteilt werden, was die Liebe verlangt: Gewaltverzicht oder Abwehr von Gewalt zum Schutze Bedrohter.

Bis 1524 riet Erasmus von einem Türkenkrieg ab.[2] 1530 ruft er dazu auf und zwar nicht nur die direkt Betroffenen, Ungarn und Österreicher, allen Christen ruft er zu: „Tunc tua res agitur", das ganze christliche Abendland ist zum Widerstand aufgerufen.[3] Was Erasmus da vorschwebt, nimmt die Dimensionen eines Weltkrieges an. Ganz Europa soll gegen den den Orient beherrschenden Sultan kämpfen. Warum? Weil „den Türken nicht zu widerstehen, nichts anderes bedeuten würde, als die Sache Christi den schrecklichsten Feinden auszuliefern und somit unsere Brüder, die in eine unwürdige Sklaverei gepreßt sind, im Stiche zu lassen."[4] Erasmus geht es um die Brüder, die einzelnen armseligen Menschen. – Sicher dachte er ganz konkret dabei auch an seine vielen Freunde und Verehrer in Ungarn, mit denen er in brieflichem Kontakt stand, nicht zuletzt auch an die junge verwitwete Königin, deren Mann nach der Schlacht von Mohács umkam und der Erasmus seine Witwenschrift widmete. – Angesichts ihrer Not sieht sich Erasmus 1530 gezwungen, zum Krieg aufzurufen. Damit aber ist das Gebot der Feindesliebe nicht aufgehoben: Es gilt, auch

---

[1] ASD V-3, S. 56, 448 f.

[2] Zuletzt deutlich in einem Brief vom Juli 1524. (Allen V, S. 503, 204 f.). Von 1525 an ändert sich der Ton. (Vgl. Allen VI, S. 176, 32 f. und bes. Allen VIII, S. 193, 34 f. und S. 277, 14 f.).

[3] ASD V-3, S. 38, 197 f. Hier keinerlei Sinneswandel bei Erasmus anzunehmen, tut den früheren Äußerungen Gewalt an. Mit Weiler ist aber festzuhalten: Das Hauptgewicht liegt bei Erasmus von 1515 an und auch 1530 auf dem moralischen Aufruf an alle Christen, sich zu ändern und so die Türken statt mit Waffengewalt wirksamer durch ein überzeugendes Beispiel christlicher Liebe zu überwinden. (Vgl. ASD V-3, S. 24 ff.).

[4] ASD V-3, S. 52, 390 f.

im Kampf Christi Gebote zu halten und unter seinen Augen zu streiten.[1] Es gilt, so menschlich wie möglich Krieg zu führen, so daß am Ende aus Türken Christen werden können. Die Waffen sollen so gehandhabt werden, daß die Gegner sich am Ende freuen, Besiegte zu sein.[2]

Historisches Denken wird gegen dogmatisch fixiertes ausgespielt

Es ist leicht verständlich, daß Alberto Pio Erasmus vorwarf, er sei in der Frage des Krieges inkonsequent. Aber Erasmus konnte sich auch leicht verteidigen: Er habe immer von Kriegen abgeraten, sie seien nur zuzugestehen, wenn eine „außerordentliche Notwendigkeit" sie erzwinge.[3] Die Pariser Fakultät war in ihrer Kritik tiefgründiger. Sie nahm Anstoß an einer Auslegung von Lk 22,35 f. Erasmus hatte da gefragt: Was könnte es unter Christen für einen Grund geben, dem Unrecht mit Unrecht zu wehren, nachdem Petrus verwiesen wurde, für seinen unschuldigen Herrn das Eisen zu ziehen?[4] Zu Recht lasen sie daraus, daß Erasmus auch nach kirchlicher Lehre „gerechte Kriegsgründe" ablehnte.[5] Damit aber, unterstellten sie ihm, untergrabe er alle Politik und widerspräche natürlichem und göttlichem Recht. Seien doch im Alten Testament Kriege erwähnt, die auf Gottes Geheiß hin unternommen wurden.[6] Sie begründen also die Lehre vom gerechten Krieg mit den alttestamentlichen Kriegen, eine Begründung, die Erasmus 1517 ausdrücklich zurückgewiesen hatte.

Wie hat er auf den Vorwurf geantwortet? Er verwahrte sich zunächst auch hier grundsätzlich dagegen, jeden Krieg verworfen zu haben. Auf seinen historischen Ansatz aber verzichtet er nicht. Seine Lehre, was im Alten Testament gegolten habe, sei nicht unbedingt auch später noch gültig, nimmt er keineswegs zurück oder entschärft sie auch nur. Bündig hält er fest: „Den Juden war vieles gestattet, was den Christen nicht erlaubt ist."[7] Und er geht gleich noch einen Schritt weiter. Mit einer guten Portion Spott wirft er den Parisern vor, sie selbst beachteten die verschiedenen Zeiten nicht, sie würden böswillig, was er in der ‚Paraphrase' Lukas für dessen Zeit erklären lasse, ihm in den Mund legen, als hätte er, Erasmus, es für das 16. Jahrhundert ausgesprochen. Was er

---

[1] ASD V-3, S. 68, 761 f.

[2] ASD V-3, S. 62, 614 ff.

[3] Vgl. LB IX, c. 1192 F; bes. 1193 A.

[4] LB VII, c. 453 E.

[5] Vgl. ASD II-7, S. 40, 850 f.

[6] LB IX, c. 840 E.

[7] LB IX, c. 842 B.

Lukas sagen lasse, gelte zunächst nur für dessen Zeit, nicht für die Zeit des Alten Testamentes und auch nicht für die jetzige Zeit.

Daß allerdings die Sicht des Lukas, Böses dürfe nicht mit Bösem vergolten werden, auch für spätere Zeiten richtungweisend sein sollte, das macht Erasmus sofort wieder klar, wenn er beifügt: Augustin, der viel später als Lukas lebte, wollte die Götzenanbeter nicht durch Waffengewalt unterdrückt wissen, obwohl zu seiner Zeit die Christen dazu durchaus die Macht besessen hätten.[1] Ausgerechnet Augustin, den Hauptzeugen für die Lehre vom gerechten Krieg, der ausdrücklich das Kriegführen mit dem Hinweis auf die alttestamentlichen Kriege zugestanden hatte,[2] führt Erasmus hier für seine Sicht an. Erasmus mutete der Pariser Fakultät allerhand zu.

Auf ihr Hauptargument aber geht er gar nicht ein. Sie warfen ihm vor, mit seinem Pazifismus gegen ewiges und unveränderliches göttliches Recht zu verstoßen. Dieses Recht sei durch die alttestamentlichen Kriege in Gottes Auftrag eindeutig belegt. Es war nicht irgendeine beliebige Sicht, die sie vorbrachten. Ihr Argument beruhte auf dem Konsens von Jahrhunderten, wonach Gottes Wort, wie es in der Bibel niedergelegt war, als zeitlose Wahrheit anzusehen war, die durch die Tradition ausgelegt und allenfalls auch erweitert, aber nicht verändert werden durfte. Statt einfühlsam auf ihre verständliche Empörung einzugehen, überrumpelt Erasmus sie gerade noch einmal und schleudert ihnen entgegen: Nicht nur, was im Alten Testament festgelegt war, gilt heute nur noch bedingt, auch, was Lukas schrieb, muß den neuen Zeiten angepaßt werden. Es scheint, Erasmus habe die Zweifel und schier unüberwindlichen Schwierigkeiten, die sein historischer Ansatz seinen Zeitgenossen bereitete, gar nicht zur Kenntnis nehmen können oder wollen. Jedenfalls spielt er hier hemmungslos die Sicht des differenziert historisch denkenden Gelehrten gegenüber ihrer dogmatisch festgelegten Überzeugung aus.

Von seinem historischen Ansatz abzuweichen, war er überhaupt nicht bereit, auch nicht, um sich vom Vorwurf der Häresie reinzuwaschen.

Die Frauenfrage

Das Frauenbild in der Zeit des Erasmus war verwirrend, schillernd und widersprüchlich. Es reichte von panischer Angst vor der Frau als Verführerin und

---

[1] Vgl. LB IX, c. 841 A ff.
[2] C. Faust. 22, 74 (MPL 42, c. 447 f.).

Hexe[1] bis zum überschwenglichen Lob der Frau als Krone der Schöpfung,[2] von frecher Libertinage bis zu religiös überhöhtem Keuschheitskult. Man braucht nur das bald nach des Erasmus Tod entstandene ‚Heptaméron' der Margarete von Navarra aufzuschlagen, um sich zu veranschaulichen, was alles für Frauen möglich oder doch wenigstens denkbar war: Die Frau als Objekt männlicher Verführungskunst, aber auch die Frau, die selbst hemmungslos verführte, die Männer betrog und verspottete, die bis zur Selbstverleugnung ihrer Liebe treue und die vorbildliche und über alles gütige Frau. Alles trifft in diesen Geschichten bunt aufeinander.[3] Die tiefe, vom Kreis von Meaux geprägte Frömmigkeit der königlichen Verfasserin dieser Erzählungen voller Erotik und Witz ist über jeden Zweifel erhaben. Schon im Prolog wird denn auch ein Bekenntnis und eine eindringliche Mahnung zu täglicher Bibellektüre abgelegt, die die größte Freude einer Christin sei, und die Gesprächsteilnehmer besuchen täglich die Messe.[4] Margarete von Navarra selbst ist ein Beispiel dafür, wie selbstbewußt und eigenbestimmt Frauen ihr Leben gestalten konnten. Aber ihre Geschichten und die Gespräche darüber zeigen auch, wie selbstverständlich Frauen die soziale und rechtliche Unterstellung unter den Mann als gegeben, ja als von Gott „gut geordnet" hinnahmen. Nicht einmal gegen eine doppelte Moral wehrten sie sich. Die ungezügelte Triebhaftigkeit der Männer wird wohl zur Sprache gebracht, aber die Frauen empören sich kaum darüber, wenn die Männer es für schimpflich halten, nicht zum Ziele ihrer Verführungskünste zu kommen. Für sich aber proklamieren die Frauen Keuschheit als höchste Tugend.[5]

Die Frau im wissenschaftlichen Diskurs

Im wissenschaftlichen Diskurs, bei Theologen, Philosophen, Juristen oder Medizinern galt die Frau mit Aristoteles als ein dem Manne unterlegenes Geschöpf,[6] gleicherweise körperlich und seelisch schwach und leitungsbedürftig. Zeitgenössische Rechtstexte übernehmen selbstverständlich den Grundsatz aus

---

[1] Vgl. Jean Delumeau: Angst im Abendland. Hamburg 1985, Bd. 2, S. 456 ff., bes. S. 480.

[2] Vgl. Otto Schönberger (Hrsg.): H. Cornelius Agrippa von Nettesheim. De nobilitate et praecellentia foeminei sexus. Würzburg 1997. Diese Rede, die 1509 gehalten, aber erst 1529 gedruckt und dann immer wieder aufgelegt wurde, kehrt die Bewertung um: aus der Scheltrede, für die Delumeau eine erdrückende Zahl von Belegen bietet, wird die Lobrede, die freilich nur vom Gegensatz zur allgemein üblichen Frauenverachtung lebt.

[3] Vgl. Renja Salminen (Hrsg.): Marguerite de Navarre: Heptaméron. Genf 1999. Vgl. bes. Nouv. 1; Nouv. 4; Nouv. 10; Nouv. 21; Nouv. 26 und Nouv. 28.

[4] Ebd. S. 8, 249 f.

[5] Vgl. ebd. S. 41, 241; S. 44, 78; S. 104, 1186 f.; S. 328, 128 f. und S. 365, 194 f.

[6] Vgl. Aristoteles: De animalium generationes, II, 3.

den Digesten, die Frau sei schwach, nicht voll rechtsfähig und um ihrer Schwäche willen zu schützen.[1] Obwohl Thomas von Aquin betont hatte, Gott habe den Menschen als Mann und Frau zu seinem Ebenbilde (Gen 1,27) geschaffen, sprach er der Frau die volle Ebenbildlichkeit Gottes ab.[2] Zwingli stand ganz in dieser Tradition, wenn er dem Mann, „weil er Gottes Ebenbild ist", auftrug, seine Frau vor allem zu lieben und zu schützen.[3]

Luther wies die aristotelische Lehre von der Minderwertigkeit ausdrücklich zurück und sprach der Frau die volle Ebenbildlichkeit Gottes zu, erklärt aber im gleichen Atemzug, ihre Vernunft sei weitaus ungefestigter als die des Mannes und ihr käme die gleiche Ehre und Würde nicht zu.[4] Luther hat seine Ehefrau respektvoll behandelt, dennoch unterlaufen ihm immer wieder aus heutiger Sicht stoßende, abschätzige Bemerkungen über die minderwertige Frau.[5]

Auf das gleiche Phänomen trifft man, wenn auch gemildert, beim zölibatär lebenden Erasmus.[6] Die überkommenen Denkmuster saßen tief und waren nur schwer zu überwinden. Auch wenn Denker sie grundsätzlich verworfen hatten, tauchten sie wieder auf.

In seiner ,Eheschrift' von 1522 polemisierte Luther gegen die zölibatäre Lebensweise und wertete die Ehe als Gottes Schöpfungsordnung und Gebot auf.[7] So hat Luther die Ehe, die im Spätmittelalter längst zu *der* begehrten und anerkannten Lebensform geworden war,[8] als gottgewollte Institution gerechtfertigt. Zugleich aber hat er ihr, indem er die Ehe als Sakrament ablehnte, jede geistliche Bedeutung genommen. Sie war für ihn ein „äußerliches, leibliches Ding", und der Geschlechtsverkehr eine Sünde, auch wenn Gott diese Erbsünde aus Gnade nachläßt.[9] Die Lust der Ehe ist für Luther die Lust, Gott auch in einem mühseligen Stand zu gehorchen und in eben dem Stand zu leben, den der

---

[1] Vgl. Annalisa Belloni: Die Rolle der Frau in der Jurisprudenz der Renaissance, in: Paul Gerhard Schmidt (Hrsg.): Die Frau in der Renaissance. Wiesbaden 1994, S. 68 f.

[2] Thomas: Summa theol t. I, q. 92, a. 1-4; bes. t. I, q. 93, a. 4 (Busca 2, S. 320 ff.).

[3] Z III, S. 762, 15 f.

[4] WA 42, S. 53, 22 f. und S. 51, 34 f.

[5] Vgl. Ingetraut Ludolphy: Die Frau in der Sicht Martin Luthers, in: Vierhundertfünfzig Jahre lutherische Reformation 1517-1967. Festschrift für Franz Lau zum 60. Geburtstag. Göttingen 1967, bes. S. 210 f.

[6] Vgl. bes. LB VII, c. 1042 B f. Vgl. Erika Rummel (1996), S. 5.

[7] WA 10,2, S. 294, 27 f.

[8] Vgl. Christine Christ-v.Wedel: „Digna Dei gratia clarissima anachorita", in: Irene Gysel und Barbara Helbling (Hrsg.): Zürichs letzte Äbtissin Katharina von Zimmern (1478-1547). Zürich 1999, S. 157 f., wo Belege und weitere Literaturangaben zu finden sind.

[9] WA 10,2, S. 283, 8 und S. 304, 6 f.

Schöpfer geordnet hat.[1] Was sonst noch „fur nutz und lust" darinnen sei, wenn Mann und Frau sich lieben, darüber will Luther lieber schweigen.[2] Die Ehe dient nach ihm dem Ausleben einer gesunden Sexualität und dazu, Kinder großzuziehen.[3] Die Ehe bleibt ihm auch später eine äußerliche weltliche Angelegenheit, Christus und die Apostel hätten sich der Sache nicht besonders angenommen.[4]

Luther hat der Frau als Hausfrau eine anerkannte Aufgabe zugewiesen. Ihre untergeordnete Rolle in der Gesellschaft aber hat er, obwohl er eine elementare Schulbildung für sie forderte, nicht wirklich aufgewertet, ihr im Gegenteil dadurch, daß ihr im Protestantismus das Klosterleben verwehrt war, die Möglichkeit zu eigenständiger höherer Bildung und Wirksamkeit genommen.[5]

Die Minderwertigkeit der Frau wurde von dem mit Erasmus befreundeten Joan Luis Vives, dem so feinsinnigen Humanisten und vehementen Vertreter einer gehobenen Frauenbildung keineswegs bestritten. Es lohnt sich, sein Buch über die Erziehung der Frauen von 1523 – er schrieb es als Erzieher der Tochter Heinrichs VIII., der späteren Maria der Katholischen – und sein 1529 nach dem ‚Ehebuch' des Erasmus geschriebenes Werk über die Ehe genauer zu betrachten und mit den Frauenschriften des Erasmus zu vergleichen.

Vives schreibt der Frau die üblichen Fehler zu, die aus ihrer Schwäche stammen sollen. Die Frau ist schwach, furchtsam, geizig, argwöhnisch, klagsüchtig, eifersüchtig, verworren, putzsüchtig, abergläubisch und geschwätzig.[6] Gerade um diese Fehler einzudämmen, soll die Frau eine sorgfältige Erziehung genießen. Ganz aber wird sie ihre Fehler nicht ablegen können.[7] Darum soll man gar einen Rest von Aberglauben an ihr dulden. Denn zu einem wirklichen Glauben können nur einzelne vollkommene Frauen finden.[8] Ihrer

---

[1] WA 10,2, S. 294, 27 ff.

[2] Ebd. S. 299, 5 f.

[3] Ebd. S. 300, 23 f.

[4] WA 30,3, S. 205, 14 f.

[5] Vgl. Siegrid Westphal: Ende der klösterlichen Frauenbildung in der Reformation, in: Elke Kleinau, Claudia Opitz (Hrsg.): Geschichte der Mädchen- und Frauenbildung. Frankfurt 1996, Bd. I, S. 149 f. Zu Luther des weiteren Christine Christ-v.Wedel: „Praecipua coniugii pars est animorum coniunctio". Die Stellung der Frau nach der ‚Eheanweisung' des Erasmus von Rotterdam, in: Susanna Burghartz, Dorothee Rippmann und Katharina Simon Muscheid (Hrsg.): Eine Stadt der Frauen. Studien und Quellen zur Geschichte der Baslerinnen im späten Mittelalter und zu Beginn der Neuzeit (13-17 Jh.). Basel 1995, S. 139.

[6] Joh. L. Vives: De officio mariti. Basel, Oporinus, [1542], S. 25.

[7] Ebd. S. 27.

[8] Ebd. S. 30.

Schwäche, vor allem ihrer Unbeständigkeit muß die Lektüre angepaßt sein. Nur Schriftsteller, die zur Tugend anleiten, sind erlaubt. Alles Frivole ist fernzuhalten. So fallen alle klassischen antiken Dichter weg, ganz zu schweigen von Ritterromanen oder den Volksbüchern. Übrig bleiben neben der Bibel die Kirchenväter, Plato, Cicero, Seneca und christliche Dichter wie Prudentius und Iuvencus.[1] Eine geschliffene Redeweise braucht die Frau sich nicht anzueignen, denn sie soll in der Öffentlichkeit wie zu Hause geziemend schweigen.[2] Auch die freien Künste sind überflüssig. Gilt doch ihre Erziehung nur ihrer eigenen Tugend. Als Erzieherin der Kinder ist sie nur in den ersten Jahren gefragt. Ausdrücklich soll sie keiner Schule vorstehen, sondern nur zu Hause für sich lernen.[3] Eine Ehefrau soll eigentlich nur für und in ihrem Manne leben. Entsprechend soll eine Witwe die ihr verbleibendem Jahre ganz dem Andenken des Mannes widmen.[4]

Erasmus und Vives berufen sich auf dieselben Quellen, auf die Bibel und auf griechische und römische Ehelehren. Antike Lebensweisheit nimmt einen breiten Raum ein. Bei Vives werden auf einer kleinen Oktavseite hintereinander Epiktet, Xenophon und Platon zitiert. Erasmus nennt als Hauptquellen Xenophon, Aristoteles und Plutarch.[5] Die beiden Autoren beziehen sich auf die gleiche Tradition und stammen aus demselben humanistischen Milieu. Dennoch setzen sie die Akzente ganz verschieden.

Die Frau ist nicht gleichrangig, aber gleichwertig

Zunächst aber sei auf das Gemeinsame verwiesen: Dem erdrückenden Konsens, daß die Frau schwächer als der Mann und darum leitungsbedürftig sei, kann auch Erasmus grundsätzlich kaum etwas entgegensetzen. 1526 hält er fest: Der Apostel Paulus hat es vorgeschrieben – gemeint ist: Die Frauen seien untertan ihren Männern als dem Herrn (Eph 5,22) – und Natur und Vernunft gebieten es.[6] Hat doch die Natur „den Männern etwas Grimmiges und Tapferes zugeteilt, den Frauen aber etwas Einschmeichelndes und Zartes", ja ihre Person und ihr Geschlecht sind „unterlegen".[7] Das schrieb Erasmus, nachdem er zwei Jahre

---

[1] Ebd. S. 88 und S. 99 und C. Fantazzi und C. Matheeussen (Hrsg.): J. L. Vives: De institutione feminae christianae. Leiden 1996, Bd. I, S. 42 ff., bes. S. 50, 17 f.

[2] De off. mar. (Basel, Oporinus) S. 90.

[3] De inst. fem. (Fantazzi, Matheeussen), Bd. I, S. 40, 20 f.

[4] Ebd. Bd. II, S. 214, 15 f.

[5] De off. mar. (Basel, Oporinus) S. 19; LB V, c. 615 D.

[6] LB V, c. 672 D; vgl. auch c. 673 E und 697 F.

[7] LB V, c. 673 E und 701 E.

zuvor, 1524, das Aufsehen erregende Colloquium ‚Abbatis et eruditae'
herausgegeben hatte, in dem eine junge humanistisch gebildete Frau einen auf
seine Privilegien pochenden, ihr geistig völlig unterlegenen kirchlichen Würdenträger verspottet und seine frauenverachtenden Argumente ad absurdum
führt. So sehr da die Frau als bildungsfähig, ja weise beschrieben wird und die
Töchter der Familien Morus, Pirckheimer und Blarer, „die sich mit jedem
Manne messen können", namentlich erwähnt werden,[1] sowenig hat Erasmus
das Gebot, die Frau solle dem Manne untertan sein, aufgehoben.

Interessant ist, welche Namen Erasmus hier anführt. Es sind Töchter humanistisch gebildeter angesehener Bürgerfamilien. Offenbar konnte in dieser
Schicht sein Frauenideal am besten gelebt werden. Die Lebensform der bekanntesten dieser Töchter aber umfaßt alle damals möglichen weiblichen Le-
bensentwürfe. Die älteste Tochter des Thomas Morus, Margaret Roper, dürfte
in dem Colloquium porträtiert sein. Sie war verheiratet und stand als Mutter einem großen Hauswesen vor, für das sie als Meisterin der Knechte und Mägde
auch nach außen Verantwortung trug. Die berühmten Schwestern des Nürnber-
ger kaiserlichen Rates Willibald Pirckheimer waren Klosterfrauen, die hochgebildete Äbtissin Charitas hatte neben der geistlichen Leitung ihrer Schwestern
auch bedeutende Verwaltungsaufgaben zu meistern. Sie konnte sich im lutherisch gewordenen Nürnberg erfolgreich der Aufhebung ihres Klosters widerset-
zen. Margarete Blarer, die Schwester des Konstanzer Patriziers und Reformators Ambrosius Blarer, blieb alleinstehend. Sie wich allen Versuchen, sie zu
verheiraten, aus und setzte sich tatkräftig für die Reformation ein. Oberdeut-
sche Reformatoren suchten immer wieder bei ihr Rat. Wenn Erasmus diese
Frauen exemplarisch nennt, dann macht er klar: Sein Frauenideal ist nicht von
der Lebensweise abhängig, es konnte im Kloster ebenso verwirklicht werden
wie in der Ehe oder im ledigen Stand. Erasmus hat denn auch nicht nur eine
Ehe- und Witwenschrift verfaßt. Er hat sich auch in einer eigenen Schrift an
Klosterfrauen gewendet. So sehr Erasmus auf die verschiedenen Lebensformen
im Detail eingeht, das Ziel ist bei allen dasselbe: Ein Leben in der Nachfolge
Christi. Auch den von der Welt abgeschieden lebenden Nonnen legt er tätige
Nächstenliebe besonders ans Herz.[2]

Aber zurück zur Eheschrift! Die Ehefrau soll sich dem Manne grundsätzlich
unterordnen, daran rüttelt Erasmus nicht, obwohl er sieht, wie „beschwerlich",
ja „bitter" solche Unterordnung sie ankommen muß. Aber das heißt beileibe
nicht, daß der Mann die Frau „wie eine Dienstmagt" halten dürfe. Hätte Paulus

---

[1] ASD I-3, S. 407, 155 f.
[2] LB V, c. 597 D.

das gemeint, dann hätte er geboten, die Frauen sollen den Männern untertan sein, wie *den Herren*. Er aber schrieb, wie *dem Herrn*.[1] Die Frau erweist demnach nicht dem Mann, sondern Christus Ehre, wenn sie gehorcht. Statt die Unterordnung der Frau aus ihrer vermeintlichen Schwäche zu begründen, wird sie hier zur Nachfolge Christi uminterpretiert, der bekanntlich gehorsam war bis zum Tod (Phil 2,8). Gleichermaßen wird der Mann in die Pflicht genommen. Er hat die Frau zu behandeln wie Christus die Kirche, als ein Haupt, das alles zum Nutzen des Leibes tut, mit dem es unzertrennlich verbunden ist.[2] „Christus kam nicht, um sich dienen zu lassen, er kam, um zu dienen." (Mt 20,28; Mk 10,45).[3] Genau betrachtet sind beide einander unterworfen in der Furcht des Herrn, wenn auch die Herrschaft des Mannes „um der Ordnung willen" nicht aufgehoben wird, auch nicht, sofern er aus der Art schlägt und dem Beispiel Christi in seinem Umgang mit der Frau nicht folgt. Aber es ist wie bei der Unterordnung unter eine Obrigkeit,[4] sie gilt nicht bedingungslos, sie hat ihre Grenzen. Es gibt – wie übrigens auch für die Kinder – ein Widerstandsrecht für die Frau. Wenn der Mann befiehlt, was der Frömmigkeit und den guten Sitten widerspricht, dann muß die Frau ihm nicht gehorchen, vielmehr eingedenk sein, daß man Gott mehr gehorchen muß als den Menschen.[5]

Nicht nur in diesem äußersten Fall soll die Frau die Initiative ergreifen. Wenn der Mann Fehlentscheidungen trifft, soll sie handeln. Das gilt nicht nur innerhalb des Hauses, für die Domäne, die Erasmus sowieso der Frau allein zuweist. Da darf ihr der Mann nur im Notfall hineinreden und seine Autorität über die Frau geltend machen.[6] Wenn der Mann in seinem Berufe oder sonst in seiner Wirksamkeit außer Hause auf Abwege gerät, soll die Frau ihn – freilich so schonend wie möglich und ohne seine Vorrangstellung zu beeinträchtigen – zurechtweisen, und der Mann soll auf sie hören: „Gatte, halte es für Sprüche Gottes, sooft dich dein Weib zu dem ermahnt, was zu deinem Heile dient." Denn die Frau verfügt nicht selten über „männliche Ratschläge", und „nichts verbietet, daß auch die Frau den Mann lehrt".[7]

Es wird deutlich: Erasmus hat die Unterordnung der Frau unter den Mann nicht grundsätzlich abgelehnt, aber er hat sie doch neu verstanden und damit in

---

[1] Vgl. Eph 5,22.

[2] LB V, c. 703 C; 703 E/F; 704 B.

[3] LB V, c. 703 D.

[4] Zur Entsprechung der Gehorsamkeitsverpflichtung gegenüber der Obrigkeit und dem Ehemann vgl. Chrysostomos: Hom zum Eph. 20,1 f. (MPG 62, c. 136).

[5] LB V, c. 704 B.

[6] LB V, c. 689 A.

[7] LB V, c. 688 F ff. und c. 692 D. Vgl. auch c. 694 D f.

Frage gestellt. Die Frau wird, wenn auch nicht als gleichrangig, so doch als gleichwertig gesehen. Das gilt nicht nur für die Bewertung der Geschlechter, es gilt auch für die Bewertung von Frauen und Männern verschiedenen Standes. Denn es ziemt sich unter Christen überhaupt nicht, eigensinnig auf den Rang zu achten. Sind sie doch vor Christus alle gleich, „der sie mit einem Tod erlöst hat, mit einem Blut gereinigt, mit einem Glauben gerechtfertigt, der sie mit einem Geist belebt, mit denselben Sakramenten stärkt, der ihnen den gleichen Ehrennamen zuspricht, indem er sie Brüder und Kinder Gottes nennt und sie zu Erben des himmlischen Lebens beruft".[1] Wichtiger als alle Rangunterschiede ist für Erasmus also die grundsätzliche Überlegung, daß nach Gal 3,28 alle Menschen und eben auch Mann und Frau vor Gott gleich sind. Von daher muß das Gebot an die Frauen, den Männern untertan zu sein, relativiert werden. Erasmus fordert hier für die Herrschaftsfrage in der Ehe genau dasselbe wie für die Herrschaft im Staat. Er glaubt, die hierarchischen Ordnungsmuster seiner Zeit nicht hinterfragen zu müssen, seien sie nun monarchisch oder wie in den Städten republikanisch oder wie in der Ehe geschlechtsspezifisch geprägt. Sie schienen ihm offenbar zeitgemäß. Aber sie gelten nicht bedingungslos. Sie werden von der Einsicht, daß vor Gott alle Menschen gleich sind, relativiert. Wie ein Fürst nie vergessen dürfe, daß „er als Mensch über Menschen, als Freier über Freie, schließlich als Christ über Christen" befehle,[2] so soll der Mann „die nicht für unedel halten, die Gott als seine Tochter, Christus als seine Schwester anerkennt."[3]

Für Erasmus ist die Frau dem Manne eine echte Partnerin, seine „socia" oder seine „comes", seine Freundin und Gefährtin. Erasmus beginnt seine Abhandlung mit einem Loblied auf die Anziehung, Freundschaft und Liebe, deren höchste Form die Ehe ist.[4] Immer wieder betont er, daß die Gemüter der Gatten zusammenstimmen müssen. Das Wichtigste an der Ehe ist, daß die Seelen sich verbinden.[5] Sie sollen von gleicher Gottesfurcht bewegt sein. Dann „wird weder Krankheit, noch Armut, Alter oder irgendein menschlicher Zufall die fröhliche Gemeinschaft stören können".[6] Die Liebe beruht für Erasmus in der Verbundenheit im Glauben. Ohne diese Grundlage konnte sich Erasmus eine innige eheliche Gemeinschaft nicht vorstellen. Entsprechend rät er von einer Ehe zwi-

---

[1] LB V, c. 685 C.
[2] ASD IV-2, S. 87, 611 f.
[3] LB V, c. 685 D f.
[4] LB V, c. 616 B f., bes. c. 617 C.
[5] Ebd.
[6] LB V, c. 677 B.

schen Christen und Nichtchristen dringend ab.[1] Anders Luther, er hatte mit einer interreligiösen Mischheirat von seiner Sicht der Ehe als weltlicher Verbindung her keine Schwierigkeiten.[2]

Die Liebe zwischen Mann und Frau spiegelt für Erasmus die Liebe Christi zu seiner Kirche wieder, wie es der Epheserbrief (5,22 f.) gefordert hatte. Dort wird in Vers 31 Gen 2,24 zitiert: „Ein Mensch wird Vater und Mutter verlassen und die zwei werden ein Fleisch sein." Dann folgt: „Dieses Geheimnis ist groß, ich rede aber von Christus und der Gemeinde. Darum auch ihr, ein jeglicher habe lieb seine Frau wie sich selbst; die Frau aber fürchte den Mann."

In der Auslegung dazu betont Erasmus die gegenseitige Liebe: Der Bräutigam spricht der Braut zuversichtlich zu: „Es soll dich die Würde, die die Natur dem Manne zuteilt und die die apostolische Autorität bestätigt, nicht beschweren, denn die gegenseitige Liebe wird alles versüßen."[3] Von einem Vorbehalt in der Liebe des Mannes zur untergeordneten Frau kann keine Rede sein. Im Gegenteil: Wie Christus die Kirche, so soll der Mann die Frau bis in den Tod hinein lieben, sich ganz für sie hingeben bis „in Schmach und Schande, Geißelung und Schläge, ja bis hin zum Kreuz".[4] Hier wird die Herrschaft in Dienst verkehrt, und Erasmus wagt es denn auch an anderer Stelle, die Rollen von der Frau aus gesehen zu vertauschen. „Wer ist geringer, der, der nachgibt, oder der, dem nachgegeben wird?" fragt eine junge Mutter im Colloquium ‚Puerpera' im Blick auf die Geschlechterrollen.[5] Im ‚Ehebuch' rät Erasmus der Frau offen, „durch Dienen zu herrschen". „Die ehrenhafteste Art des Sieges ist durch Geduld zu überwinden und die schönste Form der Herrschaft für die Frauen durch Gehorsam zu beherrschen."[6]

Ganz anders Vives. Auch er griff wie alle Verfasser christlicher Ehelehren auf die Verse des Epheserbriefes zurück. Auch er betonte, der Mann soll seine Frau lieben wie Christus die Kirche, das heißt je nach dem auch, sich für sie, um sie zu beschützen, mit dem Leben einsetzen. Aber diese Liebe ist bei Vives keine Liebe unter gleichen. Der Mann ist das Haupt, die Frau der Leib, das ist ihm wichtig. Die Frau soll ihren Mann in ihrer Liebe untertänig ehren und der Mann muß immer daran denken, daß er dazu berufen ist, über die Frau zu herr-

---

[1] LB V, c. 640 F f.
[2] WA 10,2, S. 283, 8 f.
[3] LB V, c. 677 C.
[4] LB V, c. 702 B.
[5] ASD I-3, S. 455, 91.
[6] LB V, c. 688 D.

schen. „Er soll sie weise lieben, wie ein Vater sein Kind."[1] Nie darf er sich „so
an die Liebe verlieren, daß er vergäße, daß er der Mann und der Leiter seiner
Frau ist".[2]

Die sakramentale Bedeutung der Ehe

Schon 1516 hatte Erasmus bestritten, aus dem Vers Eph 5,32 ließe sich ein Sakrament der Ehe ableiten. Der Epheserbrief rede hier von einem Geheimnis,
nicht von einem „sacramentum", wie die Vulgata μυστήριον übersetzt hatte.
Weder das Neue Testament noch die Kirchenväter hätten ein Ehesakrament im
Sinne der kirchlichen Lehre gekannt.[3] Erasmus lehnt denn auch die übliche Sakramentslehre ab. Eine an den Eheschluß gebundene Gnadenwirkung „ex opere
operato" wollte er nicht gelten lassen.[4] Die Gnade folgt für ihn nicht automa-
tisch der Eheschließung, das Paar muß sich erst als tauglich erweisen. Wo es zu
einer Trennung kommt, da gab es offenbar gar keine wahre Ehe, erklärt Erasmus, auch wenn sie formal richtig geschlossen wurde.[5] Denn die sakramentale
Gnade macht eine Ehe unzertrennlich. So konnte Erasmus angesichts schei-
ternder Ehen fragen: „Ob nicht Gott durch seine Diener trennen will, was der
Teufel durch seine Diener zusammenband?" Zugleich konnte er am Jesuswort
festhalten: „Was aber Gott zusammengefügt hat, das soll der Mensch nicht
scheiden." (Mk 10,9).[6]

Obwohl Erasmus die traditionelle Sakramentslehre zurückwies, hat er dennoch der Ehe einen sakramentalen Charakter nicht abgesprochen. Er hat ihr
vielmehr eine neue tiefe, nach seiner Ausdrucksweise „sakramentale" Bedeutung geschenkt. Denn anders als für Luther und Zwingli darf für Erasmus, auch
wenn das Neue Testament und die Kirchenväter der Ehe noch keine sakramentale Würde zusprachen, die Ehe ein Sakrament sein.

Für Erasmus ist sie Abbild, Gabe und Beispiel des „höchsten Glaubensge-
heimnisses" und in dem Sinne ein Sakrament. Wie Gott in seiner Liebe zu den
Menschen die menschliche Natur annahm und mit ihr eins wurde, so dürfen in
der Ehe Mann und Frau eins werden und dieses Glaubensgeheimnis abbilden.
In Christus „verband sich unauflöslich das Himmlische mit dem Irdischen, das

---

[1] Joh. L. Vives: De officio mariti. Basel, Oporinus, [1542], S. 64 f.; bes. S. 76.
[2] Ebd. S. 83.
[3] LB VI, c. 855 B f. Vgl. Reeve (1993), S. 615.
[4] LB V, c. 623 F f., bes. c. 624 A. Vgl. Christine Christ-v.Wedel (1995), S. 133 f.
[5] LB V, c. 620 E.
[6] LB V, c. 651 D.

Ewige mit dem Sterblichen, das Sichtbare mit dem Unsichtbaren" zu einem Wesen. Der Schöpfer wurde zum Geschöpf, der Lebensspender in den Tod gegeben. Der Einigkeit von Gott und Mensch in Christus entspricht bildhaft die Verbindung von Mann und Frau, „wo zwei ein Fleisch werden". (Gen 2,24; Mk 10,7; Eph 5,31). Wie die göttliche Natur die menschliche umfängt, so soll die männliche die weibliche umfangen, auf daß daraus eine gleichwertige Lebensgemeinschaft werde und keine Herrschaft („ut aequa sit vitae societas, non dominatus").[1]

Die Liebe Gottes, die Gott trieb, Mensch zu werden und die Liebe Christi zu seiner Kirche sind für die Eheleute zugleich Vorbild und Verheißung einer beglückenden geistig-geistlichen Gemeinschaft.[2]

Diese neue sakramentale Deutung der Ehe, die ihr als Vereinigung zweier Seelen eine neue Würde schenkte, hatte Erasmus schon 1523 entwickelt,[3] aber erst 1526 breit ausgeführt. Sie wurde von Vives nicht übernommen, schon gar nicht von den Reformatoren, die ein Sakrament der Ehe ablehnten. Luther blieb bei seiner schöpfungstheologischen Begründung der Ehe. Heilig ist sie, weil Gott sie eingesetzt hat und sie zu seiner Schöpfungsordung gehört.[4] Für Zwingli sollte das Gleichnis von Christus als Bräutigam und seiner Kirche als Braut nach Eph 5,32 nur zeigen, daß in der Nachfolge Christi die Eheleute gegenseitig alles tun und tragen müssen. Der Ehe als Liebesgemeinschaft eine vertiefte Bedeutung zu geben, darum bemüht auch er sich nicht.[5] Erst die jüngere Generation war da unbefangener: Heinrich Bullinger pries die Freuden des Liebesbundes,[6] und Melanchthon bezeichnete gar 1552 mit Erasmus die Liebe zwischen Mann und Frau als Abbild der menschlichen und göttlichen Natur in Christus.[7]

Wie kam Erasmus zu seiner erstaunlichen Auslegung? Er war nicht der erste, der die Verbindung der zwei Naturen in Christus in Beziehung zur bräutlichen Liebe zwischen Christus und seiner Kirche setzte. Das hatte, um nur das bekannteste Beispiel zu nennen, auch Bernhard von Clairvaux in seiner weit

---

[1] LB V, c. 620 B ff.

[2] LB V, c. 624 A.

[3] ASD V-1, S. 105, 293 f.

[4] Vgl. Gerta Scharffenorth: Den Glauben ins Leben ziehen. Studien zu Luthers Theologie. München 1982, S. 143 f.

[5] Z III, S. 762 f.

[6] Ulrich Gäbler u. a. (Hrsg.): Heinrich Bullinger: Briefwechsel. Zürich 1972 ff., Bd I, S. 130, 9 f.

[7] MCR 23, c. XCVIII.

verbreiteten Auslegung zum Hohenlied getan[1] ebenso wie schon Origenes.[2] Erasmus war dieser Vergleich offenbar so geläufig, daß er 1534 – wohl in guten Treuen – behauptete, er sei in der Bibel und bei den orthodoxen Vätern zu finden.[3] Erasmus bezieht denn auch im Ehebuch das Wort: „Die zwei werden ein Fleisch sein" auf die zwei Naturen in Christus.[4]

Mit gutem Grund hatte allerdings schon Petrus Lombardus abgelehnt, die Verse aus dem Epheserbrief, die sich auf die Ehe bezogen, mit der Inkarnation in Verbindung zu bringen.[5] Erasmus tut dem Text so sehr Gewalt an, wie man es einem Exegeten seiner Kompetenz nie zutrauen würde. Übrigens wagt er in seiner ‚Paraphrase zum Epheserbrief' den Vergleich nicht. Im Ehebuch aber wird er begeistert vorgetragen. Erreicht Erasmus damit doch genau das, was er will: Er wertet die Ehe gegenüber der Jahrhunderte lang viel höher geschätzten Jungfräulichkeit auf.[6] Ja, er kann den zölibatären Stand auf seinem ureigensten Feld schlagen. Die Verbindung der göttlichen und der menschlichen Natur Christi galt in der Brautmystik als die eigentliche, die tiefste Vereinigung. Die Verbindung Christi mit seiner Kirche, die die liebende Vereinigung der jungfräulichen Seele mit ihrem göttlichen Bräutigam abbildete, war nur ein Abglanz davon.[7] Wenn nun Erasmus die Ehe direkt auf die zwei Naturen Christi bezog, lief er der klösterlichen Brautmystik gleichsam den Rang ab. Zugleich spricht er der Ehe einen sakramentalen Charakter zu, den die Jungfräulichkeit nicht besitzt: „Da habt ihr Eheleute, die Würde eures Standes, damit euch die Seelen der Jungfrauen und Priester nicht den Ruhm mindern," ruft er am Ende des Kapitels zum Sakrament der Ehe aus.[8]

Uneingeschränkte Bildung für die Frau

Die sakramentale Liebesverbindung, wie sie Erasmus vorschwebte, war für ihn nur denkbar unter Menschen gleicher Bildung. Darum werden die Männer angehalten, sofern ihre Frauen von Haus aus nicht über eine humanistisch-christliche Bildung verfügen, sie selbst zu unterrichten.[9] Erasmus schränkte im

---

[1] Vgl. Serm. In cant. 2, 3 (MPL 183, c. 790 D).

[2] Vgl. In canticum cant. I, 40 und 43 (MPG 13, c. 91 C f. und c. 98 A f.).

[3] ASD IX-1, S. 452, 270 f.

[4] LB V, c. 620 D.

[5] Sententiae IV, 26, 7 (MPL 192, c. 909).

[6] LB V, c. 619 F.

[7] Vgl. Bernhards Serm. In cant. 2,3 ff. (MPL 183, c. 790 D ff.).

[8] LB V, c. 623 B.

[9] LB V, c. 690 F f.

Gegensatz zu Vives die Frauenbildung nicht ein. Ausdrücklich umfaßt sie auch für die Frau die studia humanitatis und alle artes liberales, kurz: alles, was Erasmus in ‚De pueris instituendis‘ für die Schüler empfahl.[1] Selbständig soll die Frau die Bibel möglichst in den Ursprachen lesen und auslegen können. Sie soll in der Lage sein, ihr Haus zu einer Zelle der „philosophia Christi“, zu einem Hort christlicher Lebensführung werden zu lassen, alle Hausgenossen, Kinder wie Gesinde sollen davon profitieren. – Dem allgemeinen Zeitgeist zollt Erasmus, was die Bildung der Frau betrifft, nur insofern Respekt als auch er für junge Mädchen auf besondere Aufsicht und keusches Betragen ihrer Umgebung dringt.[2]

Die Witwe als Kämpferin für Reformen

Im Witwenbuch von 1529 geht Erasmus noch einen Schritt weiter. Die erwachsene Frau, insbesondere die Witwe, wird nicht auf das Haus eingeschränkt. Sie wird ausdrücklich auf einen weiteren Kreis verwiesen. Sie soll das Reformprogramm des Erasmus vorantreiben und überall, nicht nur bei ihren Kindern, für eine christliche Lebensweise einstehen. Die kinderlose Witwe wird sich um Nichten und Neffen kümmern und um weitere Verwandte und Bekannte, ja alle Christen sind ihr ans Herz gelegt. Sind doch alle Glieder Christi ihre Brüder und Schwestern.[3]

Entsprechend bietet Erasmus den Witwen ganz andere Modelle als Vives. Der Spanier beschränkte sich auf antike Vorbilder wie Valeria Messalina, die ihre Witwenschaft ganz dem Andenken ihres Gatten opfern wollte, und auf die neutestamentliche Hanna, die Tag und Nacht im Tempel betete.[4] Erasmus verzichtet auf antike Heroinen und hält sich dafür neben Hanna an kraftvolle alttestamentliche und apokryphe Gestalten wie die Richterin Deborah, „die die Männer an Klugheit und Seelenstärke übertraf“,[5] und vor allem an Judith.

---

[1] LB V, c. 710 C f. und 713 C f. Vgl. auch 749 E, wo ausdrücklich von Mädchen die Rede ist, die die gleiche Bildung erhalten sollen wie die Knaben. Hartnäckig hält sich das Vorurteil, Erasmus sei an Frauenbildung nicht besonders interessiert gewesen. Vgl. Anne M. O'Donell: Contemporary Women in the Letters of Erasmus, in: ERSY 9 (1989), S. 70/71 und Katharina Fietze: Frauenbildungskonzepte im Renaissance-Humanismus, in: Elke Kleinau, Claudia Opitz (Hrsg.): Geschichte der Mädchen- und Frauenbildung. Frankfurt 1996, Bd. I, S. 125.

[2] LB V, c. 716 C f.

[3] LB V, c. 762 E.

[4] C. Fantazzi und C. Matheeussen (Hrsg.): J. L. Vives: De institutione feminae christianae. Leiden 1996, Bd. II, S. 215 und S. 221.

[5] LB V, c. 735 F.

IV. Reformanliegen

Judith ist die fromme Heldin der gleichnamigen Geschichtslegende aus der Makkabäerzeit. Ihre Heimatstadt wird von einer Übermacht belagert, und die Bewohner sind am Verdursten. Die Vorsteher wissen sich nicht zu helfen und versprechen dem verzweifelten Volk, die Stadt nach fünf Tagen zu übergeben, wohl wissend, daß die Belagerer sie zerstören werden. Die noch junge und schöne Witwe Judith weist sie energisch zurecht und befreit auf ihre Art mit weiblichen Mitteln – allerdings aus neuzeitlicher Sicht höchst fragwürdigen – die Stadt. Sie begibt sich in das feindliche Lager, verführt den Hauptmann der Belagerer und köpft den Berauschten mit dessen Schwert. Die Feinde fliehen entsetzt, und die Israeliten verfolgen sie auf den Rat Judiths hin und machen reiche Beute. Nach vollbrachter Tat zieht die Witwe sich demütig in ihr Haus zurück, um ihrem frommen, bescheidenen Tagwerk nachzugehen.

Was macht Erasmus aus diesem Stoff? Schon bei den Kirchenvätern hatte sich die Judithfigur verfestigt zu einem Typos der tapferen, keuschen Frau,[1] im Mittelalter wurde sie vollends allegorisiert – unzählige Bildwerke belegen es – zum Sieg der Tugend über das Laster, der Demut und Keuschheit über Stolz und Genußsucht, der Kirche über den Antichrist. Die Renaissance hat diese Deutung übernommen,[2] eine Deutung, die auch bei Erasmus benutzt wird und immer mitzudenken ist.[3] Er aber hält sich daneben auch an den Literalsinn. Über den Meuchelmord geht er schnell hinweg. Ausführlich aber preist er Judith nicht nur mit der Vorlage als Muster demütiger Zurückhaltung, züchtiger Sitten und frommer Andacht. Er spricht ihr auch tätige Nächstenliebe zu, von der die Bibel schweigt.[4] Vor allem aber ist er von ihrer Autorität begeistert.

---

[1] Die Kirchenväter haben von ihrer durchgehaltenen Witwenschaft und von ihrer hervorragenden Frömmigkeit gesprochen. Wenn ihre tapfere Tat bedacht wurde, dann so: Sie besiegte den verdorbenen, in Wollust schwelgenden Holophernes durch Gebet und Fasten. So wird sie zum Typos der Kirche. Vgl. Origenes: In Jud. Hom. IX, 1 (GCS Orig. 7, S. 518); Tertullian: Monog. 17, 1 (CChr SL 2, S. 1252); Ambrosius: De Elia et jej. IX, 29 (CSLE, 32,2, S. 428; MPL 14, c. 707 A); De off. min. XIII (MPL 16, c.169 (178) f.); De virginibus II, IV, 24 (MPL 16, c. 213 C); De vid. VII (MPL 16, c. 245 f.); Ep. I, LXIII, 29 (MPL 16, c. 1197 C/D) und Hieronymus: Ep. LIV, 16 (MPL 22, c. 559); Apol. Adv. Ruf. I, 18 (MPL 23, c. 412 C); Com. in Soph., Prol. (MPL 25, c. 1337 D) sowie die Präf. zum Buch Judith (MPL 29, c. 37 f.). Nur Chrysostomos erwähnt in seiner 61. Homilie zu Johannes im 4. Kap. Judith kurz zusammen mit Deborah als Beispiel einer Frau, die tatkräftig einen guten Einfluß auf die Männerwelt durchsetzen konnte. (MPG 59, c. 340). Er dürfte Erasmus angeregt haben. Rabanus Maurus hat einen ganzen Judithkommentar geschrieben, der ausschliesslich Judith als Typos der Kirche allegorisiert. Sie ist die Kirche, die den Teufel, Nebukadnezar, mit seinem Untergebenen, dem Antichrist Holophernes, besiegt. (Vgl. bes. MPL 109, c. 539 D f.; 540 D; 541 D f.; 547 D; 559 A). Seine Sicht prägte bis über die Renaissance hinaus das Judithbild.

[2] Am berühmtesten ist die Bronzegruppe von Donatello in Florenz, die um 1455 entstand.

[3] LB V, c. 744 D f. Vgl. auch LB V, c. 742 E.

[4] LB V, c. 738 F f.

Fasziniert zeichnet er nach, wie sie die niedergeschlagenen Ältesten zurechtweist und mit ihrem Gottvertrauen ansteckt. „Obwohl Judith eine Frau und Witwe war, über kein Territorium regierte und kein öffentliches Amt innehatte", holen sich die Ältesten bei ihr Rat. „Die Vorsteher und Prinzen wurden von ihr gescholten und schwiegen dazu." Sie ist für Erasmus eine Frau der Superlative: „Höchste Seelenstärke war bei ihr mit höchster Bescheidenheit, höchste Klugheit mit höchster Frömmigkeit gepaart."[1]

An der tapferen Judith sollen sich die Witwen ein Beispiel nehmen, an ihrem Eifer für die Heimat, an ihrer Autorität gegenüber den Ältesten und Fürsten. Nachdem sie zu ihr gekommen waren, richtete sie die Verzweifelten wieder auf und schenkte ihnen neue Hoffnung, sie belehrte die Ratlosen und gab den Zögernden weise Instruktionen.[2]

Anders als Vives, der jede Witwe aufforderte, im Witwenstand zu bleiben,[3] wagt Erasmus nicht, der jungen königlichen Witwe, Maria von Ungarn, der die Schrift gewidmet ist, vorzuschlagen, sie solle nicht wieder heiraten.[4] – Sie blieb übrigens gegen den Wunsch des Hauses Habsburg im Witwenstand. – Aber er wagt, ihr nahezulegen, an ihrem Orte, also bei Hofe, in die hohe Politik einzugreifen und z. B. Antikriegspropaganda zu betreiben.[5]

Am Ende der Schrift ruft er der königlichen Witwe zu: „Lasse also nicht ab, verehrte Frau, die Fahne der Frömmigkeit für alle Witwen und Großen zu erheben und in die Fußspuren der lobenswertesten Frauen zu treten: Sei Lehrerin in den Höfen der Fürsten und zugleich Vorbild evangelischer Aufrichtigkeit.

---

[1] LB V, c. 742 E. f. Anders interpretiert Joseph C. Linck: Erasmus' Use of Scripture in De Vidua Christiana, in: ERSY 11 (1991), S. 67-87. Linck betont, beim Nacherzählen der Judithgeschichte zeichne Erasmus sie als eine keusche, fromme Frau. An ihrer Tat sei er nicht interessiert. Zwar lobe er ihre Tapferkeit, allegorisiere indessen die Holophernes-Episode. Wie Judith Holophernes, so sollten die Witwen den Teufel bekämpfen. Die Frauen sollen jedoch nicht unter Gefahr ihrer Keuschheit und durch Kuppelei ihrem Staat dienen. Es ist richtig, daß Erasmus das geschrieben hat. (LB V, c. 744 D f.). Dennoch scheint mir die Konsequenz, die Linck daraus zieht, anachronistisch. Für das 16. Jahrhundert ist es keineswegs erstaunlich, vielmehr selbstverständlich, daß Erasmus die Keuschheit Judiths, von der übrigens schon das Buch Judith spricht, herausstellte. Noch weniger erstaunt, daß er von sexueller Verführung und Meuchelmord als Mittel zum Zweck abrät. Etwas anderes war gar nicht denkbar. Erstaunlich ist vielmehr, wie er Judith als selbständig handelnde Frau darstellt, die den männlichen Amtsträgern überlegen ist.

[2] LB V, c. 742 D.

[3] De inst. fem. (Fantazzi, Matheeussen), Bd II, S. 233 f.

[4] LB V, c. 733 F.

[5] LB V, c. 728 D f.

IV. Reformanliegen

Dann wirst du mit Judith und den übrigen edlen Frauen, die wir erwähnten, für immer deinen Bräutigam Christus genießen."[1]

Der Lebensstil der erasmischen Frau soll von keuscher Zurückhaltung geprägt sein, aber, wo es die Not erfordert, da soll sie kraftvoll und in aller Öffentlichkeit für die Sache Jesu Christi einstehen. Daß sie es vermag, daran besteht für Erasmus kein Zweifel: „Auch wenn man sich schämt es auszusprechen, aber die Tatsache ist zu offensichtlich, um sie zu verbergen: Viel mehr Beispiele für Gottesfurcht und Frömmigkeit finden sich in den Reihen der Frauen als in denen der Männer."[2] Diese Frömmigkeit darf und soll allen zugute kommen. Bei aller sittsamen Zurückhaltung soll die Frau sich, wo es notwendig scheint, über Konventionen, ja selbst über das Gebot des Paulus, den Männern untertan zu sein, hinwegsetzen. Die engagierte Frau im Colloquium ‚Der Abt und die Gelehrte' droht denn auch am Ende massiv: „Wenn ihr Euch nicht vorseht, wird die Sache so überhand nehmen, daß wir Frauen die Theologenschulen präsidieren, in den Kirchen predigen und euch eure Mitren entreißen." Auf den entsetzten Ausruf des Abtes: „Das möge Gott verhüten!" antwortet sie: „Nein, an euch ist es, das zu verhüten. Aber wenn ihr so weitermacht, dann mögen die Gänse eher zu predigen anfangen, als euch stumme Hirten länger ertragen. Ihr seht, die Weltbühne ist schon durcheinandergeraten. Entweder muß jeder Spieler seine Rolle spielen, oder abtreten."[3]

Für Erasmus spielten die Spieler ihre Rolle nicht gut. Die Amtsträger versagten. Die Fürsten verstanden es nicht, Frieden zu halten und viele Bischöfe führten ein bequemes Lasterleben. Frauen aber waren durchaus bereit, sich öffentlich zu engagieren. Nicht nur Fürstinnen wie Maria von Ungarn, die sich als Statthalterin in Ungarn mit einigem und später in den Niederlanden mit weniger Erfolg für Reformen im Sinne des Erasmus einsetzte.[4] In den Wirren der Reformationszeit nahmen Frauen aller Schichten tapfer öffentlich Partei. Täuferinnen predigten, und Argula von Grumbach wagte in Streitschriften gegen die Ingolstädter Professorenschaft anzugehen. 1522 drangen Frauen in Basel – zum Teil hochschwanger – bis in die Gerichtsstube, um für ihren reformatorisch gesinnten Seelsorger einzutreten. In Waldshut verteidigten sie Balthasar Hubmair gar mit Waffengewalt. Aber auch die Nonnen von Diessenhofen griffen zu

---

[1] LB V, c. 766 C f.
[2] LB V, c. 729 B.
[3] ASD I-3, S. 407, 157 f.
[4] Vgl. Katharine Walsh und Alfred A. Strnad: Eine Erasmianerin im Hause Habsburg. Die Königin Maria von Ungarn (1505-1558) und die Anfänge der Evangelischen Bewegung, in: Historisches Jahrbuch der Görresgesellschaft 118 (1998), S. 40 ff., bes. S. 82.

Steinen, Keulen und Besenstielen. In den heftigen Straßentumulten in Genf beteiligten Frauen sich am Blutvergießen.[1] Sowenig Erasmus solche Waffengewalt bei Männern oder Frauen guthieß, zu einem Engagement über den häuslichen Kreis hinaus hat er die Frauen seiner Zeit ermuntert.

Wichtig ist ihm, daß die Gesellschaft zu einem evangeliumsgemäßen Leben findet. Wer die Grundlagen dafür schafft, ob Mann oder Frau und welche Rolle sie darin spielen, das mag sich nach Zeit und Umständen ändern. Was sich nicht ändert, ist, daß alle gleichermaßen für das Reich Gottes verantwortlich sind und nach besten Kräften dazu beitragen sollen. Wie die Predigt von Gottes Wort und die Rechtsordnung, so muß auch die Rolle der Frau im Blick auf das Evangelium als Ganzes den Zeitläufen angepaßt werden. Wenn es in den paulinischen Gemeinden für sie galt zu schweigen, so gilt es jetzt, mutig – je nachdem auch öffentlich – für die Sache Jesu Christi einzustehen.

---

[1] Belege in: Christine Christ-v.Wedel: „Digna Dei gratia clarissima anachorita", in: Irene Gysel und Barbara Helbling (Hrsg.): Zürichs letzte Äbtissin Katharina von Zimmern (1478-1547). Zürich 1999, S. 155 f.

V. Schlußbetrachtung:
Erasmus von Rotterdam
Anwalt eines neuzeitlichen Christentums

In der Einleitung wurden bittere Vorwürfe Luthers an Erasmus zitiert, die er im März 1534 publiziert hatte. Von ihnen ging die Studie aus. Kaum hatte Erasmus den Brief an Amsdorf erhalten, antwortete er im April 1534 darauf.

Erasmus war jetzt mit seinen weit über 60 Jahren nach den Begriffen der Zeit ein alter Mann. Er lebte seit 1529 in Freiburg. Dorthin hatten ihn der Bildersturm und das Verbot, die Messe nach altem Ritus zu feiern, vertrieben.[1] Es war Erasmus nicht leicht gefallen, Basel zu verlassen. Während die Domherren sofort abreisten, überlegte Erasmus sich noch über zwei Monate lang den Schritt. Verließ er doch seine besten Freunde und eine Umgebung, in der er sich wohl fühlte. In Freiburg dagegen ist er nie wirklich heimisch geworden. Seinem Verlagshaus Froben blieb er treu, und ständig gingen Boten zwischen Freiburg und Basel hin und her. Erasmus lebte in Freiburg gleichsam auf Abruf. Nicht nur erwartete er seinen Tod, den er getrost aus Gottes Hand nehmen wollte.[2] Er wartete vielmehr, daß der Sturm sich legen würde, daß Frieden in Europa einkehre und die Kirchenspaltung überwunden werden könne. Wenn doch endlich nicht eine Partei, sondern die Wahrheit siegen würde,[3] dann werde er entscheiden, wohin er sich wenden wolle. Seine Briefe sind voll von Klagen über die Zeit: Selten sei ein Zeitalter so gewalttätig gewesen. 600 Erinnyen scheinen aus dem Orkus aufgebrochen. Nirgends, weder im weltlichen noch im geistlichen Bereich, ist ein gesunder Zustand anzutreffen. Das Übel wäre freilich zu heilen, wenn die weltlichen und geistlichen Machthaber ehrlich die evangelische Frömmigkeit wiederherstellen wollten. Dann könnten Männer, die sich durch ein heiliges Leben, durch einzigartige Gelehrsamkeit und ein gerechtes Urteil auszeichnen, ein Gutachten erstellen. Sie sollten raten, welche Gesetze abzuschaffen, welche in Empfehlungen umzuwandeln seien. Im übrigen sollten die Fürsten Leute mit der geistlichen Leitung ihrer Untertanen betrauen, die im Worte Gottes geschult seien und dazu ausgebildet, zu lehren, zu ermahnen, zu trösten, zu tadeln und zu widerlegen.[4]

---

[1] Allen VIII, S. 161, 1 ff.
[2] Vgl. z. B. Allen VIII, S. 252, 34 f.
[3] Allen VIII, S. 467, 40 f., bes. 66.
[4] Allen IX, S. 318, 20 f.

Man sieht, Erasmus glaubte noch an sein Programm. Wären die Verantwortlichen nur gut genug im Worte Gottes geschult, dann würde sich alles bessern.

Erasmus war bereit, trotz seines hohen Alters und seiner schmerzhaften Gallenkoliken das Seinige dazu beizutragen. In der Freiburger Zeit verläßt eine erstaunliche Anzahl von Arbeiten die Druckerpresse: Über 20 Editionen, darunter zehn Erstausgaben, so sein ‚Witwenbuch‘, das Buch ‚Über die Knabenerziehung‘, der Traktat ‚Über die Einheit der Kirche‘ und seine ‚Auslegung des Glaubensbekenntnisses‘, um nur die bekanntesten zu nennen. Ältere Werke hat Erasmus erneuert und stark erweitert, wie die späten ‚Colloquia‘ und ‚Adagia‘. An den Kirchenvätereditionen hat er weitergearbeitet. Insbesondere sind für diese Jahre Chrysostomos und ein griechischer Basilius hervorzuheben.

Als Erasmus Luther antwortete, nur wenige Wochen nachdem Luthers Brief publiziert war, war er ein alter, kranker, mit seiner Zeit unzufriedener Mann, aber seine geistige Spannkraft hatte noch nicht nachgelassen.

Im Ton blieb Erasmus höflich, ja milde. Der Sache nach aber schlug er hart zurück: Was, wenn Luther eigentlich sich selbst träfe? „Sein Dogma nämlich ist, nichts zu behaupten, was nicht in den kanonischen Schriften ausgesprochen ist. Ich selbst dagegen gestehe, mich in vielem mit dem Urteil der Kirche zu beruhigen. Hier also kämpft Luther gegen seinen eigenen Glaubensgrundsatz.“[1] Was steckt hinter diesem Vorwurf? Luther hatte Erasmus als Arianer, ja vernichtender noch als den verschrien, der die christliche Religion untergrabe, weil er offen erklärt hatte, die trinitarischen Dogmen seien in der Heiligen Schrift noch nicht ausdrücklich zu finden. Nun suggeriert Erasmus seinen Lesern, nicht er, aber Luther müßte die Trinität ablehnen, wenn er seinem Grundsatz, nur die Schrift gelten zu lassen, treu bleiben wolle.

Erasmus läßt es nicht bei solcher unterschwelligen Polemik bewenden. Er versucht, den Grundsatz, „nur die nackte, reine Schrift zuzulassen“, zu widerlegen. „Wie kommt es“, fragt er, „daß wir heute so vieles aus den Heiligen Schriften entnehmen, von dem die Kirche so viele Jahrhunderte lang nichts wußte, obwohl doch die Schrift immer dieselbe blieb?“ Die trinitarischen Dogmen seien nur ein Beispiel. Die Alten hätten an eine Auferstehung der Toten erst am jüngsten Tage geglaubt, heute glauben wir, sie gingen sofort in die Ewigkeit über. Es gibt unzählige solcher Beispiele. Und woher kommen wohl

---

[1] ASD IX-1, S. 462, 574 f.

diese Zweideutigkeiten? Waren die Alten etwa nicht begabte Männer, die sorgfältig die Schriften erforschten?[1]

Den Vorwurf, zweideutig zu sein, den ihm nicht nur Luther machte,[2] nimmt Erasmus entgegen. Er steht dazu. „Als ob die Heiligen Schriften und mit ihnen die Werke der orthodoxen Lehrer nicht voller zweideutiger Begriffe steckten!" ruft er aus. „Was, wenn zweideutig ist, was immer überliefert wurde? Was, wenn es keine menschlichen Worte gibt, mit denen wir eindeutig von den göttlichen Dingen sprechen können?" Erasmus erinnert dabei nicht nur an übertragene Ausdrücke, mit denen von Gott gesprochen wird, wie „Löwe, Lamm und Weinstock", Ausdrücke, die auch Luther für auslegungsbedürftig hielt, er nennt auch die üblichen Anthropomorphismen, die Gott zugeschrieben werden, wie „Haß, Liebe, Zorn, Wut, Reue und Barmherzigkeit"[3] – lauter Begriffe, die in der Bibel häufig vorkommen und im zeitgenössischen theologischen Diskurs unverzichtbar waren. Wie andere hat auch Luther sie in seinen Predigten meist unerklärt benutzt. Erasmus unterstellt hier also, daß niemand – auch Luther nicht – eindeutig von Gott sprechen könne.

Er jedenfalls steht dazu, zweideutig zu sein, so zweideutig wie nach seiner Meinung Gottes ewiges, irrtumsfreies Wort zwangsläufig wird, wenn es von Menschen zu einer bestimmten Zeit, an einem bestimmten Ort, in einer bestimmten Sprache für bestimmte Menschen verkündet wird. Weil er darauf beharrte, hat er sich um einen guten Teil seiner Wirkung gebracht. Er traf den Puls der Zeit, wenn er die Theologie von scholastischen Subtilitäten befreite. Bereitwillig folgte man ihm, wenn es darum ging, den Bibeltext sorgfältig philologisch zu erforschen, und die Werke der großen Theologen der ersten Jahrhunderte zu studieren. Begeistert verschlang man seine Traktate in ihrem eingängigen humanistischen Stil. Aber die Mehrheit auch der geistigen Elite war im heraufkommenden Konfessionalismus nicht bereit, auf feste Behauptungen und eindeutige Bekenntnisse zu verzichten.

Luthers Brief an Amsdorf ist nicht nur ein Zeugnis von menschlichen, allzu menschlichen Mißhelligkeiten und Vorurteilen zwischen großen Denkern und Christen, er offenbart auch die ganze Verzweiflung über „das Phänomen" Erasmus. Da war ein hochbegabter Mann, der einen großen Teil seines Lebens dem Studium der Heiligen Schriften gewidmet hatte, dessen Ausgabe des Neuen Testamentes für die Reformatoren ein unentbehrliches Hilfsmittel war,

---

[1] ASD IX-1, S. 459, 474 f.
[2] Vgl. C. Augustijn in ASD IX-1, S. 438.
[3] ASD IX-1, S. 463, 580 f.

und doch wollte er nicht klar Stellung beziehen und für die Konsequenzen, die sich aus Luthers Sicht aus dem Bibelstudium ergeben mußten, einstehen. Warum, mußte Luther sich fragen, ließ Erasmus sich nicht aus seiner Unentschiedenheit herauslocken und zu eindeutigen Aussagen bewegen, zu einem Bekenntnis, daß die christliche Wahrheit ein für alle Mal gültig, kurz und bündig und in klaren Worten festlegte? So hatte er, Luther, es doch immer wieder beispielhaft für viele auch unter Einsatz seines Lebens getan, so glaubte er, hätte er es auch von Erasmus erwarten dürfen. Jetzt freilich war er schon lange enttäuscht. Er erwartete nichts mehr von dem Humanisten.[1]

Erasmus aber konnte sich nicht im Sinne Luthers festlegen. Das sollte die vorliegende Studie klargestellt haben. Denn er hätte damit sein Lebenswerk verraten.[2] Sein Lebenswerk galt der evangelischen Überlieferung. Sie versuchte er in einem ersten Schritt möglichst rein wiederherzustellen. Er edierte und kommentierte das Neue Testament nach den griechischen Handschriften und gab Werke der Kirchenväter neu heraus. Zugleich stellte er sich selbst für seine Zeit in den Dienst der Überlieferung. In seinen ‚Paraphrasen‘ und Erbauungsschriften hat er versucht, auf der Tradition aufbauend für seine Generation das Evangelium neu und zeitgemäß auszusagen. Die Überlieferung begann für ihn schon mit der mündlichen Tradition. Die Niederschrift der apostolischen Briefe und der Evangelien waren bereits ein zweiter Schritt in der Überlieferungsgeschichte, behaftet mit allen Mängeln, die dazu gehörten: menschliche Irrtümer, sprachliche Ungenauigkeiten, zeitbedingte Vorurteile, von denen die biblischen Autoren, die auch als Inspirierte fehlbare Menschen blieben, nicht frei waren. Darum war die Arbeit mit dem Erstellen eines möglichst genauen Urtextes nicht getan. Immer wieder war neu nach dem damals wirklich Gemeinten zu fragen. Und immer wieder neu, das Gemeinte für die eigene Zeit auszusagen. Bis zuletzt hat Erasmus an der Revision seines ‚Neuen Testamentes‘ gearbeitet, die ‚Anmerkungen‘ korrigiert und neue Gesichtspunkte aus dem reichen Schatz der Tradition gesammelt.

---

[1] Anders C. Augustijn, von dem die Charakterisierung des Erasmus als „Phänomen" übernommen wurde. (ASD IX-1, S. 438). Die Belege, daß Luther von Erasmus nichts mehr erwarten zu dürfen glaubte, sind insbesondere in den Tischreden so zahlreich, daß sie verbieten, 1534 noch an eine Art letzten verzweifelten Bekehrungsversuchs zu denken. Zu unterstreichen ist indessen Augustijns Sicht, hier stießen „zwei verschiedene Theologien aufeinander". (S. 437). Seine knappen Überlegungen dazu weisen genau in die Richtung, die diese Studie eingeschlagen hat.

[2] Hier nur an seine oft zitierten „Charaktermängel" zu denken, scheint mir zu einfach. Erasmus war kein Märtyrertyp und mied von unerklärlicher Scham gehemmt öffentliche Auftritte. Schriftlich aber hat er es an Kühnheit nicht mangeln lassen und war auch nicht, um einem Häresieverdacht zu entgehen, bereit zurückzukrebsen. Vgl. o. S. 225 f.

Er war – wenn auch ungern – bereit, eine sogar öffentlich vertretene Meinung zu ändern, ja forderte von jedem Christen jeweils der Zeit und den Umständen gemäß neu zu entscheiden. Engagiert hat er als Christ seine Zeit auf das Evangelium verpflichtet. Aber ob es sich um Rechtsvorschriften, um hohe Politik oder um soziale Rollenverständnisse handelte, allgemein gültige Rezepte gab es für ihn nicht. Auf der Grundlage des Evangeliums galt es jeweils neu, der Zeit und den Umständen angepaßt zu handeln.

Immer wieder wurde er – auch von Freunden – gedrängt, doch endlich zu sagen, was er wirklich meine, gleichsam einen authorisierten Erasmus zu schaffen. Wenn er nicht vor seinem Tod deutlich mache, was eigentlich sein Standpunkt sei, was sein letztes gültiges Bekenntnis für die Nachwelt, würde das viel Verwirrung bringen, warnte Vives 1526.[1] Erasmus konnte und wollte diesem Rat nicht entsprechen.

Erasmus hat sich als Kind seiner Zeit, einer neuen Zeit, verstanden, die Überliefertes ablegte und Neues in Angriff nahm. Schon als Knabe fühlte er sich unwiderstehlich zu den neumodischen humanistischen Studien hingezogen, die erst langsam die Schulen eroberten. Im Kloster träumte er sich mit seinen Mitbrüdern in ein Goldenes Zeitalter hinein. So ernsthaft er in Paris studiert haben mag,[2] er hat den überkommenen scholastischen Lehrbetrieb als veraltet verspottet. Statt sich in Disputen der Wahrheitsfindung oder der Systematisierung von Glaubenslehren zu widmen, hat er für seine Schüler seine bahnbrechende humanistische Pädagogik entwickelt und in einem Dichterwettstreit heilsgeschichtliche Themen der mittelalterlichen Mysterienspiele aufgegriffen, um sie in neue humanistische Formen zu gießen. Schon nach dem ersten Englandaufenthalt nimmt er in seinem ‚Enchiridion‘ für sich in Anspruch, den Tempel des Herrn, der durch allzuviel Unkultur entehrt sei, neu durch seine zeitgemäße Bildung zu schmücken. Er denkt dabei an einen Römerbriefkommentar.

1504 aber findet er zufällig Vallas unveröffentlichte kritische Anmerkungen zum Vulgatatext. Sofort erkennt er: Hier liegt eine neue Aufgabe, eine zeitgemäße Aufgabe. Er gibt alte Pläne auf und nimmt die neue Herausforderung an. Mit zähem Fleiß verschafft er sich die nötigen Sprachkenntnisse. Nach zwölf Jahren ist es so weit. Das ‚Novum instrumentum‘ erscheint, die erste von fünf Ausgaben seines ‚Neuen Testamentes‘. Erasmus wird nicht nur als „Erneuerer"

---

[1] Allen VI, S. 374, 13 f. Vgl. Cornelis Reedijk: Tandem bona causa triumphat. Zur Geschichte des Gesamtwerkes des Erasmus von Rotterdam. Basel 1980.

[2] Vgl. Sowards, J. K.: The Youth of Erasmus. Some Reconsiderations, in: ERSY 9 (1989), S. 29.

der Theologie gefeiert, er darf sich auch als solcher fühlen. Als Anwalt eines zeitgemäßen Christentums geht er daran, eine neue ‚Methode' für das Bibelstudium auf humanistischer Grundlage zu schaffen und für Laien die neutestamentlichen Schriften neu, für sie verständlich und eingängig nachzuerzählen. So hofft er, zusammen mit Gleichgesinnten nicht nur die Theologie, sondern auch die Gesellschaft zu erneuern.

Die Hoffnung trügt, die Zeit bleibt geprägt von Kriegen, Haß und Streit. Aber Erasmus läßt nicht nach, in Erklärungen zu seinen Sprichwörtern, in Colloquien, in Reformschriften und in seiner ganz Europa überspannenden Korrespondenz wirbt er für ein Christentum, das er für zeitgemäß hält.

Keineswegs verschließt er sich den theologischen Debatten seiner Zeit. Er greift sie engagiert auf und hat seinen Zeitgenossen manches Anregende zur Trinitäts- und Gotteslehre, zur Rechtfertigung, Prädestination und Willensfrage zu bieten.

Doch gerade sein historischer Ansatz, der ihn trieb, sich der Zeit anzupassen, seine Arbeit immer wieder in Frage zu stellen und, was immer er als evangeliumsgemäß erkannte, den Umständen entsprechend neu zu überdenken, wurde im Konfessionalismus immer unzeitgemäßer. Wer hatte schon die nötige Ruhe und Kraft, in der Konsolidierungsphase von Reformation und Gegenreformation alles zu hinterfragen und unter Berücksichtigung möglichst vieler Umstände, geleitet vom Geist christlicher Liebe, in dringenden Problemen jeweils neu zu entscheiden? Man benötigte feste, eindeutige, möglichst griffige Standpunkte. Luther hatte sich schon lange von Erasmus losgesagt. In den Religionsgesprächen konnten sich die Erasmianer nicht durchsetzen und im Konzil von Trient wurden die Anhänger des Erasmus überstimmt.

Aber es gab auch Ausnahmen von der Regel. Nicht nur in Basel, auch in Zürich erlebten seine Werke um die Mitte des Jahrhunderts eine Renaissance.[1] In der anglikanischen Kirche wurden die ‚Paraphrasen' für alle Gemeinden angeschafft. Minderheiten, wie die Täufer und Antitrinitarier beriefen sich auf den Humanisten, nicht nur auf seine Toleranz, die sie einzufordern versuchten, auch auf seine kritischen Bibelanmerkungen. Seine ‚Colloquien' wurden im Schulunterricht weiter benutzt und wirkten in weiten Kreisen.

---

[1] Eine interdisziplinäre Studie zur Erasmusrezeption in Zürich ist geplant. Sie soll 2005/6 erscheinen. Vorerst sei auf die einschlägigen Aufsätze von Fritz Büsser verwiesen in: Alfred Schindler (Hrsg.): Fritz Büsser: Die Prophezei. Humanismus und Reformation in Zürich. Ausgewählte Aufsätze und Vorträge. Bern 1994.

V. Schlußbetrachtung

Wer die Geistesgeschichte Europas aufmerksam studiert, trifft immer wieder auf Spuren erasmischen Denkens. In der pädagogischen Wissenschaft ist man sich dessen bewußt. In der humanistischen Tradition stehende Bildungsinstitute berufen sich auf Erasmus. Die kritische Bibelwissenschaft aber, die sich – ganz in seinem Geist – seit dem 20. Jahrhundert unvoreingenommen in den Dienst aller Kirchen der lateinischen Tradition gestellt hat, hat ihn kaum zur Kenntnis genommen, jedenfalls nicht explizit. Dabei hat sie nicht nur auf seinen Vorarbeiten aufgebaut. Sie hat seine exegetischen Grundsätze übernommen. Natürlich kann sie ihm aus dem sicheren Abstand von fünf Jahrhunderten mit unzähligen weiterführenden Studien vorwerfen, die eigenen Grundsätze im Einzelnen oft verraten zu haben und auf halbem Wege stehen geblieben zu sein. Aber sie hat auch viele seiner im 16. Jahrhundert aufsehenerregenden Korrekturen und gewagten Auslegungen bestätigt. Das Studium seiner ‚Anmerkungen‘ und ‚Paraphrasen‘ sollte für jeden historisch interessierten kritischen Exegeten neben dem Studium der Kirchenväter, des Thomas und der Reformatoren zur Pflicht werden. Eines ist sicher, es wäre keine saure Pflicht, sondern eine anregende, horizonterweiternde Lektüre.

Ebenso unumgänglich ist es für den Historiker, der die Reformation und Gegenreformation erforscht, Erasmus als Exegeten zu studieren. Der Willensstreit war nicht sein einziger und auch nicht sein wichtigster Beitrag zur theologischen Diskussion im frühen 16. Jahrhundert. Viele reformatorische Auslegungen bekommen erst Farbe und Charakter, wenn man sie mit denen des Erasmus vergleicht. Das gilt selbstverständlich auch umgekehrt. Die Schwächen und Stärken des Erasmus als Exeget werden auch erst im Vergleich mit seinen Zeitgenossen wirklich ersichtlich.

Aber nicht nur für die Spezialisten, für alle geistig regen Menschen hatte und hat Erasmus Anregendes zu bieten. Seine ‚Colloquien‘ und sein ‚Lob der Torheit‘ sind auch heute noch eine spannende Lektüre.

Nachdem Erasmus Luther geantwortet hatte, hatte er noch gut zwei Jahre zu leben. Er nutzte sie, um ein schon seit 1522 geplantes Werk endlich ernsthaft an die Hand zu nehmen. Es handelte sich um den ‚Ecclesiastes‘, ein Werk, aus dem im Kapitel zur Theologie viel zitiert wurde. Diese Predigtlehre ist Erasmus nicht leichtgefallen. Dennoch hat er sie mit der ihm eigenen Willenskraft fertiggestellt. Ja, er ließ sich gar von seinem Freund Bonifacius Amerbach überreden, den Druck persönlich zu überwachen und dazu nach Basel zurückzukehren. Amerbach hatte sich nach schweren Gewissenskämpfen, in denen er brieflich von Erasmus Trost und Rat heischte,[1] schließlich dazu durchgerungen, am evangelischen Abendmahl teilzunehmen. Wenig später wurde er zum Rektor der Universität ernannt. Er dürfte alles daran gesetzt haben, Erasmus für die Universitätsstadt zurückzugewinnen.[2] Im gastlichen Hause Hieronymus Frobens wurde Erasmus untergebracht. Dort konnte er sich ganz der Edition widmen, die ihm am Herzen lag. Denn so schwer es ihm, der fast nie selbst gepredigt hatte, gefallen war, eine Predigtlehre zu schreiben, so sehr krönte diese Arbeit sein Lebenswerk. Geht sie doch weit über eine traditionelle Predigtlehre hinaus. Konsequent werden die Regeln der antiken Rhetorik auf die Wortverkündigung angewandt[3] und wird die scholastische Themenpredigt diskreditiert.[4] Erasmus ruft zu einer verantwortungsvollen Exegese auf, die sich des historischen Abstandes zu den Bibeltexten bewußt ist und sie sorgfältig aus ihrer Zeit heraus versteht. „Die Gewalt der Zeit ist so groß", erklärt er da, „daß sie nicht nur die Dinge, die nach der Meinung derer, die sie hergestellt haben, feststehen, sondern auch die, die in sich solid sind, in einen anderen Zustand verwandelt. Als ob die Mißgunst der Natur gleichsam sicherstellt, daß nichts mit Gewißheit überliefert werden kann. Nichts kann schriftlich den Nachfahren mit unzweifelhafter Zuverlässigkeit weitergegeben werden." Denn alles ist im Wandel. „Wo einst eine Ebene war, ist heute ein Berg, ein See, wo einst eine Stadt stand." Nicht einmal „auf die Bäume und Sträucher paßt heute noch die Beschreibung der Alten".[5] Der Exeget braucht viele Kenntnisse und eine reiche Erfahrung, um die Texte angemessen verstehen zu können. Dazu hat Erasmus angeleitet. Zugleich fordert er, der Prediger müsse sich auf seine zeitgenössischen Hörer einstellen, genau „auf die Umstände der Zeit, des Ortes und der Personen achten".[6] Mit anderen Worten, der Prediger muß sich des Wandels der Zeiten bewußt sein, sich sorgfältig das damals Gemeinte erarbeiten, um es für seine Zeit neu und zeitgemäß zu verkündigen.

Erasmus hat mit dem ‚Ecclesiastes' sein Lebenswerk vollendet. Neben seinem erneuerten ‚Neuen Testament', neben seiner neuen exegetischen ‚Methodenlehre' hat er darin ein humanistisches Grundsatzwerk für die praktische

---

[1] Vgl. bes. Allen IX, S. 315 f.; S. 471, 1 f. und S. 472, 1 f.

[2] Zur Rolle Amerbachs vgl. Cornelis Reedijk: Das Lebensende des Erasmus, in: Basler Zeitschrift 57 (1958), S. 44 ff.

[3] Manfred Hoffmann hat in seiner Studie: Rhetoric and Theology. The Hermeneutic of Erasmus. Toronto 1994 alle nur denkbaren Übereinstimmungen und Anklänge zusammengetragen.

[4] Vgl. John W. O'Malley: Erasmus and the History of Sacred Rhetoric. The Ecclesiastes of 1535, in: ERSY 5 (1985), S. 13.

[5] ASD V-4, S. 254, 181 f.

[6] ASD V-4, S. 64, 583 f.

Theologie geschaffen. So wird er seinem eigenen Anspruch, zur Erneuerung der Theologie beizutragen, noch einmal gerecht.

Bis zu seinem Tode wurde Erasmus im Hause Frobens gepflegt. Er konnte sich von seinen Freunden nicht losreißen und blieb in Basel, das er wenige Jahre zuvor, als die Reformation sich durchsetzte, verlassen hatte. Jetzt wurden keine Bilder mehr gestürmt. Die Stadt war ruhig, aber die Reformation hatte sich konsolidiert. Die Teilnahme am reformierten Abendmahl wurde 1534 für alle Bürger verpflichtend. Es war undenkbar, in das Sterbezimmer des Erasmus einen altgläubigen Geistlichen zu holen. Den reformierten Antistes Myconius aber, mit dem er seinerzeit freundschaftlich verkehrt hatte, hat Erasmus nicht rufen lassen. Erasmus ist ohne geistlichen Beistand gestorben. Das veranlaßte Luther zu der Bemerkung: Erasmus sei gestorben, wie er gelebt habe, als Epikuräer, ohne geistlichen Beistand und Trost. Zur Hölle sei er gefahren.[1]

Auch für die Freunde ist Erasmus gestorben, wie er gelebt hatte, aber sie sahen es in einem anderen Licht: Mit christlicher Geduld und frommem Geist sei er verschieden und habe seine ganze Hoffnung auf Christus gesetzt.[2] Hatte er nicht in seiner zwei Jahre zuvor erschienenen ‚Vorbereitung auf das Sterben‘ geschrieben: Wenn kein Geistlicher zugegen sein kann, dann solle man nicht verzweifeln, man solle vor Gott seine Sünden bekennen und sich betend der Gnade Gottes versichern?[3] Ganz an Christus solle man sich halten und auf seine Erlösung vertrauen.[4] Genauso ist nach dem Bericht seiner Freunde Erasmus gestorben. Seine letzten Worte gibt Beatus Rhenanus so wieder: „‚O Iesu, misericordia; Domine libera me; Domine fac finem; Domine, miserere mei‘, et Germanica lingua ‚Lieuer Got‘“.[5] Also: „O Christus, Erbarmen! Herr befreie mich, Herr, mach ein Ende, Herr erbarme dich!“ Und in seiner Muttersprache: „Lieber Gott!“

Melanchthon bezweifelte die Sicht der Freunde nicht. Als er 1560, 24 Jahre später in Wittenberg mit dem Tode rang, umgeben von seinen Universitätskollegen und den Geistlichen der Stadt, seufzte er in seinem Gebet: „Domine fac finem“, „Herr, mach ein Ende!“ Es waren die Worte des Erasmus. Eigens erinnerte der Sterbende seine versammelten Besucher daran, daß Erasmus in seiner letzten Krankheit dieselben Worte gebraucht hatte.[6] So bezeugte er noch eine

---

[1] WA Tr. 4, S. 37, 20 f.
[2] Allen I, S. 53, 29 f.
[3] ASD V-1, S. 376, 903 f.
[4] ASD V-1, S. 366, 650 f.
[5] Allen I, S. 53, 33 f.
[6] MCR 10, c. 233.

Generation später, daß für ihn Erasmus immer noch ein lebendiges Vorbild war und bleiben sollte. Drei Jahre zuvor hatte er formuliert, „er lebt in seinen Werken weiter", insbesondere in seiner Auslegung des Neuen Testamentes und in den ‚Adagia'.[1] Der Jugend legte der gealterte Melanchthon die Schriften des Erasmus ans Herz.[2] Denn „in Erasmus wirkte eine große Geisteskraft und er war von vielen herausragenden Tugenden geleitet. Durch die nötigen Sprachenstudien hat er das Leben der Kirche und der Gesellschaft überaus gefördert. Bewahren wir ihm ein geneigtes Andenken, lesen wir seine Werke und machen wir ihn dankbar allgemein bekannt."[3]

---

[1] MCR 12, c. 270.
[2] MCR 12, c. 265.
[3] MCR 12, c. 271.

Anhang

Zeittafel

1469 (?) (27./28. Oktober) **Geburt** des Erasmus in Rotterdam.

1478-1483   Besuch der Schule in Deventer.

1484   Eintritt in die Schule von Herzogenbusch.

1487-1492   **Erasmus im Kloster** der Augustiner-Chorherren in Steyn bei Gouda.

1492   Priesterweihe. *Entdeckung Amerikas. Martin Behaim entwirft den ersten Globus.*

1493   Sekretärsstelle beim Bischof von Cambrai.

1495   *wird am Reichstag zu Worms der ewige Landfriede verkündigt und das ständige Reichskammergericht geschaffen.*

1495-1499   **Studium in Paris**, erste pädagogische Arbeiten.

1499-1500   **erster Aufenthalt in England.** Erste Ausgabe der ‚Adagia'.

1501-1503   **in den Niederlanden** Studium des Griechischen, Klassikerausgaben, das ‚Enchiridion'.

1504   findet Erasmus Vallas ‚Annotationes' zum Neuen Testament.

1505-1506   **zweiter Englandaufenthalt.**

1506-1509   **Italienreise.** Promotion zum Doktor der Theologie.

1509-1514   **dritter Englandaufenthalt,** ‚Lob der Torheit'.

1514   **Reise nach Basel,** Verbindung mit dem Drucker Froben.

1516   erscheint das ‚Novum instrumentum' und die ‚Institutio principis christiani'.

1517-1521   **in Löwen.**

1517   erhält Erasmus die päpstliche Dispens, die ihn vom Klosterleben entbindet. ‚Querela pacis'. *Luther veröffentlicht seine 95 Thesen. Reuchlinhandel.*

1520   Erasmus setzt sich in Aachen und Köln beim Kaiser, beim Kurfürsten von Sachsen und beim päpstlichen Nuntius für ein friedliches Vorgehen in der Luthersache ein. *Luther veröffentlicht seine großen reformatorischen Schriften und verbrennt die Bannandrohungsbulle.*

1521   *Reichstag von Worms. Beginn des Krieges zwischen Karl V. und Franz I.* Erasmus verläßt Löwen.

1521-1529   **Aufenthalt in Basel.** Viele neue ‚Colloquien', ‚Paraphrasen', das ‚Ehebuch', Kirchenväterausgaben.

1522/23   *Erhebung der Reichsritter.*

1524/25	*Bauernkrieg. Die Reformation setzt sich in Zürich, Bern und Straßburg durch.* Erasmus hat sich 1524 mit seiner Willensschrift öffentlich von den Reformatoren distanziert.
1526-29	*zweiter Krieg zwischen Karl V. und Franz I., 1527 Sacco di Roma.*
1529	*Die Reformation setzt sich in Basel durch.*
1529-1535	**Aufenthalt in Freiburg.**
1529	‚Witwenbuch‘. *Die Türken belagern Wien.*
1530	Erasmus wird von allen Seiten dringend gebeten, zum *Reichstag von Augsburg* zu kommen, um zu vermitteln. Er schreibt nur Briefe. Die ‚Aufforderung zum Türkenkrieg‘ erscheint.
1532	*Nürnberger Religionsfrieden.*
1533	erscheint die ‚Auslegung zum Glaubensbekenntnis‘ und die Schrift ‚Zur Eintracht der Kirche‘.
1535-1536	**wieder in Basel.** Der ‚Ecclesiastes‘ erscheint.
1536 (11./12. Juli)	**Tod** des Erasmus in Basel.

Lebensdaten zu zitierten Personen

Abaelard, Petrus (1079-1142) schrieb nach einem bewegten Leben seine Hauptwerke in klösterlicher Zurückgezogenheit. Er unterzog die Glaubenslehren einer scharfen Vernunftkritik, was 1140 zu Verurteilungen führte. Seine scharfsinnige Dialektik und sein Konzeptualismus beeinflußten die Scholastik.

Agricola, Rudolf (1444-1485) beeinflußte mit seinen philosophischen Werken den deutschen Frühhumanismus. Er kämpfte für ein vom Studium der Antike befruchtetes Christentum, das freie, kritische und umfassend gebildete Menschen heranziehen sollte.

Agrippa von Nettesheim, Heinrich Cornelis (1486-1535) führte ein unstetes Wanderleben, das ihn durch halb Europa trieb. Er verband sein vielseitiges Wissen und seine hermetischen Interessen zu einem System christlich-neuplatonischer Theosophie. In seinem Spätwerk kritisierte er die Kirche und verwarf alle Wissenschaft.

Ambrosius von Mailand (333/4-397). Der hohe römische Beamte wurde völlig unerwartet 374 zum Bischof von Mailand gewählt. Er bekämpfte die Arianer und konnte den rechtgläubigen Christen bedeutenden Einfluß im Reich verschaffen. Seine aus Predigten entstandenen Exegetica, besonders seine ‚Auslegung zum Lukasevangelium‘ wurden durch die Jahrhunderte hindurch viel gelesen. Seine Hymnen prägten den abendländischen Kirchengesang.

Amerbach, Bonifacius (1495-1562) studierte Rechtswissenschaft bei Zasius, de Ripa und Alciati. Der Rechtskonsulent seiner Vaterstadt Basel war weitherum als Gutachter gefragt. Mit dem älteren Erasmus verband ihn eine warme und treue Freundschaft. Er wurde sein Testamentsvollstrecker und sorgte für die posthume Herausgabe des Gesamtwerkes.

Anselm von Canterbury (1033/34-1109). Der Benediktiner wurde 1093 Erzbischof von Canterbury. Sein augustinischer Grundsatz: „Ich glaube, um zu erkennen", spornte ihn zu seinem einflußreichen Werk an, das grundlegend für die scholastische Methode wurde. Er systematisierte den Glaubensinhalt, um ihn rational zu erfassen.

Aristoteles (384-322 v. Chr.). Der Arztsohn gehörte von 367 bis zu Platons Tod zur Platonischen Akademie. 343/42 wurde er Erzieher des späteren Alexander des Großen. 335/4 kehrte er nach Athen zurück und gründete seine Peripatetische Schule. Sein philosophisches Werk umfaßt Grundlagenwerke zur Logik, Erkenntnistheorie und Metaphysik, zur Naturphilosophie, zur Ethik, Politik und Rhetorik. Seine formale Logik und seine empirischen Forschungen beeinflußten das abendländische Denken nachhaltig. In der Scholastik gelangte er zu überragender Bedeutung.

Arius (um 260 – 336). Der Presbyter aus Alexandrien leitete aus der ewigen Geburt des Logos ab, nur Gott sei anfanglos und der Sohn geschaffen. Arius wurde 318 und nochmals 325 in Nicäa als Häretiker verurteilt und exkommuniziert, 335 aber wieder rehabilitiert, nachdem seine Partei die Unterstützung des Kaisers gewonnen hatte.

Athanasius (um 295-373) wurde 328 zum Bischof von Alexandrien geweiht und 335 von der Synode, die Arius rehabilitierte, abgesetzt, 346 konnte er zurückkehren, mußte aber erneut fliehen. Fünfmal wurde der streitbare Kämpfer für die Rechtgläubigkeit während des arianischen Streites verbannt. Sein Hauptwerk sind ‚Die Reden gegen die Arianer'.

Augustinus (354-430). Der ehemalige Rhetoriklehrer wurde nach seiner Bekehrung 395 Bischof von Hippo. Er hinterließ ein gewaltiges und ungeheuer reiches und anregendes Werk, das er noch selbst ordnete und überarbeitete. Er kämpfte gegen Manichäer, Donatisten und Pelagianer. Dabei betonte er gleichermaßen die Verdorbenheit der menschlichen Natur und die Gnade Gottes. Alles ruhte für ihn in der Dreifaltigkeit, und die Liebe Gottes bestimmte sein ganzes Denken. Die Bedeutung seines Werkes für das abendländische Christentum kann nicht hoch genug eingeschätzt werden.

Basilius der Große (um 330-379) war seit 370 Erzbischof von Caesarea. Zusammen mit seinem Freund Gregor von Nazianz und seinem Bruder Gregor von Nyssa gelang es ihm, die Kirche aus dem arianischen Streit herauszuführen und den trinitarischen Dogmen Anerkennung zu verschaffen.

Beatus Rhenanus (1485-1547) lebte von 1507-27 als freier Gelehrter vornehmlich in Basel und von 1527 an in seinem Geburtsort Schlettstadt. Er erforschte die Geschichte Deutschlands und war ein bedeutender Philologe, dem Europa viele hervorragende Ausgaben antiker Klassiker verdankt. Er schrieb die erste Erasmusbiographie nach dem Tode seines engen Freundes.

Béda, Noël (um 1475-1537) war zwischen 1520-36 das anerkannte Haupt der Pariser theologischen Fakultät. Er hatte am Collège Montaigu, wo Erasmus ihn kennengelernt haben wird, studiert. Anders als Erasmus blieb er dem strengen Haus treu und wurde später dessen Leiter. Seine Kritik an Erasmus war grundsätzlich und schloß Kritik nicht nur an Luther, sondern auch an Faber Stapulensis mit ein. Er opponierte gegen die philologische Exegese, die die Einheit der Kirche gefährde. Der streitbare Professor ließ sich durch die Ungnade des Königs, der ihn schließlich verhaften ließ, nicht beeindrukken.

Bernhard von Clairvaux (um 1090-1153) trat 1112 in den Zisterzienserorden ein und gründete 1115 das Kloster Clairvaux. Bald wurde er zu einem einflußreichen Berater von Päpsten und Fürsten. Er predigte den 2. Kreuzzug und wandte sich gegen die Frühscholastik. Der dialektischen Methode setzte er seine mystische Mönchstheologie entgegen, die aus seiner traditionellen Exegese und der im Kloster gelebten Liturgie erwuchs.

Beza, Theodor (1519-1605) lehrte seit 1559 in Genf an der theologischen Akademie. Selbst Franzose, setzte er sich für die Hugenotten ein. 1564 wurde er Calvins Nachfolger, dessen erste Biographie er verfasste. Er gab die Stephanusbibel heraus.

Boethius (um 480-524). Der vornehme Römer stand am Hof Theoderichs zunächst hoch in Ehren, wurde später aber als Kämpfer für die Freiheit Roms verhaftet und hingerichtet. Er hat Handbücher zum Quadrivium, zur Arithmetik und Musik verfaßt und trat als Übersetzer des Aristoteles hervor. Sein ,Trost der Philosophie', im Kerker geschrieben, fand viele Leser.

Bonaventura (1221-1274) trat 1243/4 in den Franziskanerorden ein, den er neu organisierte. Er orientierte sich an Augustin und den Viktorinern und verstand es, dogmatische und mystische Elemente zu einer überzeugenden Theologie zu verbinden, deren Anfang und Ziel die Liebe Gottes ist. Sein Einfluß war groß und breit. Er wurde schon früh übersetzt und 1482 kanonisiert.

Botzheim, Johannes von (1480-1535). Der Doktor beider Rechte lebte als Domherr in Konstanz und nach der Reformation in Überlingen. Er sammelte einen Humanistenkreis um sich. Zunächst unterstützte er den Reformator Wanner, wandte sich aber 1524 eindeutig von der Reformation ab.

Bucer, Martin (1491-1551) wurde 1506 Dominikaner. Er las Erasmus mit Begeisterung und von 1518 an auch Luther. Beide beeinflußten den späteren Reformator Straßburgs stark. Sein Leben lang setzte er sich für eine innerprotestantische Verständigung ein. Die ,Confessio Tetrapolitana' ist sein Werk. Am Ende seines Lebens wirkte er in England und nahm Einfluß auf das ,Book of Common Prayer'.

Bullinger, Heinrich (1504-1575) wandte sich früh der Reformation zu, lehrte im Kloster Kappel am Albis nach der ,Methode' des Erasmus und wurde 1531 Zwinglis Nachfolger in Zürich. Durch seinen umfangreichen Briefwechsel gewann er Einfluß auf das reformatorische Gedankengut in ganz Europa. Das zweite Helvetische Bekenntnis, das 1566 von fast allen Schweizer Protestanten als Bekenntnis angenommen wurde, stammt von ihm. Er schrieb eine Reformationsgeschichte und seine Predigten fanden weite Verbreitung.

Cajetan, Tommaso de Vio (1469-1534) wurde 1484 Dominikaner, lehrte in Padua, Pavia und Rom und debattierte mit Pico della Mirandola. Er war überzeugter Anhänger des päpstlichen Primates. 1517 wurde er Kardinal. Als päpstlicher Legat zu Kaiser Maximilian gesandt, verhörte er 1518 Luther in Augsburg.

Calvin, Johannes (1509-1564). Der junge Lizentiat der Rechte mußte wegen seines Glaubens 1533 aus Paris fliehen. In Basel schrieb er die erste Fassung seiner den Calvinismus bis heute prägenden ‚Institutio Christianae religionis'. Von 1536 an und wieder – nach seiner Ausweisung 1538 – von 1541 an konnte er nach heftigen und auch gewaltsamen Kämpfen die Reformation in Genf durchsetzen. Durch seine Briefe und durch die Genfer Akademie, die viele ausländische Studenten anzog, gewann seine scharf durchdachte und klar ausformulierte Theologie mit ihrer strengen Prädestinationslehre Einfluß im ganzen Abendland.

Camerarius, Joachim (†1574) machte sich als Herausgeber antiker Klassiker wie Homer, Sophokles, Cicero und Plautus einen Namen. Er gründete die Lateinschule in Nürnberg und reorganisierte die Universität Tübingen. Später lehrte er in Leipzig. Er war ein enger Freund Melanchthons und blieb auch mit Erasmus sein Leben lang befreundet.

Cantiuncula, Claudius († 1549) kam 1517 nach Basel und lehrte seit 1518 Zivilrecht. Er freundete sich rasch mit Erasmus an. Seine wichtigsten Werke, die eine neue humanistische Rechtsgelehrsamkeit begründeten, stammen aus den Basler Jahren. Die reformatorischen Umtriebe veranlaßten ihn, schon 1524 aus Basel wegzuziehen. Er bekleidete später verschiedene ehrenvolle Ämter im Reich, u.a. war er Mitglied des Reichskammergerichtes.

Capito, Wolfgang (1478-1541). Der Benediktiner wurde 1515 nach Basel berufen, wo er am Münster predigte und an der Universität las. Erasmus freundete sich mit ihm an. 1518 riet Capito Froben dazu, Luthers Werke zu publizieren. 1520 ging er nach Augsburg und Mainz, 1523 nach Straßburg, wo er neben Zell und Bucer zum Reformator wurde.

Catull, Valerius (um 80-um 50 v. Chr.) wurde rasch durch seine frischen Liebesgedichte und seine bewegenden Verse, in denen er die Trauer um seinen verstorbenen Bruder verarbeitete, berühmt. Er übte Einfluß auf Vergil aus. Aber schon in der Spätantike wurde er kaum noch gelesen und im Mittelalter vergessen. Erst seit 1300 finden sich wieder Handschriften. Eine Edition von 1492 verhalf seinem Werk zu neuem Ruhm.

Chrysostomos, Johannes (um 350-407) wurde 372 getauft, lebte dann als Mönch und wurde 398 Bischof von Konstantinopel. 404 wurde er vom Kaiser abgesetzt, nachdem er verfolgten Christen beigestanden und die luxuriöse Lebensweise am Kaiserhof getadelt hatte. Seine Predigten gelten als Perlen christlicher Homilienkunst.

Colet, John (1467-1519) kam auf seiner Italienreise (1493-95) mit dem Florentiner Platonismus in Berührung. Zurück in England las er über die Paulusbriefe. 1509 gründete er die Saint-Pauls-School in London.

Contarini, Gasparo (1483-1542) bekleidete in seiner Vaterstadt Venedig mehrere höhere Ämter. Der Laie wurde 1535 von Papst Paul III. zum Kardinal berufen und setzte sich für Toleranz im Umgang mit den Protestanten ein. Er vertrat am Regensburger Religionsgespräch eine erasmische Rechtfertigungslehre. Der Kirchenkritik des Erasmus aber stand er sehr kritisch gegenüber.

Curtius, Q. C. Rufus (wohl 2. Hälfte des 1. Jhds) erzählte spannend und formal geschickt mit starker moralischer Tendenz die Geschichte Alexanders des Großen unter Berücksichtigung der ihm zugänglichen Quellen.

Cyprian, Thascius Caecilius (um 205-258) war Rhetor, wurde Christ und 248 Bischof von Karthago in den schwierigen Zeiten der decischen und valerianischen Verfolgungen. 258 starb er den Märtyrertod. Seine Werke leben ganz von biblischen Denkmustern und sind voll seelsorgerlicher Einfühlsamkeit.

Demosthenes (384-322 v. Chr.) Unter seinem Namen sind 60 Reden überliefert, die sich durch geschliffene Rhetorik und begeisterte Freiheitsliebe auszeichnen. Sie müssen aufrüttelnd gewirkt haben, konnten aber Athen nicht vor der mazedonischen Herrschaft bewahren.

Duns Scotus, Johannes (um 1266-1308). Der franziskanische Scholastiker lehrte in Oxford, Paris und Köln. Er kritisierte scharfsinnig das thomistische Vertrauen in die Verbindung von philosophischer Logik und christlicher Heilsoffenbarung. Er bestritt den Formen menschlichen Denkens eine unmittelbare Seinsqualität und forderte begrifflich scharfe Definitionen. Die zur Zeit des Erasmus herrschende Lehre an der Pariser Fakultät griff auf ihn und seine Lehre vom Primat des Willens Gottes zurück. Sie differenzierte seine ohnehin schon komplizierte Lehre in immer spitzfindiger werdende Spekulationen.

Eck, Johannes Maier von (1486-1543) lehrte seit 1510 in Ingolstadt. Er war umfassend scholastisch gebildet und erkannte früh wichtige Kontroverspunkte gegenüber den Reformatoren. Er bekämpfte sie erbittert. Er nahm an der Badener Disputation (1526), am Augsburger Reichstag (1530) und an den Religionsgesprächen von 1540/41 teil.

Epiktet (um 50-125) stand der Stoa nahe und lehrte, ein gottwohlgefälliges Leben in Genügsamkeit zu leben.

Epikur (341-271 v. Chr.) gründete 306 in Athen eine eigene Schule. Seine Lehre, die von Lukrez, Plutarch und Cicero überliefert ist, soll von der Furcht vor den Göttern, die sich weder um die Welt noch den Menschen kümmerten, und von der Furcht vor dem Tode befreien. Epikur mahnte, sich von Schmerzempfindungen zu lösen und der Vernunft folgend Glück und Freude zu genießen, um so zu innerer Gelassenheit und Güte zu finden.

Faber Stapulensis (um 1455-1536) wurde vom Florentiner Platonismus und von Nikolaus von Kues, dessen Werke er herausgab, beeinflußt. Er edierte die Werke des Aristoteles. Seine Bibelkommentare mit Übersetzungsvarianten beeinflußten Luther. Er gehörte mit Margarete von Navarra zum Kreis um den Bischof von Meaux, der von tiefer mystischer Frömmigkeit bewegt für einen Bibelhumanismus eintrat. 1525 mußte Faber – als Lutheranhänger verdächtigt – fliehen, wurde aber von Franz I. als Prinzenerzieher nach Frankreich zurückgeholt und verbrachte seinen Lebensabend in Navarra. Er übersetzte die Bibel ins Französische.

Ficino, Marsilio (1433-1499) ging in seinen Werken von einer Übereinstimmung aller Religionen aus und glaubte, das Christentum mit platonisch-neuplatonischer Philosophie verteidigen zu können und zu müssen. Die Inkarnation ist für ihn Hinweis auf das

258

Ziel des Menschen: Gott zu werden. Er wirkte an der einflußreichen Florentiner Akademie.

Franciscus de Victoria (†1546). Sein Werk ‚De Indis et jure belli erga Indos' begründete erste völkerrechtliche Regeln, die auf dem Grundsatz beruhen, daß die Natur alle Menschen verwandtschaftlich verbunden hat.

Gaguin, Robert (um 1423-1501) las in Paris über kanonisches Recht. Er war General des Trinitarierordens und wurde vom französischen König mit schwierigen diplomatischen Missionen betraut. Er schrieb die erste humanistische Geschichte Frankreichs und übersetzte Caesar ins Französische.

Galen, Claudius (um 129-um 199). Der Arzt des römischen Kaiserhauses verband in seinem Werk die hippokratische Medizin mit der Physiologie des Aristoteles. Sein medizinisches Humoralsystem beherrschte bis in die Neuzeit die Heilkunde.

Gerhardt, Paul (1607-1676), der wohl bekannteste protestantische Liederdichter, entsagte 1667 seinem Amt als Diakon in Berlin, weil er das Toleranzedikt des großen Kurfürsten nicht unterschreiben wollte. Seine Lieder vermeiden barocke Schwülstigkeit und sind getragen von Gottvertrauen.

Gerson, Johannes (1363-1429) wurde 1395 Kanzler der Sorbonne. Der Nominalist wandte sich gegen scholastische Spekulationen. Für ihn führte die mystische Theologie zur vollkommensten Erkenntnis. Seine Studienreformen förderten die praktische Bewährung der Theologen in Predigt und Buße. In Konstanz vertrat er den Supremat des Konzils über den Papst. Die Feindschaft zwischen Burgund und Orléans vertrieb ihn aus Paris. Er starb in Lyon.

Glarean, Heinrich (1488-1563). Der ‚poeta laureatus' lehrte seit 1514 in Basel Latein und Griechisch, verließ Basel nach der Reformation und lehrte seit 1529 in Freiburg (i Br.) Literatur. An Boethius anknüpfend entwickelte er eine neue Musiktheorie.

Gratian (Ende 11. Jhd.-1160). Der Kamaldulenser Mönch schrieb für seine Schüler ein scholastisches Lehrbuch, das ‚Decretum Gratiani', in dem er Rechtssätze sammelte und diskutierte. Es wurde zur Grundlage des kanonischen Rechtes.

Gropper, Johannes (1503-1559) diente als Jurist dem Erzbischof von Köln, Hermann von Wied. Er begleitete ihn an den Augsburger Reichstag, wo sein Interesse für theologische Fragen geweckt wurde. Er setzte sich für eine am Evangelium orientierte Reform der Diözese ein, war aber nicht bereit, Bucers weitgehende Vorschläge dazu auszuführen. Sein ‚Enchiridion Christianae institutionis' ist eines der wichtigsten Beispiele vortridentinischer altgläubiger Dogmatik. Er nahm an Religionsgesprächen und 1551/52 am Trienter Konzil teil.

Hegius, Alexander (um 1433-1498) wirkte als Humanist und Pädagoge in Wesel, Emmerich und Deventer. 1503 gab sein Schüler Johannes Fabri seine „Carmina et gravia et elegantia" heraus. Er war von der Devotio moderna und vom Platonismus beeinflußt.

Hieronymus Stridonensis (um 347-419/20) lebte nach seinen Rhetorik- und Philosophiestudien drei Jahre als Eremit in der Wüste und blieb zeitlebens ein Verfechter christlicher Askese. Neben seinen bedeutenden Exegetica nehmen die Streitschriften in seinem Werk den breitesten Raum ein. Seine Revision der lateinischen Bibel wurde der maßgebliche Text für die lateinische Kirche, die sogenannte Vulgata, die Erasmus dann seinerseits überarbeitete.

Hilarius von Poitiers (um 310-367/8). Der philosophisch hochgebildete Sohn von heidnischen Eltern wurde um 350 Bischof und engagierte sich im Kampf gegen die Arianer. Die Gegner konnten seine Verbannung durchsetzen. Nach seiner Rückkehr setzte er sich weiter für die reine Lehre im Sinne des Nicänums ein. Sein Hauptwerk sind die ‚Zwölf Bücher über die Trinität'.

Homer (um 700 v. Chr.) ist der älteste Dichter des Abendlandes, von dem größere Werke erhalten sind. Die ‚Ilias' und ‚Odyssee' wurden in der Antike wie im Mittelalter immer wieder abgeschrieben. 1488 wurde er erstmals in Florenz ediert. Sein Einfluß ist bis heute unermeßlich.

Horaz (65-8 v. Chr.). Der gut ausgebildete Sohn eines Freigelassenen wurde mit seinen ‚Carmina' zum Begründer der römischen Lyrik. Sie zeichnen sich durch Dichte und Stimmigkeit aus. Wie sein Freund Vergil war er von Epikur beeinflußt. Seine ‚Satiren' blieben um ihrer Moral willen auch im Mittelalter beliebt. Er galt als unbestrittenes Vorbild für jeden Dichter.

Hugo von St. Victor (1097-1141) war ein vielseitig interessierter Wissenschaftler und von der Mystik und Platon geprägter Theologe. Als Exeget legte er Wert auf den historischen Schriftsinn. Sein ‚Didascalion' und sein Werk ‚Über die Sakramente' wurden viel gelesen und sein Gedankengut über Petrus Lombardus und Albert den Großen in der Scholastik weitertradiert.

Hutten, Ulrich von (1488-1523). Der fränkische Rittersohn verließ das Kloster Fulda 1505, um von Universität zu Universität zu ziehen. Der glänzende Polemiker engagierte sich für Reuchlin u.a. in den Dunkelmännerbriefen und knüpfte Verbindung mit Erasmus an. Die Freundschaft zerbrach, als Hutten sich in der Hoffnung auf eine Reform durch ein erstarktes Kaisertum für einen Kampf gegen Rom entschied.

Irenäus von Lyon († um 200). Der Schüler des Märtyrers Polykarp wurde 177/78 Bischof von Lyon. Er bekämpfte verschiedene, vor allem gnostische Irrlehren. Er entfaltete das theologische Wissen seiner Zeit in einer heilsgeschichtlichen Zusammenschau, in der in Christus Schöpfung, Erlösung und Vollendung zusammenfallen.

Iuvencus (um 300) schrieb die Geschichte Jesu nach Matthäus und Lukas in Hexametern nach.

Johannes von Paltz (1445-1511). Der Augustinereremit lehrte seit 1483 in Erfurt Theologie. Luther hörte bei ihm Vorlesungen. Er setzte sich für eine Reform der Augustinerklöster ein und versuchte durch seine Predigten, in denen er Christi Kreuz und die Eucharistie in den Mittelpunkt stellte, die Volksfrömmigkeit zu beleben.

Jud, Leo (1482-1542) befreundete sich mit Zwingli während ihres gemeinsamen Studiums in Basel. Zwingli holte ihn 1523 nach Zürich, wo er bis zu seinem Tod Pfarrer von St. Peter blieb. Er trat als Bibelübersetzer – die Zürcher Bibel ist vor allem sein Werk – und als Übersetzer von Augustin, Erasmus, Luther, Zwingli und Calvin ins Deutsche hervor.

Lang, Johannes (†1548) trat kurz nach Luther bei den Augustinereremiten in Erfurt ein und bekleidete bald wie dieser Ämter im Orden. Er konnte gut Griechisch. Luther fragte ihn bei Übersetzungsschwierigkeiten um Rat. 1522 verließ er den Orden, heiratete 1524 und wurde zum Reformator Erfurts.

Lee, Edward (um 1482-1544) ging, um Griechisch zu lernen, nach Löwen, wo er Erasmus kennenlernte und bald seine ‚Anmerkungen zum Neuen Testament' kritisierte. Es brach eine erbitterte Gelehrtenfehde zwischen den beiden aus. Lee wurde von Heinrich VIII. mit diplomatischen Aufgaben betraut und 1531 Erzbischof von York.

Lukan, Markus Aenaeus (39-65), ein Neffe Senecas, schloß sich der Pisonischen Verschwörung an und wurde wie sein Onkel zum Selbstmord gezwungen. Von ihm sind nur zwei Werke erhalten, die den Konflikt Cäsars mit Pompeius und den Bürgerkrieg besingen. Lukan blieb im Mittelalter Schullektüre und wurde bereits 1469 gedruckt.

Lukian (um 120-nach 180). Von einfacher syrischer Herkunft erwarb er sich eine weite Bildung. Der glänzende Stilist verspottete gleichermaßen philosophische Traditionen wie religiöse Überzeugungen und den Lebensstil seiner Zeitgenossen. Von den Humanisten wurde er viel gelesen.

Luther, Martin (1483-1546) trat 1505 in das Augustinereremitenkloster in Erfurt ein, wurde Professor in Wittenberg und verfaßte 1517 die 95 Thesen gegen den Ablaß, die die Reformation auslösten. 1520 wurde er gebannt, konnte aber seine Lehre 1521 vor dem Reichstag in Worms verteidigen. In der durch die Acht erzwungenen Zurückgezogenheit übersetzte er das Neue Testament ins Deutsche und begann seine Kirchenpostille. 1525 heiratete er und grenzte sich ab gegen Täufer und Schwärmer, gegen die revolutionären sozialen Forderungen der Bauern und erstmals öffentlich gegen Erasmus. In den folgenden Jahren konnte er den erfolgreichen Ausbau der protestantischen Landeskirchen mitgestalten.

Machiavelli, Niccolò (1469-1527) war Politiker und Historiker seiner Vaterstadt Florenz. Er entwickelte eine Staatstheorie, die anstelle christlicher Herrschertugenden die Machterhaltung in den Vordergrund stellte, die für ein geordnetes Staatswesen Voraussetzung sei.

Margarete von Navarra (1492-1549) war die Schwester Franz I. von Frankreich und heiratete in zweiter Ehe den König von Navarra. Seit 1521 mit dem Reformkreis um den Bischof von Meaux und Faber Stapulensis verbunden, protegierte die hochgebildete Königin Humanisten und gewährte verfolgten Protestanten Zuflucht, so offen, daß der königliche Bruder schließlich auch sie vor Verfolgung schützen mußte. Neben dem ‚Heptaméron' erschienen von ihr hoch artifizielle mystisch-platonische Gedichte voll inniger Frömmigkeit.

Maria von Ungarn (1505-1558) aus dem Hause Habsburg, die Schwester Karls V. und Ferdinands I., wurde schon 1505 mit Ludwig von Ungarn verheiratet, lebte aber erst von 1521 an in Ungarn. Sie erhielt zunächst in Mecheln, dann in Wien eine sorgfältige Erziehung. Trotz politischen Geschicks konnte sie die zerstrittenen ungarischen Magnaten nicht einigen und nach der verheerenden Niederlage gegen die Türken bei Mohács (1526), wo ihr Mann fiel, auch die Wahl Zápolyas zum König nicht verhindern.

Sie nahm als Statthalterin erst in Restungarn, dann in den Niederlanden die Regierungs-geschäfte für ihre Brüder wahr. An ihrem Hof versammelte sie begeisterte Erasmianer.

Melanchthon, Philipp (1497-1560) wurde, seit 1518 Professor für griechische Spra-che in Wittenberg, zum engsten Mitarbeiter Luthers. Er hinterließ ein großes theologi-sches und philosophisches Werk. 1521 gab er erstmals die ‚Loci‘, die erste protestanti-sche Dogmatik heraus. Er verfaßte das ‚Augsburgische Bekenntnis‘. Er versuchte, die Einheit der Kirche zu erhalten, und nahm an allen wichtigen Religionsgesprächen teil.

Morus, Thomas (1478-1535). Der vielseitig gebildete Jurist entwarf in seiner ‚Uto-pia‘ einen Idealstaat und setzte sich zugleich kritisch satirisch mit seiner Zeit auseinan-der. Er engagierte sich mit Schriften im Kampf gegen Luther und Tyndale. Von 1529-32 war er Lordkanzler Heinrichs VIII., verweigerte aber den Eid auf die Oberhoheit der Krone und unterschrieb die Ungültigkeitserklärung der Ehe des Königs mit Katharina von Aragon nicht. Darauf wurde er gefangengenommen und hingerichtet.

Müntzer, Thomas (nach 1486-1525) wurde 1519 von Luther für die Reformation gewonnen, wandte sich der Mystik zu und entwickelte revolutionäre Ideen, wie das Evangelium in der Gesellschaft umzusetzen sei. Er wurde zum Anführer im Bauernkrieg und nach dessen Scheitern hingerichtet.

Myconius, Oswald (1488-1552) lehrte 1514-16 an der Schule zu St. Theodor in Ba-sel. Damals gehörte er zum weiteren Kreis um Erasmus. 1522 holte Zwingli seinen Freund, unterdessen Schulmeister in Luzern, an die Fraumünsterschule nach Zürich. Myconius hat Zwingli einen Nachruf gewidmet. 1531 kam Myconius nach Basel zurück. Nach dem Tode Oekolampads wurde er Antistes und leistete viel für den Aufbau der jungen reformierten Kirche.

Nikolaus von Lyra (um 1270-1349). Der Franziskaner lehrte in Paris und legte mit den ‚Postillae perpetuae in universam sanctam scripturam‘ die ganze Bibel nach dem Literalsinn aus, wobei er auch jüdische Interpreten benutzte. Das Werk war sehr beliebt und wurde bereits 1471/72 gedruckt.

Ockham, Wilhelm von (um 1285-1347). Der Franziskaner wurde schon 1324 der Hä-resie angeklagt. Er floh zu Ludwig dem Bayern und unterstützte dessen antipäpstliche Politik. Ockham bestritt, daß die Vernunft Glaubenslehren begründen könne, und for-derte eine scharfe Trennung von Glauben und Wissen. Im Universalienstreit leugnete er jeden Realismus. Die Begriffe sind für ihn nur Zeichen, die außerhalb der Denkvorstel-lungen keine Realität besitzen. Seine Schrift ‚De principiis theologiae‘ beeinflußte die nominalistische Spätscholastik und mit ihr die Moderne.

Oekolampad, Johannes (um 1482-1531). Der Schüler Wimpfelings und Reuchlins war in Basel mit seinen Hebräischkenntnissen ein hochwillkommener Mitarbeiter am ‚Novum instrumentum‘ des Erasmus. 1518 ging er als Domprediger nach Augsburg. Er begeisterte sich für Luther und kehrte 1522 als Protestant nach Basel zurück, wo er über das Alte Testament las und Prediger zu St. Martin wurde. 1529 konnte er die Reforma-tion in Basel durchsetzen.

Origenes (um 185-um 254). Der Sohn eines Märtyrers ist eine überragende Gelehr-tengestalt. Er verband das platonische Denken seiner Zeit mit der Heiligen Schrift und schuf eine erste systematische Darstellung des christlichen Glaubens. Die allegorische Methode erlaubte ihm, die Offenbarung mit der Philosophie zu verbinden, führte ihn aber auch zu Lehren wie der Präexistenz der Seelen, der Ewigkeit der Welt und der Allversöhnung. Im Jahre 543 wurden neun Sätze seines Werkes verurteilt. Ein großer Teil seiner zahlreichen Schriften ging verloren und vieles ist nur in lateinischen Übersetzungen überliefert. Die Fragmente der ‚Hexapla‘, seiner sechsspaltigen Bibel mit dem hebräischen Text, der Septuaginta und weiteren Übersetzungen, erweisen ihn als einen sorgfältig philologisch arbeitenden Exegeten.

Ovid (43 v. Chr.-17 n. Chr.) wandte sich nach dem Studium der Rhetorik und verschiedenen öffentlichen Ämtern der Dichtkunst zu. Er wurde bald *der* gefeierte Dichter Roms. 8 n. Chr. zog er sich den Unmut des Kaisers zu und wurde aus der Hauptstadt verbannt. Seine Verse voll Witz und Eleganz blieben bis in unsere Zeit beliebt. Die Sagenstoffe und Mythen, die er in seinen ‚Metamorphosen‘ und in den ‚Fasti‘ verarbeitete, wurden in Literatur und Kunst des Abendlandes immer wieder verwendet.

Panormitanus, Nikolaus de Tudeschis (1386-1445) war Benediktiner, wurde Bischof von Palermo und später Kardinal. Er trat am Konzil von Basel als Verfechter des Konziliarismus hervor. Seine kirchenrechtlichen Schriften waren weit verbreitet.

Pelagius († um 422) wandte sich gegen den Manichäismus und die von Augustin vertretene Gnadenlehre. Er bestritt dessen Verständnis der Erbsünde, wonach der Mensch durch und durch verdorben sei, und postulierte eine Willensfreiheit, die den Menschen zu verantwortlichem Tun befähige. Er wurde 418 auf der Synode von Karthago verurteilt.

Pellikan, Konrad (1478-1556). Der Franziskaner kam 1496 nach Tübingen und widmete sich dort hebräischen Studien. 1501 wurde er Priester, 1502 Lektor im Barfüsserkloster in Basel. 1504 veröffentlichte er als erster ein hebräisches Lehrbuch. 1523 wurde er als Professor der Theologie an die Universität Basel berufen, 1525 an die Prophezei nach Zürich, wo er an den Zürcher Bibelausgaben mitwirkte und Bibelkommentare verfasste.

Petrus Comestor (um 1100-1179) war ein Schüler des Petrus Lombardus. Er schrieb eine vielgenutzte ‚Historia scholastica‘, die den biblischen Stoff mit anderen historischen Quellen zu einer geschichtlich geordneten Gesamtdarstellung verband.

Petrus Lombardus (um 1095-1160) lehrte seit 1140 an der Kathedralschule in Paris. Sein ‚Liber sententiarum‘ (1148-52) ordnete das theologische Wissen systematisch in der bis heute üblichen Reihenfolge: Gott – Schöpfung – Erlösung – Sakramente – Eschatologie. Das Werk wurde zum grundlegenden theologischen Handbuch des Mittelalters.

Pico della Mirandola, Giovanni (1463-1494) wurde noch jung der Mittelpunkt des Humanistenkreises um Lorenzo den Prächtigen in Florenz. Ungeheuer belesen vereinigte er antike, islamische und jüdische Einflüße zu einer Philosophie, die Neuplatonismus und Christentum verschmolz. Der Mensch ist ihm als Mikrokosmos Abbild des Makrokosmos und sein Geist der Göttlichkeit fähig. Am Ende seines Lebens wurde er von Savonarola zu einem strengen asketischen Christentum bekehrt.

Pio, Alberto, Prinz von Capri (1475-1531). Der gewandte Humanist war in verschiedenen diplomatischen Missionen tätig. Er war mit Papst Leo X. verschwägert und mit vielen italienischen Humanisten befreundet. Seit 1525 bekämpfte er Erasmus, dem er lutherische Irrlehren nachsagte.

Plantsch, Martinus (†1533) gründete als Theologieprofessor in Tübingen mit einem Kollegen das Stipendium St. Gregor und St. Martin und schrieb die mutige Schrift. ‚De sagis maleficis'.

Platon (427-348/7 v. Chr.), einer der einflußreichsten abendländischen Philosophen, war Schüler von Sokrates und lehrte von 387 v. Chr. an in einer eigenen Akademie. Versuche, seine Philosophie in Syrakus praktisch umzusetzen, endeten enttäuschend. In den nur dem Denken zugänglichen werthaften Ideen, die in der einen Idee des Guten gipfeln, sah Platon das wahre unveränderliche Sein. Die unsterbliche Seele hat daran Anteil, wird aber durch den Leib von der Schau der Ideen abgehalten. Es gilt für den einzelnen Menschen wie für die Gesellschaft die Vernunft zu stärken und so die leiblichen Begierden niederzuhalten, so findet die Seele zu Ordnung und Harmonie.

Plutarch (um 45-vor 125) schloß sich der Platonischen Akademie in Athen an, wurde aber auch von Aristoteles und der Stoa beeinflußt. Seine ‚Moralia' umfassen fast das gesamte damalige Wissen, sie behandeln Naturwissenschaft, Geschichte, Religion, Rhetorik, Pädogogik usf. In seinen Biographien beschrieb Plutarch berühmte Griechen und Römer als sittliche Vorbilder für die Nachwelt.

Prudentius, Clemens (348-nach 405) wurde als höherer Beamter Christ und hinterließ zahlreiche formschöne Hymnen und Gedichte, die Gottes Sein und Wirken preisen. Erasmus hat zwei Hymnen von ihm kommentiert.

Raimundus Sabundus († 1436). Der katalanische Philosoph lehrte in Toulouse, wo er kurz vor seinem Tod sein ‚Buch der Kreaturen' fertigstellte. Für den Realisten waren auch Trinität und Inkarnation mit Vernunftgründen beweisbar. Sein Werk war im Spätmittelalter weit verbreitet.

Richard von St. Victor († 1173) war seit 1162 Prior von St. Victor. Seine exegetischen Schriften sind von Hugo von St. Victor beeinflußt und gründen auf dem dreifachen Schriftsinn. Besonderen Einfluß gewann er durch sein Hauptwerk ‚De trinitate' und weitere spirituelle Werke, die eine einzigartige Liebesmystik lehren.

Rupert von Deutz (um 1080-1129). Der Abt des Benediktinerklosters Deutz mußte sein Werk immer wieder gegen Angriffe verteidigen. Er verfaßte unter anderem einen Johannes- und einen Matthäuskommentar. Von besonderer Originalität ist sein großes geschichtstheologisches Werk ‚Über die Trinität und ihre Werke'.

Seneca, Lucius Annaeus d. J. (um 4 v. Chr.-65 n. Chr.). Der Erzieher Neros verlor mehr und mehr allen Einfuß auf seinen Zögling und wurde in der Pisonischen Verschwörung vom Kaiser zum Selbstmord gezwungen. Seine stoische Philosophie ist auf praktische Lebenshilfe ausgerichtet. Sie will anleiten, mit Hilfe der Vernunft in Entsprechung zu den Naturgesetzen zu leben, um so zu Würde und Gelassenheit zu finden.

Spalatin, Georg (1484-1545) gehörte schon als Student humanistischen Zirkeln an. Als Hofkaplan des Kurfürsten Friedrich des Weisen verwendete er sich für Luther. Er übersetzte Werke des Reformators, aber auch Werke von Erasmus und Melanchthon. Er leistete Bedeutendes für den Aufbau der sächsischen Landeskirche.

Spee, Friedrich von (1591-1635). Der in seinem Orden umstrittene Jesuit veröffentlichte anonym eine Fülle von originellen Liedern voll inniger Frömmigkeit und Gottesliebe oft in einem überzeugenden Volkston. Ebenfalls anonym veröffentlichte er seine ,Cautio criminalis', eine Kampfschrift gegen die Hexenverfolgungen.

Statius, P. Papinius S. (um 45-um 96). Die ,Thebais', sein Epos in zwölf Büchern über den Krieg der Sieben gegen Theben, wurde im Mittelalter häufig abgeschrieben. Sein heute fast vergessenes Werk war zur Zeit des Erasmus noch lebendig.

Staupitz, Johannes von (um 1469-1524) wurde um 1490 Augustinereremit. 1503 kam er als erster Dekan der theologischen Fakultät nach Wittenberg. 1512 berief er seinen Ordensbruder Martin Luther auf seinen Lehrstuhl. Er versuchte bis 1520 Luther zu decken, legte dann sein Amt als Generalvikar der Augustiner nieder und wurde Hofprediger des Erzbischofs von Salzburg und Abt eines Benediktinerklosters. Stark von Thomas von Aquin und der deutschen Mystik geprägt, zeichnet sich seine Theologie durch Bibeltreue und eine innige Christusfrömmigkeit aus.

Stunica, Diego Lopez († 1531). Kardinal Ximenes holte den anerkannten Philologen, der neben Griechisch und Hebräisch auch Aramäisch und Arabisch betrieben hatte, an die Universität Alcalá in den Herausgeberkreis der Complutensischen Polyglott-Bibel. Um die Vulgata als orthodoxen Text zu verteidigen, bekämpfte er neben Erasmus auch Faber Stapulensis.

Suetonius, C. S. Tranquillius (* um 70) hat zwei biographische Werke hinterlassen, ,De viris illustribus' und zwölf Kaiserbiographien, in denen er die Personen nach einem starren Schema abhandelt und viel Anekdotisches zusammenträgt.

Synthen, Jan († vor 1498) gehörte zu den Brüdern des Gemeinsamen Lebens in Deventer. Er lehrte unter Hegius, mit dem er einen Kommentar zu Alexander de Villa Deis ,Doctrinale' verfaßte.

Tatian (um 125-um 185) verteidigte in seinen ,Reden an die Griechen' das Christentum ausdrücklich im Gegensatz zur griechischen Philosophie. Einfluß gewann sein verlorenes ,Diatesseron', eine Evangelienharmonie.

Tertullian (um 160-nach 220), der später Montanist wurde, neigte zu einer rigoristischen Askese. Er prägte die abendländische Trinitätslehre und Christologie. Seine Werke zeichnen sich durch eine prägnante Diktion aus.

Theophylactus von Achrida (um 1055-um 1125) war Prinzenerzieher am byzantinischen Hof, später Erzbischof von Achrida. Der fruchtbare Exeget hat außer der Apokalypse sämtliche biblischen Bücher ausgelegt. Seine Werke wurden schon früh ins Slawische übersetzt. Erasmus, der ihn zunächst für wesentlich älter hielt, schätzte ihn als Ausleger.

Thomas von Aquin (1224/25-1274). Der junge Adlige trat 1244 in den Dominikanerorden ein und wurde in Köln Schüler des Albertus Magnus. Er selbst lehrte seit 1252 an verschiedenen Universitäten, so in Rom und Paris. Er verband den überkommenen Augustinismus mit Aristoteles, dessen Werk erst in seiner Zeit in größerem Umfang in

Übersetzungen greifbar wurde. Thomas hat Wissen und Glauben in großen systematischen Ansätzen harmonisch verbunden, indem er theologische Einzelsätze auf formale Axiome und wenige ontologische Grundsätze zurückführte. Sein Hauptwerk, die ,Summa theologiae‘, erlangte seit 1480 überragende Bedeutung und löste die ,Sentenzen‘ des Petrus Lombardus als Lehrbuch ab.

Valla, Lorenzo (1407-1457) lehrte seit 1431 als Professor der Rhetorik in Pavia, 1435-48 amtete er als Sekretär von König Alphons V. in Neapel, seit 1448 als Sekretär am päpstlichen Hof und seit 1450 wieder als Professor der Rhetorik in Rom. Seine „Elegantiarum Latinae linguae libri sex“, die für die Erneuerung des klassischen Lateins warben, fanden weite Verbreitung, während seine textkritischen Arbeiten zur Vulgata und zur konstantinischen Schenkung erst im folgenden Jahrhundert auf Aufmerksamkeit stießen. Valla stand dem Epikurismus nahe und trat für eine Erneuerung der Theologie und Philosophie mit aus der Rhetorik gewonnenen Grundsätzen ein.

Vergil (70-19 v. Chr.). Der überragende römische Dichter kam aus bäuerlichen Verhältnissen im Jahr 55 v. Chr. nach Rom und lebte später in Neapel. Beeinflußt von Epikur und der Stoa wurde er durch seine wohlklingenden Verse rasch berühmt. Werke wie seine ,Bucolica‘, seine ,Eklogen‘ und seine ,Aeneis‘ blieben bis in die Neuzeit für die europäische Dichtkunst prägend.

Vives, Juan Luis (1492-1540) verließ, von der Inquisition verfolgt, Spanien im Jahre 1509. Er lehrte in Paris und Löwen und wurde 1523 Erzieher am Hof Heinrichs VIII. Er mußte England verlassen, weil er gegen die Ehescheidung des Königs opponierte, und lehrte fortan in Brügge. Als erklärter Gegner der Scholastik trat er für eine auf Erfahrung beruhende Naturwissenschaft und für eine humanistische Pädagogik ein.

Warham, William (um 1456-1532) war seit 1502 Erzbischof von Canterbury und Kanzler des Königs. 1516 legte er das Kanzleramt nieder, um sich ganz der Kirchenverwaltung und der Bekämpfung von Häresien zu widmen. Er konnte den Bruch der englischen Kirche mit Rom nicht aufhalten.

Xenophon (um 430-um 355 v. Chr.) schloß sich Sokrates an. Er verfaßte historische, politische, ethische und sokratische Schriften, die gegenüber Platon einen viel geradlinigeren, leutseligeren Sokrates überliefern.

Ximenes, Francisco (1436-1517) wurde nach seinem Rechtsstudium und erfolgreicher Predigttätigkeit Franziskaner. Er lebte drei Jahre lang ganz zurückgezogen, bevor er Beichtvater Isabellas von Kastilien wurde und als solcher in die höchsten Ämter aufstieg. Als Primas von Spanien und Großkanzler Kastiliens hatte er Anteil an der Zwangsbekehrung der Mauren und an der Inquisition. Er förderte die Universität Alcalá großzügig und regte ihre berühmte polyglotte Bibelausgabe an.

Zasius, Ulrich (1461-1535) war Stadtschreiber und Professor für Zivilrecht in Freiburg (Br.). Er war ein begnadeter Lehrer und verhalf der humanistischen Rechtsmethode im Reich zum Durchbruch. Erasmus hat ihn zu seinen Publikationen ermuntert.

Zwingli, Huldrych (1484-1531) wurde 1519 als Leutpriester nach Zürich berufen. In wenigen Jahren konnte er die Stadt für seine am Evangelium orientierten Reformvorstellungen gewinnen. Von 1523 an führte der Rat die Reformation durch. Andere

Schweizer Orte folgten bald, der Versuch aber, die Reformation in der ganzen Eidgenossenschaft durchzusetzen, scheiterte im zweiten Kappeler Krieg, in dem Zwingli fiel.

Abkürzungen und zitierte Quellen

Allen	Opus epistolarum Desiderii Erasmi Roterodami. Hrsg. Percy S. Allen. 12 Bde., Oxford 1906 ff.
ASD	Opera omnia Desiderii Erasmi Roterodami. Amsterdam 1969 ff.
BSLK	Die Bekenntnisschriften der evangelisch-lutherischen Kirche. Göttingen 1959.
BSRK	Die Bekenntnisschriften der reformierten Kirche. In authentischen Texten mit geschichtlicher Einleitung und Register. Hrsg. E. F. Karl Müller. Leipzig 1903.
Busca	S. Thomae Aquinatis opera omnia. Hrsg. Roberto Busca. Stuttgart 1980.
CChr SL	Corpus Christianorum. Series Latina. Tournhout 1954 ff.
CSEL	Corpus scriptorum ecclesiasticorum Latinorum. Wien 1866 ff.
CWE	Collected Works of Erasmus. Toronto 1974 ff.
Friedberg	Corpus Iuris Canonici. Hrsg. Ae. Friedberg. 1879.
GCS	Die griechischen christlichen Schriftsteller der drei ersten Jahrhunderte. Leipzig 1897 ff.
LB	Desiderii Erasmi Roterodami opera omnia. Hrsg. Johannes Clericus. Leiden 1703 f.
MBW	Melanchthons Briefwechsel. Hrsg. Heinz Scheible. Stuttgart 1977 ff.
MCR	Melanchthons Werke, in: Corpus Reformatorum. Berlin 1834 ff. Bd 1 ff.
MPG	Patrologia cursus completus. Hrsg. Jacques Paul Migne. Series graeca.
MPL	Patrologia cursus completus. Hrsg. Jacques Paul Migne. Series latina.
MSt	Melanchthons Werke in Auswahl. Studienausgabe. Hrsg. Robert Stupperich. Gütersloh 1955 f.
Reeve	Erasmus' Annotations on the New Testament. Facsimile of the final text (1535) with all earlier variants (1516, 1519, 1522, 1527). Hrsg. Anne Reeve: The Gospels. London 1986; Acts – Romans - I and II Corinthians. Leiden 1990; Galatians to Apocalypse. Leiden 1993.
SChr	Sources Chrétiennes. Paris 1943 ff.
SS	Huldrych Zwinglis Werke. Hrsg. Melchior Schuler und Johannes Schulthess. 10 Bde., Zürich 1828 f.
WA	Martin Luther. Kritische Gesamtausgabe. Weimar 1883 ff.
Z	Zwinglis sämtliche Werke, in: Corpus Reformatorum. Berlin 1834 ff., Bd. 88 ff.

Agrippa von Nettesheim, H. Cornelius: De incertitudine declamatio, [Köln] 1539.

Agrippa von Nettesheim, H. Cornelius: De nobilitate et praecellentia foeminei sexus. Hrsg. Otto Schönberger. Würzburg 1997.

Agrippa von Nettesheim, H. Cornelius: De occulta philosophia. Hrsg. Perrone Compagni. Leiden 1992.

Bernhard von Clairvaux: Opera. Hrsg. Jean Leclercq. Rom 1957 ff.

Bonaventura: Opera omnia, Collegii A. S. Bonaventura, Quaracchi 1891.

Bonaventura: Opera. Leiden 1619.

Bucer, Martin: Opera latina, Bd. II. Hrsg. Irina Backus. Leiden 1988.

Bullinger, Heinrich: Briefwechsel. Hrsg. Ulrich Gäbler u. a. Zürich 1972 ff.

Bullinger, Heinrich: Der alt gloub. Das der Christen gloub von anfang der wält gewärt habe. Zürich 1539.

Bullinger, Heinrich: In Divinum Jesu Christi Domini nostri Evangelium secundum Joannem ... . Zürich 1543.

Bullinger, Heinrich: In Sanctissimam Pauli ad Romanos epistolam commentarius. Zürich 1533.

Bullinger, Heinrich: Reformationsgeschichte. Hrsg. J. J. Hottinger und H. H. Vögeli. Frauenfeld 1840.

Cantiuncula, Claudius: Oratio apologetica. Basel 1522.

Cohrs, F.: Die evangelischen Katechismusversuche vor Luthers Enchiridion. 5 Bde., Berlin 1900 ff.

Corpus iuris civilis. Hrsg. Theodor Mommsen. Hildesheim 1993 (25. Aufl.).

Das Drama des Mittelalters. Die lateinischen Osterfeiern und ihre Entwicklung in Deutschland. Die Osterspiele, die Passionsspiele, Weihnachts- und Dreikönigsspiele, Fastnachtsspiele. Hrsg. Richard Froning. Darmstadt 1964.

Die Erlösung. Eine Geistliche Dichtung des 14. Jahrhunderts. Hrsg. Friedrich Maurer. Darmstadt 1964.

Die geistlichen Spiele des Sterzinger Spielarchivs. Hrsg. Walter Lipphard und Hans Gert Roloff. Bern 1981.

Duns Scotus, Johannes: Opera omnia. Juxta editionem Waddingii XII tom. continentem a Patribus Franciscanis. Paris 1891.

Eck, Johann: Christenliche außlegung der Evangelien. Ingolstadt 1532.

Erasmus von Rotterdam, Desiderius: In epistolam Pauli Apostoli ad Romanos paraphrasin. Basel, Froben, 1518.

Erasmus von Rotterdam, Desiderius: Libellus de conscribendis epistolis. Catabrigia. Silberch, o. J.

Erasmus von Rotterdam, Desiderius: Opera omnia supplementum. Hrsg. Wallace K. Ferguson. Hildesheim 1978

Erasmus von Rotterdam, Desiderius: Paraphrasin in Matthaei. Basel, Froben, 1522.

Erasmus von Rotterdam, Desiderius: Paraphrasis Oder Erklärung des ganzen Neüwen Testaments ... uraltem Christenlichem verstand gemaeß / auß der heyligen geschrifft /... gezogen / unnd anfangs durch den hochgeleerten und gottsaeligen mann H. Erasmum von Roterodam in Latinscher spraach außgangen / yetzund aber durch den getrüwen diener Christi M. Leon Jude Predicanten Zürych / in das Teütsch gebracht /... . Zürich, Froschauer, 1542.

Faber Stapulensis: Commentarii initiatorii in quatuor evangelia. Basel 1523.

Ficino, Marsilio: Opera omnia. Basel 1576 (ND Turin 1962).

Gropper, Johannes: Hauptartikel christlicher Unterrichtung zur Gottsäligkeit. o. O. 1547.

Jud, Leo: Catechismus. Zürich, Froschauer, 1534.

Marguerite de Navarre: Heptaméron. Hrsg. Renja Salminen. Genf 1999.

Mittelniederländisches Osterspiel. Hrsg. Julius Zacker, in: Zeitschrift für deutsches Altertum, II, Leipzig 1842.

Müntzer, Thomas: Schriften und Briefe. Hrsg. Franz Günther. Gütersloh 1968.

Neutestamentliche Apokryphen. I, Evangelien. Hrsg. Edgar Hennecke, Wilhelm Schneemelcher. Tübingen 1959.

Novum Testamentum. Hrsg. Theodor Beza. Genf 1598.

Origenes: Vier Bücher von den Prinzipien. Hrsg. Herwig Görgemanns und Heinrich Karpp. Darmstadt 1976.

Pico della Mirandola, Giovanni: De dignitate hominis. Hrsg. Eugenio Garin. Bad Homburg 1968.

Pico della Mirandola, Giovanni: Opera omnia. Basel 1557-73.

Pico della Mirandola, Joannis: Opera. Hrsg. Hieronymus Emser. Straßburg 1504.

Quinta pars Bibliae cum glossa ordinaria et expositione Lyrae litterali et morali continens quatuor evangelia. Basel 1498.

Raimundus Sabundus: Theologia Naturalis seu Liber Creaturarum. Hrsg. Friedrich Stegmüller. Faks. Neudruck der Ausgabe, Sulzburg 1852, Cannstadt 1966.

Spee, Friedrich von: Güldenes Tugend-Buch. Hrsg. Theo. G. M. van Oorschot. München 1968.

Valla, Laurentius: Opera omnia. Hrsg. E. Garin. Turin 1962.

Valla, Laurentius: Opera. Basel, Henric Petri, 1540.

Valla, Lorenzo: Über den freien Willen. De libero arbitrio. Lat. dt. Hrsg. von Eduard Keßler. München 1987.

Vijf geestelijke toneelspelen der middeleeuwen. Hrsg. Hubert Joseph Edmund Endepols. Amsterdam 1940.

Vives, Juan Luis: De institutione feminae christianae. Hrsg. C. Fantazzi und C. Matheeussen. 2 Bde. Leiden 1996.

Vives, Juan Luis: De officio mariti. Basel, Oporinus [1542].

Zwick, Johannes: Underrichtung Warumb die ee uß menschlichem gsatz in vyl grad verbotten sey'. Basel, Valentin Curio, [um 1524].

Ausgewählte Sekundärliteratur

Aldrige, John William: The Hermeneutic of Erasmus. Zürich 1966.

Allen, Percy S.: The Age of Erasmus. Oxford 1914.

Arntzen, Helmut: Satire in der deutschen Literatur. Geschichte und Theorie. Darmstadt 1989.

Augustijn, Cornelis: Erasmus im Galaterbriefkommentar Luthers von 1519, in: Erasmus. Der Humanist als Theologe und Kirchenreformer. Leiden 1996, S. 53-70.

Augustijn, Cornelis: Erasmus und die Devotio moderna, in: ders.: Erasmus. Der Humanist als Theologe und Kirchenreformer. Leiden 1996, S. 26-37.

Augustijn, Cornelis: Erasmus von Rotterdam. Leben-Werk-Wirkung. München 1986.

Augustijn, Cornelis: Erasmus. Der Humanist als Theologe und Kirchenreformer. Leiden 1996.

Augustijn, Cornelis: Melanchthons Suche nach Gott und Natur, in: Günter Frank und Stephan Rhein (Hrsg.): Melanchthon und die Naturwissenschaften seiner Zeit, Sigmaringen 1998, S. 15-24.

Backus, Irena: Erasmus and the Antitrinitarians, in: ERSY 11 (1991), S. 53-66.

Bainton, Roland H.: Erasmus of Christendom. New York 1969.

Barth, Karl: Die kirchliche Dogmatik. Bd. 1, 1-IV, 4, Zürich 1955 ff.

Bejczy, Istvàn Pieter: Erasmus and the Middle Ages. The Historical Consciousness of a Christian Humanist. Leiden 2001.

Belloni, Annalisa: Die Rolle der Frau in der Jurisprudenz der Renaissance, in: Paul Gerhard Schmidt (Hrsg.): Die Frau in der Renaissance. Wiesbaden 1994, S. 55-80.

Béné, Charles: Erasme et Ciceron, in: Colloquia Erasmiana Turonensia II, S. 571-579.

Béné, Charles: Erasme et Saint Augustin ou influence de Saint Augustin sur l'humanisme d'Erasme. Genf 1969.

Bentley, Jerry H.: Erasmus' Annotations in Novum Testamentum and the Textual Criticism of the Gospel, in: Archiv für Reformationsgeschichte 67, 1976, S. 33-53.

Bentley, Jerry H.: Humanists and Holy Writ. New Testament Scholarship in the Renaissance. Princeton 1983.

Bernstein, Eckhard: Erasmus and Pieter Gillis: The Development of a Friendship, in: ERSY 3 (1983), S. 130-145.

Beumer, Johannes: Der Briefwechsel zwischen Erasmus und Johannes Lang, in: J. Coppens (Hrsg.): Scrinium Erasmianum. Leiden 1969, Bd. II, S. 315-323.

Bietenholz, Peter G. (Hrsg. u.a.): Contemporaries of Erasmus. A. Biographical Register of the Renaissance and Reformation. 3. Bde., Toronto 1985-87.

Bietenholz, Peter G.: History and Biography in the Work of Erasmus of Rotterdam. Genf 1966.

Bludau, August: Die beiden ersten Erasmus-Ausgaben des Neuen Testamentes und ihre Gegner. Freiburg 1902.

Bouyer, Louis: Erasmus in Relation to the Medieval Biblical Tradition, in: G. W. H. Lampe (Hrsg.): The Cambridge History of the Bible. Cambridge 1969, Bd. 2, S. 492-505.

Boyle, Marjorie O'Rourke: Christening Pagan Mysteries. Erasmus in Pursuit of Wisdom. Toronto1981.

Boyle, Marjorie O'Rourke: Erasmus on Language and Method in Theology. Toronto 1977.

Brett-Evans, David: Von Hrotsvit bis Folz und Gengenbach. Eine Geschichte des mittelalterlichen deutschen Dramas. Berlin 1975.

Brown, A. J.: The Date of Erasmus' Latin Translation of the New Testament, in: Transactions of the Cambridge Bibliographical Society, 8 (1984), S. 351-380.

Burger, Christoph: Direkte Zuwendung zu den ‚Laien‘ und Rückgriff auf Vermittler spätmittelalterlicher katechetischer Literatur, in: Berndt Hamm und Thomas Lentes (Hrsg.): Spätmittelalterliche Frömmigkeit zwischen Ideal und Praxis. Tübingen 2001, S. 85-109.

Burke, Harry R.: Audience and Intention in Machiavelli's ‚The Prince‘ and Erasmus' ‚Education of a Christian Prince‘, in: ERSY 4, (1984), S. 84 -93.

Burke, Peter: The Renaissance Sense of the Past. New York 1969.

Cantimori, Delio: Italienische Häretiker der Spätrenaissance. Übers. von Werner Kaegi. Basel 1949.

Carrington, Laurel: Erasmus' Lingua. The Double-Edged Tongue, in: ERSY 9 (1989), S. 106-118.

Carrington, Laurel: The Writer and His Style. Erasmus' Clash with Guillaume Budé, in: ERSY 10 (1990), S. 61-84.

Cassirer, Ernst: Individuum und Kosmos in der Philosophie der Renaissance. Darmstadt 1963.

Chantraine, Georges: „Mystère" et „philosophie du Christ" selon Érasme. Étude de la lettre à P. Volz et de la „Ratio verae theologiae" (1518). Namur 1981.

Chantraine, Georges: Erasme et Luther. Libre et serf arbitre. Paris 1981.

Chomarat, Jacques: Grammaire et Rhétorique chez Érasme. 2. Bde, Paris 1981.

Chomarat, Jacques: Grammer and Rhetoric in the Paraphrases of the Gospels by Erasmus, in: ERSY 1, (1981), S. 30-68.

Chomarat, Jacques: Pourquoi Erasme s'est il fait moine, in: Jacques Chomarat, André Godin, Jean-Claude Margolin (Hrsg.): Actes du Colloque International Érasme (Tours 1986). Genf 1990, S. 233-248.

Chomarat, Jacques; Godin André; Margolin Jean-Claude (Hrsg.): Actes du Colloque International Erasme. Genf 1990.

Christ-v.Wedel, Christine: „Digna Dei gratia clarissima anachorita", in: Irene Gysel und Barbara Helbling (Hrsg.): Zürichs letzte Äbtissin Katharina von Zimmern (1478-1547). Zürich 1999, S. 137-184.

Christ-v.Wedel, Christine: „Praecipua coniugii pars est animorum coniunctio". Die Stellung der Frau nach der ‚Eheanweisung' des Erasmus von Rotterdam, in: Susanna Burghartz, Dorothee Rippmann und Katharina Simon Muscheid: Eine Stadt der Frauen. Studien und Quellen zur Geschichte der Baslerinnen im späten Mittelalter und zu Beginn der Neuzeit (13-17 Jh.). Basel 1995, S. 125-149.

Christ-v.Wedel, Christine: Das „Lob der Torheit" des Erasmus von Rotterdam im Spiegel der spätmittelalterlichen Narrenbilder und die Einheit des Werkes, in: Archiv für Reformationsgeschichte, 78 (1987), S. 24 –36.

Christ-v.Wedel, Christine: Das Nichtwissen bei Erasmus von Rotterdam. Basel 1981.

Christ-v.Wedel, Christine: Johannes Zwicks *Underrichtung* neu gelesen. Zum Verständnis von Schrift und Gesetz zwischen 1521 und 1524, in: Sigrid Lekebusch / Hans-Georg Ulrichs (Hrsg.): Historische Horizonte. Vorträge der dritten Emder Tagung zur Geschichte des reformierten Protestantismus. Wuppertal 2002. S.93-103.

Christ-v.Wedel, Christine: Zur Christologie von Erasmus von Rotterdam und Huldrych Zwingli, in: Harm Klueting, Jan Rohls (Hrsg.): Reformierte Retrospektiven. Emder Beiträge zum reformierten Protestantismus 4. Wuppertal 2001, S. 1-23.

Coogan, Robert: Erasmus, Lee and the Correction of the Vulgate. The Shaking of the Foundations. Genf 1992.

Coppens, Joseph (Hrsg.): Scrinium Erasmianum. Leiden 1969.

Creizenach, Wilhelm: Geschichte des neueren Dramas. Halle 1909 f.

Dalzell, Alexander; Charles Binghamton u.a. (Hrsg.): Acta Conventus Neo-Latini Torontonensis. New York 1991.

Delumeau, Jean: Angst im Abendland. Hamburg 1985.

DeMolen, Richard L. (Hrsg.): Erasmus of Rotterdam. A Quincentennial Symposium. New York 1971.

DeMolen, Richard L. (Hrsg.): Essays on the Works of Erasmus. In Honor of Craig R. Thompson. New Haven 1978.

DeMolen, Richard L.: Erasmus on Childhood, in: ERSY 2, (1982), S. 25-46.

DeMolen, Richard L.: The Spirituality of Erasmus of Rotterdam. Nieuwkoop 1987.

Devereux; Edward James: Renaissance English Translations of Erasmus. A. Bibliography to 1700. Toronto 1983.

Dickens, Arthur Geoffrey and Whitney, R. D. Jones: Erasmus the Reformer. London 1994.

Dolfen, Christian: Die Stellung des Erasmus von Rotterdam zur scholastischen Methode. Osnabrück 1936.

Eden, Kathy: Rhetoric in the Hermeneutics of Erasmus' Later Works, in: ERSY 11 (1991), S.88-104.

Estes, James M.: Erasmus, Melanchthon, and the Office of Christian Magistrate, in: ERSY 18 (1998), S. 21 – 39.

Estes, James M.: Officium principis christiani. Erasmus and the Origins of the Protestant State Church, in: Archiv für Reformationsgeschichte 83 (1992), S. 49-72.

Fietze, Katharina: Frauenbildungskonzepte im Renaissance-Humanismus, in: Elke Kleinau, Claudia Opitz (Hrsg.): Geschichte der Mädchen- und Frauenbildung. Frankfurt 1996, Bd. I, S. 121-134.

Frank, Günter und Rhein, Stephan (Hrsg.): Melanchthon und die Naturwissenschaften seiner Zeit, Sigmaringen 1998.

Frech, Stephan Veit: Magnificat und Benedictus Deutsch. Martin Luthers bibelhumanistische Übersetzung in der Rezeption des Erasmus von Rotterdam. Bern 1995.

Geldner, Ferdinand: Die Staatsauffassung und Fürstenlehre des Erasmus von Rotterdam. Berlin 1930.

Gerl, Hanna-Barbara: Rhetorik als Philosophie. Lorenzo Valla. München 1974.

Germann, Martin: Die reformierte Stiftsbibliothek am Großmünster Zürich im 16. Jahrhundert und die Anfänge der neuzeitlichen Bibliographie. Wiesbaden 1994.

Gestrich, Christof: Zwingli als Theologe. Glaube und Geist beim Zürcher Reformator. Zürich 1967.

Gilly, Carlos: Spanien und der Basler Buchdruck bis 1600. Basel 1985.

Gleason, John B.: John Colet. Berkeley 1989.

Godin, André: Erasme lecteur d'Origène. Genf 1982.

Godin, André: The Enchiridion Militis Christiani. The Modes of an Origenian Appropriation, in: ERSY 2 (1982), S. 47-79.

Gordon, Walter M.: Humanist Play and Belief. The Seriocomic Art of Desiderius Erasmus. Toronto 1990.

Graham, Richard Homer: Erasmus and Stunica. A Chapter in the History of New Testament Scholarship, in: ERSY 10 (1990), S. 9-60.

Grendler, Paul F.: How to Get a Degree in Fifteen Days. Erasmus' Doctorate of Theology from the University of Turin, in: ERSY 18 (1998), S. 40-69.

Hagemann, Hans-Rudolf: Die Rechtsgutachten des Bonifacius Amerbach. Basler Rechtskultur zur Zeit des Humanismus. Basel 1997.

Halkin, Léon-E.: Erasme parmi nous. Paris 1987.

Halkin, Léon-E.: Erasmus ex Erasmo. Erasme éditeur de sa correspondance. Aubel 1983.

Halkin, Léon-E.: The Ecumenical Vocation of Erasmus, in: ERSY 7 (1987), S. 96-109.

Hamm, Berndt und Lentes, Thomas (Hrsg.): Spätmittelalterliche Frömmigkeit zwischen Ideal und Praxis. Tübingen 2001.

Hamm, Berndt: Was ist Frömmigkeitstheologie? Überlegungen zum 14. bis 16. Jahrhundert, in: Hans-Jörg Nieden und Marcel Nieden (Hrsg.): Praxis Pietatis. Beiträge zu Theologie und Frömmigkeit in der Frühen Neuzeit. Wolfgang Sommer zum 60. Geburtstag. Stuttgart 1999, S. 9-45.

Hamm, Berndt: Wollen und Nicht-Können als Thema spätmittelalterlicher Bußseelsorge, in: Berndt Hamm, Thomas Lentes (Hrsg.): Spätmittelalterliche Frömmigkeit zwischen Ideal und Praxis. Tübingen 2001, S. 111-146.

Heckel, Johannes: Lex Charitatis. Darmstadt 1973.

Henderson, Judith Rice: The Composition of Erasmus' Opus de conscribendis epistolis. Evidence for the Growth of a Mind, in: Alexander Dalzell, Charles Binghamton (Hrsg. u.a.): Acta Conventus Neo-Latini Torontonensis. New York 1991, S. 147-154.

Hermann Schüssler: Der Primat der Heiligen Schrift als theologisches und kanonistisches Problem im Spätmittelalter. Wiesbaden 1977.

Hirstein, James S.: Erasme, l'Histoire Auguste et l'histoire, in: Jacques Chomarat, André Godin, Jean-Claude Margolin (Hrsg.): Actes du Colloque International Érasme (Tours 1986). Genf 1990, S. 71-95.

Hoffmann, Manfred: Erasmus and Religious Toleration, in: ERSY 2 (1982), S. 80-106.

Hoffmann, Manfred: Erasmus on Church and Ministry, in: ERSY 6 (1986), S. 1-30.

Hoffmann, Manfred: Erasmus on Free Will. An Issue Revisited, in: ERSY 10 (1990), S. 101-121.

Hoffmann, Manfred: Erkenntnis und Verwirklichung der wahren Theologie nach Erasmus von Rotterdam. Tübingen 1972.

Hoffmann, Manfred: Rhetoric and Theology. The Hermeneutic of Erasmus. Toronto 1994.

Holeczek, Heinz: Erasmus Deutsch. Die volkssprachliche Rezeption des Erasmus von Rotterdam in der reformatorischen Öffentlichkeit 1519-1536. Bd. 1, Stuttgart 1983.

Holeczek, Heinz: Friedensrufer Erasmus, in: Erasmus von Rotterdam. Vorkämpfer für Frieden und Toleranz. Ausstellungskatalog Historisches Museum Basel. Basel 1986, S. 36-38.

Huizinga, Johan: Erasmus. Deutsch von Werner Kaegi. Basel 1951.

Hyma, Albert: The Youth of Erasmus. Ann Arbor 1930.

Jardine, Lisa: Erasmus, Man of Letters. The Construction of Charisma in Print. Princeton 1993.

Jarrott, C. A. L.: Erasmus' Biblical Humanism, in: Studies in the Renaissance 17 (1970), S. 119-152.

Jayne, Sears Reynolds: John Colet and Marsilio Ficino. Oxford 1963.

Jedin, Hubert: Geschichte des Konzils von Trient. Freiburg 1951 (2. Aufl.).

Jedin, Hubert: Kirche des Glaubens, Kirche der Geschichte. Ausgewählte Aufsätze und Vorträge. Freiburg 1966.

Jonge, Henk Jan de: Novum Testamentum a nobis versum. The Essence of Erasmus' Edition of the New Testament, in: The Journal of Theological Studies 35 (1984), S. 394-413.

Kelley, Donald Reed: Foundations of Modern Historical Scholarship. Language, Law, and History in the French Renaissance. New York 1970.

Kempshall, Matthew S.: The Common Good in Late Medieval Political Thought. Oxford 1999.

Kisch, Guido: Erasmus und die Jurisprudenz seiner Zeit. Studien zum humanistischen Rechtsdenken. Basel 1960.

Koerber, Eberhard von: Die Staatstheorie des Erasmus von Rotterdam. Berlin 1967.

Kristeller, Paul Oskar: Acht Philosophen der italienischen Renaissance. Weinheim 1986.

Kroll, Josef: Gott und Hölle. Der Mythos vom Descensuskampfe. Darmstadt 1963.

Kunze, Johannes: Erasmus und Luther. Der Einfluß des Erasmus auf die Kommentierung des Galaterbriefes und der Psalmen durch Luther 1519-1521. Münster 2000.

Liechtenhahn, Rudolf: Die politische Hoffnung des Erasmus und ihr Zusammenbruch, in: Gedenkschrift zum 400. Todestage des Erasmus von Rotterdam. Basel 1936, S. 144-165.

Linck, Joseph C.: Erasmus' Use of Scripture in De Vidua Christiana, in: ERSY 11 (1991), S. 67-87.

Locher, Gottfried W.: Die Theologie Zwinglis im Lichte seiner Christologie. Zürich 1952.

Longeon, Claude (Hrsg.): Le genre pastoral en Europe du XVe au XVIIe siècle. Saint-Etienne 1980.

Ludolphy, Ingetraut: Die Frau in der Sicht Martin Luthers, in: H. Junghans, I. Ludolphy, K. Meier (Hrsg.): Vierhundertfünfzig Jahre lutherische Reformation 1517-1967. Festschrift für Franz Lau zum 60. Geburtstag. Göttingen 1967, S. 204-221.

Maaser, Wolfgang: Luther und die Naturwissenschaften – systematische Aspekte an ausgewählten Beispielen, in: Günter Frank und Stephan Rhein (Hrsg.): Melanchthon und die Naturwissenschaften seiner Zeit, Sigmaringen 1998, S. 25-41.

Mäder, Eduard Johann: Der Streit der „Töchter Gottes". Zur Geschichte eines allegorischen Motivs. Bern 1971.

Mansfield, Bruce E.: Man on his Own. Interpretations of Erasmus c. 1750-1920. Toronto 1992.

Mansfield, Bruce E.: The Social Realism of Erasmus. Some Puzzles and Reflections, in: ERSY 14 (1994), S. 1-23.

Mansfield, Bruce: Phoenix of His Age. Interpretations of Erasmus c. 1550 – 1750. Toronto 1979.

Marc'hadour, Germain: Erasmus. First and Best Biographer of Thomas More, in: ERSY 7 (1987), S. 1-32.

Margolin, Jean-Claude: Erasme dans son miroir et dans son sillage. London 1987.

Margolin, Jean-Claude: Érasme et le problème social, in: Rinascimento XXIII (1973), S. 85-112.

Margolin, Jean-Claude: Erasme. Le prix des mots et de l'homme. London 1986. (Reprint).

Margolin, Jean-Claude: Recherches érasmiennes. Genf 1969.

Marius, Richard: Martin Luther's Erasmus, and How He Got that Way, in: ERSY 18 (1998), S. 70-88.

Massaut, Jean-Pierre (Hrsg.): Colloque Érasmien de Liège. Commémoration du 450e anniversaire de la mort d'Erasme, Paris 1987.

Masser, Achim: Bibel und Legendenepik des deutschen Mittelalters. Berlin 1976.

Maurer, Wilhelm: Das Verhältnis des Staats zur Kirche nach humanistischer Anschauung, vornehmlich bei Erasmus. Giessen 1930.

Maurer, Wilhelm: Erasmus und das Kanonische Recht, in: H. Junghans, I. Ludolphy, K. Meier (Hrsg.): Vierhundert Jahre Lutherische Reformation 1517-1967. Festschrift für Franz Lau. Göttingen 1967, S. 222-232.

Maurer, Wilhelm: Reste des kanonischen Rechts im Frühprotestantismus, in: ders.: Die Kirche und ihr Recht. Tübingen 1976, S. 145-207.

McConica, James K.: Erasmus and the Grammar of Consent, in: J. Coppens (Hrsg.): Scrinium Erasmianum. Leiden 1969.

McConica, James K.: Erasmus. Oxford 1991.

McCullough, C. Douglas: The Concept of Law in the Thought of Erasmus, in: ERSY 1, 1981, S. 89-112.

McCutcheon, Elizabeth: "Tongues as Ready as Men's". Erasmus' Representations of Women and Their Discourse, in: ERSY 12 (1992), S. 64-86.

Mertens, Dieter: Maximilians gekrönte Dichter über Krieg und Frieden, in: Franz Josef Worstbrock (Hrsg.): Krieg und Frieden im Horizont des Renaissancehumanismus. Weinheim 1986, S. 105-123.

Meuthen, Erich: Humanismus und Geschichtsunterricht, in: August Buck (Hrsg.): Humanismus und Historiographie. Rundgespräche und Kolloquien. Weinheim 1991.

Michael, Wolfgang F.: Das deutsche Drama der Reformationszeit. Bern 1984.

Minnich, Nelson H.: Some Underlying Factors in the Erasmus-Pio Debate, in: ERSY 13 (1993) S. 1-43.

Monfasani, John: Erasmus, the Roman Academy, and Ciceronianism. Battista Casali's Invective, in: ERSY 17 (1997), S. 19-54.

Nieden, Hans-Jörg und Nieden, Marcel (Hrsg.): Praxis Pietatis. Beiträge zu Theologie und Frömmigkeit in der Frühen Neuzeit. Wolfgang Sommer zum 60. Geburtstag. Stuttgart 1999.

O'Donell, Anne M.: Contemporary Women in the Letters of Erasmus, in: ERSY 9 (1989), S. 34- 72.

O'Donell, Anne M.: Mary and Other Women Saints in the Letters of Erasmus, in: ERSY 11 (1991), S. 105-121.

O'Malley, John W.: Erasmus and the History of Sacred Rhetoric. The Ecclesiastes of 1535, in: ERSY 5 (1985), S. 1-29.

Oberman, Heiko Augustinus: Forerunners of the Reformation. The Shape of Late Medieval Thought Illustrated by Key Documents. Philadelphia 1981.

Oberman, Heiko Augustinus: Werden und Wertung der Reformation. Tübingen 1977.

Olin, John C.: Erasmus and Saint Jerome. The Close Bond and its Significance, in: ERSY 7 (1987), S. 33-53.

Ozment, Steven Edgar.: The Reformation and the Cities. The Appeal of Protestantism to Sixteenth-Century Germany and Switzerland. New Haven 1975.

Pabel, Hilmar M.: Erasmus' Esteem for Cyprian. Parallels in Their Expositions of the Lord's Prayer, in: ERSY 17 (1997), S. 55-69.

Panizza, Letizia: Valla's De voluptate ac de vero bono and Erasmus' Stultitiae Laus. Renewing Christian Ethics, in: ERSY 15 (1995), S. 1-25.

Parker, T. H. L.: Calvin's New Testament Commentaries. 2. Aufl. Edinburgh 1993.

Payne, John B.: Erasmus. His Theology of the Sacraments. Richmont 1970.

Pesch, Otto Hermann: (Hrsg.): Humanismus und Reformation. Martin Luther und Erasmus von Rotterdam in den Konflikten ihrer Zeit. München/Zürich 1985.

Pfister, Rudolf: Die Seligkeit erwählter Heiden bei Zwingli. Biel 1952.

Phillips, Jane E.: Food and Drink in Erasmus' Gospel Paraphrases, in: ERSY 14 (1994), S. 24-45.

Phillips, Jane E.: The Gospel, the Clergy, and the Laity in Erasmus' Paraphrase on the Gospel of John, in: ERSY 10 (1990), S. 85-100.

Phillips, Margaret Mann: Erasmus and the Northern Renaissance. London 1949.

Phillips, Margaret Mann: Erasmus on the Tongue, in ERSY 1, 1981, S. 113-125.

Piepho, Lee: Erasmus on Baptista Mantuanus and Christian Religious Verse, in: ERSY 14 (1994), S. 46-54.

Pusino, Ivan: Der Einfluß Picos auf Erasmus, in: Zeitschrift für Kirchengeschichte 46 (N. F. 9) (1928), S. 75-96.

Rabil, Albert Jr.: Erasmus and the New Testament. The Mind of a Christian Humanist. Lanham 1993.

Reedijk, Cornelis: Das Lebensende des Erasmus, in: Basler Zeitschrift 57 (1958), S. 23-66.

Reedijk, Cornelis: Tandem bona causa triumphat. Zur Geschichte des Gesamtwerkes des Erasmus von Rotterdam. Basel 1980.

Reese, Alan W.: „So Outstanding an Athlete of Christ". Erasmus and the Significance of Jerome's Asceticism, in: ERSY 18 (1998), S. 104-117.

Reinhuber, Thomas: Kämpfender Glaube. Studien zu Luthers Bekenntnis am Ende von De servo arbitrio. Berlin 2000.

Ross, Dealy: The Dynamics of Erasmus' Thought on War, in: ERSY 4, (1984), S. 53-67.

Rudnytsky, Peter L.: Ironic Textuality in The Praise of Folly and Gargantua and Pantagruel, in: ERSY 3, 1983, S. 56-103.

Rüegg, Walter: Cicero und der Humanismus. Zürich 1946.

Rummel, Erika (Hrsg.): Erasmus on Woman. Toronto 1996.

Rummel, Erika.: God and Solecism. Erasmus as a Literary Critic of the Bible, in: ERSY 7 (1987), S. 54-72.

Rummel, Erika: Erasmus and His Catholic Critics. 2 Bde. Nieuwkoop 1989.

Rummel, Erika: Erasmus as a Translator of the Classics. Toronto 1985.

Rummel, Erika: Erasmus' "Annotations" on the New Testament. From Philologist to Theologian. Toronto 1986.

Rüsch, Ernst Gerhard: Vom Humanismus zur Reformation. Aus den Randbemerkungen von Oswald Myconius zum ‚Lob der Torheit ' des Erasmus von Rotterdam. Basel 1983.

Schär, Max: Das Nachleben des Origenes im Zeitalter des Humanismus. Basel 1979.

Scharffenorth, Gerta: Den Glauben ins Leben ziehen. Studien zu Luthers Theologie. München 1982.

Scheible, Heinz: Melanchthon zwischen Luther und Erasmus, in: G. May u.a. (Hrsg.): Heinz Scheible: Melanchthon und die Reformation. Mainz 1996, S. 171-196.

Scheible, Heinz: Melanchthon. Eine Biographie. München 1997.

Schindler, Alfred (Hrsg.): Fritz Büsser: Die Prophezei. Humanismus und Reformation in Zürich. Ausgewählte Aufsätze und Vorträge. Bern 1994.

Schmidt, Paul Gerhard (Hrsg.): Die Frau in der Renaissance. Wiesbaden 1994.

Schoeck, Richard Joseph: Erasmus and Valla. The Dynamics of a Relationship, in: ERSY 12 (1992), S. 45-63.

Schoeck, Richard Joseph: Erasmus grandescens. The Growth of an Humanist's Mind and Spirituality. Nieuwkoop 1988.

Schoeck, Richard Joseph: Erasmus of Europe. The Making of a Humanist. 2 Bde., Edinburgh 1990-93.

Schreiner, Klaus: „Defectus natalium" – Geburt aus einem unrechtmäßigen Schoß, in: Ludwig Schmugge (Hrsg.): Illegitimität im Spätmittelalter. München 1994, S. 85-114.

Schulze, Manfred: Fürsten und Reformation. Geistliche Reformpolitik weltlicher Fürsten vor der Reformation. Tübingen 1990.

Screech, Michael Andrews: Ecstasy and "The Praise of Folly". London 1980.

Scribner, R. W.: The Social Thought of Erasmus, in: Journal of Religious History 6 (1970), S. 3-26.

Seidel Menchi, Silvana: Whether to Remove Erasmus from the Index of Prohibited Books. Debates in the Roman Curia 1570-1610, in: ERSY 20 (2000), S. 19-33.

Senn, Marcel: Rechtsgeschichte. Ein kulturhistorischer Grundriss. Zürich 1997.

Sider, Robert D.: The Just and the Holy in Erasmus' New Testament Scholarship, in: ERSY 11 (1991), S. 1-26.

Sider, Robert D:. In Terms Quite Plain and Clear. The Exposition of ,Grace' in the Paraphrases of Erasmus, in: Erasmus in English 15 (1988), S. 16-25.

Sowards, J. K.: The Youth of Erasmus. Some Reconsiderations, in: ERSY 9 (1989), S. 1-33.

Sperna, Weiland Jan und Frijhoff, Willem Th. M. (Hrsg.): Erasmus of Rotterdam. The Man and the Scholar. Leiden 1988.

Strohm, Christoph: Ius divinum et ius humanum, in: Gerhard Rau, Hans Richard Reuter, Klaus Schlaich (Hrsg.): Das Recht der Kirche. Gütersloh 1995, Bd. II, S. 115-173.

Sturm, Klaus: Die Theologie Peter Martyr Vermiglis während seines ersten Aufenthaltes in Straßburg 1542-1547. Ein Reformkatholik unter den Vätern der reformatorischen Kirche. Neukirchen Vluyn 1971.

Tell, Emile V.: „To every thing there is a season ...". Ways and Fashions in the Art of Preaching on the Eve of the Religious Upheaval in the Sixteenth Century, in: ERSY 2, 1982, S. 13-24.

Thompson, M. Geraldine: The Range of Irony in Three Visions of Judgement. Erasmus' Julius Exclusus, Donne's Ignatius His Conclave, and Lucian's Dialogues of the Dead, in: ERSY 3 (1983), S. 1-22.

Tobriner, Alice: The "Private Prayers" of Erasmus and Vives. A View of Lay Piety in the Northern Renaissance, in: ERSY 11, (1991), S. 27-52.

Tracy, James D.: Erasmus and the Arians. Remarks on the Consensus Ecclesiae, in: The Catholic Historical Review 67 (1981), S. 1-10.

Tracy, James D.: Erasmus of the Low Countries. Berkeley 1996.

Tracy, James D.: Erasmus the Humanist, in: Richard L. DeMolen (Hrsg.): Erasmus of Rotterdam. A Quincentennial Symposium. New York 1971, S. 29-47.

Tracy, James D.: Humanists Among the Scholastics. Eramus, More, and Lefèvre d'Étaples on the Humanity of Christ, in: ERSY 5 (1985), S. 30-51.

Tracy, James D.: The Politics of Erasmus. A Pacifist Intellectual and His Political Milieu. Toronto 1978.

Trapp, J. B.: Erasmus and His English Friends, in: ERSY 12 (1992), S. 18-44.

Trinkhaus, Charles und Oberman Heiko (Hrsg.): The Pursuit of Holiness in Late Medieval and Renaissance Religion. Leiden 1974.

Trinkhaus, Charles: Erasmus Augustine, and the Nominalists, in: Archiv für Reformationsgeschichte 67 (1976), S. 5-32.

Vessey, Marc: Erasmus' Jerome. The Publishing of a Christian Author, in ERSY 14 (1994), S. 62-99.

Vickers, Brian (Hrsg.): Occult and Scientific Mentalities in the Renaissance. Cambridge 1984.

Vredeveld, Harry: The Age of Erasmus and the Year of his Birth, in: Renaissance Quarterly 46 (1993), S. 754-809.

Walsh, Katharine und Strnad, Alfred A.: Eine Erasmianerin im Hause Habsburg. Die Königin Maria von Ungarn (1505-1558) und die Anfänge der Evangelischen Bewegung, in: Historisches Jahrbuch der Görresgesellschaft 118 (1998), S. 40-85.

Walter, Peter: Theologie aus dem Geist der Rhetorik. Zur Schriftauslegung des Erasmus von Rotterdam. Mainz 1991.

Wengert, Timothy: Human Freedom, Christian Righteousness. Philipp Melanchthon's Exegetical Dispute with Erasmus of Rotterdam. Oxford 1998.

Wiles, Maurice: Eternal Generation, in: The Journal of Theological Studies. New Series, Bd. XII, (1961), S. 284-291.

Worstbrock, Franz Josef (Hrsg.): Krieg und Frieden im Horizont des Renaissancehumanismus. Weinheim 1986.

Wright, Nancy E.: French Medieval Drama and The Praise of Folly, in: ERSY 4, (1984), S. 68-83.

Register

Glarean, Heinrich 95, 259
Glaubensentwicklung 99
Gleason, John B. 59
Godin, André 57
Goldenes Zeitalter 22 - 25, 30, 58, 70,
  94, 95, 112, 247
Gottes Tod 41, 42, 43
Gottesbeweise 127, 130 - 132
Gouda 21, 72
Gratian 215, 259
Grey, Thomas 30, 35
Grocyn, William 58, 59, 60
Gropper, Johannes 165, 259
Grumbach, Argula von 241
Hadrian VI. 117
Halkin, Léon 11
Hamm, Berndt 50
Handschriften des Neuen Testamentes
  81, 88
Hegius, Alexander 21, 64, 259
Heiligung 62, 166
Heilsgeschichte 36, 46, 54, 70, 158,
  188, 193
Heinrich VII. 58, 62
Heinrich VIII. 90, 94, 95, 111, 112,
  113, 131, 205, 229
Heinrich Voss 118
Herrschaftsstrukturen 233
Hexenwahn 145, 161
Hieronymus 28, 60, 63 - 66, 86, 89,
  90, 99, 176, 239, 259
Hilarius 15, 17, 97, 260
Holbein, Hans d.J. 78
Höllenfahrt 35, 43, 44
Homer 25, 260
Horaz 24, 25, 26, 27, 35, 40, 260
Hugo von St. Viktor 33
Huizinga, Johan 180
Humanismus 10, 22, 25, 28, 29, 35,
  59, 105, 114, 175, 230, 231, 237
Hutten, Ulrich von 117, 118, 181, 260
Hyperaspistes 136, 179, 180
Index librorum prohibitorum 55, 91,
  181

Inkarnation 35, 37, 39, 87, 133, 154,
  191, 196, 237
Inquisitio de fide 121
Inspiration 98, 104, 185
Institutio principis christiani 96, 116,
  216
Irenäus 121, 145, 154, 260
Iuvencus 230
Ivo von Chartres 202
Jakobsleiter 53, 130
Johann van den Esschen 118
Johannes von Paltz 50, 260
Jud, Leo 103, 116, 210, 222, 260
Judith 238 - 241
Kanonisches Recht 194, 199, 201,
  206, 214, 216
Karl V. 94, 95, 111, 112, 131
Kirchenspaltung 114, 115, 120, 122,
  214, 243
Kirchenväter 11, 28, 33, 41, 145, 146,
  148, 230, 235, 239, 246, 249
Kirchenväterausgaben 90, 97, 121,
  244
Kisch, Guido 203, 204
Klausenburg 125
Koine 81
Köln 14
Konfessionalismus 165, 245, 248
Konzil von Chalkedon 188
Konzil von Trient 165, 181, 248
Konziliarismus 181
Kopernikus 147
Kreuz 13, 40, 43, 44, 46, 54, 61, 62,
  75, 78, 110, 162, 187, 189, 191, 234
Kroll, Josef 43
Lang, Johannes 96, 114, 261
Laus matrimonii 97
Lee, Edward 122, 125, 166, 206, 261
Leipziger Disputation 196
Leistungsfrömmigkeit 52, 53
Leo X. 94, 111, 264
Leoni 95
Leoniceno 95
Lienhard, Max 92
Linacer, Thomas 58, 60, 95

Historia profana et ecclesiastica

Geschichte und Kirchengeschichte
zwischen Mittelalter und Moderne
herausgegeben von Prof. Dr. Dr. Harm Klueting (Köln)

Harm Klueting

Das Reich und Österreich 1648 – 1740
Es ist unstrittig, daß die Republik Österreich
heute kein Teil der Bundesrepublik Deutschland
ist oder werden soll. Es ist aber auch unstrittig,
daß das heutige Österreich in der Vergangenheit
nicht nur ein Teil des Heiligen Römischen Reiches deutscher Nation war, sondern auch ein Teil
Deutschlands. Strittig ist nur, wann entscheidende
Momente des Herauswachsens Österreichs aus
dem Reich anzusetzen sind – 1495, 1530, 1620,
1648, 1683, 1714, 1740 oder 1783 – und wann
Österreich aus Deutschland ausschied – 1806,
1848, 1866 oder 1945. Eine nur scheinbar ganz
andere Frage ist die nach der Bedeutung des
Westfälischen Friedens für die Stellung des Kaisers, der zugleich österreichischer Landesherr war,
als Reichsoberhaupt. Daß beide Fragen zusam-
mengehören, zeigt diese Veröffentlichung, deren
seit langem als Frühneuzeithistoriker mit Arbeiten
u. a. zum Josephinismus bekannter Autor die Frage nach dem Herauswachsen Österreichs aus dem
Reich hier für den Zeitabschnitt vom Westfälischen Frieden bis zum Tod Kaiser Karls VI. und
dem Aussterben des Hauses Habsburg verfolgt.
Das Buch umfaßt die Kapitel: I. Das Verhältnis von Reich und Österreich nach 1648 in der
Historiographie, II. Der Westfälische Frieden,
III. Kaiser und Reich in der Reichspublizistik,
IV. Föderalistische, hierarchische und dualisti-
sche Kräfte, V. Ferdinand III., der Reichstag von
1653 und die Reichshofratsordnung von 1654,
VI. Leopold I., der Immerwährende Reichstag
und die Reichsdefensionalordnung von 1681,
VII. Der Kaiser als Türkensieger, „Österreich
über alles" und der Pfälzische Krieg, VIII. Der
Reichsadel, die Reichskirche und die Rückkehr
des Kaisers ins Reich, IX. Der Spanische Erb-
folgekrieg, der Sieg der „österreichischen Partei"
unter den Wiener Ministern und die Italienpolitik
Josephs I., X. Die Friedensschlüsse von Utrecht,
Rastatt und Baden, Karl VI. und die Preisgabe
der Reichsinteressen und die Pragmatische Sanktion, XI. Schluß.
Bd. 1, 1999, 144 S., 20,90 €, gb., ISBN 3-8258-4280-0

Jürgen Pohle
**Deutschland und die überseeische
Expansion Portugals im 15. und
16. Jahrhundert**
Die Entdeckungsfahrten Portugals, die in der
ersten Hälfte des 15. Jahrhunderts die für die

Geschichte der Neuzeit konstitutive Ära der europäischen Expansion einleiteten, zählen nicht nur
zu den folgenreichsten Ereignissen der Weltge-
schichte, sondern wirkten sich auch unmittelbar
auf die *Genese* der deutsch-portugiesischen Be-
ziehungen im 15. und 16. Jahrhundert aus. Je
weiter die Erfolge der Portugiesen in Übersee
fortschritten, desto mehr rückte Portugal und
das portugiesische Kolonialreich in den Blickwinkel der Deutschen, die mit zunehmendem
Interesse Entwicklung und Ergebnisse der portugiesischen Expansionspolitik verfolgten. Daraus
resultierte schließlich an der Wende vom 15. zum
16. Jahrhundert eine beachtliche und für den Zeit-
raum des Mittelalters und der frühen Neuzeit einzigartige Verdichtung der deutsch-portugiesischen
Kontakte auf politischer, wirtschaftlicher und
kultureller Ebene: das Ausgreifen der Portugiesen
nach Übersee zog deutsche Diplomaten, Gelehrte,
Kaufleute, Handwerker und Abenteuerlustige
nach Portugal und in seine Übersee-Provinzen,
es führte zu einer Annäherung zwischen den
aufstrebenden Königshäusern Habsburg und
Avis, die sich durch dynastische Heiraten mit-
einander verbanden; es trug in maßgeblicher
Weise dazu bei, daß sich die großen oberdeut-
schen Handelshäuser in den Überseehandel
einschalteten, in Lissabon Handelsniederlassungen
einrichteten und ihre Bediensteten nach Indien
beorderten; es förderte ferner den humanistischen
"Wissensdurst" der deutschen Gelehrten und
beeinflußte nicht zuletzt Kunst und Kultur im
Reich. Folgende Themenschwerpunkte finden in
den drei Hauptkapiteln (I. Deutschland und die
überseeische Expansion Portugals: Neugier und
aufkommendes Interesse in der zweiten Hälfte
des 15. Jahrhunderts. II. Intensives wirtschaftli-
ches, kulturelles und politisches Interesse an der
überseeischen Expansion Portugals infolge der
ersten Indienfahrt Vasco da Gamas (bis zur Mitte
der zwanziger Jahre des 16. Jahrhunderts). III.
Relative Abnahme des deutsch-portugiesischen
Handels und anhaltendes humanistisches Interesse
an den portugiesischen Entdeckungen im weiteren
Verlauf des 16. Jahrhunderts) Berücksichtigung:
die deutsche Beteiligung an der überseeischen
Expansion Portugals, die portugiesischen Entdeckungen und ihre Rezeption im Reich und die
Entwicklung der deutschen Kolonie in Lissabon.
Bd. 2, 2000, 328 S., 35,90 €, gb., ISBN 3-8258-4376-9

Carl Heiner Beusch
**Adlige Standespolitik im Vormärz:
Johann Wilhelm Graf von Mirbach-Harff
(1784 – 1849)**
Bis zum Umbruch der ständisch-absolutistischen
Gesellschaftsordnung um 1800 stand der rhei-

LIT Verlag Münster – Hamburg – Berlin – London

Grevener Str./Fresnostr. 2 48159 Münster
Tel.: 0251 – 23 50 91 – Fax: 0251 – 23 19 72
e-Mail: vertrieb@lit-verlag.de – http://www.lit-verlag.de

nische Adel im Zentrum des Macht- und Herrschaftsgefüges. Trotzdem ist über die Phase seines Niedergangs und seine Versuche, sich der sozialen Nivellierung und der Integration in den zentralistischen Gesamtstaat zu entziehen, nur wenig bekannt. Auf dem Hintergrund der Biographie einer seiner bedeutendsten Vertreter, Johann Wilhelm Graf von Mirbach-Harff (1794 – 1849), schildert der Verfasser das Selbstbehauptungsstreben und Beharrungsvermögen des Adels beim Übergang vom Ancien Régime zur modernen Welt, seine Versuche, die eigene Identität auf der Grundlage überkommener standesspezifischer Traditionen zu wahren und die früheren politischen, wirtschaftlichen und sozialen Vorrechte wiederzuerlangen.
Bd. 3, 2001, 648 S., 45,90 €, gb., ISBN 3-8258-4377-7

Gabriele Emrich
Die Emigration der Salzburger Protestanten 1731 – 1732
Reichsrechtliche und konfessionspolitische Aspekte
Mit der Ausweisung der Protestanten 1731/32 griff der Salzburger Erzbischof auf ein ehedem probates Mittel politischer und konfessioneller Konfliktbewältigung zurück. Neu war das Ausmaß der erzwungenen Emigration sowie die juristischen und politischen Implikationen auf Reichsebene, die das Corpus Evangelicorum in Regensburg beschäftigte. Auch Reichshofrat und Kaiser suchten nach einer Problemlösung mit Schadensbegrenzung für das Reich und mehr noch für das Haus Österreich. Letzteres sollte just im Moment der Ausweisung durch die Anerkennung der Pragmatischen Sanktion im Reichstag gestärkt werden. Eine „elegante" Lösung des Konfliktknäuels ergab sich erst durch das Angebot des preußischen Königs, die Salzburger Protestanten in Ostpreußen anzusiedeln.
Bd. 7, 2003, 104 S., 20,90 €, gb., ISBN 3-8258-5819-7

Wissenschaftliche Paperbacks

Geschichtswissenschaft

Michael Richter
Irland im Mittelalter
Kultur und Geschichte
Im Mittelalter erlebte Irland eine frühe kulturelle Blüte, von der heute noch prachtvolle Handschriften wie das „Book of Kelts" oder die vielen Klosterruinen auf der „Grünen Insel" Zeugnis ablegen. Der Konstanzer Historiker Michael Richter hat eine kurze Geschichte dieser ereignisreichen Jahrhunderte geschrieben, die dem am Mittelalter

interessierten Leser ebenso nachdrücklich empfohlen werden kann wie dem Irlandliebhaber.
Bd. 16, 2003, 216 S., 18,80 €, br., ISBN 3-8258-6437-5

Forschungen zur Geschichte der Neuzeit. Marburger Beiträge
herausgegeben von Prof. Dr. Peter Krüger und Prof. Dr. Dr. h. c. Klaus Malettke

Chantal Grell; Klaus Malettke (éd.)
Les Années Fouquet
Politique, Société, Vie Artistique et Culturelle dans les années 1650
Bd. 2, 2001, 144 S., 15,90 €, br., ISBN 3-8258-5737-9

Katja Wüstenbecker (Hg.)
Geschichte ist Vielfalt
Nation – Gesellschaft – Wissenschaft.
Festgabe für Peter Krüger anlässlich seines 65. Geburtstages
Bd. 3, 2001, 128 S., 25,90 €, br., ISBN 3-8258-5715-8

Zur Perzeption des Deutschen Reiches im Frankreich des 17. Jahrhunderts – Théodore Godefroy, Description de l'Alemagne
Unter Mitwirkung von Ullrich Hanke und Kornelila Oepen bearbeitet und herausgegeben von Klaus Malettke
Bd. 4, 2002, 336 S., 25,90 €, br., ISBN 3-8258-5714-x

Peter Krüger; Paul W. Schroeder (Eds.) in cooperation with Katja Wüstenbecker
"The Transformation of European Politics, 1763 – 1848"
Episode or Model in Modern History?
Bd. 5, 2002, 360 S., 35,90 €, gb., ISBN 3-8258-6121-x

Martin Peters
Altes Reich und Europa
Der Historiker, Statistiker und Publizist August Ludwig (v.) Schlözer (1735 – 1809)
Bd. 6, 2003, 544 S., 40,90 €, br., ISBN 3-8258-6236-4

Rolf Pfeiffer
Eine schwierige und konfliktreiche Nachbarschaft – Österreich und das Deutschland Adenauers 1953 – 1963
Bd. 7, 2003, 240 S., 24,90 €, br., ISBN 3-8258-6914-8

LIT Verlag Münster – Hamburg – Berlin – London
Grevener Str./Fresnostr. 2 48159 Münster
Tel.: 0251 – 23 50 91 – Fax: 0251 – 23 19 72
e-Mail: vertrieb@lit-verlag.de – http://www.lit-verlag.de